中國學術思想 研究輯刊

十三編

林慶彰 主編

第 20 冊

晚明東林學派孫愼行思想研究

鄭志健 著

花木蘭文化出版社

國家圖書館出版品預行編目資料

晚明東林學派孫慎行思想研究／鄭志健 著 — 初版 — 新北市：
花木蘭文化出版社，2012〔民 101〕
序 2+ 目 2+296 面：19×26 公分
（中國學術思想研究輯刊 十三編：第 20 冊）
ISBN：978-986-254-804-2（精裝）
1.（明）孫慎行 　2. 學術思想 　3. 東林黨
030.8　　　　　　　　　　　　　　　　　　101002171

ISBN-978-986-254-804-2

9 789862 548042

中國學術思想研究輯刊
十三編　第二十冊　　　　　　　　　ISBN：978-986-254-804-2

晚明東林學派孫慎行思想研究

作　　　者　鄭志健
主　　編　林慶彰
總 編 輯　杜潔祥
出　　版　花木蘭文化出版社
發 行 所　花木蘭文化出版社
發 行 人　高小娟
聯絡地址　新北市永和區中正路五九五號七樓
　　　　　電話：02-2923-1455／傳真：02-2923-1452
網　　址　http://www.huamulan.tw 信箱 sut81518@gmail.com
印　　刷　普羅文化出版廣告事業
封面設計　劉開工作室
初　　版　2012 年 3 月
定　　價　十三編 26 冊（精裝）新台幣 42,000 元　　版權所有‧請勿翻印

晚明東林學派孫愼行思想研究

鄭志健　著

作者簡介

鄭志健，民國 68 年生，臺灣苗栗人。新竹高中畢業，東海大學中國文學系學士，嘉義大學中國文學系碩士，現為中央大學中國文學系博士生。碩班時期在蘇子敬教授指導下完成《晚明東林學派孫慎行思想研究》一論文，也因此對儒家哲學產生濃厚興趣，目前追隨楊祖漢教授，繼續以明代理學為研究職志。發表過〈史作檉詩文之研究〉、〈孫慎行與劉蕺山思想之比較〉等論文。

提　　要

當今論及東林之學，多以顧涇陽、高景逸為論述焦點，亦常以兩人為東林學派之代表，於東林其他學者之思想則少有專文探討，然劉蕺山曾說：「東林之學，涇陽導其源，景逸始入細，至先生（孫慎行）而集其成矣。」因此，當我們研究晚明理學之轉變與定位東林學派之思想時，便不能忽略慎行思想所具有的參考價質。是故，本文即以孫慎行做為研究對象，並以其思想為探討的主題。

首先，我們敘述慎行的生平，指出他除了具有強烈的道德意識之外，也是一位透過行動來表現思想理念的儒者。並從思想史的角度切入，指出東林講學針對的是王學所產生的流弊，然不論講朱學或是評王學，東林學者終究走出了自己的一條路出來。

其次，在「天道論」的討論中，我們闡發慎行對於「超越天命」的真切體認。並指出在「理氣一元」的思想脈絡中，超越之天道本體與氣化流行之種種現象為一體兩面的關係，意即理與氣是不分的，理與氣是合一的。其中，他又以「誠」為樞紐來會通天命與人性，進而融會存在的根源與價值的根源於一體。最後，則在「天人貫通、本體為善」價值立場中，用天人雙彰的論述方式，展現儒家天人合德、合善這一的思想傳統。

復次，慎行的人性論則可說是針對時弊而發，從批評「無善無惡」到反對「氣質之性」，最後提出「性善氣質亦善」、「不善乃習」等觀點，無非是為了堅持性善論的立場。其中，慎行對「形色天性」的理解是雙向的，是一種「天性為形色；形色亦天性」的理解模式。並且，透過分析慎行對「已發未發」的理解，我們指出其思想中的心性關係，乃是「性為心之體」而「心為性之用」之一而二、二而一的關係。

最後，我們探討慎行對「慎獨」特殊見解，指出在他思想中「戒懼慎獨」與「盡心知性」是可以合在一起看的兩組概念，而這不僅表示慎行重新理解孟子思想，也反映出他對《中庸》與《大學》裡「慎獨」概念也做了進一步詮釋。其中，慎行的工夫理論則是以「戒懼慎獨」為中心而次第開展，並且認為能「戒懼慎獨」則心中那幽隱微妙的性體便得以顯現，做為天的性體同時也就會等同於吾人之心體，而這便是他所謂「盡心成性」的慎獨之道。

目
次

序　言

　　生命是一個過程，我們活著而經歷一切，在所遭遇的事物中，產生痛苦與快樂、猶豫與肯定、困頓與解脫等複雜感受。絕大多數的人，也都在自己所理解的價值觀，在能接受的行為範圍內，處置自己的生命。但是若無一堅定不移之理想或信仰，對生命之意義與價值不能有真切肯定之前，面對蒼茫未知的宇宙、複雜多變的人生與有限的個體生命時，總易生一茫然與無力的感受。於是我們思考、反省生命所面對的種種問題，並希望得到一終極的答案、確立一不變的信仰與理想，使生命可以不再徬徨與迷惑。

　　宗教之存在與價值即在於此，如基督教、佛教等宗教之教義皆豐富奧妙且博大精深，能對宇宙人生中的各種現象與事物有合理且恰當的解釋，人們往往於其中尋求慰藉與解脫，並因此獲得堅定的信仰念而能確立人生之終極理想與目標。但對宗教缺乏相應的理解與感受的人，則無法以宗教信仰為生命的最終歸宿，縱一時信之，然面對人生最困頓與痛苦、猶疑與不安之時刻，終究是無法安頓生命的。

　　因緣際會中，我接觸了儒家思想，並於先秦《論語》、《孟子》等經典與宋明儒語錄的閱讀中，感受到先哲偉大的人格與情操。而他們對宇宙人生所持正面而積極的態度並以具體生命去實踐理想抱負的生活方式，更是令人景仰不已。因此我便確定以儒家思想作為研究的方向，希望能於其中反省自身生命所面對的種種問題進而有所證立。

第一章　緒　論

第一節　研究動機與主題

　　「東林學派」或稱「東林黨」乃晚明萬曆年間，顧涇陽、涇凡兄弟與高景逸，在南宋楊龜山講學之故址重事興起「東林書院」之後，進而聚集一群「志同道合」的伙伴而得名。〔註1〕所謂「志同」者，乃指其人於政治社會上具有共同的主張與理想，此其名爲「東林黨」之因；而「道合」者，則指其人在學術上具有相似的見解與觀點，故又以「東林學派」指稱之。

　　當今論及東林之學，多以顧涇陽、高景逸爲論述焦點，亦常以兩人爲東林學派之代表，於東林其他學者之思想則少有專文探討，然黃宗羲於《明儒學案・東林學案》評論孫愼行時，曾引其師劉蕺山的一段話：

> 蕺山先師曰：「近看孫淇澳（愼行）書，覺更嚴密。謂自幼至老，無一事不合于義，方養得浩然之氣，苟有不慊則餒矣。是故東林之學，涇陽導其源，景逸始入細，至先生而集其成矣。〔註2〕（而另闢一見解。）」〔註3〕

〔註1〕參見錢穆：〈引論〉，《中國近三百年來學術史》（台北：商務印書館，1996年7月），頁8。

〔註2〕黃宗羲：〈東林學案〉，《明儒學案（下）》（台北：華世出版社，1987年2月1版），卷五十九，頁1448～1449。

〔註3〕黃宗羲：〈東林學案〉，《明儒學案》（台北：世界書局，1992年5月5版），頁648。此版本所引蕺山對愼行之評語非以「集其成矣」作結尾，而以「另闢一

此中指出，蕺山認為孫慎行之思想乃東林學派之集大成（或另闢一見解）者。蕺山身為宋明理學之大家，並與東林學者交往甚密，其說自當有一定的根據，且不論慎行思想是東林之集大成、或另闢一見解者，都表示其思想在晚明理學中具有一定的地位，也因此，當我們研究晚明理學之轉變與定位東林學派之思想時，便不能忽略慎行思想所具有的參考價值。

此外，一般認為慎獨之學乃蕺山為對治王學流弊而開出，形成所謂的「以心著性，歸顯於密」誠意慎獨之學。〔註4〕然而比蕺山稍早的慎行，其思想的焦點也是集中在「慎獨」上。唐君毅先生曾說：「宋明儒者大皆言慎獨，然對於如何慎獨之方，及對此獨之畢竟為何物，則有種種異說。」〔註5〕可見「慎獨」乃為宋明儒所共同關懷的一個主題，並仍有許多探討與詮釋的空間。因此，探討慎行的「慎獨說」的切確意義與獨特之處則可說是本文主旨所在。

第二節　研究回顧與資料選定

一、前人研究成果回顧

對於慎行思想有研究並見於著作的第一人乃為黃宗羲，其於《明儒學案‧東林學案》中對慎行著作有一簡要之選錄，並評其學為：

> 其發先儒所未發者，凡有數端，世說天命者，除理義外，別有一種氣運之命，雜糅不齊，因是則有理義之性，氣質之性，又因是則有理義之心，形氣之心，三者異名而同病。……三者之說，天下浸淫久矣，得先生而雲霧為之一開，真有功于孟子者也。〔註6〕

所謂「三者之說，天下浸淫久矣，得先生而雲霧為之一開，真有功于孟子者也」即以慎行思想之創見在反駁理學中將天命、性體、心體各分為二而以理義與氣運（氣質或形氣）分言的說法，進而提出「理氣一元」、「性氣一元」

見解」作結尾。

〔註4〕 參見牟宗三：〈劉蕺山的慎獨之學〉，《從陸象山到劉蕺山》（台北：台灣學生書局，2000年5月再版四刷），頁451～469。

〔註5〕 唐君毅：〈劉蕺山之誠意、靜存，以立人極之道〉，《中國哲學原論‧原教篇》（台北：台灣學生書局，1980年9月），頁469。

〔註6〕 黃宗羲：〈東林學案〉，《明儒學案（下）》，卷五十九，頁1447～1448。

與「心氣一元」等論點，使得孟子性善說之要旨可以更清楚的被認識與瞭解。

此外，錢穆先生則是近代學者中對慎行思想有較深入剖析的第一人，其於《宋明理學概述》一書中，論及晚明理學家時即有一篇對慎行思想的概述，指出慎行之說——「不但解決了理學六百年來『已發未發』的爭辯，也避免了王學末流只言本體不言工夫與程朱格物窮理過於偏重工夫之弊，最後並以為慎行之思想在為我們提示了宋明理學之最後歸宿的同時，也指出往後新思想的開端。」〔註7〕由此可知，錢先生對慎行思想是非常肯定的，並認為慎行的思想在晚明理學的流變中應佔一關鍵的地位。

稍後，黃公偉先生著《宋明清理學體系論史》一書，則言慎行思想「溯源先秦天人合一的原理，打破宋明儒心性內外，理氣之糾葛。……一反前人之論調，以『思辯』為未發，故其論致中和，即以慎獨為樞紐，而不需『立靜主人極』，向裡尋求本體。……對王學末流入禪之弊，更含糾正之意，蓋明學轉變期中不可多得之學也。」〔註8〕另外，陳福濱先生在《晚明理學思想通論》中，則從晚明理學發展的脈絡論起，並分心性論與工夫論兩方面論述慎行之思想，認為慎行心性論之重點，乃在「不分『理義之性與氣質之性』、『人心與道心』而主張『天人合一』」，並從「學問思辨行」與「戒慎恐懼」討論慎行的工夫論。〔註9〕很明顯的，這樣的說法乃以黃宗羲《明儒學案》為依歸，並承錢穆先生之遺緒，以寥寥數頁之篇幅，對慎行之學做一精簡的說明而已，較無獨特之見解。

除此之外，對於慎行思想的研究，其他學者的論述則多為隻字片語，並無詳細的探討。如岡田武彥《王陽明與明末儒學》一書在討論東林學派與劉蕺山之關係時稍有提及孫慎行「性氣一元」與之思想，可惜並無進一步之探討。〔註10〕溝口雄三在《中國前近代思想的演變》裡則指出慎行重視氣質的人性論與劉蕺山有共同之處。〔註11〕而唐君毅先生在《中國哲學原論・原

〔註7〕 參見錢穆：〈孫慎行、錢一本〉，《宋明理學概述》（台北：蘭臺出版社，2001年），頁291～300。

〔註8〕 參見黃公偉：〈晚明新思潮與東林學派〉，《宋明清理學體系論史》（台北：幼獅文化出版社，1971年9月），頁473～476。

〔註9〕 參見陳福濱：《晚明理學思想通論》（台北：環球書局，1983年9月初版），頁92～106／156～159。

〔註10〕 參見岡田武彥：〈東林學和劉蕺山〉，《王陽明與明末儒學》（上海：上海古籍出版社，2000年5月初版），頁358～359。

〔註11〕 參見溝口雄三：〈所謂東林派人士的思想〉，《中國前近代思想的演變》（台北：

教篇》一書中，認爲孫愼行「乃因見得義理之性即此身形氣質之性，而心之性之善即此身形氣質之性之善，故主張氣質之性與義理之性爲一。」〔註12〕而其於另一著作《中國哲學原論・原性篇》中，亦言愼行「乃就義理在氣質之中而不離氣質，進而言性善之性即爲氣質之性。」〔註13〕因此，唐先生大體上亦是針對愼行「性氣一元」之說作論述。此外，鄭宗義在《明清儒學轉型析探》裡則認爲「孫愼行譏諷宋儒變化氣質之說是『荀子矯性爲善』，可知他的『氣質亦善』是指氣質本身就是善，這便見其不諦處，故愼行對於作爲道德創造根源的形上性體並無眞切的把握。」〔註14〕此觀點自有其預設立場與脈絡可尋，然其對愼行思想之評價是否恰當，則尚有討論空間。

通觀以上學者所論可發現，除了皆只爲寥寥數語而無深入探討之外，其所引用資料亦皆以黃宗羲在《明儒學案》之〈東林學案〉所選錄的孫愼行著作爲底據，也因此，資料上的不齊全，甚至黃宗羲個人主觀意識的偏頗，都不可避免的影響到後世學者對孫愼行思想的理解與評判。

另外，探討愼行思想的學位論文，目前只有曾光正《東林學派的性善論與工夫論》一文。此論文乃是以工夫論爲主軸，將愼行之思想置於其中論述，作爲其探討晚明理氣一元論形成的一個轉承點。〔註15〕論述篇幅同樣不多，亦非對愼行思想作一專題式的探討，而是在晚明思想的流變中，以特定觀點來探討孫愼行的人性論，非一全面性的分析與整理。再者，其只稍加討論了愼行的人性論，即直言愼行乃繼承陽明學派以「人心道心非有二心，天命氣質非有二性」的思想趨勢，又綜合了程朱「性即理」的思想脈絡將「氣質之性」消解掉，最後更指出劉蕺山乃繼承了孫愼行已發未發的看法，而做思想上的進一步的開展。〔註16〕凡此，皆有流於主觀臆斷之嫌。因此，如何對愼

國立編譯館，1994年12月），頁173。

〔註12〕唐君毅：〈王學之弊及東林學之止至善之道與其節義之教〉，《中國哲學原論・原教篇》，頁463。

〔註13〕參見唐君毅：〈陽明學派及東林學派對「至善」及「無善無惡」之重辨，與劉蕺山之言心性之本體工夫義〉，《中國哲學原論・原性篇》（台北：台灣學生書局，1990年6月），頁491。

〔註14〕參見鄭宗義：〈形上與形下之間的緊張〉，《明清儒學轉型析探》（香港：中文大學出版社，2000年）頁25～25。

〔註15〕參見曾光正：《東林學派的性善論與工夫論》（台北：國立清華大學歷史研究所碩士論文，1986年）。

〔註16〕參見同上，頁165～171。

行著作一完整且全面的整理，將是本論文的第一步。

二、慎行著作資料選定

有鑑於當今對於慎行思想之相關研究著作之缺乏與不夠深入、廣泛，本論文主要研究資料即直接從孫慎行的三本思想性著作——《困思抄》、《慎獨義》與《文鈔》著手。

首先，《困思抄》（或名《困思鈔》）現存四個版本，依年代次序爲：明萬曆刻本〔註17〕、明天啓刊本〔註18〕、明崇禎刻本〔註19〕、與年代不明之「常州先哲遺書」本。〔註20〕

其次，《中庸慎獨義》（或名《止躬齋慎獨義》、《慎獨義》）則有兩個版本，依年代次序爲明天啓刊本〔註21〕與明崇禎刻本。〔註22〕

最後，《文鈔》則見於前述之明萬曆刻本〔註23〕、明崇禎刻本〔註24〕與「常州先哲遺書」本〔註25〕之三版本中。

但是比較以上所述之各版本之內容則發現三個問題：一是「各有不同之篇數與內容」，二是「篇名不同而內容相同」，三是「篇名相同而內容有所差異」。諸如此類之狀況，經過各版本之間的相互校刊與分析整理之後，以《四庫禁燬書叢刊・集部》所收錄的《玄晏齋集五種》中的《困思抄》、《止躬齋慎獨義》、《文鈔》最爲齊全，故據之以爲底本，其不足之處，則輔以其他版本。

〔註17〕　〔明〕孫慎行：《玄晏齋集五種・困思抄》（台北：莊嚴文化事業有限公司，1997年2月初版《四庫全書存目叢書・經部162》，明萬曆刻本）。

〔註18〕　〔明〕孫慎行：《困思抄》（故宮博物院圖書館館藏，明天啓間刊本）。

〔註19〕　〔明〕孫慎行：《玄晏齋集五種・困思抄》（北京：北京出版社，2000年《四庫禁燬書叢刊・集部・123》，明崇禎刻本）。

〔註20〕　〔明〕孫慎行：《玄晏齋困思鈔》（上海市：上海書店 1994年《叢書集成續編・子部88》，常州先哲遺書」本），此叢書收錄之《玄晏齋困思鈔》只標記爲常州先哲遺書，故年代不明。

〔註21〕　〔明〕孫慎行：《中庸慎獨義》（故宮博物院圖書館館藏，明天啓刊本）。

〔註22〕　〔明〕孫慎行：《玄晏齋集五種・止躬齋慎獨義》（北京：北京出版社，2000年《四庫禁燬書叢刊・集部・123》，明崇禎刻本）。

〔註23〕　〔明〕孫慎行：《玄晏齋集五種・文鈔》（台北：莊嚴文化事業有限公司，1997年2月初版《四庫全書存目叢書・經部162》明萬曆刻本）。

〔註24〕　〔明〕孫慎行：《玄晏齋集五種・文鈔》（北京：北京出版社，2000年《四庫禁燬書叢刊・集部・123》，明崇禎刻本）。

〔註25〕　〔明〕孫慎行：《玄晏齋集五種・文鈔》（上海市：上海書店 1994年《叢書集成續編・子部88》，常州先哲遺書本）。

第三節　研究方法與進路

一、研究方法

　　確立研究主題與資料後，除了直接校刊整理慎行的三本著作之外，如何於現有文獻資料中，對慎行思想做一恰當之詮釋，則為本論文在研究方法上所面對的主要問題。

　　以下分別從「資料的分析與歸納」、「詮釋的方法與態度」兩方面論之：

（一）資料的分析與歸納

　　先秦儒學至宋明理學乃為一整體發展，並且宋明儒者大多皆為有意識的承繼先秦儒學而建立自身哲思，而慎行作為宋明理學中的一個承述與再造者自然也不例外於此。通觀《困思抄》與《慎獨義》裡的義理概念，若非對宋明理學之既有課題有所反省而發為議論，則多為對《論語》、《孟子》、《易傳》、《大學》、《中庸》中所闡述之義理作更深入的探討。故對先秦儒家思想有一先行的瞭解與掌握，並從宋明理學的思想脈絡中出發，對慎行著作做義理上的分析與歸納，乃為理解慎行思想之先決條件與必要步驟。

　　此外，慎行之三本著作中，《困思抄》與《慎獨義》的寫作形式類似注疏體，其中《困思抄》多為隨文衍義，因機立說，故精義散見，漫無所統；《慎獨義》則明顯以《中庸》之主旨為行文脈絡，故前後各篇在思想上較具連貫性；而《文抄》則多為記敘日常生活點滴與讀書心得之散文，其中亦兼有少數思想性之篇章。因此，將這些資料蒐集起來做精細的校定之後，抉擇其著作中之重要義理概念加以歸納，進而分析討論以成篇章，乃本論文具體所使用的研究方法之一。

（二）詮釋的方法與態度

　　宋明理學家雖然在文本上有共同的根據——《論語》、《孟子》、《易傳》、《中庸》與《大學》等，但由於各個宋明理學家所擁有與面對的主客觀條件的不同，所以每個人對經典的理解與詮釋也產生了或多或少、或輕或重的差異，於此，杜保瑞先生言道：

> 宋明儒學各家之理論目的，皆是藉由詮釋先秦儒學之命題，並建立新的理論體系，以對抗佛道的儒學建構。……因此差異甚或爭辯與衝突，決不是對於儒學價值立場的爭辯，而是各家在建構哲學理論

時，個人的問題意識側重點不同所致。問題意識不同，但借以發表
的材料卻大致相同，因此產生許多言語使用上的糾結，以致難以認
清彼此差異的重點。……儒學工作者必須要進入文本中的哲學家思
路，剖析他的文字使用、及問題意識，以至思維脈絡，最後才落實
到確定他的觀點主張的眞意。〔註26〕

因此我們可以說研究宋明理學的工作方法就是：針對文本，分析問題意識，
釐清主張眞意，分析理論差異，解消彼此衝突的詮釋工作。其中，本論文所
預設的詮釋方法則是傅偉勳先生在「創造的詮釋學」裡所提出的觀點，其將
詮釋方法依序分爲五個層次：「實謂」、「意謂」、「蘊謂」、「當謂」、「必謂」（創
謂）。茲敘述整理如下：

　　1.「實謂層次」：亦即探討原思想家實際上說了什麼。其具體方法則是原
典校勘、版本的考證與比較等，基本上有些類似考據之學。因此，對被詮釋
者之著作資料做一客觀上的收集考訂，則成了此詮釋層次的基本要求。

　　2.「意謂層次」：即探問原思想家想要表達什麼。主要是通過對文本之語
意澄清、脈絡分析、前後文表面矛盾的邏輯消解與原思想家時代背景的考察
等等工夫，並盡量「客觀忠實」的瞭解文本中所表達的意思或意向。亦即對
文本中之文字語句作表面意義之陳述，而其中已經包含一定程度的解釋。

　　3.「蘊謂層次」：即考究原思想家可能要說什麼。此中關涉到種種思想史
的理路線索、原思想家與後代繼承者之間的前後思維連貫性的多面探討、歷
史上已存在的種種原典詮釋等等，進而揣摩原思想家說的話可能蘊涵了什麼
意思，亦即發掘原思想家幽而未明的想法。

　　4.「當謂層次」：即是追究原來思想家本來應當說些什麼。此時詮釋者設
法在原思想家的思路中，發掘出深層義蘊與根本義理，即在不違背原思想家
的哲思下，並依循原思想家之思路，進一步補足原思想家在敘述上的不完整
之處，對原思想家之思想做更完整而深入的敘述。

　　5.「創謂層次」：最後則是思考原思想家現在必須說出什麼，並依此批判
原思想家思想中的侷限或內在困難。亦即詮釋者於自身所處的時代脈絡中與
具體生活世界中提出進一步並具創造性的見解，期盼接續原思想家未完成的
課題，而達到創謂層次。

　　經此五個詮釋層次，詮釋者即從批判的繼承者轉變爲創造的發展者，從

〔註26〕杜保瑞：〈緒論〉，《北宋儒學》（台北：商務印書館，2005 年 4 月），頁 2～8。

注釋學家升進為創造性的思想家。〔註27〕意即從開始的層層推進，到對被詮釋者的思想有一定程度的理解後，再進行各個層次間的相互詮釋與修正，最後邁向對最終義理、思想的精確理解與詮釋。

當然，沒有一種研究方法是完美無缺的，以創造的詮釋學為例，其不可避免的會受到詮釋者的個人學識、經歷、與所處的社會環境、思想風潮等主客觀因素所影響。然而，雖然詮釋者個人的主觀介入在所難免，但只要我們對于原典的解讀、義理的疏釋下足工夫，應可以避免過度的詮解而扭曲了原典本意。本來「詮釋」即是一種解釋，其目的在於解開、釋放那些尚在糾纏不清、雜亂無章的思想概念，使其條理分明而成為可瞭解的，進而重建被詮釋者的思想。此時「理解」已不只是一種複製的行為，而是一種創造性的活動。〔註28〕是故，每一個時代的詮釋者都是按造他自己的方式和觀念去理解歷史所傳承下來的文本（經典），而試圖創造出決定下一步歷史的思想動力。並且，由於人們從不同角度出發去理解文本、經典，其所展現之意義往往具有無限的可能性。以慎行為例，其哲思之建立，即是在回溯先秦儒學思想義理之基礎下，並繼承宋明理學六百年來的學術思維，進而回應自身所處時代的思想課題，以求有益於整體之國家社會。

因此，就這個意義層面上而言，本文亦是希望能於現有的文本中（如慎行之著作等資料），先做一客觀上的字句之訓詁考訂與意義陳述，進而在此基礎下明白慎行思想之用意與用心所在，並在盡量在不違背慎行思想本旨的前提下，來開展本論文所欲呈述的種種義理概念與思想課題。

二、研究進路

當代新儒家常以「超越性」與「內在性」之概念來詮釋傳統儒家思想，並強調儒家思想之基本精神是「既超越又內在的」。〔註29〕此中，劉述先先生指出：

> 《論語》講人事，《易傳》講天道，兩者的傾向無疑是不同的，然而

〔註27〕參見傅偉勳：〈創造的詮釋學及其應用〉，《從創造的詮釋學到大乘佛學》（台北：東大圖書出版社，1990 年 7 月），頁 1～46。

〔註28〕參見洪漢鼎：〈當代詮釋學的形成〉，《詮釋學史》（台北：桂冠圖書股份有限公司 2002 年 3 月），頁 219 頁。

〔註29〕參見李明輝：〈儒家思想中的內在性與超越性〉，《當代儒學的自我轉化》（北京：中國社會科學出版社，2001 年 7 月），頁 118～120。

通過對《論語》中材料的解析，這樣的分別並非絕對的，《論語》本身就隱含了一條「天人合一」一貫之道，兼顧「超越與內在」兩行之理的思路。〔註30〕

蓋中國儒家思想自古即隱含一「天人合一」之精神，而下逮孔孟、《易傳》、《中庸》更是進一步深闡此「天人合一」之奧義。〔註31〕然而儒家思想「天人合一」的說法中，所謂的「天」是否涵具一「超越而又內在」之意義？於此，牟宗三先生在《中國哲學的特質》一書中即有一精確之言：

> 天道高高在上，有超越的意味；天道貫注於人身之時，又內在於人爲人之性，這時天道是內在的。……天道既超越又內在，此時可謂兼具宗教與道德的意味，宗教重超越，而道德重內在。〔註32〕

蓋天道作爲一形而上之超越實體，而此實體之內涵實際上又等同於吾人自身生命之內涵而爲一不即不離、不一不二之關係，亦即在人實踐道德之時，可以感受到自身生命在活動中所呈現顯露的道德本心，而此一內在道德本心亦是超越天道之具體呈現。〔註33〕事實上，「超越又內在」可說是當代新儒家所

〔註30〕 參見劉述先：《儒家思想意涵之現代闡釋論集》（台北：中央研究院中國文哲研究所，2004 年 12 月修訂 1 版），頁 118～120。

〔註31〕 參見錢穆：〈中庸新義〉，《中國學術思想論叢（二）》（台北：素書樓文教基金會，2000 年 11 月），頁 73。

〔註32〕 參見牟宗三：《中國哲學的特質》（台北：學生書局，1987 年 10 月），頁 26。

〔註33〕 牟宗三先生曾說：「蓋宋明儒講學之中點與重點唯是落在道德的本心與道德創造之性能（道德實踐所以可能之先天根據）上。此「心性之學」亦曰「內聖之學」。「內聖」者，內而在于個人自己，則自覺地作聖賢工夫（作道德實踐）以發展完成其德性人格之謂也。宋明儒所講習者特重在「內聖」一面。「內聖」一面在先秦儒家本已彰顯而成定型，……此「內聖之學」亦曰「成德之教」。「成德之最高目標是聖、是仁者、是大人，而其眞實意義則在于個人有限之生命中取得一無限而圓滿之意義。……此「成德之教」本非是宋明儒無中生有之誇大，乃是先秦儒者已有之弘規。……宋明儒所弘揚者無能越此「成德之教」之弘規。此「成德之教」，就其爲學說，以今語言之，亦可說即是一「道德哲學」（Moral philosophy）。……但自宋明儒觀之，就道德論道德，其中心問題首在討論道德實踐所以可能之先驗根據（或超越的根據），此即心性問題是也。由此進而復討論實踐之下手問題，此即工夫入路問題也。前者是道德實踐所以可能之客觀根據，後者是道德實踐所以可能之主觀根據。宋明儒心性之學之全部即是此兩問題。以宋明儒詞語說，前者是本體問題，後者是工夫問題。……宋明儒之講此學則是由「成德之教」而來，故如當作「道德底哲學」而言之，亦當本體與工夫兩面兼顧始完備。……由「成德之教」而來的「道德底哲學」既必含本體與工夫之兩面，而且在實踐中有限即通無限。」參見牟宗三〈縱論〉，《心體與性體（一）》（台北：正中書局，1999 年 8 月），

特別強調的一個概念，並認為儒家哲學走的是道德實踐的進路，是一種以形上直觀的哲學方法，進而發展出一種「類擬的洞見」，連接天人、化解道德世界與自然界的隔閡。〔註34〕因此，當代新儒家如唐君毅、牟宗三，徐復觀等皆主張儒家道德哲學所具有「超越又內在」的內涵乃是達至「天人合一」境界的關鍵所在。意即內在德性的真實與超越的形上實體是一而二、二而一的，唯有如此，內在德性的真實才具普遍的永恆性，超越的形上實體也才穩得住，不為子虛烏有之空談。當然，這樣的說法並非沒有侷限之處，林安悟先生即指出：

> 當代新儒家面臨「形上的迷失」及「意識的危機」，而極力去做「意義探求」的工作，而以為「意義象徵體系」（倫理精神象徵及道德精神的形上實體）的穩立乃是穩立一切的基礎，唯有此「大本」建立了，才能由本貫末的穩立「制度結構體系」，而言「建立本體」的工夫則端繫在道德自覺及實踐上，它是一種「逆覺體證」的工夫，此可醞釀出「存有學的睿視」，如此才能穩立所謂的「本」即所謂的「體」。……當代新儒家以所謂「存在的進路」去面對世界，……往往乎略了外在客觀制度結構，或者將此外在客觀結構收攝到個人內在客觀心靈領域去處理，太注重了「意義」而乎略了「結構」。……傾向先驗的分析，缺乏經驗的綜合。〔註35〕

蓋林安悟先生雖認為新儒家努力處理的哲學問題已經偏向信仰層次的問題，並企圖以此穩立「意義象徵體系」，因而忽略了外在客觀制度之實際理論的詳細建構。然而他也指出，從另一方面來看，就廣度而言，當代新儒家或許稍嫌不足，但就深度及高度來看，當代新儒家卻是千古難見的。

事實上，傳統儒家思想一向強調對於天人關係的體認，儒家經典也很明確的顯示出這一個面向。其中，關於「超越又內在」這個思想線索，我們再以《中庸》一書為例，徐復觀先生便曾明言：「儒家以道德為中心，《中庸》指出了道德超越而內在的性格，因而確立了道德的基礎。」〔註36〕蓋傳統儒

頁 4～8。

〔註34〕參見林安悟：〈當代新儒家評述〉，《當代新儒家哲學史論》（台北：明文書局股份有限公司，1996 年 1 月初版），頁 6。

〔註35〕同上，頁，15～16。

〔註36〕參見徐復觀：〈中庸的地位問題〉，《中國思想史論集》（台北：學生書局，2002年 9 月，10 刷），頁 78。

家注重道德的傾向本不容否認，尤其是探討宋明理學家的思想，「超越又內在」這一脈絡更不能輕易忽視，何況是以《中庸》所蘊含的義理來建構自身哲學思想的孫愼行。也因此，筆者即以《中庸》一書所闡發的一「超越而內在」之概念爲主軸來詮釋愼行之思想，進而開展本論文之架構。是故，本文即以「超越天道」與「內在心性」兩概念將愼行思想分而論之，並於其中探討此兩概念之分化與合一之關係，最後則以愼行「愼獨說」做爲樞紐，將超越之客觀天道與吾人內在之主觀心性做一統合，以明儒家思想中以「道德爲教」與「天人不二」之旨意。

第二章　孫愼行之生平與學思背景

第一節　孫愼行之生平略述與爲學態度

一、生平略述

　　孫愼行，字聞斯，號淇澳、玄晏。〔註1〕常州武進（今江蘇武進，位於長江與太湖之間）人。明世宗嘉靖四十三年（1565）生，外祖父乃明末著名之文學家唐順之。明史記載愼行自幼即習聞唐順之的思想與言論，而順之不只是晚明著名文學家，與王龍溪更爲互相問學之好友，因此於理學方面亦有相當的造詣。〔註2〕今日我們從愼行在著作中對順之文思的欣賞與稱許可推知，其對理學的興趣與鑽研，當有受順之的影響與啓發。

　　明神宗萬曆二十三年愼行考中進士第三名，並授官編修，積功升任左庶子。是時，「妖書」〔註3〕事起，朝廷大興其獄，因宮廷中的權力鬥爭而無辜受累的人極多，愼行於此時上疏抗言，認爲此事「未可深求，須存國體」，但

〔註1〕 本節所敘述愼行生平的文字內容，主要是根據黃宗羲的〈東林學案〉，《明儒學案》及〈孫愼行〉，《明史‧列傳》（台北：明文出版社，1992年8月）與黎東方的〈光熹二宗〉，《細說明朝》（台北：傳記文學出版社，1977年10月）等書的資料，爲便於行文，不煩一一註明。

〔註2〕 唐順之，字應德，號荊川，武進人。……先生之學，得之龍溪者爲多，故言於龍溪，只少一拜。以天機爲宗，無欲爲工夫。請參見黃宗羲：〈南中王門學案二〉《明儒學案（中）》，卷二十六，頁598～599。

〔註3〕 中國明末的疑案之一，發生于萬曆三十一年，乃宮廷間爲爭立太子所引起的權力鬥爭，最後引發晚明的黨爭進而動搖國本。

卻不被採納。之後，慎行選擇歸居鄉里，其間閉門謝客以內修爲重，並鑽研理學、潛心於著作之中。

萬曆四十一年，慎行再度出仕，並由少詹事擢升爲禮部右侍郎，代理部事。當時，皇帝已經有二十餘年沒有親自主持郊廟大享等禮儀，對太子的講經教育也停止長達八年之久，而皇長孫九歲也尙未出閣接受教育，慎行因顧及太子講學與皇孫開閣等事皆關係到國家社會之安危與穩定，乃一併直諫，上疏多達七、八次。又代王廢長子而立幼子，群臣爲爭此事者上疏多達百餘次，皇帝本皆不予理會，最後在慎行上疏諍諫之下，纔得以重新設立世子。另外，當時皇太子儲位雖已確定，福王卻還留在京師，並要求須莊田四萬頃纔肯出行，致使小人多方窺伺，大臣們雖極力上疏，神宗卻遲遲不肯處理，慎行乃集合文武諸臣拜伏於宮闕下極力懇請，其間聲淚俱迸，達於大內，神宗爲之心動而應許，眾人的情緒也才安定下來。凡此，皆可見慎行對國家社會的關心，也顯現出晚明東林人物「事事關心」之精神。

明熹宗天啓元年慎行被拔擢爲禮部尙書。到任以後，他上疏追論「紅丸、移宮」二案，[註4]認爲「若非九卿臺諫力請移宮，選侍一日得志，陛下幾無駐足所。聞爾時從哲濡滯不進，科臣趣之，則云遲數日無害，任婦寺之縱橫，忍君父之阨隉，爲人臣者宜爾乎？臣在禮言禮，其罪惡滔天，萬無可生之路。」，乃直指李可灼進紅丸爲「弒」，認爲李氏該斬，而方從哲應該「引劍自裁」。並且又說西李移宮之前，已有垂簾聽政之事，然而熹宗卻說：「舊輔素忠愼。可灼進藥本先帝意。卿言雖忠愛，事屬傳聞。並進（太后）移宮事，當日九卿臺諫官親見者，當據實會奏，用釋群疑。」，於是，經一番「廷議」之後，熹宗身邊籠信多爲方從哲開脫，結果乃是李可灼戍邊，方從哲不問，慎行亦因此爲宦官所忌，並於天啓二年託病辭官。在這年冬天，朝廷推舉內

〔註4〕明末三案分別爲挺擊案、紅丸案、移宮案。其中「挺擊案」爲：萬曆四十三年，有一男子張差，手持棗木棍，闖入太子慈慶宮，打傷守門太監，太子內侍韓本用率眾將之逮捕，張差被捕後聲稱爲鄭貴妃手下太監龐保、劉成二人引進，主使者遙指鄭貴妃本人。「紅丸案」爲：萬曆四十八年，明光宗淫欲過度，精神勞瘁，司禮秉筆太監用瀉藥使病情加劇。爾後李可灼進紅丸，自稱仙方，光宗服藥後死去，當時人懷疑爲鄭貴妃下毒，是爲紅丸案。「移宮案」爲：萬曆四十八年，明熹宗朱由校繼位，撫養皇帝的李選侍和魏忠賢利用皇帝年幼把持朝政，左光斗、楊漣等反對，不讓李選侍與皇帝同住，迫使她移居他處，是爲移宮案。這三期事件本身並不是很重要，但是魏忠賢利用這些事件藉機打擊東林黨人，故有「三大案」之稱。請參見黎東方：〈三大案〉《細說明朝》，頁379～385。

閣大臣，以愼行爲首，吏部侍郎盛以弘次之，卻被魏忠賢壓制不用，而任用
顧秉謙、硃國禎等人，朝臣議論乃大爲驚駭。

天啓六年，魏忠賢勢力更爲龐大，商議修撰作《三朝要典》推翻三案，其
中「紅丸案」誣指愼行爲罪魁，詔令削奪其官籍並充軍戍守寧夏，是時愼行本
已坦然就道，適逢崇禎即位，魏忠賢失敗被誅，才獲赦免，日後愼行自述：

> 新皇登極，且廿日矣，使先之一月，則我爲道上胔久矣。〔註5〕

蓋死生之際，只隔一線也。經此生死一關，愼行更是潛心於心性之學的鑽研
之中，所謂：

> 閣居北屋三間，南向其中，非儒書不以入，即余非儒書不以觀。……
> 而客之素，往來者一不入，弟姪來，非爲拜神及說義理不入，下人
> 婦不入，葷腥酒不入，一切博奕具不入。……每靜居數日，胸中豁
> 有開，則向所抄者，輒覺了了有入處。不則抄自抄，《易》自《易》，
> 我終聞如而已。（丁卯冬）〔註6〕

蓋此時愼行所重者，除了平日的心性修養外，更重思想義理與生命間的融合。

明思宗崇禎元年，愼行再度被任命以故官（禮部尚書）協助管理詹事府，
然愼行以帶罪之人不適任爲由，極力推辭而不到任。之後，朝廷之士多次薦
舉他入閣，卻因吏部尚書王永光極力排擠，終不獲用。然其操行嚴峻高潔，《明
史》中指爲當時官吏搢紳之首也。

崇禎八年（1635）朝廷推舉內閣大臣，人選屢屢不合崇禎皇帝的心意，
最後以孫愼行、劉宗周及林釬三人之名呈上，終獲同意而立即召之入京。然
是時愼行已臥病在床，而於抵達京城的同時去世，享年七十一歲。日後追贈
愼行爲太子太保，賜諡文介。

後世史書論曰：

> 文介家居，朔望必跪讀《中庸》……表彰諸儒，以朱晦庵、陸象山、
> 王陽明爲依……日課凡五：一點坐，二玩易，三文藝，四書史，五
> 作字。張清惠嘗稱文介篤行如君實（司馬光），憂國如希文（范仲馮），
> 勇任道如朱晦庵（朱熹）。嗚呼，近之矣。〔註7〕

〔註5〕〔明〕孫愼行：〈杭上舍〉，《文抄》（收於《四庫禁燬書叢刊·集部·123》。
北京：北京出版社，2000年。），頁179。以下簡稱四庫禁燬書叢刊本。

〔註6〕孫愼行：〈文昌閣記〉，《文抄》（四庫禁燬書叢刊本），頁24。

〔註7〕查繼佐：〈孫愼行〉，《罪惟錄》（台北：商務印書館印，1976年《四部叢刊續
編》），頁2127。

慎行一生爲官，不顧個人生死、利益而忠心爲國爲民，其間或志不得伸或遭人陷害，則歸居鄉里潛心理學、修養身心，然憂國之心、任道之情則無時或止。事實上，就如余英時先生認爲：中國之士（知識分子）文化自孔子揭示「士志於道」以來，便已規定了「士」是基本價值的維護者，曾子發揮師教，說得更明白：「士不能不弘毅，任重而道遠，仁以爲己任，不亦重乎？死而後已，不亦遠乎。」這一原始教義，對後世的「士」發生了深遠的影響，其中，晚明東林人物的「事事關心」、「不顧生死」一直到現在還是能振動我們的心弦。〔註8〕今日觀乎慎行所言：

> 君臣之義重，死生之際輕……皆平常日用之當然者而已。〔註9〕

> 若死之非所，則誠死矣，聖人安得不畏。古人死節往往稱死，蓋亦傷其志之意。……即張子〈西銘〉曰：「存，吾順事，歿，吾寧也。」〔註10〕

> 士君子不惟忘窮達，並須忘死生，時時有溝壑喪元之念，而後可以立功盡節，可明道成身，雖居平尚然，況於衰世。〔註11〕

所謂「君臣之義重，死生之際輕……皆平常日用之當然」意同於張載〈西銘〉所言「存，吾順事，歿，吾寧也」。蓋生死雖爲人生之大事，但實乃宇宙之常理常道而已，重點在於生命的過程中是否有創造、顯現價值，如有，則可謂「死得其所」也。因此，君子不只要能超越窮困與利達，更要能跨越生死，如此才能立業盡節、明道成身。蓋若非以孔孟之性命天道思想爲精神支柱，面對爲政治上種種的強暴與打壓，慎行又如何能夠不屈服呢？綜觀慎行一生實乃其學思與實際人生結合之最佳典範，並且藉由對其言論的理解與他人給予的評價，我們實不難想像慎行篤實的爲學風格以及憂國憂民、勇於任道的高尚情操。

二、爲學態度

就歷史事實而言，東林學派是「宗朱」的，並且東林之學大體上也是用

〔註8〕 參見余英時：〈士在中國文化的地位〉，《士與中國文化》（上海：上海人民出版社，2003年9月），頁2。
〔註9〕 孫慎行：〈致身解〉，《困思抄》（四庫禁燬書叢刊本），頁328。
〔註10〕 孫慎行：〈畏匡〉，《困思抄》（四庫禁燬書叢刊本），頁358。
〔註11〕 孫慎行：〈稽阮論〉，《文抄》（四庫禁燬書叢刊本），頁169。

修、悟這兩個的標準來區別「程朱」與「陸王」，而有較重視程朱一派「修」的工夫之傾向。〔註 12〕但若單就孫慎行個人的爲學態度而言，黃宗羲於《明儒學案》的評語，可供我們做一初步的參考：

> 先生之學，從宗門入手，與天寧僧靜峰，參究公案，無不了然。每從憂苦煩難之境，心體忽現。然先生不以是爲得。謂：「儒者之道，不從悟入」。〔註 13〕

此中所謂「與天寧僧靜峰，參究公案，無不了然」即指出慎行與佛教的關係極爲密切。事實上，慎行自己也說：「余性未嘗不喜觀佛經典及道家言。」〔註 14〕、「自思於學問也，得於靜峰多矣。」〔註 15〕凡此，皆顯示慎行在爲學的過程中確實與佛教禪門之人多有接觸，於佛學義理亦多有瞭解。然而慎行強調「儒者之道，不從悟入」，因爲他認爲：

> 朱子云「悟之一字，聖門殊未嘗言」，予思夫子默識，蓋別之學與誨也。凡事物見其當然，即知其爲當然，故默識即多見而識也，非悟之謂也。近世賢達多從悟入，陸子之直言大道，蓋亦天質之然。眞聖人之體，而非從悟入者也。……蓋朱子力肩聖書（學），專以聖門多聞多用力，而未嘗以悟爲學如此。〔註16〕

所以就教法上而言，慎行大致上是抱持著「宗朱」的態度，所謂：

> 知道終非常人可能。不知幾千萬學人中出得一個人，又不知幾數十百年中出得一人。朱子勤勤開誘專務與民由之一邊，象山急提省卻要人知道，所以教法有廣不廣。然則聖賢教人則不然，孟子曰：「道在邇，而求諸遠；事在易，而求諸難。人人親親、長長，而天下平。」從此由即從此知，更不得分爲兩截。〔註17〕

就客觀事實上而言，能符合儒家思想標準中所謂的「知道」之人，就像慎行所說的「不知幾千萬學人中出得一個人，又不知幾數十百年中出得一人。」

〔註12〕參見李紀祥：〈東林學術與道德經世〉，《明末清初儒學之發展》（台北：文津出版社，1992 年 12 月），頁 39。

〔註13〕黃宗羲：〈東林學案〉，《明儒學案（下）》，卷五十九，頁 1447。

〔註14〕孫慎行：〈文格〉，《文抄》（四庫禁燬書叢刊本），頁 18。

〔註15〕孫慎行：〈文心〉，《文抄》（四庫禁燬書叢刊本），頁 186。

〔註16〕孫慎行：〈讀宋儒語錄記又二章〉，《文抄》（四庫禁燬書叢刊本），頁 26。

〔註17〕孫慎行：〈知道〉，《困思抄》（收於《四庫全書存目叢書‧經部 162》，台北：莊嚴文化事業有限公司，1997 年 2 月初版），頁 57。以下簡稱四庫全書存目叢書本。

因此象山教法重視簡易直捷的「直復本心」工夫，在慎行以爲就如龍溪重「悟」的工夫一樣，只適合資質穎悟的「利根」之人，並不適用於一般人民大眾。所以慎行認爲象山之教法乃「急提省卻要人知道」，實不如朱子之教法「勤勤開誘專務與民由之一邊」普遍廣泛。再者，慎行亦非認爲人們只需「終身由之而不知其道」，而是強調「從此由即從此知，更不得分爲兩截」，即主張應從日常生活中「親親、長長」之實際作爲裡去體會種種道理，此與陽明主張「知行合一」之爲學態度是接近的。慎行又說：

> 凡學問最怕拘板，必有一種活動自得處，方能上達。天地間之理，到處流行，有可見，有不可見；有所言，有所不能言。不是以心時時體會，有活動機括，焉能日進日新？故須時習。……若止認作服習重習，專有人工，絕無天趣，即終身從事，轉入拘板。〔註18〕

錢穆先生指出：程顥曾說：「天理二字，是我自家體貼出來。」湛若水說：「隨處體認天理。」王陽明則言：「致良知」。這三家說法，都可與慎行此條相通。而慎行此說緊要處，在他指點出「天趣」二字來。蓋王學末流之弊，都喜講本體，忽略了工夫；而程朱一派的格物窮理說，則偏重在工夫上，又使人摸不到頭腦。慎行「天趣」二字似乎極平常、通俗，實則反映出他的學問已擺脫講學家之玄談空理，與他的思想中兼含程朱重工夫與陸王重本體的兩個面向。〔註19〕事實上，慎行在評論朱子、象山、陽明三人時即有言道：

> 夫三先生於道所爲見之極明，而造之極醇也，在則雖有說之異，不失爲明之同。即始以明入者之異，不失爲終歸以明者之同也。朱子世所視爲顓問學者也，而曰「知性則物格之謂，盡心則知至之謂」，謂有異陸否？陸子世所視偏德性者也，而曰「宇宙內事，吾分內事」、曰「須在人情物理上用工」、曰「須自下及物，則隨上隨下皆有濟」，謂之有異朱否？陽明世所視爲專良知也，而曰「工夫只是簡易眞切，愈簡易愈眞切」、曰「心即道，道即天，知心則知天知道」，謂之有異朱陸否？〔註20〕

所謂「三先生於道所爲見之極明，而造之極醇也」即顯示出慎行對三人之肯定與認同，並以爲朱子「道問學」、象山「尊德性」以及陽明「致良知」三家

〔註18〕孫慎行：〈時習〉，《困思抄》（四庫禁燬書叢刊本），頁332。
〔註19〕參見錢穆：〈孫慎行、錢一本〉，《宋明理學概述》，頁295。
〔註20〕孫慎行：〈三賢集編序〉，《文抄》（四庫禁燬書叢刊本），頁42～43。

之言，實可於異中求同而歸之一本，故其謂「始以明入者之異，不失爲終歸以明者之同也」，即是他在爲學態度上兼重三家之說的一個最佳註解。而唐君毅先生在探討朱陸異同時，曾經明白的說道：「宋明儒之學，同爲尊德性之學，諸大儒無不歸在踐履，吾人學之，亦當歸在是，然就諸儒所以成其踐履之義理而論，則誠如象山所言，千古聖賢，同堂共席，一無盡合之理。然吾又確信殊塗自有同歸，百慮終當一致，方見天下吾二道、聖人無兩心，則朱陸二賢之言，自應有通處。」〔註 21〕由此可見，宋明諸儒各自之成德理論雖不盡相同，並可因其理論所著重方向分系以觀之，然並不需因此強立標準以抑揚之，而是應視宋明理學爲一整體之發展，並因應時代所需，從中擇優發展之以切合世用，如此一來，方能不斷延續一學脈之生命力。

第二節　孫慎行之思想背景——以東林學派爲論述中心

　　思想史所重者在思想觀念與時代風潮、社會情境的彼此互動關連之探討；哲學研究者所重者則在於思想觀念體系本身的理解與詮釋，批判與重建。〔註 22〕並且，任何一種思想體系之存在，都不可能憑空產生，必定倚賴人類的思索演繹與時代的環境考驗，才得以形成一具形式概念之理論系統。當一套理論系統演變成一家一派之言後，它所影響之層面會變得更加深遠，往後的創作者、詮釋者雖然會根據個人主客觀上的偏好與環境取其所需，並依自己的方式，因革損益，來構造自身的思想體系。但毫無疑問的，任何一位思想創作者、詮釋者都會受到當代思潮的影響。慎行身爲晚明東林學派〔註 23〕

〔註 21〕 唐君毅：〈朱陸異同探源〉，《中國哲學原論‧原性篇》，頁 554～555。

〔註 22〕 哲學的重點與思想史的重點不同，哲學講一門學問的本義，必與其流弊分開，不能就其一時之榮辱，決其千秋之意義。思想史不能不講勢，一個好的理念，也可以因種種因素，產生壞的流弊，既不能歸咎於理念的本身，但理念的表達想必有不完善的地方，始可以促成種種誤解，……歷史之發展決非無理，但又不完全合理，故吾人終究難以預測歷史。一個思潮的沒落，有許多因素不能預見，一個思潮之復興，同樣有許多因素不能預見。……我們要在千變萬化的現象中，自求會心，……使處於現代的心靈，還可以捕捉千百年前的心靈，彼此有所感通，而講出它的現代意義。請參見劉述先：〈黃宗羲明儒學案的義理分析〉，《黃宗羲心學的定位》（台北：允晨文化實業股分有限公司，1986 年 10 月），185～186。

〔註 23〕 事實上，東林所包含的範圍與所屬的士人混雜難辨，東林書院的講學活動或

的一份子，並於其中相互師友講學、討論義理，自然也有共同的問題意識與
相類似的思想見解，故對東林學派整體思想之傾向的先行瞭解，當有助於我
們掌握慎行思想的特色。

一、王學之弊與東林之興

　　晚明東林學派在思想上的光輝雖然常被政治中朋黨之爭的議題所掩蓋，
但他們畢竟是一個以書院講學爲主的組織，即使具有強烈的儒家經世理想性
格，仍不掩士人講學的風格。今若專就學術思想上著眼，東林講學大體上有
兩個共同方向：一爲「矯挽王學之末流」；一在「抨彈政治之現狀」。〔註24〕
於此，古清美先生有則言道：

> 其學乃以王學之失、人心之弊爲出發點，重闡儒家實有之性體對抗
> 當時言心體的無善無惡之談；並以「下學上達，躬行君子」爲宗旨，
> 將對於世道人心的針砭，傳統綱常的維繫，和家國政治的意見，一
> 一寓於其心性義理之學中。〔註25〕

東林之學所以從「王學之失」、「人心之弊」出發，並以「下學上達，躬行君
子」爲宗旨，反映的是王學末流之思想在當時社會已產生了不良的影響，所
以他們必須在思想理論與實際行爲中提出一對治之道，才能維繫住傳統的綱
常倫理，故王學末流在思想與社會上衍生出的種種諍辨與弊病，可說是東林
學人在學術思想上所面對的主要課題。〔註26〕

　　其周遭輩出的士大夫官僚階層的政治活動和思想，通通可以「東林」稱之，
　　參見溝口雄三：〈所謂東林派人士的思想〉，《中國前近代思想的演變》，頁174。
　　而本文所稱東林學派思想的焦點，則集中在黃宗羲《明儒學案・東林學案》
　　所選錄當時曾於東林書院講學者的思想上，即以學術思想上而言的「東林學
　　派」爲主，而非政治上所稱的「東林黨」。
〔註24〕　參見錢穆：〈引論〉，《中國近三百年來學術史》，頁9～13。
〔註25〕　古清美：〈序論〉，《顧涇陽、高景逸思想之比較研究》（台北：大安出版社，
　　　　2004年7月初版），頁3～4。
〔註26〕　唐君毅先生以爲「東林之學乃兼言格物與止至善之學以矯王學末流狂肆之
　　　　弊，並重節義、氣節，而能以身爲筆，以血爲墨，以書義理於天地之間。」
　　　　請參見唐君毅：〈王學之弊及東林學之止至善之道與其節義之教〉，《中國哲學
　　　　原論・原教篇》，頁444～467；勞思光先生則認爲東林學派乃針對王學末流心
　　　　體「無善無惡」之論而起，其學乃「以心體問題爲重，而精神方向則偏重社
　　　　會風氣之建立。」請參見勞思光：〈明末清初之哲學思想（上）〉，《中國哲學
　　　　史（三下）》（台北：三民書局，1980年6月），頁568。

　　要明瞭王學流弊產生的原因，須從王門後學的分化著眼。要談王門的分化，則不得不從王陽明本人的思想變化著手。陽明是明代理學的關鍵人物已無須贅言，其早年從朱子「持敬窮理」的工夫入手而無了悟，直至貴州龍場一悟，遂倡「知行合一」、「心即理」之說，晚年更提出「致良知」以教人，其中「四句教」則是致良知最簡易直捷的說法，並使得致良知之教有步驟可資依循、實踐，陽明之學亦因此風行天下。故黃宗羲有謂：

> 有明學術，從前習熟先儒之成說，未嘗反身理會，推見至隱，所謂
> 「此亦一述朱，彼亦一述朱」耳。……自姚江指點出「良知人人現
> 在，一反觀而自得」，便人人有個作聖之路。故無姚江，則古來之
> 學脈絕矣。然「致良知」一語，發自晚年，未及與學者深究其旨，
> 後來門下各以意見攪和，說玄說妙，幾同射覆，非復立言之本意。

〔註27〕
意即晚明學風經陽明之後，乃從「承朱」、「述朱」之朱子學一變為「承王」、「述王」之王學。然而陽明「致良知」之說也延伸出一個問題，即黃宗羲所謂「致良知一語，發自晚年，未及與學者深究其旨，後來門下各以意見攪和，說玄說妙，幾同射覆，非復立言之本意。」蓋陽明「良知之說」確立於晚年而未及對諸弟子深闡其旨意，因此在其身後，隨著諸弟子對其「四句教」的不同體悟，陽明後學也分歧為不同派別，此乃從外在客觀事實上論王學分化。

　　今若從思想層面來探究，我們可以說王學分歧之根本因素在於陽明弟子對所謂「良知本體」的認知不同，此即唐君毅先生所言：

> 陽明提出致良知之教，原是此為至簡易真切之為學之道，亦愚夫愚
> 父五尺童子，皆行得之教，……然良知之學滿天下，學者對良知之
> 說，更有種種異同諍論；而預知此良知為何物，反成最難。〔註28〕

意即陽明將天下為學之道，收歸成「致良知」之教，而有「四句教」之簡要教法，然而後學者若不精思審辨其中的義理轉折，則天下為學之種種繁難、弊病，也將無可避免的隨之輻輳於此教法中。因此，良知之教從至簡真切之為學之道變成諍論四起、異見橫生之學，雖為一弔詭之事，然細究之，卻非毫無理由而實乃不可避免之結果。

　　其實陽明之四句教本只是其致良知之教落於《大學》上言時，對於正心

〔註27〕黃宗羲：〈姚江學案〉，《明儒學案（上）》，卷十，頁179。
〔註28〕唐君毅：〈王學之論爭及王學之二流〉，《中國哲學原論‧原教篇》，頁362。

誠意致知格物解釋之綜括而已。然其弟子王龍溪首先對四句教言提出質疑而有所謂「四無」之說。意即爲四句教中既然強調通過爲善去惡的工夫，可以恢復朗現無善無惡的良知本體，則人其實應該可以直接悟入此本體，使之朗現而作生命活動的主宰，而此時意、知、物都會像心體一樣，是無善無惡的。〔註29〕但事實上，人即便悟得良知本體，並非即可無善惡意念之萌生，因此尚須種種去蔽除障之工夫，以保良知明瑩無礙的持續呈現。因此，牟宗三先生指出：

> 王龍溪只以先天後天對翻，好像教人捨後天趨先天，這便有病；把先天之學看得太容易，又把四句教只看爲後天，而忽略了其致良知之先天義，這變成了蕩越。……王龍溪那些閃爍模陵的話頭，因思之不審，措辭之疏闊不盡與不諦，固有許多蕩越處，而招致人之譏議。〔註30〕

即便牟先生肯定龍溪「四無」之說乃爲陽明良知教之嫡傳，然亦指出龍溪將陽明澈上澈下之四句教法看成權法，並認爲「四無說」比之陽明之「四有說」更爲圓融、究竟，忽略了後天的修行與努力，則不免失之過高，易言難行，而不能謂之無病矣。因此，我們雖不能將晚明王學分歧的責任全歸於龍溪，但他確實也將致良知之教引導向一條叉路，並衍生出蕩越之蔽病。

然而王學分化途中最大的流弊卻是產生於泰州一派。此派由王心齋發端，中經顏山農、何心隱、羅近溪、周海門等人而發揚光大，一代勝似一代，故有謂心性之學發展到泰州一派，已達頂點，所謂愚夫愚婦，當下指點，即可豁悟良知，誠不讓於禪門頓悟之學，因而有狂禪派之稱。〔註31〕此派從王心齊道：「道一而已矣。中也，良知也，性也，一也。識得此理，則現現成成，

〔註29〕是否可以如龍溪所以爲將悟入作爲工夫呢？唐君毅先生認爲：「『致良知』之工夫本有『悟本體即工夫』與『以工夫悟本體』這兩種基本類型……但致良知之其他不同型態的各種工夫亦不可偏廢。」請參見唐君毅：〈王學之論爭及王學之二流〉，《中國哲學原論·原教篇》，頁365。因此，龍溪「四無」所倡之「悟本體即工夫」是致良知之教在哲學理序上的第一義工夫當無異議，蓋陽明在世之時，即不反對由不同的工夫、步驟來體認良知本體，所謂利根、頓根之人各有不同教法也。

〔註30〕牟宗三：〈王學之分化與發展〉，《從陸象山到劉蕺山》（台北：台灣學生書局，2000年5月），頁281。

〔註31〕參見嵇文甫：〈所謂狂禪派〉，《晚明想史論》（北京：東方出版社，1996年6月），頁51～72。

自自在在。即此不失，便是莊敬；即此常存，便是持養，眞不須防檢。」〔註32〕到羅近溪云：「『良知』二字，始於《孟子》『孩提之童，不學不慮，知愛知敬，眞純湛一，由仁義行』。大人者不失其赤子之心，亦以其心之眞純湛一，即赤子也。」〔註33〕皆強調良知本體的現成自然、不學不慮的一面。然而這種重視良知之現成自在、不學不慮的主張，雖然使致良知之學自然可學並更容易爲人所接受，卻也因爲不重視檢防工夫而有流弊，即放曠之弊病也。

　　蓋工夫論在宋明理學中始終是一個極重要的部分，到了朱子，幾乎所有的理論架構都經過了他詳密而分疏和討論，剩下的問題，可以說是個人體會和實踐的問題。然而古清美先生認爲：朱學始終要面對「此心與此理如何湊泊」、「物理吾心終判爲二」的困思和質疑，因而才有陽明「致良知」之學產生，以吾心之良知做爲天理的顯發，從而擴充之、貫徹知行於一體。但到了晚明，陽明的致良知之學卻又被空疏肆盪的王學末流所掩沒，良知教中知行合一的精義被空虛求悟的風氣所取代。〔註34〕因此，黃宗羲在總結龍溪、泰州兩派時嘗道：

> 陽明先生之學，有泰州、龍溪而風行天下，亦因泰州、龍溪而漸失其傳。泰州、龍溪時時不滿其師說，益啓瞿曇之秘而歸之師，蓋躋陽明而爲禪矣。然龍溪之後，力量無過於龍溪者，又得江右爲之救正，故不至十分決裂。泰州之後，其人多能以赤手搏龍蛇，傳至顏山農、何心隱一派，遂復非名教之所能羈絡矣。〔註35〕

蓋陽明之學雖因泰州、龍溪而得迅速傳播流行於天下，然流弊亦起於此，並導致諸多誤解與批評，其中最大的問題即黃宗羲指出的：龍溪一支「益啓瞿曇之秘而歸之師，蓋躋陽明而爲禪」、泰州一派「其人多能以赤手搏龍蛇，傳至顏山農、何心隱一派，遂復非名教之所能羈絡矣」，而這也就是劉蕺山所謂的：

> 今天下言爭良知矣。即其弊也，猖狂者參之以情識，而一是皆良；超潔者蕩之以玄虛，而夷良於賊。〔註36〕

〔註32〕黃宗羲：〈泰州學案一〉，《明儒學案（上）》，卷三十二，頁716。

〔註33〕黃宗羲：〈江右王門學案二〉，《明儒學案（上）》，卷三十四，頁376。

〔註34〕參見古清美：〈劉宗周實踐工夫探微〉，《論學集》（台北：大安出版社，2004年7月），頁183。

〔註35〕黃宗羲：〈泰州學案〉，《明儒學案（上）》，卷三十二，頁708。

〔註36〕〔明〕劉宗周：〈證學雜解·解二十五〉，《劉宗周全集·二》（台北：中央研究院1996年6月），頁325。

很明顯，蕺山是認為泰州是「參之以情識」，龍溪是「蕩之以玄虛」，並以此二派，或過分強調良知自然呈現，感情意識容易參雜其中而輕視日用倫常，導致放肆之弊；或只重視良知本體之虛靈作用，以不分別、不執著、不落善惡是非二邊為最高境界，因而以事為外，以理為障，而各是其所是，各非其所非。

是故，龍溪、泰州二者流風所及，上焉者侈談心性、簸弄光景，以虛見為妙悟，以狂為聖人，以鄉愿為中行，以閹然媚世為萬物一體；下焉者騁其私人之意氣，誤情識放蕩為良知呈現，以聖賢經訓、禮法規矩為外在約束。〔註37〕此即孫慎行所言：

> 鄉愿一生營營，所忌憚者，世情耳。……夫鄉愿之有忌憚於世，正其所以無忌憚於理也。故孔子以為德賊，賊常畏人見。孟子以為邪匿，匿則深入人，而人不見者也。〔註38〕

> 素隱者，脫離人道遺棄日用，角立於道之外者也。小人者，即名為人倫日用，而徇私周利，陰竄於道之中者也。……此行險僥倖之小人，即前所謂無忌憚之小人也。既有小人之心，則無忌憚。必不足厭之，且為聖人德業可以無慚，為天人符應可以坐握。……《中庸》之壞也，不壞於道外之行怪，而壞於道中之行險也。〔註39〕

蓋王學流弊造成鄉愿、小人之壞人心、毀道術的現象已影響社會風氣，名利之徒正好假借良知之說以逞其利欲，快其私心，同時在另外一方面，政治上宦官專權所造成的腐爛貪污，也增速了整個社會的瓦解。〔註40〕因此，從學術到社會、政治、皆彌漫了一片虛無、詐偽和狂蕩的風氣，凡此，都使得東

〔註37〕 參見林安悟：〈導論〉，《王船山的人性史哲學之研究》（台北：東大圖書出版社，1987年9月），頁10。

〔註38〕 孫慎行：〈鄉原〉，《困思抄》（四庫禁燬書叢刊本），頁336。

〔註39〕 孫慎行：〈行怪說〉，《困思鈔》（收於《叢書集成續編·子部88》，上海：上海書店 1994年），頁92，以下簡稱叢書集成續編本。

〔註40〕 關於陽明後學所引發的問題，勞思光先生說：「陽明後學，由於自身體驗之不同，及對陽明學說了解之差異，彼此間爭執頗多。然撮要言之，則斷涉及之哲學問題，大致不外三點，此即：（一）心體問題——以「無善無惡」一觀念為關鍵。（二）發用及工夫問題——當以『良知』之『知善知惡』與『好善惡惡』二義為關鍵。（三）客觀化問題——此點所涉範圍較大，可說為『道德心與文化秩序』間之問題。」請詳參勞思光〈明末清初之哲學思想（上）〉，《中國哲學史三下》，頁543。

林學人不得不挺身而出並有所作爲。

二、東林學派的理論特點

今若單就學術思想之層面上著眼，東林有所謂的「三辨」：一辨「無善無惡心之體」、二辨「只言本體，不談工夫」、三辨「氣質之性與義理之性」。〔註41〕而此三辨或直接或間接都是針對王學流弊而起。

首先，前二辨即直接針對王學末流之弊而起，因此東林之學大體上皆倡「性善」之義，以辯正龍溪一支盛言「無善無惡心之體」所引起的弊端，並主張「修悟並重」而倡實修實悟，以矯改泰州一派盛倡「只言本體，不談工夫」所產生的弊病。顧憲成嘗謂「論本體只是性善二字，論工夫只是小心二字」，〔註42〕高攀龍則言「談良知者，致知不在格物，故虛靈之用，多爲情識，而非天則之自然，去知善遠矣。吾輩格物，格至善也，以善爲宗，不以知爲宗也。」〔註43〕蓋東林學派之重「小心、格物」之實修實悟工夫以去狂肆之知，宗「性之至善」以矯無善無惡之論，其意皆在矯正王學之弊也。

雖然東林之言格物性善，乃透過王門之弊而發爲議論，但是其中不乏創見卓識。其中，在「性善論」的觀點上，顧憲成嘗謂：

> 或謂：「性虛明湛寂，善不得而名之。以善名性，淺之乎其視性矣！」竊意善者萬德之總名，虛明湛寂，皆善之別名也。名曰清虛湛一則得，名曰善則不得，十與二五，有以異乎？將無淺之乎其視善也？
>
> 〔註44〕

憲成亦不反對性體之有虛明湛寂之義，但以爲在價值取向上，宗性體之「善」面向遠重要於「虛明湛寂」之面向。〔註45〕否則只希求性體之虛寂義而宗性之無善無惡不宗性善，即難以避免狂肆之弊。因此，憲成辨現成良知、不學

〔註41〕此三辨乃錢穆先生論東林學術時所歸納。請參見錢穆：〈引論〉，《中國近三百年來學術史》，頁9～13。

〔註42〕黃宗羲：〈東林學案〉，《明儒學案（下）》，卷五十八，頁1391。

〔註43〕黃宗羲：〈東林學案〉，《明儒學案（下）》，卷五十八，頁1420。

〔註44〕黃宗羲：〈東林學案〉，《明儒學案（下）》，卷五十八，頁1393。

〔註45〕唐君毅先生即認爲：「蓋善原爲一純粹價值性之名，此與一切存在事物之名，出不同其類，是乃可橫貫於此一切存在事物之名之中，亦出不爲此中之任一名之特定所指之所限，故此中之任一名之特定所指雖空，而善自不空」。請參見唐君毅：〈陽明學派及東林對「至善」及「無善無惡」之重辨與劉蕺山之言心性之本體工夫義〉，《中國哲學原論・原性篇》，頁488。

不慮、不思不勉，並非要把他們全部推翻，只是說明他們是對本體的描述，而非不假修證的藉口。〔註46〕而此辨之目的，更只是由昭告性善本體的本來具足，以激發人去做工夫。意即「人人皆可爲堯舜」，並不保證人人皆必爲堯舜，故不能以本體做爲工夫的全部。

此外，在「工夫論」的主張上，高攀龍之言，其透闢者則過於顧憲成。其言格物之義，雖似重新申述程朱之旨義，實際上則轉進一層而有新觀點。其曰：

> 天下豈有心外之物哉？當其寂也，心爲在物之理，義之藏於無朕也；當其感也，心爲處物之義，理之呈於各當也。心爲在物之理，故萬象森羅，心皆與物爲體；心爲處物之義，故一靈變化，物皆與心爲用。體用一源，不可得而二也。物顯乎心，心妙乎物，妙物之心無物於心，無物於心而後能物物。故君子不從心以爲理，但循物而爲義。不從心爲理者公也，循物爲義者順也。……此之謂因物付物，此之謂艮背行庭，內外兩忘，澄然無事也。〔註47〕

蓋高攀龍之言格物，除了重申程朱格物本旨又兼存陽明言心即理之義，亦能避免程朱末流視物爲外之弊病，所謂「心皆與物爲體」即所謂天下無心外之物，然而高氏並沒有直接採取陽明的「格物」的工夫——「致良知」，而主張必須與物接，使物之理呈現，待心感於物，與物交時，便知當如何處物之理，此時理乃在接物時而呈顯於心。如此一來，物之理顯於心，心與物不貳，體用一源，而能內外兩忘，物還其則，而不徒一心爲理。蓋景逸乃以此獨特的「格物致知」之說以救王學末流「從心所欲而逾矩」之弊。

再者，高攀龍在工夫論中融合朱王的傾向，其實也是東林學派一個重要的特徵。從思想之層面上探究，這也反映東林學者在心性論上已有揉合程朱與陸王的趨向，所以才會反映在工夫理論上。值得注意的是，東林之學在宋明理學的學術脈絡中亦有其獨特的理論發展，此即主張「氣質之性而與義理之性雖可分爲二，亦可混而爲一」。首先，在高攀龍即有謂：

〔註46〕溝口雄三指出：「反對無善無惡思想的立場，或可做爲一個基準，然而過於拘泥於這個標準，問題勢必隨之沿生。……與其把東林派限定在過去中國哲學研究領域中一貫的狹隘說法、而是反無善無惡派，並賦予學術流派的定義；不如涵蓋無善無惡派，而以更廣闊的視野眺望他們自我期許的改革方向。」請參見溝口雄三：〈所謂東林派人士的思想〉，《中國前近代思想的演變》，頁178～180。
〔註47〕黃宗羲：〈東林學案〉，《明儒學案（下）》，卷五十八，頁1412。

論性於成形之後，猶論水於淨垢器中，道著性字，只是此性，道著水字，只是此水，豈有二耶？……天地之道，爲物不貳，故性即是氣，氣即成質，惡人之性，如垢器盛水，清者已垢，垢者亦水也。〔註48〕

即以爲性與氣是一而二，二而一的，而孫慎行則進一步言：

夫氣質獨非天賦乎？若天賦而可以弗性，是天命之性，可得而易也。……故所謂善反者，只見吾性之爲善而反之，方是知性。若欲去氣質之不善，而復還一理義之善，則是人有二性也。二之，果可謂性否？〔註49〕

除了主張氣質之性與天命之性之不可分，並認爲性善則氣質亦當爲善。此即顯示東林學者對朱學理氣二分的反對，並有走向理氣一元的思想趨向。〔註50〕所以東林學脈雖欲挽救王學末流之弊乃不期然有自王返朱之傾向，然在理論層面上則有不同於前人之處並自有所重與發展。

　　事實上，王學於盛行之時，已有學者對於王學有所非議，如湛甘泉反對陽明「格物致知」之說，而主「隨處體認天理」，陳建著《學蔀通辨》駁陽明「朱子晚年定論」，其餘如羅整菴與呂涇野等人亦對於王學有所不滿。值得一提的是，在東林之前，陽明後學江右一派對於「現成良知」之說已有批評，此派之中羅念庵（洪先）與聶雙江（豹）風格相近，他們皆是靠自力自學，靜極而悟，並在陽明死後方稱弟子。〔註51〕其中，雙江主「執體以應用」、「歸寂以通感」、「致虛以立天下之有，主靜以該天下之動」〔註52〕；念菴則主「良知是未發之中，……必常靜常定然後可以誠意」。〔註53〕是故，他們要求將工夫的著力點放在屬於「本體」範疇的「寂、未發之中、靜」之上，主張良知

〔註48〕黃宗羲：〈東林學案〉，《明儒學案（下）》，卷五十八，頁1412～1413。

〔註49〕黃宗羲：〈東林學案〉，《明儒學案（下）》，卷五十九，頁1452～1454。

〔註50〕唐君毅先生即指出：「從明初薛瑄、曹端不滿朱子理氣二分之說，到陽明以良知之流行爲氣，王龍溪言性爲氣質之精華，亦皆謂心性不離氣質的主張之中」。請參見唐君毅：《中國哲學原論·原性篇》，頁491。而鄭宗義先生則以爲明末東林之學因對王學流弊空描形上境界的不滿，乃轉而疑形上之義理之性而較注重形下的氣質之性。請參見鄭宗義：《明清儒學轉型析探·從劉蕺山到戴東原》，頁25。

〔註51〕參見黃宗羲：〈江右王門學案二〉，《明儒學案（上）》，卷17，頁372。

〔註52〕參見黃宗羲：〈江右王門學案三〉，《明儒學案（上）》，卷18，頁375。

〔註53〕參見黃宗羲：〈江右王門學案三〉，《明儒學案（上）》，卷18，頁414。

（本體）必經修證的工夫始得，而非現成可一悟而得。然而，就王學的脈絡而言，「良知」通貫已發未發、寂感動靜此自無疑問，然聶、羅卻是以採取二元論的體用思維方式來看良知，將「感、已發、動」都屬於用的範疇，因此，就王學的內部標準而言，江右一派主歸寂，並不是王學的真血脈。〔註 54〕東林之學雖也重視工夫，但他們並沒有尋江右聶、羅的方向來批評、矯正王學流弊，而是採取一種調和的態度，回溯至程朱格物之學以期救正王學之弊，並且在此調和的過程中，他們也走出了自己的一條的道路出來。

再者，所謂的學術派別本不容易劃分，亦不必嚴格劃分，如顧憲成以朱學救王學，蓋乃去短集長之用意，亦未深詆陽明之學。蓋以學術史的觀點看來，東林學者居於王學漸壞，朱學將興之間，他們依當時的需要，提出「下學上達、躬行實踐」的宗旨，因而取朱學篤實精詳和王學注重實踐的精神，並去除「溺於辭章」及「玄虛放蕩」之弊，用王學的「心」言工夫，以程朱的「性」即「天理」標榜本體，兼取二家之長而去其短，並發展出獨樹一格的風格。〔註 55〕是故，雖然一般學者大抵皆認定東林之學乃「宗祖程朱之學以修正王學之弊」。〔註 56〕或如岡田武彥先生說的：「東林學是經由王學所產生的新朱子學。」〔註 57〕然而，我們認為，與其說東林學是從朱子學而來，毋寧說是發源於王學，並回溯至朱子學以對王學作一修正、批判，最後並折衷二家之說、截長補短而自成一學派。

〔註 54〕關於這一點，劉述先先生有一詳盡的評析，請參見劉述先：〈黃宗羲明儒學案的義理分析〉，《黃宗羲心學的定位》，141～157。

〔註 55〕參見古清美：〈顧高兩人講學東林之影響及其學之評價〉，《顧涇陽、高景逸思想之比較研究》，頁 281。

〔註 56〕侯外廬先生以為「東林學派之傾向，基本上是宗程、朱而詆陸、王，並標榜氣節，崇尚實學，反對王學末流棄儒入禪、空談心性的學術風氣」請參見侯外廬：《宋明理學史》（北京：人民出版社，1997 年 10 月）。容肇祖先生則以為「東林之學乃傾向於程朱而欲補救王陽明一派空虛談物的弊病，而以救世救民為主要的學術取向。」請參見容肇祖：〈東林學派〉，《明代理學史》（台北：台灣開明書局，1969 年 11 月）。于化民先生則以為「東林學派乃採用正統理學之天理論、性善論、格物說，在不同角度上對王學加以批判、改造，而為理學與心學之合流。」請參見于化民：〈晚明理學與心學的合流〉，《明中晚理學的對峙與合流》（台北：文津出版社，1993 年 2 月）。而嵇文甫先生大體亦持此一角度論東林之學，而以其乃一「王學修正派」，請參見嵇文甫：〈東林派與王學修正運動〉，《晚明思想史論》（北京：東方出版社，1996 年 6 月）。

〔註 57〕岡田武彥：〈東林學和劉蕺山〉，《王陽明與明末儒學》（上海：上海古籍出版社，2000 年 5 月初版），頁 356。

第三章　慎行之天道論——成德之教的超越根據

　　大約宋明理學之形上天道思想，〔註 1〕自二程、朱子提出「天理」之後，到象山言「宇宙即吾心」，至於陽明以人之「良知」爲天地萬物之靈明，乃是「乾坤萬有基」，再至於王龍溪以「良知」即「生天生地，生人生物」之先天心體等等，皆表現出天人一貫之思路。〔註 2〕唯宋明理學家在理氣對立之論中，微有輕視氣質世界之一面，因而較先秦儒者略趨近於佛老之超世精神。〔註 3〕此一思想面向於明末王龍溪之「四無說」時可說是達於頂點，並產生諸多弊端。純就義理的角度看，宋明儒要消融形上與形下之間的內在緊張性則必然指向一終

〔註 1〕　純就理論而言，一般稱天道論或本體論，即爲討論全體或一切實在事物之所共由之道，或普遍表現之原理的一種哲學。而杜保瑞以爲宋明理學在「天道」概念的討論中，思路的推演多爲就整體存在界而言說其普遍展現之形式原理，或者討論其目的性與價值之善惡、是非等問題。請參見杜保瑞：〈張載體系完整的儒學建構〉，《北宋儒學》（台北：商務印書館，2005 年 4 月），頁 73。

〔註 2〕　此一思想脈絡可說是宋明儒家之共同思想意識。唐君毅先生以爲儒家的天道思想，自從孔子所謂「知我者其天乎」，即已默識其心與天心合一。到孟子則直接明指出「盡心知性則知天」之義，而在《中庸》、《易傳》中則發展出「生成」、「生生」兩條偏宇宙論之思路，其中亦不失由盡心知性上之工夫以知天的精神。到了宋明理學家再度標出性與理，並直接由人之心性以見天理，才又重接上孟子之傳統。請詳參唐君毅：〈天道論——形而上學〉，《哲學概論‧上》（台北：台灣學生書局，1996 年 9 月），頁 368～377。而牟宗三先生則言：在孔子人與性未打通，則存有問題在踐履中默契，而孟子雖言「盡心知性知天」，然未說盡心性與天爲一，直至宋明儒才繼續順此思想路向，進而主張心性與天爲一。請詳參牟宗三：〈宋明理學之課題〉，《心體與性體（一）》，頁 23～31。

〔註 3〕　參見唐君毅：〈天道論——形而上學〉，《哲學概論‧上》，頁 378。

極境界的追求，然而過於偏重強調此一境界時，便很容易反過來造成形上世界的空描。﹝註4﹞蓋明末社會人心之敗壞、道術之不彰，都不得不令人懷疑高遠玄妙的形上世界到底能否貫徹下落到日用倫常的形下世界之中。慎行即謂：

> 夫使舍人倫言德，則其爲德也，祇足以致虛極靈，不足以化風成俗。
> 夫使舍明德言倫，則其爲倫也，足以應世酬務，不足以盡性達天。
> 然而人終不免二視者，何也？起于不明知止之義，而別尋所謂定靜，
> 別尋所謂安慮，即希至善愈勤，而去明德愈違，蓋士之病，此非一
> 日矣。﹝註5﹞

> 止即仁敬孝慈信，是至善也。以此明德，德始明。以此親民，民始
> 親。豈惟道當止？抑亦人不能不止處？人不能舍倫之外別爲人，亦
> 不能舍倫之外別爲學。日用人倫，循循用力，乃所謂實學，故特稱
> 止。……後人卻忽而他求，纔說止，輒想到奧妙去。說箇定靜安慮，
> 又想做耽空守寂，類諸子百家之說。何不試思之。蓋三代以下，道
> 術不明久矣。﹝註6﹞

此即批評當時士人過於重視形上理境之追尋，只重「致虛極靈」、「耽空守寂」之工夫，而輕視形下「日用人倫」之「仁、敬、孝、慈、信」等實際德性的踐履。然慎行亦非只重視形下之日用倫常不重形上天道的證悟，而是以爲通過對倫理制度的「循循用力」之實際修行中，不但於現實上有「化風成俗」、「應世酬務」的效果，最終亦可以達到「盡性達天」的最高理境。然而，所謂的「形上天道」在慎行思想中代表的意義爲何？又如何貫徹下落到形下倫理制度中？凡此，皆須對慎行思想做進一步的概念分析與探討。

第一節　慎行之天道觀

一、論命與天命──對超越天道的體認

我們認爲慎行思想非只重形下倫理，亦重視形上天道的證悟，並也有著「盡性達天」的天人合一之思路，就像他自己說的「《論語》曰：『不知命，

﹝註4﹞ 參見鄭宗義：〈從劉蕺山到戴東原〉，《明清儒學轉型析探》，頁4。
﹝註5﹞ 孫慎行：〈常州府修學記〉，《文抄》（四庫禁燬書叢刊本），頁8。
﹝註6﹞ 孫慎行：〈知止解〉，《困思抄》（四庫禁燬書叢刊本），頁321。

無以爲君子也。』《中庸》所爲終始，君子首知天命也」〔註7〕的一樣，做爲一個君子的前提是要能夠「知命」、「知天命」。然而慎行對所謂的「形上天道」（天命）又作何理解呢？關於這一點，我們首先從他對「命」概念的辯析著手探討。慎行在《困思抄‧知命解》中說：

> 「君子何以貴知命？」曰：「畏天命……善即福，不善即禍，無念不善即無不福，一念不善即無不禍，得不畏耶？然唯君子知命，故不敢不畏。」若以爲不可奈何，而安之若命，此特莊列之知命，非夫子之所謂知命也。夫以爲不可奈何而安之，則其視命也，眞氣數之適然，其來吾不能卻，其去吾不能止。……《中庸》稱「居易俟命」，《孟子》稱「行法俟命」。夫俟之之心，正畏之之心也。一毫不敢期必，一毫不敢悖違，此其敬畏何如，而顧可以悠悠曠達當之哉。《孟子》又以「殀壽不二，修身以俟」爲立命。夫壽縱百年不可姑待明日，天即一息此志不容少懈，此君子之所謂修身俟也。非不可奈何，而姑安之之謂也。……昔子夏亦謂：「死生有命，富貴在天。」夫自不知者觀之，直將以爲無可奈何；自知者觀之，有命在天其可畏宜如何也。故繼之曰：「敬而無失，恭而有禮。」蓋聖賢之言命類如此。余懼世人言命者，盡以莊列之安爲俟，而不求諸君子之畏也，作知命解。〔註8〕

在他而言，君子若「知命」則會「畏天命」的原因在於：明白禍福的區別不在外在遭遇的好壞，而在內在念頭的善與不善。雖然生命一旦落於現實經驗之氣數（氣命），就不免有種種客觀上的限制，然而若因此將「命」體認爲「氣數之適然，其來吾不能卻，其去吾不能止」之命，而視之爲無可奈何之事而安之若命，在慎行以爲此乃是道家莊列之流的「知命」而非儒家強調「知其不可而爲之」、「爲所當爲」的知命。因此，慎行所謂「善即福，不善即禍，無念不善即無不福，一念不善即無不禍。」或「易、險以心地論，不以形跡論。」〔註9〕、「人生涉世不過險易兩途，知命者素之爲得，是險都易。不知命者，悖之爲僥，易反爲險。」〔註10〕強調的是人對內在生命的自主性，而非對外在客觀之命限

〔註7〕　孫慎行：〈不言〉，《慎獨義》（四庫禁燬書叢刊本），頁450。

〔註8〕　孫慎行：〈知命解‧一〉，《困思抄》（四庫禁燬書叢刊本），頁343。

〔註9〕　孫慎行：〈正命〉，《困思抄》（四庫禁燬書叢刊本），頁337。

〔註10〕　孫慎行：〈居易〉，《慎獨義》（四庫禁燬書叢刊本），頁403。

的無力感。此即同於張橫渠《西銘》所謂：「富貴福澤，將厚吾之生也；貧賤憂戚，庸玉汝於成也。存，吾順事，沒，吾寧也。」，〔註11〕意即在世間的德福一不一致，本非儒者最關心的問題。如楊祖漢先生即指出：身爲人，有生命便有感性，有感性便有生死、有煩惱，但做爲一個眞正的儒者，是甘願受此種種帶累、種種苦難而不辭的。〔註12〕

因此，在愼行而言，《中庸》稱「居易俟命」與《孟子》說「行法俟命」裡的「俟命」並不是消極的等待，相反的，它是對一切存在限制的坦然面對，並且就在對此「天命」的體認當中（知命），同時也對此超越的天道本體生產生一嚴肅的敬畏之心，進而將對超越之天道本體的體悟（敬畏）轉爲對內在心性修養（恭敬）的一種行爲要求，賦予外在客觀「命限」一種正面的道德意義，樹立起人之存在的莊嚴性，所謂「壽縱百年不可姑待明日，夭即一息此志不容少懈」即是這個意義。關于儒家「命」的觀念，牟宗三先生則認爲：「『命』是個體修行上與氣化方面相順或不相順的一個『內在的限制』之虛概念，這不是經驗概念，亦不是知識中的概念，而是實踐上的一個虛概念。平常所謂命運就是這個概念。……它是消極的存有，不可不予以正視。他首先因著『修身以俟』而被確立，其次因著孟子所說的被『順受其正』正當化，此皆屬於『知命』，故孔子曰『不知命，無以爲君子。』再進而它可以因著『天理流行』之『如』的境界而被越過被超化。」〔註13〕順此，我們再來看愼行的說法，他說道：

> 天道福善禍淫，所謂福禍者，非壽夭窮通之謂也。有夭不爲禍者，顏子是也；有壽不爲福者，盜跖是也；有通不爲福者，桀紂是也；有窮不爲禍者，孔孟是也。薄德厚享，是則爲禍；厚德薄享，是實爲福。〔註14〕

> 今人諉咎於命，動輒言顏之夭與伯牛之疾，曾不知夫子所謂不幸短命者，正言德也。……使謂牛不宜疾而竟疾；顏不宜夭而適夭，如

〔註11〕黃宗羲：〈橫渠學案（上）〉，《宋元學案（二）》（台北：華世出版社，1987年9月），卷十七，頁668。

〔註12〕參見楊祖漢：〈儒學與康德的道德哲學〉，《儒學與康德的道德哲學》（台北：文津出版社，1987年3月），頁208。

〔註13〕參見牟宗三：〈心、性與天與命〉，《圓善論》（台北：台灣學生書局，1996年4月），頁142～144。

〔註14〕孫愼行：〈知命解‧三〉，《困思抄》（四庫禁燬書叢刊本），頁343～344。

世人諉咎於命，則是夫子方以不怨天自明，而尚未免以怨天之心待二子也，必不其然。古人之所謂命，非今人之所謂命也。……故惡人放肆，便是悖違天命；善人敬謹，方是順承天命。〔註15〕

此中所謂「天道福善禍淫……薄德厚享，是則爲禍；厚德薄享，是實爲福」、「惡人放肆，便是悖違天命；善人敬謹，方是順承天命」等言，都可以在上文所論述的意義層面下來理解。而愼行最後所指出「古人之所謂命，非今人之所謂命也」的原因，在其他文章中則有進一步的論述。所謂：

今人之言命者，多說命脈。夫命脈者，從吾之有形言也。夫吾之所以有形者，從何始乎？始於天心之好生也。有天心之生，而後有吾心之生，有吾心之生，而後有吾身之生。則世之所謂命脈者，正聖賢所謂天命之謂性者也。今人之言命者，又多說命運。夫命運者，從吾之有享言。夫吾所以有享者，從何終乎？終以天心之陰騭也。有天心之騭，而後有吾心之騭，有吾心之騭，而後有吾身之騭。則今之所爲命運者，正聖賢所謂天命之謂性者也。是以君子知天事天可以立命。

即認爲言「命」的兩種看法──「命脈」、「命運」，前者是從「吾之有形」言，即把「命」當作人之有形的生命或是血脈看待；後者則是從「吾之有享」言，將「命」視爲人之一生所遭遇的種種處境與際遇，如死生、富貴等。然而不論是「命脈」之命或是「命運」之命，在愼行而言通通都來自同一個根源，就是「天心」，而此天心亦是一切存有的根源。

也就是說，人之有形命脈的獲得與外在命運的安排，都是「天心之生」、「天心之騭」，並且從天心到吾心再到吾身之「命脈」與「命運」這一貫的脈絡，愼行都將之統歸於《中庸》所謂的「天命之謂性」的這一個概念底下。其中，愼行對「天命之謂性」這個概念中「天命」與「人性」之「天人關係」的理解則是：

天命之謂性。天也，即人也。在天合天下爲命，在人則合天下爲性。唯人合天下爲道，方稱合天下爲率性。〔註16〕

君子自修只是盡性，盡性自然不怨不尤而俟命，能俟命自然行遠登高，無一毫虧缺，無一毫不響應。……《易》曰：「窮理盡性，以至於命。」只言一命字，便見與天爲一，而又超乎立與受，即把柄在

〔註15〕孫愼行：〈知命解・四〉，《困思抄》（四庫禁燬書叢刊本），頁344。

〔註16〕孫愼行：〈達天德〉，《愼獨義》（四庫禁燬書叢刊本），頁443。

我。……若知天，君子只盡吾心之天，便是在天之天，更無兩事。
〔註17〕

雖然天與人的關係在慎行認為可以是相同而為一的，但若分而言之，即其所謂「在天合天下為命，在人則合天下為性」，意即言「命」是從外在而客觀的天來言天人關係；言「性」則是從內在而主觀的人來言天人關係。兩者的差別在於：從「性」的一面言，要強調的是人擁有主動性可以率性而為道，亦即「在人則合天下為性。唯人合天下為道」之意。因此所謂的「君子自修只是盡性，盡性自然不怨不尤而俟命」，也就是說人擁有「俟命」、「立命」或是「受命」的把柄（主動權），而可以「盡吾心之天，便是在天之天」，使心與天為一事而非為兩事。對於這樣的一種「天人關係」之見解，方東美先生曾說：

> 宇宙內天象和地理的變化，在時空中以交錯律動的方式，向前不斷發展，形成宇宙創造的秩序：人類在宇宙之內，……要把整個宇宙從低層的物質世界牽引向上，點化成為命世界，再把生命世界提升成為心靈領域，成為心靈領域之後，才能發現宇宙裡面有一個最大秘密，他是隱藏在一切有情世界之後的無形精神世界裡面的總動力，用專有名詞來說，它就是「太極」，這個本原的「太極」才是天心。〔註18〕

若用這樣的詮解來表達慎行對超越天道的體會，吾人認為是非常貼切的。確實，人做為宇宙的樞紐，本分享（稟賦）了宇宙創造的力量於其中，固然每個人的際遇或命運不盡相同，但其稟賦於天之本質（性）卻是相同的，意即人人皆具「兼天地、備萬物」的創造性之本質，而這種創造性的根源，即是「天」（天心）。因此，不論是從性言或是從命言，在慎行的思想脈絡下，吾人之「性」與天命之「命」（本體）是緊密相連而不可分的，因此他說：

> 性命孟子分做兩邊說，正要破人兩邊見。說性處便有命，何得謂性；說命便有性，何得謂命。……命只是理義之命，性只是理義之性，無容二說也。〔註19〕

除了再次強調性與命的緊密關連性之外，所謂「命只是理義之命，性只是理

〔註17〕 孫慎行：〈天命說〉，《困思抄》（四庫禁燬書叢刊本），頁333。
〔註18〕 方東美：〈皇極經世的中心思想〉，《新儒家哲學十八講》（黎明文化出版事業股份有限公司，2005年8月修訂出版），頁318。
〔註19〕 孫慎行：〈性命說〉，《困思抄》（四庫禁燬書叢刊本），頁327。

義之性」則將性與命之存有的根源由「天命」的導向理義的概念。

在闡述慎行對命與天命的看法而瞭解他對超越的天道本體的體認之後，接下來我們則將焦點轉向慎行對理義與氣數等概念的討論上，以便更進一步表達出他對的天道本體的論述與看法。

二、從天命到天理——對理義與氣數的理解

在慎行以為「命」或「性」的形上根源是「天命」，也就是所謂「命只是理義之命，性只是理義之性」中的「理義」。其實「理義」一詞在《孟子》中，乃以「理義之悅我心，猶芻豢之悅我口」（《孟子・告子上》）來說明人心對理義的喜好是出自於天性自然，而非後天的人為強加之造作，雖然孟子已將理義的重心轉向道德層面的意義，但尚未強調「理義」的形上學的意義。

直至宋明理學程朱一派，所謂的「理義」則被轉化成含有形上存有意義的「天理」概念，從朱子在《孟子集注》裡以伊川所言「在物為理，處物為義，體用之謂也」的觀點來解釋孟子所言之「理義」一詞意義可知，[註20]「理」已被轉換成為事物之本體、存有之根源的概念。那麼在慎行以為呢？於此，他則認為：

> 朱子解天命之性章，只說一性即理也四字極的當，即孟子性善意一脈。曰：天以陰陽五行化生萬物，氣以成形，即有物之謂也，至理亦附焉，即有則之謂也。朱子知性於宋儒中極為穩實，上接孔孟下折衷諸儒，可謂集其成者。[註21]

由以上敘述可知，慎行是贊成朱熹對於「天命之謂性」的理解與詮釋，也就是說，慎行也認為天理乃宇宙萬物流行的本體，萬事萬物各有其理，而此天理在人就是性。因此，慎行以為朱熹「性即理」的詮釋乃是符合孟子性善說的學脈，並為「上接孔孟下折衷諸儒」集大成的見解。

然而依朱子的思想，理是形而上的，理只在而不有，是不具現實具體的存有，它只是現實存有的所以然之超越的形上根據。所以理要實現在現實世界依靠的則是形下的氣。[註22] 於此，慎行是否也做如此的理解呢？

[註20] 朱熹：〈孟子集注〉，《四書章句集注》（北京：中華書局，2003 年 6 月），頁330。

[註21] 孫慎行：〈氣質辨〉，《困思抄》（四庫禁燬書叢刊本），頁330。

[註22] 參見劉述先：〈朱子理氣二元不離不雜的形上學〉，《朱子哲學思想的發展與完成》（台北：台灣學生書局，1982 年 2 月），頁270。

首先，我們先通過「陰陽」、「太極」的概念來做分析。在朱子以為「太極」是理，「陰陽」是氣，並且在「理先氣後」的存有論前提底下，「太極」是先於「陰陽」存在的。〔註23〕那麼在慎行以為呢？其嘗曰：

> 說陰陽者莫詳乎《易》，而《中庸》未嘗言陰陽也。說陰陽則有消息有相息，而《中庸》只說一至誠，不及二氣，故曰「無息」。……而至誠本無有終，豈復有始，故曰「不息則久」。所謂無息者，何物也？……《易》詳兩儀四象而推本。《易》有太極，太極者，至誠也。天地之道可一言而盡，而卒無一可指也。不貳之後有不測，此無息之說。若太極之先有無極，宋儒之說非《易》與《中庸》之說也。

〔註24〕

在這一段文字中慎行指出「陰陽」即為「二氣」，故有「消息、相息」生成變化的一面，「太極」則為「至誠」而為一普遍常存的天道本體。其中慎行將「至誠」的概念與「太極」的概念相結合，並以為此道體本身的存在乃是「本無有終，豈復有始」，因此是「無息」的，不像現象界中之萬物有生有滅，此即《中庸》一書言及天道之內涵時所指出：

> 故至誠無息。不息則久，久則徵，徵則悠遠，悠遠則博厚，博厚則高明。……天地之道，可壹言而盡也。其為物不貳，則其生物不測。

〔註25〕

意即天地之道若以一句話來概括，那就是「其為物不貳，則其生物不測」。也就是說「天道」做為萬物之運行的本體是純一不二的，而其化生萬物之作用是源源無息的。很明顯在慎行而言，「太極」即為此一至誠無息超越的天道本體的另一指稱，乃為最終存在之實體而非「太極」之上另有一「無極」存在。

此外，從「說陰陽者莫詳乎《易》，而《中庸》未嘗言陰陽也。說陰陽則有消息有相息，而《中庸》只說一至誠，不及二氣，故曰『無息』。」這一段話看來，似乎慎行也是做陰陽是氣，而太極為理的理解，但慎行又說：

> 一陰一陽之謂道，陰陽非可分者也，舉世間成象成形可名可見皆陰也，而中有不已者之默運其間是陽也，唯是之為道之不可須臾離。

〔註23〕 參見劉述先：〈朱子理氣二元不離不雜的形上學〉，《朱子哲學思想的發展與完成》（台北：台灣學生書局，1982年2月），頁283。

〔註24〕 孫慎行：〈無息〉，《慎獨義》（四庫禁燬書叢刊本），頁424。

〔註25〕 朱熹：〈中庸章句〉，《四書章句集注》（北京：中華書局，2003年6月），頁34。

〔註26〕

此處則主張「陰陽非可分者」，而言「舉世間成象成形可名可見皆陰也，而中有不已者之默運其間是陽也」以為形下可感知之經驗事物屬「陰」的一面，事物之形上之原理規屬「陽」的一面。至此又將陰陽與理氣混雜著講，以「陰」屬「氣」的一面而「陽」屬理的一面，在概念分析上似乎又有所含混不清之處。實則在慎行思路中，「太極」、「陰、陽」根本就是同一本體的不同稱謂而已。之所以稱之為「太極」只是就超越之本體一面而言；而稱之為「陰陽」也只是用來形容超越本體自身的健動不息、變化不已動力及其所引發與帶動天地萬物之化育的種種現象而言。以下的論述當可使我們進一步瞭解慎行這樣的一種思路。他說道：

> 今人說天命者，多以理義氣數並言。夫首言天命，而繼以率性修道，謂理義也。俟命受命，疑兼氣數，乃俟必居易，受必大德成德，謂理義也……維天之命，於穆不已，疑理義氣數渾言，而曰「文王之德之純，純亦不已」，則亦專言理義，而未嘗兼氣數也。夫所謂不已者，何也？理義立，而古今旦暮，相推相盪其間，而莫之壅閼者，氣也；理義行，而高下長短，日乘日除其間，而莫之淆混者，數也。故曰「至誠無息」，謂理義之純而無息，而氣數為之用也。〔註27〕

於此，慎行明確指出「理義」即為「於穆不已」、「純而無息」之天道本體的實質內涵，然而「理義」與「氣數」乃非為二物，故其謂「理義立，而古今旦暮，相推相盪其間，而莫之壅閼者，氣也；理義行，而高下長短，日乘日除其間，而莫之淆混者，數也。」即是將「氣、數」理解為理義在時空存在中的不同表現方式，或表現在時間推移之綿延不斷、或呈現為空間大小之變化無窮。依此，「氣、數」是變化、是流行，而「理義」則是此變化流行得以可能的依準或是主宰，但理氣又不二，所有之變化流行乃得依準於理之主宰；而所謂依準與主宰實不能外乎氣，必在氣上顯現。〔註28〕

　　也就是說，時空中之一切乃因為有「理義」為背後的生化本體並以「氣數」為具體的表現方式而得以存在，故慎行對「至誠無息」的解釋乃是「理

〔註26〕孫慎行：〈一勺〉，《慎獨義》（四庫禁燬書叢刊本），頁427。
〔註27〕孫慎行：〈於穆不已〉，《慎獨義》（四庫禁燬書叢刊本），頁428。
〔註28〕相關論點可參見林安悟：〈從理氣不一不二到心統性情的核心理解〉，《當代新儒家哲學史論》，頁133。

義之純而無息，而氣數爲之用也」。因此，慎行自然也反對在「氣」之前、之上或之外有所謂的「理」可獨立存在，也不會有朱子「理在氣先」的看法。因爲他認爲：即使「理」只是「氣」本身及其運行的條理，但並不能因此認爲先有一個「理」存在，然後再由它去衍生出「氣」來，亦即：並不是在實存的世界之前或之上，早就有一個「理」先存在，然後再由它去衍生或創生出實存的世界來，反之，理與氣是同時並存而無所謂先後產生的順序的問題。

所以「理義」與「氣數」在慎行以爲雖可分爲兩事講或從不同層面看，但實爲一體兩面之關係，而「陰陽」、「理氣」等概念亦爲如此。故慎行有言：

> 天下不過一可一否、一行一止，即天地之道，亦不過一陰一陽、一闔一闢而已，兩端則千變萬化皆盡于是。《易》之生生不已，即是物也。故曰：「一故神，兩故化。」唯兩而一之用于是，日新而不可窮然，唯有一則兩者衡量始出。〔註29〕

也就是說，天地萬物之生成變化都可以說是天道本體（理義）之生生不已的作用，而這種種變化的現象乃出自天道的「一陰一陽」「、一闔一闢」等之兩端的生成原理。此即《易傳》中「一闔一闢謂之變，往來不窮謂之通；見乃謂之象，形乃謂之器；制而用之謂之法，利用出入、民咸用之謂之神。」（《易經・繫辭上傳第十一章》）言物由此闔闢之相繼，以往來不窮，由象、而形、而器，以成其生生不已、變化無窮之神道。〔註30〕除此之外，慎行並借用橫渠氣化論中「一故神，兩故化」的概念來解釋本體（理義）與現象（氣數）的關係。張載說「一物兩體，氣也。一故神，（兩在故不測。）兩故化，（推行于一。）此天之所以參也。」〔註31〕的意思，牟宗三先生認爲「『一物』即太極、太虛神體之爲圓爲一，『兩體』即晝夜、陰陽、虛實、動靜等，此是屬於氣。而言『一物兩體氣』也，是渾論的言之，是表示太虛太極之不離氣，即由太極兩儀之統而爲一以『即體見用』。而張載自著『兩在故不測』，此即表示『一』之所以神，正由於有『兩體』之存在而參和不偏，間體無累，以成其生化之不測，而由此不測以見神體之妙用。」〔註32〕而我們認爲慎行說

〔註29〕 孫慎行：〈兩端〉，《困思抄》（四庫全書存目叢書本），頁 31。

〔註30〕 參見唐君毅：〈易傳之即易道以觀天之神道〉，《中國哲學原論・原道篇二》，（台北：台灣學生書局，1992 年 3 月），頁 144～145。

〔註31〕 張載：〈橫參兩篇第二〉，《張載集》（台北：漢經文化事業有限公司，1983 年 9 月），頁 10。

〔註32〕 參見牟宗三〈分論一：濂溪與橫渠〉，《心體與性體（一）》，頁 452～453。

「唯兩而一之用于是，日新而不可窮然，唯有一則兩者衡量始出。」亦是如此來體會「理（太極）與氣（陰陽）」的關係，意即他思路中「理義」、爲一生化之本體，而氣數則爲此本體之日新又新、變化無窮之作用與表現，此亦慎行對理氣關係所抱持的主要見解。

理氣論是宋明儒學中的重要課題，依宋儒尤其是朱子以來的傳統，大部分的理學家都承認理氣二元的存有論架構，認爲萬事萬物皆屬於氣，而氣之上有一超越的所以然之理，爲此形下之器世界的主宰。這種理氣二分又不離不雜的存有論架構爲歷來大多數宋明儒者所接受。直到明代中葉以後，陽明良知教的提出，主張良知之明覺精察處，即是天理流行，因而使理氣論的重要頓減，在陽明的著作中亦少見有討論理氣的話語，亦少就超越天道的一面言天理、理義。〔註33〕而在慎行的思想理路中，理氣關係雖然也主張以理義爲體而氣數爲用，但不同於朱子認爲理氣二分而又不雜不離的理氣論，與陽明學以「良知」來說明存有物的根源，而將一切事物（理、天）都收歸在良知底下說的論點，〔註34〕我們認爲，慎行的理氣論乃較近似橫渠之論而自有其特色。

第二節　慎行之天道論的特色

一、理氣一元論——天理之流行即氣數之流行

在解釋慎行的理氣一元論之前，我們必須先說明多數宋明儒者的世界觀、宇宙論。唐君毅先生認爲宋明理學家自以爲其對宇宙看法之根本不同於佛家者，即佛家以當前之現實宇宙爲空，而宋明理學家多以之爲實。故橫渠詆佛氏曰：「誣天地爲幻妄。」二程評佛曰：「生死成壞，自有此理，何者無幻。」朱子曰：「釋氏一切皆虛，吾儒一切皆實。」因爲在傳統儒家中，在理

〔註33〕參見黃敏浩：〈理與氣〉《劉宗周及其慎獨哲學》（台北：台灣學生書局，2001年二月），頁66。

〔註34〕陽明亦有「理即氣之條理」、「氣即理之運用」之言，然陽明及其後學皆重言心，以心統理氣，而不於理氣二名，多所論列。王塘南及孫淇澳（慎行），乃較多論及理氣不可二之義。塘南所謂生生不息之幾，即生生不息之氣之幾，至念臺（蕺山）則既主張理即氣之條理，氣乃一中和之理爲樞極而運轉之義，故理氣不可分。請詳參唐君毅：〈晚明理學論稿〉，《哲學論集》（台北：台灣學生書局，1990年2月全集校訂版），頁309～310。

論上根本不容許宇宙有斷滅的可能，《易》言「天地之道，恆久不已」，孔子之言「逝者如斯夫，不捨晝夜」，《中庸》「唯天之命，於穆不已」皆爲此意。〔註35〕至明代理學家雖罕有以此斥佛者，但以宇宙爲實之態度則無有不同。在慎行亦爲如此，其言：

> 天地間功用之大，爲天地效用者，莫如山川。始乎一勺，終乎不測；始乎卷石，終乎廣大。……所謂維天之命，於穆不已者也。故不得謂天地眞而山川雜，天地常而山川暫也。……夫子謂：「逝者如斯，不舍晝夜。」蓋舉世之運行天地間，而瀰漫蟠際于天上地下者唯是。故水之不測，便是生物之不測，淵淵之淵，便是浩浩之天。識此者，方知天命之謂性。〔註36〕

此即指出天地間一切事物本身乃因「於穆不已」之天命流行於其中，而皆爲眞實無妄之存在之外，因此其言「不得謂天地眞而山川雜，天地常而山川暫也。」即指出無論是天地還是山川都是眞實無妄的存在，不能說天地常存而爲眞，山川暫逝即爲雜，並且能明瞭這個道理方爲眞識「天命之謂性」的意義。

因此我們可以說在慎行（多數宋明儒者）眼中，宇宙、世界只有一個，就是我們現在所身處的這一個眞實無妄時空，沒有所謂的西方極樂世界、天堂，只有如如之現實時空而已，而這個眞實無妄時空與處於其中之萬物又共同具有生生不已之本性。也因爲抱持著這種而觀點、態度，故在面對生死問題時，慎行嘗說：

> 生者，終身之生；死者，一時之死。一時之死，即終古之死也……然則知善終身之生，方可以爲善一時之死。……子曰：「朝聞道，夕死可矣。」此明告以善終身之生，即可以善一時之死與善終古之死也。《易》：曰「原始反終，故知死生之說。」夫生死以道不以氣也，以氣，則氣之聚散便爲身之生死，舉世誰不知。唯以道，則唯能反能原，方可以善生死。〔註37〕

因爲明白天道之「生生不已」之特性亦爲整個宇宙中一切存有物之本性，因

〔註35〕參見唐君毅：〈宋明理學家自易於佛家之道〉，《中國哲學原論・原道篇二》，頁429～431。

〔註36〕孫慎行：〈一勺〉，《慎獨義》（四庫禁燬書叢刊本），頁427。

〔註37〕孫慎行：〈知生說〉，《困思抄》（四庫禁燬書叢刊本），頁372。

此愼行所謂「生死以道不以氣也」，亦即能不以單一事件、事物之生滅上看萬物之生死流滅，而是宏觀的從整個天地宇宙之生生不已之生機上來看萬物之生滅，如此一來，人之生死、物之生滅亦皆符合天道生生不已之本性，此即以道觀生死而不以氣觀生死，也就是《易經‧繫辭》中所謂的「原始反終，故知死生之說」。此即是從超越之天道本體之一面去推究事物的起源，進而明瞭天地間之事物發展的眞正意義。

至此，再回溯上文我們分析說的，不論是有形的「命脈」之命或是無形的「命運」之命，在愼行而言通通都來自同一個根源，就是「天心」，也就所謂的「天命」，而此「天命」之主要內涵又可以「理義」、「天理」的概念來做進一步的說明，並且時空中之一切乃因爲有「理義」做爲背後的生化本體以及「氣數」爲具體的表現方式而得以存在，因此，「理義」與「氣數」實乃一體之兩面而爲一。

所以，不論是形而上的理義也好，或是形而下的氣數也好，都只是萬物在這個眞實無妄的世界中之不同面向而已，並非截然爲二物。〔註38〕如此一來，理義雖爲超越天道之本體，但並非隔絕於現實人物之外，而只是一體之兩面而已，所以他說「夫天理之流行即氣數，元無二也。」〔註39〕關於這種觀點，楊儒賓先生指出：

> 凡是反對程朱理氣二分、本然之性/氣質之性二分格局的思想家，往往都有一本論的追求。他們要戳穿超絕的世界，世界只有一種可以體會到的世界，此外無他。……然而就字面意義而言，從陸象山、王陽明以至劉宗周，我們也看到類似的語言不斷出現，而且出現的

〔註38〕關於理氣一元論，杜保瑞先生云：「理氣關係之辨自朱熹明後之後，雖然已建立了理氣二元不離不雜的宇宙論思想，然此說在晚明者儒思想中已受到嚴屬的挑戰，蕺山承續晚明論理氣關係的學風，已漸歸於氣一元論的思想陣營中，而主張理在氣中，有是氣方有是理，此義中之理並非不存在，只不以另爲一物之身份存在。蕺山的世界觀，是直就形下世界形形色色中肯定其形下世界的實在性，形上之理就在此形下世界中。避免將此理之存在，因另設一形上世界來安置，而致令學者入道之工夫，求於虛玄縹渺的形上世界中，而不能著實於此現實世界中實用其力者。……總之蕺山之理即必然是不能爲另一實存之獨立元素，而只有氣能當之氣中自有是理，是故又可即就氣化流行的形下世界之千萬紛芸中，實見出此理之主宰於其間者，此又即『物物一太極』之義也。」見杜保瑞：《劉蕺山的工夫理論與形上思想》（國立臺灣大學哲學所碩士論文，1989年6月），頁249。此中論點可供吾人比觀於愼行的理氣論。
〔註39〕孫愼行：〈知命解‧一〉，《困思抄》（四庫禁燬書叢刊本），頁343。

地方都是他們思想中的核心位置。〔註40〕

楊先生並歸結出同樣反對理氣二分的理學家又為陸（象山）、王（陽明）、劉（蕺山）與王（廷相）、戴（震）兩派，而這兩派人士的理氣一元論對「氣」概念的根本差別在於：「一個是體驗哲學的用法，一個自然哲學的用法，前者是證成的、價值的語彙，他不能抽離掉主體（儒家是主體）的因素。後者則是思辨哲學的語彙，它的意義近似西洋傳統物質的意義。」〔註41〕這樣的分判相當有見地，其對陸、王一派所謂「體驗哲學」的說法，也提供了我們思考慎行「理氣觀」的一個方向。蓋慎行在強調理氣為一體兩面之餘，並沒有就此否定「天命本體」具有形上實體的意涵，反而更強調做為本體意義的「理義」是理氣二者辯證之綜合，〔註42〕是一種具永恆價值性的概念，因此慎行說：

> 世說天命者，若除理義外，別有一種氣運之命，雜糅不齊者。然因是則有理義之性，氣質之性。又因是則有理義之心，形氣之心。三者異名而同病。總之不過為不善者作推解說。夫世之為善者少，而不為善者多，則是天之生善人也少，而生不善人也多，人之得性情之善于天也少，而得性情之不善於天也多。……孟子：「天之高也，星辰之遠也，苟求其故，千歲之日至，可坐而致也。」是天之氣運之行，無不齊也。而獨命人于氣運之際，顧有不齊乎哉？《中庸》：

〔註40〕 楊儒賓：〈氣質之性的問題〉，《儒家的身體觀》（台北：中央研究院中國文哲研究所籌備處，1993 年 1 月），頁 404。

〔註41〕 同上，頁 409。

〔註42〕 事實上，「理、氣」這組詞，在宋明理學中與其說是對立的，毋寧是說對比的，它們之間有一極為繁複而麻煩的辯證關係，但由於每家各派思想不同，因而倚輕倚重，各有不同，然往往就在這之間，各家思想雖差之毫釐卻千里了。關於「理氣辯證綜合而為一」的概念，關於這一點，林安悟先生在討論王船山的「理氣合一」論時，乃有一詳盡的探討。請參見 林安悟：〈人性史哲學的核心概論〉，《王船山人性史哲學之研究》（台北：東大圖書股份有限公司，1986 年 9 月。），頁 96～106。此外，陳立驤指出「在『辯證的思路』中，由於做為本體的實存的宇宙人生之總體存在與流行，乃是渾然一體而不可分割的，所以實在難以用語文的分解來加以說明，而常常只能藉著指點或遮撥的方式來表示，如本體雖是氣，但它亦是心、亦是性、亦是理、亦是物、亦是太極、亦是陰陽、亦是精神、亦是物質：本體不只是氣、不只是心、不只是性、不只是理、不只是物、不只是太極、不只是陰陽、不只是精神、也不只是物質。……這也就是橫渠、蕺山與船山等人之學的特性與型態，會引起歷來學人有那麼多不同解讀的一個最重要的原因所在。」請參見陳立驤：《劉蕺山哲學思想研究》（國立成功大學中國文學研究所博士論文，2003 年 6 月），頁 36。

　　「文王之所以爲文也，純亦不已。」夫使天果不齊，是純獨文之所
　　有，而舉世性情之所無也。又非獨舉世性情之所無，而亦天命之所
　　本無也。而所謂純粹精者，何在乎？〔註43〕

亦即從存在界而言，則一切存在之形式原理，亦即萬事萬物之存在之性或內
涵，皆應只是「理義」，因此所謂「天命之命」與「氣運之命」、「理義之性」
與「氣質之性」或是「理義之心」與「形氣之心」的分別實乃「異名而同病」，
乃爲世間中種種不善之現象作辯護。雖然就現實世界而言，人之遭遇未必事
事圓滿，不善之事、不善之人更是比比皆是，然而若因此別立一「命」、「性」
或是「心」，則乃是認定「天之生善人也少，而生不善人也多，人之得性情之
善于天也少，而得性情之不善於天也多」，亦即天道化生萬物非皆爲善而亦有
惡，而這樣的思維在慎行思想中是不被允許的。因爲他認爲「天之氣運之行，
無不齊也」，亦即就天道的一面而言，是不能有不齊之命、不善之性存在的。
然而孟子「天之高也，星辰之遠也，苟求其故，千歲之日至，可坐而致也」
中所謂「故」者、不變之本體，或是《中庸》「文王之所以爲文也，純亦不已」
所言「純亦不已」之「本體」又當如何解釋？慎行以爲：

　　「如何是天命？」曰：「《易》：『遏惡揚善，順天休命。』《書·皇極》：
　　『毋作好，毋作惡。』《禮》：『教民平好惡，而反人道之正。』則知
　　天之命，不過一福善人之心，不過一好善。故曰：『天命之謂性。』
　　舜武之受，受此者也，文之純，純此者也。不然何誠身處，特言明
　　善禍福先知處，特言善不善。至如孟子說無道之天下，而有文之仁，
　　則必爲政，頑嚚之瞽瞍而有舜之孝，則必底豫。蓋萬有不齊之內，
　　終有一定不移之天。天無不賞善者也，無不罰惡者也，人無不好善
　　惡惡者也。故曰『天命之謂性』。」〔註44〕

其所謂「萬有不齊之內，終有一定不移之天」即肯定一超越、永恆的天道，
而其內涵不因世異時移而有所改變，並且此超越之天道本體即爲一切存有所
共同具有之生生不已之創造眞幾。除此之外，因爲天道本具「賞善罰惡」之
特性，所以人亦本具「好善惡惡」之本性，此乃慎行對「天命之謂性」的另
一層面的理解。

　　是故，在慎行而言，天道之「賞善罰惡」之特性，並非言天如同人格天、

────────────

〔註43〕孫慎行：〈命說〉，《文抄》（四庫禁燬書叢刊本），頁12。
〔註44〕孫慎行：〈知命解·二〉，《困思抄》（四庫禁燬書叢刊本），頁343。

上帝一般具有意志而可強制主宰現實世界中的人事物，而是從天道至善的觀點出發而言，也就是直承《易傳》、《中庸》以「善」或以「誠」說天道本體的理路，也就是本體是善的價值立場。至此，我們對於慎行的天道本體論的焦點則從存有問題轉向價值問題來做進一步探討。

二、天道至善──由《中庸》之「誠」言道體之絕對至善

天命、道體為善，亦即天道之本體是至善，此乃為宋明理學共許之義。而慎行在本體論上既然是接受《易傳》之「繼善成性」、「生生不已」、及《中庸》之「天命之性」、「誠體流行」等以價值言本體之立場，自然在他的思想架構中亦具一天人貫通之「本體為善」的理路。這一點在慎行以下的論述中可以獲得證明，他說：

> 夫「繼善成性」，夫子不嘗贊《易》乎？「秉彝好德」，夫子又不嘗贊《詩》乎？《大學》言道，則曰「止善」，《中庸》言誠，則曰「明善」，是則善之說，夫子以傳之曾子、子思、孟子。孟子一書無非所以闡孔、曾、思之意，而詳其不發之蘊者也。……孟子曰「天下之言性也，則故而已矣」，夫世變江河，新新無盡，而惟是本眞，固有純粹至善，聖人之所不能獨，愚不肖之所不能無，故曰故也。〔註45〕

慎行以為從孔子稱許《易》之「繼善成性」的思想，到《詩經》中言「秉彝好德」、《大學》言道曰至善、《中庸》言誠曰明善，在在都顯示出儒家以善言本體的價值立場，所以「天命為何是善」這個問題，在慎行而言，實不必多做解釋，因為這乃傳統儒學之基本意識，亦為他思想的前提。蓋在先秦儒學中，《中庸》、《易傳》的心性論與孟子同屬一路。《中庸》開宗明義便肯定「天命之謂性」。性既出於天命，焉得為不善？《易·繫辭上》第五章所云「一陰一陽之謂道，繼之者善也，成之者性也」即涵「性善」之義。故宋、明儒幾乎均接受孟子的性善說，殆非偶然。〔註46〕於此，杜保瑞先生說：

> 就傳統儒學的理論立場而言，對於本體論及人性論的善惡問題，從《中庸》言及天道之誠，從孟子言於人性之善，從易傳言繼善成性等，種種脈絡都指向一個絕對至善的道體，或以天道、以天理、以

〔註45〕孫慎行：〈困思抄〉，《困思抄》（四庫禁燬書叢刊本），頁356。

〔註46〕參見李明輝：〈導論〉，《康德倫理學與孟子道德思考之重建》（台北：中研院文哲所，1994年），頁3。

> 太極、以道體、以本體、以心、以性等說之。然道體固然是善，但
> 對於現象中有惡的狀況，儒者亦非不知，而儒學史上各個理論體系
> 中意亦有種種理論方案以處理之。〔註47〕

然而慎行除了在「道體是善」的觀點上與歷來儒者抱持著相同立場之外，他
更堅信天命之理、理義落於人之具體生命時亦必爲善，故其嘗謂：

> 君子爲善，稟授如是，受成亦必如是，是謂戒愼恐懼。而不然者，
> 初以雜糅誣性，而理義不能主持，繼以參錯無命，而氣數得爲推諉。
> 眞所謂不知命，無以爲君子也。〔註48〕

所謂「君子爲善，稟授如是，受成亦必如是」，亦即在其理氣一元的思想脈絡
下，既然在現實世界中理氣不可截然二分，那麼人之爲善，從稟受天命以至
於具體生命的形成，都在天命的涵蓋底下，故皆是善而無惡的成分，而「以
雜糅誣性……氣數得爲推諉」的人即是不明白這個道理。因此，雖然生命一
旦落於現實經驗之氣數（氣命），就不免有種種客觀上的限制，但不可因此即
說人性在形成之時已有不善的成分，並將這些不善之因歸咎於氣數之上，而
能明此者，方爲眞知「天命」之人。所以慎行曾說：

> 嘗讀〈孺子滄浪歌〉，而知世間禍福未有不以清濁爲之自取者也。凡
> 清者，必明於志者也。凡明於志者，必明於事幾之將然。與人言之
> 可聽不可聽，而福之來也，一謹身節行中。若挹而自取之濁者，必
> 惽於志者也，惽於志者，必惽於事勢之已然。與人言之宜從不宜從，
> 而禍之集也，一縱欲敗度中。若羅而自取之，緜是知亡國敗家，豈
> 眞在天。〔註49〕

即便慎行主張「理」（天理、天命、理義）與「氣」（氣數、氣質之性）都是
善的，但經驗現象中有惡卻是不爭的事實，而他對此的態度就是：現象中的
惡並非根本惡，只是人不能在經驗現實中順從天理並繼善成性，其所作所爲
自然容易導致災禍之結果，但不能因此歸罪於「天」與「氣數」（命）而視其
爲惡。就像人們以清濁之水濯纓或濯足，是經由自己決定的道理一樣，人之
爲善或行惡亦是如此。意即蓋禍福之來皆人自取，所以現實社會之混亂，起
因也是由於人之不識本性所造成。是故，他說：

〔註47〕杜保瑞：〈程顥境界工夫型態的儒學建構〉，《北宋儒學》，頁209。
〔註48〕孫慎行：〈於穆不已〉，《慎獨義》（四庫禁燬書叢刊本），頁428。
〔註49〕孫慎行：〈孺子歌〉，《困思抄》（四庫禁燬書叢刊本），頁387。

　　君子戒慎，慎于爲善；君子恐懼，懼爲不善。所不睹所不聞，天命
　　之善，統宗地也，即此善。〔註50〕

　　夫天實有是命，故吾性實有是善，吾性實有是善，故吾道須實行是
　　善。〔註51〕

除了再次肯定天命之善外，也直接從天命之善言人性之善，進而從人性本具
此至善之本體而言人須行善方足爲道，此即顯示出他「天人一貫、本體至善」
的思想特性。並且他說：

　　所謂誠者何？善是也。……天之道只是一個善，故明善誠身，推本
　　天道。至誠知天，是能以人道見天道，即以天道爲人道者也。……
　　《中庸》詳說誠之是人道，誠字卻從鬼神點出。可見不待生存不隨
　　死亡，徹始徹終，曾無止息，唯此誠而已。〔註52〕

除了再度闡明「誠體」之流行不息的概念外，更明確的指出此「誠體」即爲
「善」，而直言「天之道只是一個善」，至此，《中庸》中「誠」的概念在慎行
思想除了被用以形容天道本體之特性，也被明確賦予「善」的特性，此乃融
會存在的根源與價值的根源於一體。

　　實則在《中庸》裡除了明言天命之謂性，更明言誠者天之道，自誠明謂之
性，則此「誠」的概念實乃通天命與人性之樞紐，可說是縱通上下，先由客而
主，再由主返客而貫通天人。故慎行以爲從人之「明善誠身」可推本天道，進
而達到「至誠知天」的境界，此即能以人道見天道，亦即以天道爲人道。因此
慎行就在「天人貫通、本體爲善」這樣的思想根據上，進而用天人雙彰的論述
方式，把儒家天人合德、合善此思想傳統予以展現，而這一套思路也可以說是
直承《中庸》「以誠明善」的天道思想，並予以再次闡發而作進一步詮釋。

第三節　從天道到人道

一、以天道爲人道——性、道、教

　　「天命之謂性，率性之謂道，修道之謂教」，這是《中庸》的前三句，亦

〔註50〕孫慎行：〈遠人〉，《慎獨義》（四庫禁燬書叢刊本），頁400。
〔註51〕孫慎行：〈昬獲〉，《慎獨義》（四庫禁燬書叢刊本），頁396。
〔註52〕孫慎行：〈鬼神〉，《困思抄》（四庫全書存目叢書本），頁42。

是全書綱領之所在。根據我們前文中的討論，慎行對「天命之謂性」中的天命之「天」的理解乃為一切存有的根源，並認為此天命之天與吾人之性實乃一而二、二而一的關係。因此，在這樣的理解下他說：

> 「道也者，不可須臾離也。」未有知天命之為天者，而命可離也。未有知率性之為人者，而性可離也。若舍天人而為道，舍忠孝而為天人，則謂之可離非道而已矣。索隱行怪用專，反古之徒是也。〔註53〕

也就是說，在慎行以為，有天道，同時亦有人道。天賦與人至善之性，而如何率性盡性而達於至善，則屬於人道一邊之事。因此，人同此性，性同此理，理為至善，這乃是天道。天普遍的賦予每個人達於至善之可能，而如何盡量發揮此可能以完成人道則需由個別做起，不由普遍獲得。蓋人畢竟是一實然的存在，故仍需透過實踐將天道性命之道德義與形上義予以充分展現，此即所謂「率性之謂道，修道之謂教」。因此慎行說：

> 獨怪今之言道者，其視道若維玄維默不可體會；視夕可死真若獨去獨來不可名言。曾不知道不過率性，聞道不過知性。古之死忠、死孝、死節、死義者，皆聞道之人也，皆夕死可之心也，不得以其行偏而少之也。夫行有偏，率性無偏，人知道果如是，則日用尋常各有定，則無可忻厭、無可趨辟。〔註54〕

所謂「知道不過率性，聞道不過知性」亦即人只要率性而行便是道，而明此天命之性本存於吾身即是知道、聞道。在這個意義下，道並非維玄維默不可體會之事物，而是人倫之日用尋常之本分而已。其中，比較特別的是慎行將自然之道與人倫之道結合的觀點，此點從他對《中庸》裡「鳶飛魚躍」一詞的理解可看出，他說：

> 「鳶飛魚躍」先儒贊嘆不啻詳矣，吾於此苦無入處，讀〈廖仲晦貽朱子書〉云：「鳶魚之生，必有所以為鳶魚者，其飛其躍豈鳶魚之私，蓋天理不可已也。」於是憬然有開豁，然猶未深得也。因思《易》所謂「本乎天者親上，本乎地者親下，則各從其類也。」乃覺上下之察最為明白。夫鳶宜天而淵魚宜淵，而天可為上下之能察乎。然世間之類之宜從而後從者，最莫如夫婦。故曰「造端夫婦，及其至」，則君臣父子兄弟朋友之各有類，宜從而從、不宜從而不可妄從者，

〔註53〕 孫慎行：〈寡過〉，《慎獨義》（四庫禁燬書叢刊本），頁435。
〔註54〕 孫慎行：〈朝聞〉，《困思抄》（四庫禁燬書叢刊本），頁335。

> 豈獨異於鳶魚。而何世之習焉，而不察者之多也。不察則將悖常亂
> 俗，而不可以訓其故，皆起于恣私之便，而不根諸天理之正也。夫
> 鳶魚之失上下者，必不可以生。乃世人之不察，而貿然自以爲得生
> 者不少。故曰「及其至也，察乎天地」，蓋一見鳶魚之親上親下，而
> 陰陽之順序，民物之阜蕃，其灼然明見而無可他擬議也決矣。若是，
> 則儒者之所爲化育流行，所謂吃緊爲人活潑潑地，其皆有反身自得
> 之妙，而不可以明告諸人者乎。〔註55〕

原本《中庸》所謂「鳶飛魚躍」乃比喻萬物任其天性而動，各得其所。至宋明
理學則提出「天理」的概念，則進一步強調鳶魚之生，必有所以爲鳶魚者之原
理存在，而以爲鳶魚之其飛其躍的特性，亦爲天理之自然流露與展現。〔註56〕
而在慎行則將此與《周易》「本乎天者親上，本乎地者親下，則各從其類也。」
（《易經・乾・文言》）的概念作一連結，認爲一切事物皆有著依循類同的性質
而相聚的特性，人與物亦莫不如此。因此，人從夫婦之關係乃至於君臣、父子、
兄弟、朋友亦各有其類，皆自然之原則與天理之展現，人豈可獨異於鳶魚而違
背天理之自然。因此人若違此原則而悖常亂俗、不遵循天理之正，則將如鳶魚
之失上下者而無法生存，此亦只是天理之展現而已。蓋在慎行而言，鳶之飛於
天、魚之遊於水與人之從於倫皆乃物之本性，亦爲「誠體」爲物不貳、化育流
行之特性的展現。因此，在慎行以爲若不遵守自然之法則、天理之正道，人與
物終將走至毀滅一途。是故，天道之實然在慎行而言，亦爲人道之應然也。

當然，慎行亦如傳統儒者一般，特別強調人之於宇宙萬物的關鍵地位與
人類倫常的重要性，他說：

> 予嘗以《大學》至善，《中庸》修道，總無出入人倫外，倫盡即道便
> 盡。而說者多謂人倫外尚別有事，其說以舜之明庶物、察人倫爲
> 據。……夫物則稱庶，故不如人；人則稱倫，故能勝物。……所謂
> 察者，正察人之異於物。不過有倫無倫幾希之間耳。令人一無倫也，
> 其不胥而物者幾矣。……若必以倫外有事，則《大學》知止曾不越
> 五達道。不知捨此之外，更將以何爲善、以何爲道。〔註57〕

〔註55〕孫慎行：〈鳶飛〉，《困思抄》（四庫禁燬書叢刊本），頁375。
〔註56〕如朱子即注曰：「子思引此詩以明化育流行，上下昭著，莫非理之用，所謂費
　　　　也。然其所以然者，則非見聞所及，所謂隱也。」請見：朱熹：〈中庸章句〉，
　　　　《四書章句集注》（北京：中華書局，2003年6月），頁22～23。
〔註57〕孫慎行：〈庶物辨〉，《困思抄》（四庫禁燬書叢刊本），頁359。

認爲《大學》止於至善之教與《中庸》修道之教皆當於人倫中完成、實現，此即其所謂「倫盡即道便盡」，並認爲捨棄了人倫則無法體現天道之善，故其言「捨此之外，更將以何爲善、以何爲道」。因此，即便是聖人修道立教，也不能違背此道而立教。慎行又說：

> 夫天道何人不有，而獨歸之聖人。……天道唯一通明，故從容乃中。
>
> 聖人視世終先一步，故特以天道屬聖人之心有天道，天道之外無聖人。〔註58〕

換言之，聖人也只是早一步明此「天命之謂性」而能「率性之謂道」。亦即聖人不僅明此天道之誠，又能從天道之誠中，明於人道之善，而慎行《困思抄‧性教圖》〔註59〕中的性、教二圖即爲此這種思想脈絡的明確表達：

《性教圖》
性　圖

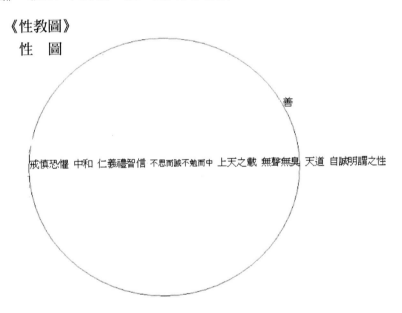

戒慎恐懼　中和　仁義禮智信　不思而誠不勉而中　上天之載　無聲無臭　天道　自誠明謂之性

善

此圖乃從天道的一面說起，在天人一貫、天道至善的前提下，人性具「戒慎恐懼」之本能，與「中和」、「仁義禮智信」之本質，故可「不思而誠、不勉而中」而通達「上天之載　無聲無臭」之天命，此即《中庸》所謂「自誠明，謂之性」。

〔註58〕孫慎行：〈聰明睿智〉，《慎獨義》（四庫禁燬書叢刊本），頁439。
〔註59〕孫慎行：〈性教圖〉《困思抄》（四庫全書存目叢書本），頁48。

教　圖

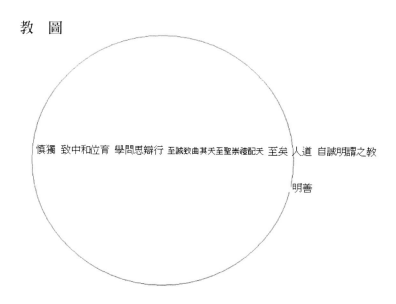

慎獨　致中和位育　學問思辯行　至誠致曲其天至聖崇禮配天　至矣　人道　自誠明謂之教

明善

　　此圖則從人道的一面說，強調經由明善而實行善道的一面。講究的是人經由「慎獨」的工夫而可「致中和位育」，並且透過「學問思辨行」的實際修行即可達到「至誠致曲其天、至聖崇禮配天」的極致境界，而這就是《中庸》所謂「自明誠，謂之教」。

　　在《中庸》裡，所謂「自誠明，謂之性」當指聖人之不思而得、不勉而中的境界，即由誠而明，乃天生本然如此，此乃從本體意義之圓滿一面說起。而「自明誠，謂之教」則指常人經由學問思辨行，使心能知理明理，這屬教化之功效，即以修養工夫以復其性。因此，此中由「性」而「教」已將焦點轉化至人道這一層面說起，而不同於首章之「天命之謂性，率性之謂道，修道之謂教」中之「性」乃偏重於存有論之意義。故慎行說：

> 天命之性，修道之教，此性教從一世終始言；自誠明之性，自明誠之教，此性教從自成以成物一身之終始言。……夫自成，誠耳，惟此誠則明，明則誠，合而舉世無可遺之物，終身無可雜之念，而後其誠也，爲至誠。且爲天下之至誠，從此一盡性而盡民盡物，贊化育參天地，隨所舉而措之矣。致曲能化如神成物，使天下無人不可爲至誠，所以教也。〔註60〕

所謂「性教從一世終始言」即由從存有的根源或整體客觀社會面說起，指出

〔註60〕孫慎行：〈篤行〉，《慎獨義》（四庫禁燬書叢刊本），頁418。

人之本性乃本有而非人爲的，自生至死皆爲如此，差別在於能不能完全表現出來而已，而這是從「一世之終始」之天道的一面言；「性教從自成以成物一身之終始言」則從個人實踐的一面說起，指出人之本性雖同於天道天命，乃爲萬物一源，但若要將此性體充分的加以實現，則需從自性之實現做起，方能進一步成己成物，此乃愼行所謂從「一身之終始」之人道的一面言。〔註61〕蓋宇宙間一切事物，苟有其眞實無妄之存在，將必然有所表現，而舉世以共見，此即「物之性」。而人苟實見其有所表現，眞知其有所存在，而誠有以識眞實而無妄，則此天道之誠之眞實而無妄者，乃在人道之明中再度眞實表現而存在，此即「人之教」。〔註62〕所謂「誠則明，明則誠，合而舉世無可遺之物，終身無可雜之念，而後其誠也，爲至誠。……使天下無人不可爲至誠，所以教也」即此意也。

因此，愼行所言：

> 學而不厭，是誠明之性；誨人不倦，是明誠之教。〔註63〕

> 問政章詳列天下國家之治，而一之以修身誠明之教，後推極民物天地之成，而合之於性德。政者，一人而正萬萬人者也；教者，一心而開萬萬心者也。〔註64〕

> 一誠不可掩，是天命之性；一至誠無息，是率性之道；一夙夜終譽，是修道之教。……性道一條直路，教便有兩項提防。〔註65〕

凡此，皆乃偏重從人道之教化的一面而言。其中，「誠」則是從天道轉至人道的關鍵概念，因爲在愼行而言，「誠」除了用以說明天道本體之生化不息、眞

〔註61〕 如林啓屏先生說：「人自從離開母體之後，具體的生命經驗便從父母的對待關係中成長。從這個角度看，所有日後之可能的關係建立，都與『我』有無法分割的連結，甚至天地萬物與『我』的連結，都是促使『我』之爲『我』的基本條件。人是在這樣的一張網路中成長。如此一來，我與諸關係之連結，就存在著一種無可逃避的責任，因爲任何一個關係的破壞，都可能導致『我』與『他者』甚至是『物』的完成之不可能。」請詳參林啓屏：〈論儒學的「宗教性」〉，《儒家思想中的具體性思維》（台北：台灣學生書局，2004年2月），頁246。因此，人與「他人」甚至是「物」之間永遠存在著一種複雜而不可分割的關係，故我們應視天地間的萬物爲一整體之存在。

〔註62〕 參見錢穆：〈中庸新義〉，《中國學術思想論叢（二）》（台北：素書樓文教基金會，2000年11月），頁76。

〔註63〕 孫愼行：〈篤行〉，《愼獨義》（四庫禁燬書叢刊本），頁418。

〔註64〕 孫愼行：〈不見〉，《愼獨義》（四庫禁燬書叢刊本），頁425。

〔註65〕 孫愼行：〈有三重〉，《愼獨義》（四庫禁燬書叢刊本），頁434。

實無妄的特性之外，亦是用以形容人的本心之明覺狀態，所謂：

> 誠無可指，唯有本心常明便是著著落實處。故曰：「誠則明，明則誠。」
> 此一爲主之說，非兩爲歧之說也。〈致曲章〉明字貫在中間；〈誠者
> 章〉知字貫在中間，此其明用。首章以性教揭歸道字，是世教事；
> 此以誠明統歸明字，是心體事，明常在，即道自常在。……至「誠、
> 明」做兩項，人分殊更是千古膏盲不可解之病。〔註66〕

所謂「誠無可指，唯有本心常明便是著著落實處」即指出誠體之明，乃明於
人之本心之明，此「誠則明，明則誠」指的是本體與工夫的不離，誠體本身
自然有明覺，誠不只是理，亦是心，故自然有覺、自然有明，明是體的自然
外通，自然呈現，故誠與明本是一體的，因此慎行指出「誠明統歸明字，是
心體事，明常在，則道自常在」，並指出若將「誠、明」分做兩項看待，不論
是喪失本體之根源或是遺忘工夫之努力，都將造成千古膏盲不可解之弊病。
其中。慎行何以如此認爲，我們在下文接著繼續說明。

二、從人道見天道──誠體流行，至誠知天

當我們說慎行對「天命」有眞切的體證時，乃主觀地從人道之踐履客觀
天道之一面言，非指慎行乃獨斷的說一「天命」，而對之作一空泛的懸想；否
則即落入傳統宗教或是漢儒之觀點，先客觀的、信仰式的設定一「天」，謂其
於生人物之時，自上而下，由外在賦予萬物一定之性。此即與孔子言「下學
上達」，乃言「知我者其天」，孟子言「盡心知性則知天」的傳統不合。然而
天地人三者，即自然、社會、人生或客體與主體之間，如何聯繫、如何統一？
慎行有謂：

> 就形氣既分論，則我與天地並立爲三，而未分則天地人合三者而總
> 爲天。如之、參之就形氣之天言也，天命則就天地人所合之天言也，
> 天載者載此，達天德者達此，故曰「天命之謂性」，至誠只說其天，
> 更不言如參。……故說盡吾心之天，而求合在天之天，便成二了。
> 〔註67〕
> 單說天地即形氣之天，不過與聖人而三有憾者，故至聖不獨如天如
> 淵，而終之配天，至誠不獨知天地之化育，而終之其天。夫如之、

〔註66〕孫慎行：〈誠明〉，《困思抄》（四庫禁燬書叢刊本），頁381。
〔註67〕孫慎行：〈天命說〉，《困思抄》（四庫禁燬書叢刊本），頁333。

> 知之尚形氣之天也，直到配天，其天與天命之天合，方於世無所不
> 知不能，而極君子之道之至。且至誠盡性，既說天地參繼之，能化
> 如神，悠久無爲，而後終之天命不已與聖德之純合。故末曰：「上天
> 之載，無聲無臭，至矣。」此天命之天超乎天地，聖人者也。〔註68〕

也就是說，單言「天地」就是指社會、國家或自然現象，則我與天與地則皆
屬自然界之一物，此時無所謂天人分合之問題。但是若從本體論的角度做出
發點，所謂的「天命」即指一普遍永恆的渾然天道本體——既超越而又內在，
即前文所指的「萬有不齊之內，終有一定不移之天」。此本體乃一切存有和價
值的最終根源，故謂「天命則就天地人所合之天言也」、「天命之天超乎天地」。
意即合而言之，天命（道）乃通天地、萬物、人心而爲一；分而言之，天、
地、人的存在、流行亦與天命（道）相符合並以其爲本體。

　　若就這個角度而言，所謂的「至聖終之配天，至誠終之其天」、「天命不
已與聖德之純合」之至誠、至聖而可以合天而與天爲一，究竟從何說明呢？
亦即前文我們一再強調在慎行思想中天與人本爲不貳，然此「不貳」處就人
的角度而言，又應當從何恰當理解呢？在慎行以爲：

> 《中庸》直指性體，而天所以開人，與人所以合天者盡在是。夫以
> 天之浩蕩，竟不知何處津涯？何從湊泊？直揭之斯昭昭，而天可括。
> 且天道無窮，而曰及其無窮，豈眞有積累乎？無窮者斯昭昭也，所
> 謂爲物不貳者也。故能常繫常覆，而不測之用神。夫吾之心，不有
> 昭昭存耶？一念如是，萬念如是，一息如是，終古如是。蓋不盈寸
> 而握天地之樞焉。故曰：「君子以自昭明德。」又曰：「賢者以其昭
> 昭，使人昭昭。」正此物也。故地與山川俱詳列並言，正欲人博觀
> 俯察，而悟昭昭之覆果無窮也。然地山川則曰一撮土、一卷石，一
> 勺有形可見，故有一可指。而天直曰斯昭昭，雖有愚人，當下可見，
> 雖有智者，無可名說，君子請以是試思之。昭昭非小，無窮非大，
> 猶之火然，一星之火，與燎原之火，無小大之可言。〔註69〕

雖說天道、人道本不貳，然而就像慎行所說的「夫以天之浩蕩，竟不知何處
津涯？何從湊泊？」浩蕩之天道實乃於穆深遠，人又當從何處去測知、體會
呢？慎行乃主張從天之「昭昭」處著眼。亦即就一處而言，天雖然只是昭昭

〔註68〕孫慎行：〈聖人辨〉，《困思抄》（四庫全書存目叢書本），頁60～61。
〔註69〕孫慎行：〈昭昭〉，《困思抄》（四庫禁燬書叢刊本），頁322。

之明，然而從此昭昭之明處亦可推至浩浩無窮之天，而明白天道廣大流行不已之特性。因為從量化的一面看，天道雖無窮而無法積累而至，然而從萬物共具生生不已之本性這一面而言，天與人、人與物皆各有「昭昭」存於其中，此亦天道「為物不貳」之特性。所以慎行謂「夫吾之心，不有昭昭存耶？」即強調人心之中亦有此「昭昭」，而此「昭昭」即指「天命之謂性」的性體，亦即一創造眞幾之性，此即人可以掌握自己的生命，從而創造價值的普遍根據，而道德生命的眞實感與超越感亦於此落實。〔註70〕是故，人心之中具有此「昭昭」之性體，故可以「不盈寸而握天地之樞焉」。

　　而在此意義層面下，慎行認為：

> 夫天之命人以誠流行，原不思勉，人合道以誠，其流行亦不用思勉。
> 此則吾心自然之智，便是天命本然之道，巧相符合，安用人力安排也。

此乃明言以「誠道」乃可貫通天命與人性，且就天道本體之大化流行一面言，這樣的貫通乃不用思勉、直達無礙的，因為「吾心自然之智，便是天命本然之道，巧相符合，安用人力安排也。」實則此即《中庸》「誠體流行，至誠知天」思想的進一步表達。因此，至誠之人即可從本心之「昭昭」而見天道之「無窮」，亦可明於世間禍福得失之眞諦，故慎行言：

> 常人不知禍福，只為見善不明。至誠既明善，辟如天下百工技藝，苟一造其至，即成敗得失分數，便可以逆計，無不審。致誠盡民物，窮古今，貫幽明，洞天地，不過若民情日用之在目前，最是了了，又何不先知？……道者，至誠知之，人人亦可以與知之者也。非其知人所不能知，而以為異也，終是有隔礙處。〔註71〕

此中所謂「至誠既明善，……致誠盡民物，窮古今，貫幽明，洞天地，不過若民情日用之在目前，最是了了，又何不先知？」即強調「至誠」知天乃是道德意義上明白通達之「知」（德性之知），非重在知識意義上技術之知（聞見之知）並且，唯有在這樣的前提下才能說「道者，至誠知之，人人亦可以與知之者也」。

〔註70〕關於儒家所強調的「創造眞幾之性」的概念可參見牟宗三：〈對於「性」的規定（一）《易傳》、《中庸》一路〉，《中國哲學的特質》（台北：台灣學生書局，1987年10月），頁57～64。

〔註71〕孫慎行：〈百步之外說〉，《困思抄》（四庫禁燬書叢刊本），頁370。

此外，慎行又謂：

> 夫天無窮而人見有窮，有窮則不能不以漸增長，增長一分便知一分，
> 及增長之極，而後知昭昭果無窮，故曰：「及其無窮。」……天本無
> 窮本體，聖人合下即知無窮景象，唯于及其處著力，故能合。〔註72〕

意即雖然天道無窮而人見有窮，但若所欲窮盡之道乃爲道德層面之道，則可
由積累而至於豁然貫通，故謂「增長之極，而後知昭昭果無窮」。也唯有在這
個意義層面下，道德的實踐工夫方有著力處，天與人也才有可合之處。否則，
天地間事物無窮多，事理亦無窮盡，人實際上是不可能窮盡世間的一切事物
之道理。也因此，對於《中庸》「盡物之性」一句的解釋，慎行則是說：

> 盡物之性，《中庸》未嘗明言。……天地萬物之詳，不出一喜怒哀樂
> 間，可以例已。非聖人戒慎恐懼時時體察，豈能以我喜怒哀樂之眞
> 性遍觀萬物，各得之自性而合之爲一化育。……天命非至誠不合也，
> 大經大本人已合也。化育天地萬物合，所謂於穆不已也。此不以知
> 知，以誠知者也。匹夫匹婦精神立爲感通，一草一木詳異潛相徵應。
> 〔註73〕

萬物從有生命的一草一木以至於無生命的一瓦一石，均在宇宙大化流行底下
所創造，因此，萬物的存在皆可以「天命之謂性」的概念來詮釋，進而言「萬
物一體」。然而即便如此，人又如何能「盡物之性」呢？此處慎行乃以喜怒哀
樂等「情感」作爲打通人與物的樞紐，而言「天地萬物之詳，不出一喜怒哀
樂間，可以例已」，並且以爲聖人透過戒慎恐懼時時體察之工夫，即能以其喜
怒哀樂之眞性遍觀萬物，進而明白萬物之性而化育之。

　　蓋若專就理性上去觀察萬物，走到極端，常把生物當死物看，此即西方
科學之科學，在中國思想中則強調的是以「情感」去體認萬物，從而主張天
人、人物爲一體、而可互相感應。〔註74〕故慎行言「天命非至誠不合也……
此不以知知，以誠知者也」意即至誠者合天、知天即從其自身之眞情至性處
合之、知之，而此乃一精神層面上之意義，而非物質、知識層面之意義。也
因此，慎行說：

> 自天地而言，則我與人物皆謂之物，然不可謂之不誠。不誠者，從

〔註72〕孫慎行：〈無窮〉，《困思抄》（四庫禁燬書叢刊本），頁386。
〔註73〕孫慎行：〈知化育〉，《慎獨義》（四庫禁燬書叢刊本），頁422。
〔註74〕參見錢穆：〈中庸之明與誠〉，《中國學術思想論叢（二）》，頁147～148。

> 人道言，但可謂之無物，而不可謂之無己。己雖不誠，但不成耳而
> 已，尚在也，物自物也。有誠方有物，若誠不積乎方寸之間，則物
> 將拒之藩籬之外矣，雖謂之無物可也。且就我而言，則天地人物總
> 皆謂之物，天自天也，地自地也，人自人也，物自物也，而我不誠
> 則漠不相關，安得有物。故曰：「萬物皆備於我矣，反身而誠，樂莫
> 大焉。」……故誠不誠都就己身上看，便將對己之物會得親切。故
> 曰：「非自成己，所以成物」。〔註75〕

自天地宇宙之存有的一面而言，則人與萬物皆為其中實存之物，皆乃真實存
在於這個世界中，此時無所謂「不誠」。然若就價值實踐的層面而言，則有所
謂「不誠」，因為專從人道的一面而言，所謂「誠不積乎方寸之間，則物將拒
之藩籬之外矣」即是指人無法於個體生命中呈現出「誠體」之不已之創造性
的真幾與價值，自然無法通過具體生命而感通於外在之事物，而遑論「成物」，
此時外在之事物對人而言，自然也沒有任何價值上的意義，故言「我不誠則
漠不相關，安得有物」。至此，我們引劉述先先生的一段話來總結上文：

> 生命本來就是統一的，不是凌空產生的，它是由大自然孕育出來，
> 只不過人有一種特性，在靈光爆破以後，他發現了自我，然後就從
> 整個自然中分離了出來，……人一旦分離出來後，就不斷創造新的
> 文化，不斷的塑造自我。但人的內在與創生的泉源是相應的，傳統
> 儒家就秉持著這樣一個信念，……用一個簡單的符號表達，它就是
> 天人合一，所以生命的現實是那麼渺小，但通往生之源即存有與價
> 值的根源卻是無封限的。〔註76〕

順此，我們亦可以說在慎行思想中，「至誠知天」除了是一個道德價值意義上
的命題之外，更是一種精神層面上的體證，或者說是一種境界的展現，而其
前提則建築在「誠體流行」這個貫通天道人性之天道本體論的論證上。

三、「中」為本體、亦為本性

在慎行的天道本體論中，「天命」雖為一超越之本體，卻並非一超越隔
絕於人而無法測知之事物，否則現實之道德教化將無從言起。也就是說，超

〔註75〕孫慎行：〈無物辨〉，《困思抄》（四庫全書存目叢書本），頁29～30。
〔註76〕參見劉述先：〈理一分殊與文化重建〉，《現代新儒學之省察論集》（台北：中
　　　　央研究院中國文哲研究所籌備處，2004年5月），頁291～292。

越之天命本體與現實之萬事萬物（當然也包括生物）之本體實不可分爲二，而是同於一體之中。蓋言超越者，非謂眞有一超越之主宰、存有者在操控管制一切事物，而是謂一切事物之存在，不論從理義或氣數之形上形下的層面言，或是從生命與物質之生死存滅的層面上看，萬物終究就是生生不已的，此生生不已之生機不因時移事異有所改變、消失，而「天道」之超越、永恆即從此處看出，非眞有一超越之「存有者」存乎一切之上也。傅偉勳先生曾說：

> 牟先生在《中國哲學十九講》說：「儒家不說道德的神學而說道德的形上學，因爲儒家不是宗教。」我卻認爲，然而儒家的道德形上學不但有其原先存在的宗教源頭（亦即天或天命），即使到了宋明理學，亦不因爲形上學意義的「天理」突出，而使天命源頭消失不見。也就是說，宋明理學爲了對抗大乘佛學而標出「天理」等形上學觀念（不論是「心即理」或「性即理」），既未取代亦取代不了本來存在著的宗教性的天命源頭的。總而言之……本來，坦白承認儒家思想的原本形態應是宗教，而非哲學，極有助於「大傳統」（士或學者的）與「小傳統」（沈默大眾的）的重新溝通。〔註77〕

今若不將其中「天命之源頭」之意義限於「超越的人格神」，而純就愼行思想看，這樣的論點是可以被接受的。因爲我們前文已指出愼行本身對超越之天道本體（天命）有著敬謹篤切的體會，雖然「天命」在他以爲並非如宗教中之超越存有者、主宰，然而愼行對此「天命」所抱持、懷藏之虔敬心情，卻是一種「宗教情操」。〔註78〕本來就思想家而言，對其自身所深信不疑之哲學、思想，在某種程度上就是一種「信仰」。也因此，或許我們可以這麼說，在閱

〔註77〕傅偉勳：〈試論儒家思想的自我轉折與未來發展〉，《從創造的詮釋學到大乘佛學》，頁116～117。

〔註78〕如黃俊傑先生即認爲：「儒家有強烈的『宗教性』（religiosity），也有強烈的『宗教感』（sense of religiosity），但不是西方傳統定義下的『宗教』（religion），因此，儒家是不是『宗教』不是一個非此即彼的問題。……所謂宗教性乃指儒家價值信仰者對於宇宙的超越的本體所興起的一種嚮往與敬畏之心，認爲人與這種宇宙的超越本體之間存有一種共生共感而且交互滲透的關係。這種信仰是一種博厚高明的宗教情操。」請參見黃俊傑：〈試論儒學的宗教性內涵〉，李明輝主編：《中國經典詮釋傳統（二）》（台北：樂學書局2002年2月），頁3～5。關於這一點，楊祖漢先生則說道：「人無論如何都不肯放棄理想的精神便是人之所以爲人之性，是超越之性，而非物欲之性，而這正是宗教情感之由來。」參見楊祖漢：〈論宗教情感〉，《儒學與康德的道德哲學》，頁208。

讀《中庸》時，若是不抱持著一種宗教般頌讚的精神，而只是單純的去分析那些說理的部分，是無法契合於其中之高致義理意境的，因為在某個角度、程度上而言，唯有精神上的讚頌才是天與人之間的真正合一。

因此，我們前文所提及慎行「朔望必跪讀《中庸》」的行為並非是一種宗教神祉之信仰形式，而是對於書中理境之深刻理解與虔誠讚頌。所以即使牟先生強調「儒家不是宗教」，但想要理解儒家思想之最高理境，虔誠的心境卻不可少。至少我們可以說，慎行在理解儒家思想時，這樣的情懷是始終存在的。事實上，假如天底下沒有任何神聖性的東西存在著，那麼人類也就根本不可能有什麼要積極地去表達，或積極地以什麼去表達了，而此一隱含在人類表達中的神聖之物，有時我們把它叫生命，又時叫做靈魂，有時叫做上天，甚至是「上帝」，然而不管如何指稱此「天命本體」，我們最終還是必須強調，儒家思想與宗教之最大的不同點即是對「存有」或是「存有者」的體認不同。〔註79〕今單就慎行思想而言，天道之本體（天命）本非為一超絕的存有者（人格神），故其言「中」曰：

> 夫中者，此心存主之中，即天命所默與之中，即天地萬物所共受成
> 之中也。無一人不由之陶鑄，而無一人肯奉以周旋。〔註80〕

今姑且不論「中」在《中庸》裡的本意為何，但可以確定的是，在慎行的理解裡，「中」乃為一切事物之本體，既為人心之本體，亦為天地萬物之本體，即萬物在生成之時本稟賦著共同之性——「中」。所謂「天命所默與」乃指天命本體默默流行於人心之中，而非指宗教意義中之上帝所賦予之「默與」。故慎行又說：

> 〈商書〉曰：「唯皇降衷于下民，若有恆性。」「恆性」則所謂天下
> 之大本也；「降衷」云若有真是形容不得，想像不得，而渾然藏密，
> 所謂不睹不聞，而無聲無臭之至者也。若有兩字便括《中庸》一部

〔註79〕 以儒家和基督教為例，劉述先先生曾說：「傳統儒家體證的道流行於世間，是一種『內在超越的』型態，基督教崇信的上帝創造世界，不在世界之內，是一種『外在的超越』的型態；基督教相信一個超越的人格神，失樂園之後的人有原罪，需通過耶穌基督的他力得到救贖，儒家卻相信無人格性的道，肯定性善，自己做工夫以變化氣質，體現天人合一的境界。」參見劉述先主編：〈由當代西方宗教思想如何面對現代化問題的角度論儒家傳統的宗教意涵〉，《當代儒學論集：傳統與創新》（台北：中央研究院中國文哲研究所籌備處，1995年5月），頁20。由此觀之，儒家和基督教兩者的差距仍是巨大的。

〔註80〕 孫慎行：〈可均〉，《慎獨義》（四庫禁燬書叢刊本），頁398。

奧指，是中也。〔註81〕

所謂「『降衷』云若有真是形容不得，想像不得」即指出天地萬物之本性之授
與實乃天道創生之奧妙，其最根源之生成原理非人智所可形容與想像，故爲
「渾然藏密，所謂不睹不聞而無聲無臭之至者也。」事實上，中國哲學中，
尤其是儒家思想，「天」通常負責「終極理想」與「永恆無限」的存在，然而
在儒家尤其是宋明理學中，「天」實際上絕不只是一個哲學中單純而形式的概
念或名詞。相反的，它是一種實踐的真理與生命的極致。因此，杜維明先生
在評論宋明理學家思想之特徵曾說：

> 宋明理學……人的存在被賦予「理」的這種實有，因此，人的存在
> 是「存有之鏈」，即包容天地萬物的環練中的一個不可少的一部分存
> 有的一部分。然而，人的獨特性在於，他的心有一種固有的能力在
> 其良心和意識中去「體天下之物」。通過這體悟或體現，實現自己的
> 「覺」（即感受性），彰顯真正的人性，並參天地之化育……人的心
> 如果只靠其理智的機能，可能永遠無法領悟天的運作的奧妙，但是
> 通過心靈的培育和修養，他甚至能察覺到神發出的最幾微的聲音。
> 當然，與任何神學論證明顯不同，宋明理學家把天的運行描繪成無
> 聲無臭。〔註82〕

其指出宋明理學家對於天道之創生的作用、萬物一體的感受乃以「心」體會
而非理智，因爲天道的運行乃「無聲無臭」的，故不能僅用人心之理智的機
能去領悟。而此說正可以貼切的用來形容慎行對天道之「不睹不聞、無聲無
臭」一面的理解，同時亦指出「人心」的作用與可貴之處。事實上，天道之
奧密（實體）人雖無法盡知，但在慎行思想中，天人可以是一貫的、萬物也
是一體的。然所謂「一貫、一體」實乃是一種精神層面上的體證與境界層面
上的展現，因爲唯有在這種意義層面上，天道之「誠體流行」與人道之「至
誠知天」才可以是一貫的。而余英時先生說：

> 在與西方的對照之下，中國的超越世界與現實世界卻不如此涇渭分
> 明，一般而言，中國人似乎自始便知道人的智力無法真正把價值之
> 源的超越世界清楚而具體的展現出來。但更重要的則是中國人基本

〔註81〕孫慎行：〈說中〉，《困思抄》（四庫禁燬書叢刊本），頁 374。
〔註82〕杜維明：〈宋明儒學的宗教性和人際關係〉，《儒家思想》（台北：東大圖書出
　　　　版社，1997 年 11 月初版），頁 148～149。

上不在這兩個世界之間劃下一道不可逾越的鴻溝。〔註83〕

確實，與西方哲學傳統相比，中國哲學不將本體界與現象界強分為二，而是認為這兩個世界離中有合、合中有離，互有交涉。意即代表超越價值理想的「道」與現實世界之「日用人倫」是不能分開的。而我們也唯有從這樣的觀點來看慎行的思想，才能恰當的理解並詮釋他思想中有關「天」的種種論述。

至此，本章所謂「天人一貫」的論述皆偏重自超越天道的一面說起，而非自內在心性的一面探討。今若將焦點轉向內在心性的層面上，則吾人所擁有之性，如何與天為一？所稟賦之心又如何體天下之物？而心、性之關係與實質內涵又為何？凡此，皆有待下一章做進一步的探討與分析。

〔註83〕余英時：〈從價值系統看中國文化的現代意義〉，《中國思想傳統的現代詮釋》，頁11。

第四章 慎行之心性論——成德之教的內在根據

　　雖然慎行思想中對於天道論中「天命」、「理義」、「誠體」等概念的論述不在少數，對於宋明理學幾百年以來形上天道思想有所承繼與發展，然而心性論與工夫論是他思想的重心所在。蓋慎行身處於龍溪、泰州兩派思想最興盛的時代，其中龍溪一支言性無善惡乃是「蕩之以玄虛」，泰州一派言現成良知則是「參之以情識」，在這樣的時代思想脈絡中，慎行除了更加重視道德之實踐工夫理論之外，在心性論上則是一再重申孟子「性善」之旨而強調人性為善。本章即從分析慎行「性善」思想著手，進而剖析慎行思想脈絡中「氣質之性」與「義理之性」之關係，最後再透過他對「已發、未發」的獨特看法，來闡明其思想理路中「心、性、情」的關係以及「人心道心合一」的見解。

第一節 慎行對「性善說」的理解

一、性善說的堅持——對「氣質之性」之批評

　　如前所論，慎行痛疾學術與世道的墮落，對於混淆是非善惡之現象，冀圖從道德上整頓。然欲從現實倫理制度中整頓社會敗壞之風氣，則不得不嚴斥「無善無惡」之說，而以「善」為最高價值。因為無法確立至善之旨，正是當時種種流弊之所由生。是故，對慎行而言，對「無善無惡說」的批評不

僅涉及世道人心風俗厚薄的問題，更是學術理論上辨析的問題。而我們在上一章即指出，在慎行思想脈絡中，「善」必須是屬於天命而為純善，但這並非指天命之外別有一本體名之曰「善」，而是天命之實體本身即是善，故在他「天人一貫、本體至善」的本體論思路下，由天命之善本可直言人性之善。所以在慎行思想中，天道本體之為至善當無任何疑義，甚至可以說是一切論點的前提。是故，慎行對於無善無惡之說的直接批評，是在人性問題上。

中國自古有「自生言性」之傳統，而告子言「生之謂性」所說即是材質之性。孟子則一反此傳統，轉而由人的內在道德性言人性，故謂「性善」。[註1] 蓋孟子言性善乃從四端之心中指點，是「即心言性」，因為「即生言性」以「天生本有」作為說性的判準，不但流於空洞、形式，而且一旦納入到不同的義理系統，雖然得以實質內容的充實，如告子之「食色，性也」。但這樣的看法往往只見到人在生物學上的生理本能、慾望，而無法真正的彰顯人之所以為人的尊嚴。[註2] 當然，陽明後學所謂的「性無善惡」「現成良知」的說法亦不至於混淆動物性與人性，但是慎行卻是將這兩者與告子「生之謂性」、「食色性也」的說法拿來做比較，他說：

> 告子屢言性，曰「杞柳」，柳最易長；曰「湍水」，水最易動；曰「生之謂性」，生其活機；曰「食色性也」，食色其實用。而合之無善無不善，益不可指著。使庸常者由之，而日見吾心之感應，其宜人情者此言。使賢智者知之，而默見吾性之流行，其超人情者亦此言。蓋以圓活教人，自謂見性極真，不知誤天下愈甚。流俗既以濟其私，迷不知檢防，高明益以神其見，蕩無所歸著。近代來雖有向道之士，習見流俗之可鄙，不過出於高明之可喜悅而已，性善之義曾未有堅持而不跳，力信而不疑者。宋儒之直提此者，吾得「立本」之說焉，明儒之直提此者，吾得「良知」之說焉。嗚呼！舍善無性，舍明善無率性，外之模胡于尚論猶可言也，內之模胡于知性不可言也。蓋

[註1] 對人性的研究有兩路，其一是採取人類學的進路，著眼人的材質與其他動物之異同說人性，其二是採取道德的進路，以人之心靈之理性所代表之「真實創造性」為性，自道德創造之真幾說人性，所言的「性」是指道德實踐所以可能之根據。參見盧雪崑：〈引言〉，《儒家的心性學與道德形上學》（台北：文津出版社，1991 年 8 月），頁 3。

[註2] 請參見袁保新：〈人禽之辨〉，《孟子三辨之學的歷史省察與現代詮釋》（台北：文津出版社，1992 年，2 月），頁 74。

荀楊之說爲世嚆矢，使吾性幾混然博雜而無可追求，又不特一莊列

之玄虛汪洋浩大，與告子共相熾煽而已。〔註3〕

乍看之下，慎行似乎以爲「性無善惡」、「現成良知」之說乃同於告子「以生言性」、「食色性也」。實際上，他已經在理學的脈絡中來解說告子言性的方式，並以此點出王學無善無惡之說的兩項流弊。他說「生之謂性，生其活機」、「食色性也，食色其實用」這兩者就好的一面是：一如「現成良知說」乃爲「宜人情」者，而能「使庸常者由之，而日見吾心之感應」；一似「性無善惡說」乃是「超人情」者，而能「使賢智者知之，而默見吾性之流行」。然而慎行指出這些說法實際上是「以圓活教人，自謂見性極眞，不知誤天下愈甚」。蓋陽明說本體無善無惡是從不落、不著、不顯相對意義的善惡處說本體之超越義、至善義。〔註4〕慎行對此並非不能瞭解，但認爲過度強調這種終極境界的說法，在現實社會中極容易因「流俗既以濟其私，迷不知檢防，高明益以神其見，蕩無所歸著」而導致諸多的社會弊病。

是故，慎行對「性善之義」，除了是對孟子以來儒家性善傳統的力信不移外，更是在道德價值的堅持下，對社會上不良風氣與現象所做的一種反思。因爲「舍善無性，舍明善無率性」是他思想的根基，亦是他其他理論見解的立足點。除此之外，以無善無惡說性，甚至是將性分爲氣質之性與義理之性，在慎行而言都是「荀揚之說」，將使人性變得混然博雜而令人無所肯定與追求。

對慎行人性論的思想背景有了以上的瞭解之後，我們可以進一步討論他在這種反對區分「氣質之性」與「天地之性」思路下，如何言性善。這主要表現在《困思抄・氣質辨》這一大段敘述中，以下我們分爲幾個段落來做討論。首先他說：

〔註3〕　孫愼行：〈告子〉，《困思抄》（四庫全書存目叢書本），頁211。
〔註4〕　關於「至善」的概念，牟宗三說：「作爲絕對體的性體自身則不是事，因此作爲價值判斷上的指謂詞之『善惡』，在此用不上。此即所謂『善不足以名之，況惡乎哉？』在此，如謂其爲『至善』，此『至善』亦不是價值判斷上的一個指謂詞，因爲它不是狀一事相，故亦不爲一事相所限也。自此而言，說『至善』是『歎美之辭』亦無不可。是以『歎美之辭』之至善，即是說性體自身的絕對善。……孟子由『本心即性』所說的人之『內在道德性』之性體自己亦是絕對的至善，無條件的、定然的善，是體善而非事善，因而亦不是價值判斷上的指謂詞。它是價值判斷底標準，而不接受判斷。」請參見牟宗三：〈性爲超越的絕對，無相對的善惡相〉，《心體與性體（二）》，（台北：正中書局，2002年10月），頁461～463。

> 孟子謂「形色天性也」，而後儒有謂「氣質之性，君子有弗性者焉」。
> 夫氣質獨非天賦乎？若天賦而可以弗性，是天命之性，可得而易也。
> 孟子謂「為不善，非才之罪也」，而後儒有謂「論其才，則有下愚之
> 不移」。夫使才而果有「下愚」是，「有性不善」與「可以為不善」
> 之說是，而孟子之言善非也。〔註5〕

關於氣質之性，張載首先提出：「形而後有氣質之性，善反之，則天地之性存
焉。故氣質之性，君子有弗性者焉。」〔註6〕將人性分為「天地之性」與「氣
質之性」，指出天地之性才是人性之本義。因此君子不以氣質之性為性。由天
地之性而言，人性即是天性，因為性體乃普遍存在於每一個體之中。依此原
則而言，人性的本質同等於天性的本質。不過在現實的存在中，則有氣質之
性的牽縛，因此需要加上道德實踐的修養工夫，由此善返於天地之性。但是
張載所謂「氣質之性」，吾人究竟要如何去理解呢？於此，唐君毅先生解釋道：

> 人性之種種複雜情形，皆非自此天地之性上說，而只為自其所謂氣
> 質之性上說，亦即連於此天地之性之表現之種種窒礙上說者。故此
> 氣質之性，實為由此天地之性之表現之限制上，所反照出，而只為
> 「氣質中之性」。〔註7〕

因此，氣質之性之「性」，重點其實在「氣質」不在「性」，故張載才會說「氣
質之性，君子有弗性者焉」。所以我們不應將「氣質之性」視為第一序的「性」，
應將氣質之性理解為「氣質中的性」。蓋橫渠以為，太虛之氣在形成人物時本
有所偏頗，即所謂「人之剛柔、緩急、有才與不才，氣之偏也」，此乃解釋人
何以有不善形成的原因，意即宋儒「氣質之性」的提出，主要是為了說明人
的特殊性，以及由此對道德實踐造成的主觀障礙，而非說明人類的普遍根性。

　　但在慎行而言，既然說氣質之性的重點在「氣質」不在「性」，那何必別
立一性，並以此解釋現實經驗中人性之不善呢？難道人之氣質就不是天賦的
一種嗎？因此，他的質疑是：「若天賦而可以弗性，是天命之性，可得而易也」，
亦即氣質之性身為天賦的一種「性」，若可以改變其本為善的一種性質，這樣
說來「天命之性」似乎也不是不可轉變，也有可能淪為惡了。這樣一來又何

〔註5〕孫慎行：〈氣質辨〉，《困思抄》（四庫全書存目叢書本），頁19。
〔註6〕黃宗羲：〈橫渠學案（上）〉，《宋元學案（二）》（台北：華世出版社，1987年
　　　　9月），卷十七，頁694。
〔註7〕唐君毅：〈由佛再入儒之性〉，《中國哲學原論・原性篇》，頁351。

以保證性善的絕對性呢？並且慎行認為，即便不將氣質之性定義為「人性」而定義為人天生所稟賦的「資質能力」，其本身亦當是善。否則從「生之謂性」這一方面而言，人天生種種稟賦的差異性似乎即成為人為不善之根據或是藉口。如此一來即不符合孟子所謂「為不善，非才之罪也」（《孟子・告子上》）〔註8〕的說法，而將荀同於「下愚不移」與「性善惡混」之說，此又置孟子「性善」本旨於何地呢？

所以他說：

> 孟子謂「故者以利為本」，而荀子直謂「逆而矯之，而後可以為善」，此其非人人共知，故不必辯。但荀子以為人盡不善，若謂清賢濁愚，亦此善彼不善者也。荀子以為本來固不善，若謂形而後有氣質之性，亦初善中不善者也。夫此既善，則彼何以獨不善？初既善，則中何以忽不善？明知善既是性，則不善何以復繫之性？然則二說，又未免出入孟、荀間者也。荀子明王道述禮樂，其言矯性為善，最深最辨。故唐、宋人雖未嘗明述，而變化氣質之說，頗陰類之。〔註9〕

孟子曾說「天下之言性也，則故而已矣」（《孟子・離婁下》），「故」在朱子的解釋是「推其性之本然之跡」。〔註10〕很明顯，在慎行而言，人之善性也是事物之本然，因此只要掌握到人性之「故」，亦即本性為善的原則，進而「以利為本」順人類本有善性，則道德之實踐自然可達成。不似荀子主張性惡，故於人性需逆而矯之，而後可以為善。

總之，此處慎行要強調的是：所謂「氣質之性」的說法即近似於荀子言「性惡」，乃以為人性本含有惡的成分。〔註11〕因此，他的結論是：「氣質之

〔註8〕　很明顯的，在這裡慎行將「才」理解為「材質」的概念。

〔註9〕　孫慎行：〈氣質辨〉，《困思抄》（四庫全書存目叢書本），頁19～20。

〔註10〕　見朱熹：《孟子集注》，《四書章句集注》，頁293。

〔註11〕　在儒家底心性之學中，孟子底性善說實佔有一個特殊的地位。在先秦儒學中，除孟子底性善說之外，尚有荀子底性惡說，但兩者立論的根據不同。荀子係根據「生之所以然者謂之性」（〈正名篇〉）的觀點提出「性惡」說，這是從人之所以為人的實然層面（自然之性）論性。這種「性」用中國傳統的概念來說，屬於「氣性」或「才性」。在秦、漢以後的儒家思想中，也確實形成了一個「以自然為性」的傳統，譬如：董仲舒根據「如其生之自然之資謂之性」的觀點主張，天兩有陰陽之施，身亦兩有貪仁之性」（《春秋繁露・深察名號》），揚雄主張「人之性也，善惡混」（《法言・修身卷》），韓愈根據「性也者，與生俱生也」（〈原性〉）的觀點主張「性有三品」之說。甚至宋儒底「氣質之性」亦可歸入這個傳統。請參見李明輝：〈導論〉，《康德倫理學與孟子道德思想之

性」是介於孟子性善與荀子性惡的一種說法，否則性既然爲善，氣質又何以爲不善？或是說「人性」既然一開始是善的，何以在人成長的過程中又變爲不善。

是故，慎行認爲人性自始自終都應該是善的。然而，在他的思路中又如何解釋現實中人的種種不善之行爲呢？於此，他接著說道：

> 今若說富歲凶歲，子弟降才有殊，說肥磽雨露，人事不齊，而謂麰麥性不同，人誰肯信？至所謂氣質之性，不過就形生後說，若稟氣于天，成形于地，受變于俗，正肥磽，雨露，人事類也，此三者，皆夫子所謂習耳。今不知其爲習，而強繫之性，又不敢明說性，而特創氣質之性之說，此吾所不知也。〔註12〕

這裡慎行直承孟子的看法，以爲人之多賴、多暴，並不是因爲本性不善，而是受環境影響。就好像大麥的播種一樣，土地的肥瘠、雨露的多寡、人力的勤惰，都會使得一樣的種子，發展出不同的結果。慎行認爲在人而言亦是如此，所以他將人之不善的原因歸咎於「習」，而強調所有不善都是人後天習慣所養成，非爲人性中本有不善的成分。因此他認爲所謂「氣質之性」的看法，即是不明白人之所以爲不善之事乃因爲後天的習慣所造成，但又不敢明言性有不善，故別立此一說法。於此，慎行續道：

> 如將一粒種看，生意是性，生意默默流行，便是氣，生意顯然成像，便是質。如何將一粒分作兩項，曰性好，氣質不好。故所謂善反者，只見吾性之爲善而反之，方是知性。若欲去氣質之不善，而復還一理義之善，則是人有二性也。二之，果可謂性否？孟子諄諄「性善」，爲當時三說，亂吾性也；又諄諄「才無不善」，恐後世氣質之說，雜吾性也。夫氣質既性生，即不可變化；與性一，亦無待變化。若有待變化，則必有不善。有不善，則已自迷于性善，其說可無論矣。……《易》云：「繼之者善也，成之者性也。」《詩》云：「天生蒸民，有物有則，民之秉彝，好是懿德。」此則孟子所謂「道性善」也。〔註13〕

此則繼續以種子作爲譬喻，說明人之道德自我發展的過程，從本質到實踐乃

重建》，頁2～3。
〔註12〕孫慎行：〈氣質辨〉，《困思抄》（四庫全書存目叢書本），頁20。
〔註13〕孫慎行：〈氣質辨〉，《困思抄》（四庫全書存目叢書本），頁20。

至於完成是不可分割的一個連續體，如同種子具有生長的本質即是性的一面，其成長過程則屬於氣的作用，最後從胚胎之發芽、苗壯以致於開花結果之現象則是質的一面，而這三者是不可分的一個整體。是故，慎行反對將種子之性與氣、質分而言之，說性善而氣質為不善。因為氣質既為因性而生，其本質與性同為善，而無待變化。若有待變化，則必有不善，氣質有不善則如同視性有不善。因此慎行強調「性善氣質亦善」的見解才符合《易經》之「繼善成性」與《詩經》之「天生蒸民，有物有則，民之秉彝，好是懿德」的思想傳統。因此，慎行批評宋儒把人性分做「天地之性、氣質之性」，更反對把人之有惡，舉而歸之於氣稟，並謂此種說法乃「以雜糅誣性，而理義不能主持，繼以參錯無命，而氣數得為推諉」（《慎獨義・於穆不已》），忽視了儒家傳統思想中「繼之者善」的一層意涵。而他最後說：

> 孔子所謂「性相近者也」，相近便同是善中，亦不可一律而齊……所謂同是善中，不可一律齊者也，終不害為知之一。辟如水有萬派，流性終同，山形萬狀，止性終同。故人人可為堯、舜，同故也。或相倍蓰而無算，不能盡其才，此則異耳。聖賢見其異，而知其同；諸說迷其同，而執其異；後儒既信其同，又疑其異。故其言性也，多不合。〔註14〕

所謂「水有萬派，流性終同，山形萬狀，止性終同。故人人可為堯、舜，同故也。」即強調人性中具有超越恆定不移之本質，此本質不因經驗世界中各種不同之現象而有所改變，此亦呼應他天道論中「萬有不齊之內，終有一定不移之天」的看法。

因此，慎行對於人性不可能沒有超越層面的思考，只是在他「理氣一元」的思路中，天道之善與人性之善必須是一貫的。也就是說從存在界而言，則一切存有之形式原理（萬事萬物之存在之性、內涵），皆應只是「理義」。因為慎行雖反對別立氣質之性，但他堅持「性」之實質內涵只有一，即為「理義」，天之命是此，人之性亦若是。所以慎行並非如往後之清代儒者戴震、焦循一般，不承認有所謂的「義理之性」，強調性只是內在於形、質、氣的自然層面，而孟子性善之意義亦只能就此一層面而立言，斷無超乎此一層面上的義理之性。〔註15〕因此，唐君毅先生說道：

〔註14〕孫慎行：〈氣質辨〉，《困思抄》（四庫全書存目叢書本），頁20～21。
〔註15〕李明輝：〈焦循對孟子心性論的再詮釋及其方法論問題〉，《孟子重探》（台北：

> 人直接依其氣質所表現之心性之善,乃原始義之性善:固非一切玄
> 遠通透之言性無善無惡之心體知體之論,所能加以跨越否認者也。
> 則孫淇澳(愼行)等之就此人之依其氣質與其他人物相接時直接表
> 現,以言氣質之性之善,雖似降一層以觀人性,而亦正所以立人性
> 於不拔之地者也。〔註16〕

此中之論,亦是愼行性善論的最好註解。並且,我們若從這個角度來瞭解東
林學者反對區分義理之性與氣質之性的論點,則所謂「東林抹煞義理之性與
氣質之性的分別,乃因爲他們對做爲道德創造根源的形上性體並無眞切的把
握」〔註17〕之說法恰當與否,自然是有待商榷的。

二、性善氣質亦善——惡缺乏存在的基礎

雖然愼行強烈反對「氣質之性」的說法,主張性只有一性,但並不表示
他在人性論中是將氣質與義理混雜在一起看而無所辨別。這一點我們可以從
以下的說法獲得證明,他說:

> 告子以生言性,執已發而遺未發,便是無頭學問。且以天命言性,
> 正所謂凡聖同然,理義說心,而形體不與焉。言生則未免涉形體矣,
> 烏可謂性?夫人之與禽獸異也,以形體觀,不啻相千萬矣,而孟子
> 特謂之幾希,可見形體之異,聖賢不謂之異也。惟是義理之說,惟
> 人有之,而禽獸不能,所謂幾希者也。今若以形體言性,則犬牛人
> 同有生,便同有性。正如以色言,白之謂白,只一白,白羽、白雪、
> 白玉亦同一白,而所謂幾希者,惡從見之?說者謂生非形體,特生
> 機。夫既有生機,非無可指,既有可指,便非未發,正白之謂白之
> 說也。然則生終不可言歟?曰性未嘗不生也,而實不可以生言也。
> 如天地之大德曰生,德與性固有辨,曰大生,曰廣生,皆天地之用,
> 用即已發,不可偏執爲性也。且時行物生,天地位,萬物育,聖賢
> 亦何嘗不言生?但從生言性,雖性亦生,從性言生,雖生亦性。雖
> 性亦生,必至混人性于犬牛,雖生亦性,方能別幾希於禽獸。〔註18〕

聯經出版事業公司,2001年6月出版),頁78～80。
〔註16〕唐君毅:〈陽明學派及東林學派對「至善」及「無善無惡」之重辨與劉蕺山之
　　　　言心性之本體工夫義〉,《中國哲學原論・原性篇》,頁492。
〔註17〕請參見鄭宗義:〈形上與形下之間的緊張〉,《明清儒學轉型析探》,頁25。
〔註18〕孫愼行:〈生說〉,《困思抄》(四庫禁燬書叢刊本),頁328。

告子「生之謂性」主要以「生」作為「性」的判準，即以是否為「天生本有」，來區分辨別什麼是「性」、什麼不是「性」。對於人性問題如果接受這種「生之謂性」的判準，但又始終無法掙脫經驗思考的框限，那麼人性的內容將只剩下生物學意義的本能、慾望，而善惡問題亦只能交給後天的現實環境來解釋，這麼一來，價值問題也將完全被這種經驗思考所解消。關於這一點，慎行當然非常清楚，因此他才會批評告子「以生言性」，是一種執已發而遺未發的無頭學問，亦是一種缺乏超越層次的思考模式。因為在慎行而言，人性絕不僅只具動物性的本能而已，而必含有超越的道德理性。並且，此道德之實質內涵是普遍存在於每個人的人性中，此即他所謂「天命言性，正所謂凡聖同然，理義說心，而形體不與焉」之意涵。因此，從「天命」的層次言性，則人與物、人與人之氣質上的差異亦可以不在討論範圍，即每個人在氣質上之形體才能的不同不妨礙人性在道德理義這個層面上的相同，這也是孟子通過「幾希」來指點「人性」的重點所在。於此，牟宗三先生認為：

> 孟子說：「人之所以為異於禽獸者幾希」，這幾希一點完全指的是道德實踐心靈言。從這裡言人之「心性」當然不同於邏輯定義處所表示之「人性」。這幾希一點固然是異於禽獸之「差別點」，然此「差別」不同於邏輯定義中綱差之差。在定義中的「人性」必須就兩個括弧言。就形體一面而言動物性，是為綱，就心靈一面而言「理性性」，是為差。……而孟子所言之幾希一點，雖然也從心靈一面轉出，固有「差」義，然不是與綱合在一起的那定義中的差，而是即以此「幾希一點」為人性。〔註19〕

根據牟先生所分析的要點，我們更清楚的明白慎行所謂「理義說心，而形體不與焉」的意義。就這個意義層面上而言，慎行並不是不明白有兩層的性，本來在孟子所謂「口之於味也，……四肢之於安佚也；性也，有命焉，君子不謂性也。仁之於父子也，……聖人之於天道也；命也，有性焉，君子不謂命也。」（《孟子‧盡心下》）即清楚道出有耳目之欲等血氣之性及仁義理智之道德之性。因此，對於是否可以「以生言性」，慎行認為「性未嘗不生也，而實不可以生言」，意指氣質的一面未嘗不屬於性，只是在道德實踐之要求下言「性」，則不能以「生之謂性」來定義人性的全部，亦不能以為人性只有氣質

〔註19〕牟宗三：〈論無人性與人無定義〉，《道德的理想主義》（台北：台灣學生書局，2000 年 9 月），頁 125。

的一面，而無超越的層次。所以他說「從生言性，雖性亦生，從性言生，雖生亦性」，即認爲不能從血氣慾望上規定人性，且需以超越於血氣之上的「理義」來規定人性。這也就是前文我們提到他所說「性命孟子分做兩邊說，正要破人兩邊見。說性處便有命，何得謂性；說命便有性，何得謂命。……命只是理義之命，性只是理義之性，無容二說也。」即以「理義」爲第一序之性的一種觀點。

再者，我們將慎行的觀點比較於程明道「生之謂性」的看法，明道云：

> 「生之謂性」，性即氣，氣即性，生之謂也。人生氣稟，理有善惡，然不是性中元有此兩物相對而生也。……蓋「生之謂性」，「人生而靜」以上不容說，才說性時，便已不是性也。凡人說性，只是說「繼之者善」也，孟子言人性善是也。夫所謂「繼之者善」也者，猶水流而就下也。皆水也，……有濁之多者，有濁之少者。清濁雖不同，然不可以濁者不爲水也。如此，則人不可以不加澄治之功。……水之清，則性善之謂也。〔註20〕

其實明道這種「生之謂性」說法，已隱然含有「天地之性」與「氣質之性」的分判在內，其以「水」而喻「性」，認爲所謂的「天地之性」也就是水（性）尙未從創生的源頭（天道）流出之時的狀態，故爲清澈無染；而一旦水流出之時，則不得不有清濁之差別。因此，明道才會說「才說性也便已不是性」，即表示說「生之謂性」時之「性」已是雜有氣質了。此時「性即氣、氣即性」兩者乃爲一體而不可分，而非本然之「天地之性」。因此，在明道的說法中，水清而流爲濁（惡），是就人道而爲惡來談，並非就天道本身的善惡而言。〔註21〕此乃以後天的「氣質」、「環境」的因素來解決善惡的問題。然而，在慎行的理解中，只要是人之先天所稟賦的，不論是「氣」或是「質」（才、材），〔註22〕在他而言都應當是善的，因此他在《困思抄·氣說》裡說道：

> 孟子說氣之實。一則曰平旦之氣、一則曰夜氣，二者皆就常人身上

〔註20〕（宋）程顥、程頤：〈河南程氏遺書卷第一〉，《二程集（上）》（台北：漢京文化事業有限公司，1983 年 9 月），頁 10～11。

〔註21〕相關論點可詳參蔡家和：《羅整菴哲學思想研究》（國立中央大學哲學研究所博士論文 1995 年 1 月），頁 50。

〔註22〕在慎行的思路中，若從具體生命上言，「氣質」也是可以分而言之。其中「氣」比較接近人之精神狀態的一種概念；而「質」則是被定義在人天生所稟賦具有的才質。

說，聖賢便善養浩然之氣，何止平旦與夜？即日夜之所息，亦就常
人說，君子便自強不息。且平旦之氣與夜氣，尚有辨。平旦是人已
覺之時，自家做得一半主了；至夜氣乃沉沉熟睡之時，自家做不得
主，全是靠天的。故有平旦之氣，尚是清明一邊人，至無平旦之氣，
方纔說夜氣，可見人縱自絕，而天尚未嘗深絕之也。若夜氣足以存，
猶不失爲可與爲善的，可見氣善是才善處。然則氣終不善者耶？曰：
除是天地氛侵人身疾病，若有不善時節，然疾病之來特能中人形體，
終不能中人心術。若其心持得定久之氣，未有不清疾，未有不回者
也，此亦是氣無不善一證。若夫天地氛侵，從古及今，並無有說天
地不善者，何獨于人頓疑。今人不仁不義戕伐牿亡，何異長病之人
淫湎酒色了無回悟，終到元氣日亡一日。今不罪己之戕伐牿亡，而
以爲氣稟原有不善，是爲長病淫湎之人做解說也。養氣從集義而推
本慊心，此說操心從仁義牿亡而窮到夜氣，可見性善是氣善處。氣
清濁薄厚者，昔人屢辨未定，由平旦夜氣觀，戕伐少一分，正氣便
可培一分，凡清者必厚，濁者必薄，于是始無疑。〔註23〕

他認爲孟子言「氣」之於常人，實際上就是「平旦之氣」與「夜氣」兩種，
而「浩然之氣」則已經是聖人修身養性所展現的境界。〔註24〕今單就一般人
而言，慎行以爲「平旦之氣」是就人清醒之時講，所以在一定程度下，自己
還能做主、操控；而「夜氣」乃是就人沉沉熟睡之時講，此時人全然無法做
主、操控，是一種純粹自先天所稟賦的氣，所以慎行指出「若夜氣足以存，
猶不失爲可與爲善的，可見氣善是才善處」，並以此反證人之先天所稟賦之
才、氣乃爲善。此外，他還指出一般人所謂氣不善乃指身染疾病而言，但他
卻認爲疾病可以傷害人之外在形體，不能傷害人之內在道德心靈。也就是說，
人的心靈、本性不管如何遭到侵擾和摧殘，它內在更生的力量卻永遠不能完
全的受到遏制。也因此，他認爲若能以心持氣，則疾病未有不清，氣亦未有

〔註23〕孫慎行：〈氣說〉，《困思抄》（四庫禁燬書叢刊本），頁369。
〔註24〕徐復觀先生于解釋孟子的「氣」的概念時，曾說：「其實，古人之所謂氣，並
　　　非僅指呼吸之氣，而係指人身生理的綜合作用，或由綜合作用所發生的力量。
　　　換言之，氣即由生理所形成的生命力。」請參見徐復觀：〈孟子知言養氣章試
　　　釋〉，《中國思想史論集》（台北：台灣學生書局，2002年9月），頁146。依
　　　此，徐先生將「氣」的基本義，視爲是吾人整體生命結構中，自然生理的綜
　　　合作用與生命力的呈現，這似乎是將「氣」聚焦于人的生命體而爲一種較持
　　　平的看法。

不回者也，這也是慎行用來證明「氣質」爲善的另一種說法。所以他認爲將人的種種自我侵擾與摧殘本性的行爲的原因歸咎於是天生即具惡氣敗質，即有如替終日沈溺於酒色終至元氣亡佚的人找理由作解釋一樣，乃是因爲不明白性善、氣質亦善的這個道裡。

復次，慎行又從孟子論養氣乃從「集義而推本慊心」，而操心則從「仁義牿亡而窮到夜氣」這兩點指出「心」的重要。在他而言，人的道德本心乃是道德生命實現的動力來源與不變基礎，所以才具有「自慊」的能力與「操則存」的本質。他又據此指出：從性善處亦可見氣善處。所以在他而言，不論人先天具有什麼「氣、質」都是善的，就像人人皆本具平旦之氣與夜氣這兩種道德自我發展的條件資質一樣，乃全由天賦而皆爲善。因此，對於昔人所謂氣之清濁薄厚的問題，慎行認爲重點不在氣質是善是惡，而是在於後天之保存與培養的修養工夫上。因爲在肯定「氣質爲善」的前提之下，不論人的先天之條件與材質爲何，在理論上皆有「清者厚、濁者薄」之成德的可能。是故，即使「氣、質」可以就不同層面看，但慎行還是不斷強調所謂「氣善是才善處」、「性善是氣善處」，也就是說，不論從哪一種方面看，人先天所稟賦的一切，不論是性（理義）、氣、質都是善的。所以慎行批評宋明以來強調「氣質之性」的人性論而堅持孟子的性善論。並除了從「超越天道」的一面來言性善之外，也從「氣質」的角度來論證性善，將這一切都統合在「理氣一元」的思維下，最終歸結出「性善氣質亦善」的結論。

因此，我們可以說在慎行眼中，惡只能定義爲「善的缺乏」，它並非一獨立實有之存在。因爲天道全幅是善而氣質亦爲善，人性是善而人的質材亦是善，意即惡是「本質善」敗壞的現象。嚴格而言，分析人性或氣質才能的本質時，只能說善尚未產生而不能說有惡，意即惡只是善尚未表現出來時用以形容當前之不合理現象的一種形容辭，並非一眞實的存有。故在慎行以爲，人之整體存在的本質都是善的而沒有惡的成分。〔註25〕凡此，並非是建立在神學基礎的一種理論，而是對天道與人性之本質有了眞實瞭解後的一種深刻體認。

〔註25〕說人性之惡在主觀方面是必然的，即是說：人性之中永遠包含產生「惡」的可能性，但從客觀方面來說，這種」惡」未必會發生；即使發生了，它亦可以消除。換言之，人並非命定地是惡的。這種「本性」概念雖可說是屬於「生之謂性」的自然之性，但我們並不從命定論底觀點來看它。請詳參李明輝：〈康德的「根本惡」說──兼與孟子性善說比較〉，《康德倫理學與孟子道德思考之重建》，頁146。

三、性與習的關係——人性本善，不善乃習

我們說在慎行的天道思想中，天道化生萬物非皆爲善而亦有惡這樣的思維是不被允許的，因爲他認爲「天之氣運之行，無不齊也」，亦即就天道的一面而言，是不能有不齊之命、不善之性存在的，是故性體在人而言亦全幅爲善，此自無疑問。然而若從人性論的角度出發，對於惡的起源或爲什麼會有不善，一向是中國思想史上堅持性善論者解釋人性最困難的一部分。事實上，「氣質之性」的提出在某種程度上也是爲了解釋人爲什麼會有不善。

然在慎行而言，性只是一，並且氣質之內容亦全幅爲善，如此一來，那他又如何解釋現實中諸多的不善現象？意即如果人性本善，爲何可能不表現出來？關於這個問題，我們先從他的《性善圖說》來做說明：

> 孟子性善，〇。可使爲不善，◉。（上圈即性相近，下圈乃習相遠）告子無分，（善，〇。不善●。）兩者不存，并性亦不立。宋儒性即理。（才稟于氣，氣有清濁。〇清賢，●濁愚。）右《言性圖》。如此並衡，便把眞性來做兩件。孟子說「性善」，即習有不善，不害其爲性善。後人既宗「性善」，又將理義氣質並衡，是明墮「有性善、有性不善」，與「可以爲善、可以爲不善」之說了。且告子說「無分」雖不明指性體，而性尚在。後人將性參和作兩件，即宗性善而性亡。
>
> 〔註26〕

關於人性爲善，但人又會爲惡這個擺在眼前的事實，慎行是直接採取孟子的解釋，以爲這是後天外在環境的習染所造成。〔註27〕因爲他不接受氣質之性的解釋，並認爲這種說法是將「眞性來做兩件」，反會在本體論上造成更大的矛盾。因此，他強調既然接受孟子「性善」說，那麼即使人因後天的習染而有不善之行爲，亦不妨害其本性爲善的事實；反而是既然宗主「性善」之說，又將理義、氣質並衡而視之爲二性，以爲氣質之性是不善之根源，這樣乃是墮入「有性善、有性不善」與「可以爲善、可以爲不善」的說法中而不自知。

〔註26〕孫慎行：〈性善圖說〉，《困思抄》（四庫全書存目叢書本），頁19。

〔註27〕孟子強調外在環境對人有所限制、影響，因而是使人爲惡的主因之一。所謂：「富歲，子弟多賴；凶歲，子弟多暴，非天之降才爾殊也，其所以陷溺其心者然。」、「乃若其情，則可以爲善矣，乃所謂善也。若夫爲不善，非才之罪也。」（《孟子·告子上》）即是認爲，人在言行舉止上偏離道德規範，不是本心善性有所差異，亦不是天生的氣質才性使人產生偏差行爲，而是不良的環境使人陷溺其心，因而形成暴、賴之習。

　　所以在慎行以為，不善絕不能以「性」（氣質之性）去解釋，因為這樣容易使人陷入「性有善有惡」之想法，反而使人性喪失其做為一純然至善之本體的意義。是故慎行又說：

> 孫子曰：「甚哉！知性之難也。」荀揚之徒，吾無異焉，獨異董子為純儒，而其言不免駁也。執孔子「善人，吾不得見之」說，而以折孟子之性善。夫性善人未必肯為尷尬善，如是而不得見奚疑。且所謂善人者，終身有善無惡者也。夫子獨許回得一善，孟子之門，唯樂正子足當之。如是而謂之不得見，豈足病性哉。〔註28〕

在他以為，知性之難來自於人們總容易從現實中的不善回推至性中亦有不善的成分，因而認為性可為惡。如孔子不就說「善人，吾不得見之」，而這種經驗世界上的事實確實極容易使我們對性善論有所懷疑，然而慎行解釋說：在孔子也不過獨許顏回「得一善」，孟子門中也只有樂正子足以稱為善人，如此觀之，現實中不得見善人，又豈足以損害吾人性善的本質呢？順此，人後天種種不良善之習慣又何足以妨吾性之本善呢？所以他接著說：

> 董子曰：「性比于禾，善比于米。米出禾中，而禾未可全美也：善出於性中，而性未可全為善也。善與米，人之所繼天而成于外，非天在所為之內也。」夫天果不在所為之內，而人又何以繼天而成于外。又曰：「天之所為，止於繭麻與禾，以麻為布，以繭為絲，以米為飯，以性為善，此皆聖人所繼天而進也，非性情質樸之能至也。」夫必謂人之繼天而進，則人之不蠶，烏有繭人，不殖，烏有麻禾，人之不相生相養，又烏有性而為人，則天亦一無所為而止耳，又惡見天所為之為性。又曰：「聖人之性不可以名性，斗筲之性又不可名性，中人之性如卵如繭，卵待復二十日而後能為雛，繭待繅以綰湯而後能為絲，性待漸於教誨而後能為善。」如是，則聖人之性，其將不待復繅而遂為雛繭乎？斗筲之性其將繼以復繅而終不為雛檢乎？若聖人與斗筲皆終復繅而為雛繭，則與中人之性亦一而已矣。〔註29〕

這裡藉著批判董仲舒「性禾善米」的說法來進一步說明後天之「習」對人的影響乃至關重大，董說以為人性好比於稻禾，而種種善良的道德行為如為稻米，即使稻禾未必全為美善，亦不妨礙稻米之生成，而天之所為僅止於此質具之賦

〔註28〕 孫慎行：〈辨董〉，《文抄》（四庫禁燬書叢刊本），頁13。
〔註29〕 孫慎行：〈辨董〉，《文抄》（四庫禁燬書叢刊本），頁13。

予，但此質具之本質是否為美、善則非為必然，亦即道德之良善端視後天之培養與教化。但慎行卻以為道德自我之培養的完成固然與後天之教化息息相關，因為「不蠶，烏有繭人，不殖，烏有麻禾」；相同的，沒有後天之道德教化，現實世界中又哪裡有道德良善之人，但不可因此說人性可分為「聖人之性」「斗筲之性」與「中人之性」，並以為聖人與宵小之本性乃天生而然不待教化。故在慎行以為聖人、斗筲與中人之性亦一而已矣。所以他的結論是：

> 曾不知孟子道性善，謂人皆可以為堯舜，而責之人者愈甚，使其人誠，即堯舜而於性一無加；若少不堯舜而於性大損矣。若以性未全為善，人將曰：「我即不善何傷。」豈不塞仁義之途，而寬暴棄之習哉。吾知遠宗詩書，壹稟性善，雖盡毆（驅）諸儒先之說化我，終將守之而已矣。〔註30〕

還是再一次強調人性本善以及至善之性體普偏的存在於每一個人之中的看法，亦即人人皆可以為堯舜，聖人之本性與吾人之本性並無不同，所以人不可以因現實中有不善現象就以此作為自暴自棄的藉口，此無非是「塞仁義之途而寬暴棄之習」，並非先聖先賢之道也。〔註31〕因此慎行有謂：

> 夫水一而已矣，及雜投之辛甘酸苦，即味隨之變。謂味非水，不可，
> 舉一味而以為水性，不可。夫性猶是也。〔註32〕

此處再以水為喻，認為水本然狀態乃是清澈無染不帶任何雜質的，因此，即便水的味道會變，這乃是因為受外在物質所影響，並不能改變水之本然狀態為清澈的事實。因此慎行強調人的本性是一樣的，不能因為後天環境與現象之不同、不善，即執此論人性本非全為善。並且，即便人物各自有性，每個人亦各具不同性情（個性），然而這都不妨礙人之本質是善的事實。

　　因此在慎行以為人之道德實踐是有永恆根據的，此即在於：人人皆本具一善性善質。反之，人於道德上的自暴自棄在理論上是沒有根本根據的，所以他說：

〔註30〕孫慎行：〈辨董〉，《文抄》（四庫禁燬書叢刊本），頁14。
〔註31〕關於此等問題，鍾彩鈞則從「聖賢」概念出發，指出：「才」指為善之質，每個人皆與生俱來；不能為善，是受了內在外在種種影響而陷溺其心，使「才」受到扭曲，不能順遂發展，……聖人出類拔萃，即是「才」不受到扭曲，順遂發展後應該有的成就，因此，聖人是一種事實，做為人的道德發展之可能性的一種展現。參見鍾彩鈞：〈孟子思想與聖賢傳統的關係〉黃俊傑主編：《孟子思想的歷史發展》（台北：中研院文折所，1995年5月），頁19。
〔註32〕孫慎行：〈仁說〉，《困思抄》（四庫全書存目叢書本），頁11。

> 若小人者，性非不足，直自小也。君子以盡性為中庸，即成己成物。
> 時時須有試驗，事事合有尺寸，欲一毫不戒慎恐懼，亦何可得。若
> 小人既自小其性，不知有物，只知有己，知有私己，不知有成己，
> 直是無對處的學問。任他意見高張，氣力橫軟，復何顧忌。凡幾之
> 起也甚微，則患之伏也巨測。唯性無形，人看到此，易生邪妄至決
> 裂。易之君子，不可不戒懼慎獨。〔註33〕

亦即小人並非性有所不足而不能為善，只是因為看輕自己而已，所以從自暴
自棄開始到自私自利，以致於最後無所顧忌而為惡，這並非是小人生性如此，
而是他們「自小其性」的後果。因此君子若要能盡性為中庸之道進而成己成
物，則要無時不刻檢討自己，做任何事皆須有所節度與分寸，所以必須重視
戒懼慎獨的工夫，亦即人要在不善之念頭初萌之時，則以戒慎恐懼之工夫對
治之，不然邪妄之念累積到了無法克止的地步，終將決裂以致於無所不為。
而他又曾經這樣講：

> 獨思小人于性命本來，不睹不聞隱見微顯，其于君子同耶異耶？異
> 則天有不遍之命，而人有不善之性，吾不信也；同則何敢於無忌憚？
> 若是又思性命歸還內省處，所謂不咎無惡者，小人志與君子同耶異
> 耶？異則是則人有不善之志，即天有不遍之命，而人有不善之性，
> 吾不信也。同則何敢無忌憚。如是，今不睹不聞，猶可諉知性之難。
> 若其疚惡處，豈不本心灼然。此《中庸》諄諄分剖，以道歸君子者，
> 不啻數十言。都是戒慎恐懼全所凝，而末於內省惕之嚴云。〔註34〕

也就是說，天既無不遍之命而人亦無不善之性，是故小人稟受自天之性、命與
君子亦無不同。也因此，他認為小人表面上雖無所忌憚而為不善，但事實上在
內心深處也是會自覺慚愧不安，而兩者的差別者在於能不能做到戒慎恐懼、自
我反省的道德修養工夫而已。由此我們知道，慎行雖反對所謂「氣質之性」的
觀點，但並未因此就不重視後天的修養、培育工夫，只是他認為若不堅持孟子
性善論的本義，則種種言性、言習以及氣質之論點終有不諦當之處。也因此，
錢穆先生認為慎行是一位「徹頭徹尾主張性善論」的人，並認為宋明六百年理
學雖然排佛，但卻擺脫不了佛學思想把一切分成本體與現象的觀點，只有陸九

〔註33〕孫慎行：〈成己〉，《慎獨義》（四庫禁燬書叢刊本），頁422。
〔註34〕孫慎行：〈的然〉，《慎獨義》（故宮博物院圖書館館藏），頁89。以下稱故宮博
物院圖書館館藏本。

淵最能避免這一點，但他論心不論性，思想體系未圓密，但到了愼行手裡，纔把宋明又挽回到先秦，並同時爲往後新思想開了端。〔註35〕是否如此，我們在下一節做進一步的討論。

第二節　愼行人性論的特點

一、性氣一元論——「形色」即「天性」

　　人性問題是理學的主要問題，也是理學最基本關懷——「如何成聖」的奠基石。自張載以後，理學家在討論人性時，往往又繞著義理之性（或言天地之性、天命之性）與氣質之性的分合展開。楊儒賓先生說：

> 義理之性與氣質之性的分別首先由張、程提出，但論源頭，則不得不推向孟子。就《孟子》一書所見，我們知道孟子人性論的立場如下：一、人性本善，而且善性與天道通。二、反對「生之謂性」，也就是反對從生命的流行處界定人性。三、但又主張「形色，天性也」，認爲從內在身體的氣以至於外在身體的知覺展現都是性的面向。……如果反對「生之謂性」的定義，並往超絕的方向解釋「性」，那麼兩種不同質的性之區分就很容易出現……如果反對超越的人性，支持「形色，天性也」之說，那麼人性事實只有一種氣質之性，兩種性的差別不可能是存在論的意義的。〔註36〕

基本上，愼行人性論立場與孟子人性論是一致的，並且他也沒有反對以「生之謂性」來定義人性的部分性質，但是他所強調的「從性言生，雖生亦性」說法，即是認爲以「天命」（理義之性）言人性時本已涵蓋「生之謂性」的定義在內了，因此他才會說：

> 孟子謂「形色天性也」，而後儒有謂「氣質之性，君子有弗性者焉」。夫氣質獨非天賦乎？若天賦而可以弗性，是天命之性，可得而易也。
>
> 〔註37〕

意即孟子所謂「形色，天性也」即是主張「氣質」也是「天命之性」之一種

〔註35〕參見錢穆：〈孫愼行、錢一本〉，《宋明理學概述》，頁300。
〔註36〕楊儒賓：〈氣質之性的問題〉，《儒家的身體觀》，頁405～406。
〔註37〕孫愼行：〈氣質辨〉，《困思抄》（四庫禁燬書叢刊本），頁329。

的說法。很明顯，慎行這種主張是一種含括「生之謂性」之意涵在內的「性氣一元」論。但我們必須強調，這種論點與漢儒即氣言生之質、生之性卻完全不同。蓋漢儒即氣言生之質即生之性，非待外來教化，即不能自善，因其只是氣，只是質也。而慎行言氣質之性與天命之性（義理之性）不可分，則此「性」即是「理」，此理乃爲定向乎善者。故此性在氣中，固自善；即其所在之氣質，亦與此性俱善。此正是強調氣質中有性，以廣見此性之善於氣質之中。〔註38〕因此即使慎行贊同「形色，天性也」的說法，但卻不認爲人性只是氣質之性。

然而慎行思想脈絡中所認知的「氣質」、「形色」亦是「天命之性」的這一個命題，我們又該如何做進一步理解呢？事實上，慎行是這麼認爲的：

> 孟子「形色天性」，善闡天命之謂性者也。世人看形色爲粗，孟子指天性爲眞，天性即命也。凡世之有形有色者，誰非目可睹耳可聞者耶？《中庸》獨從所不睹所不聞中抽出一點戒愼恐懼眞心，以成吾愼獨之實，而謂之率性修道。故曰「唯聖人然後可以踐形」。夫孟子所謂踐形，《中庸》所謂修身也。形不踐則天性爲虛，身不修則形色爲妄，故曰孟子之言形色天性也，正其善言天命者也，形隨性以立，命隨形以成也。因是知《中庸》凡言知者，皆知性也。所謂「生知者」，乃心爲主而一見形色，即知天性者也；所謂「學知者」，乃心不爲主，而先求天性，方知形色者也；所謂「困知者」，又追逐形色，而苦苦求心，乃還見天性者也。總以戒愼恐懼撜心，則性自無不知。世人縱有不易知之性命，乃有不可撜之本心耶？既無不可撜之本心，乃得謂有不可踐之形色耶？故曰：「其知之一也，天命之性之一也。」〔註39〕

意即人的形體既然是天生本具的，亦即應當被含括在「天命之謂性」的概念底下，所以不應視「形色」或是「氣質」爲「粗」，而應當視之爲天命（性）之眞實。然而慎行更想強調的是：在可以被感性知覺所睹聞、經驗到的形色身軀、自然生命中有著一不睹不聞之「戒愼恐懼眞心」存在，這「眞心」的落實則有待於吾人之率性修道，而這個過程也就是孟子所謂「踐形」。意即透

〔註38〕相關論點請參見唐君毅：〈總論性之諸義及性之諸觀點〉，《中國哲學原論・原性篇》，頁545。

〔註39〕孫慎行：〈今夫天〉，《愼獨義》（故宮博物院圖書館館藏本），頁67～68。

過道德的實踐工夫使人的道德本性可以在具體的形色身軀中被完善的表現出來，天命（天命之性）亦同時在具體的時空及生命中有所證成，此即其謂「形隨性以立，命隨形以成」的意涵。蓋就現實而言，「心、性」固然可以是超越經驗的一種概念，然若不從具體的身體為出發點，不僅「超越」層面的探討將成為虛脫，「工夫論」的討論亦將流於無所根據。

　　是故，我們也可以說，慎行所認知的「性善」之「性」，它可以是普遍而超越的，並且與作為終極真實意義的「天」同質同層；但作為個體性原理的「性」，它又可以下貫落實到人的具體生命中。所以，慎行承認自然生命的展現是人性的一個層次；也強調在圓融境界意義下，形色與天性彼此既是一體又是一本的意義，但前提是必須以「心」為主而以道德的位階為最優先。因此透過道德修養的工夫，感性的自然生命將會改變，人將於自然形軀中把天道秉彝之善性（天命）完全的展現出來，此時「形色」即等同於「天性」，這就是所謂的「踐形」。因此，慎行所謂「形色即天性」可以說是經由道德實踐後所得到的一種體證概念，所以他認為《中庸》裡「生知、學知、困知」雖然過程不一，然而世上沒有不可踐之形色，只要能透過戒慎恐懼之慎獨工夫，人人最終都可以使自身之感性生命化為德性生命，而達到「形色即天性」、「性氣不貳」的圓融境界。

　　值得一提的是，關於孟子的「身心觀」，袁保新先生也曾經提出一新的詮釋，他認為：

> 人的生命是一個整體性的存在，而心、身做為人這個整體存在的兩
> 個基本部分，為什麼孟子僅從心的觀點來論證人性之善？如果「性」
> 一概念所擔負的是說明人之所以為人，那麼就哲學人類學的觀點來
> 看，孟子有什麼理由僅從心善即可歸結到性善？〔註40〕

蓋袁先生認為「心」概念在孟子思想的運用中並非是一義的，而是隱涵「道德心」與「實存心」這兩種意涵，並且以「實存心」來解釋人在日常生活中渾渾噩噩、載沈載浮的一種「放心」狀態，此時「心」在人的生活中就只扮演著「決意機能」，故容易被物欲所牽引而為不善。很明顯的，袁先生此乃是以海德格「存有」與「在世存有」的區分來分別道德心與實存心的不同，道德心是與原始存有無障無礙無違無隔的本真自我，實存心則是在現實生活

〔註40〕袁保新：〈試論孟子心身觀在其人性論上的意涵〉，《當代新儒學論文集》（台北：文津出版社，1991年5月），頁261。

中，永遠要受人的成長經驗生活環境歷史傳統脾氣個性拔河的自我，所以它無法如道德心那樣，永遠通體透明、時時對越在天。然不管如何解釋，道德心不能孤立於形軀之外，實存心雖受習氣才性之牽引，但習氣才性是命不是性，而非定然不可移者，是故「道德心」與「實存心」也還只是一而不是二。〔註41〕

依此，再回過頭來看慎行對「身——心」觀的理解，他除了將孟子所言之「性」理解為「生之謂性」、「即心言性」的綜合之外，也將《中庸》「天命之謂性」與孟子「形色天性」的概念結合，而認為「性」的意涵是包含這三個層面的意義。也因此，慎行解釋人在現實中無法「踐形」是因為「身」沒有以「心」（道德本心）為主而行動，故不能知「形色」（氣質）亦屬於「天性」（天命）之一，因而此時人的形軀生命是在「心不為主」的狀態下行動，故「身——心」的關係顯然是「身」佔優勢而為主導，若在孟子而言，此即「大體」（心）順從於「小體」（形軀形氣）。是故，在慎行「性氣一元、氣質為善」的思想脈絡下，要完成道德實踐則大體與小體、天性與形色、心性與形軀缺一不可，它們沒有是非、善惡之分，只有主從之別，也就是如何使「道德本心」彰顯而使才性、氣性皆為我用，方是達至整然之道德生活的重點所在。

林聰舜先生認為：明清之際儒學的人性論有兩個特色，一是主張由人生實踐或工夫見性，一是主張人欲即是天理，並強調氣質是善。也就是說，此時的儒者如王船山謂「命日降，性日生」、「習與性成」強調人性是透過實踐所發展而成，黃宗羲言「盈天地之間，只有氣質之性，更無義理之性」並強調惡的產生是由於「氣」在流行的過程中，由於欲動情勝，產生了過與不及的現象，氣本身不為惡。而他們共同的傾向是：一致反對用心於內，以求人性於玄妙之鄉，或空泛的推測人性的善惡，其關心的重點已不在超越層面上的問題，而是平實的道德實踐，以及現實生命所表現的整體人生活動。〔註42〕因此，我們可以說身處明末的慎行，他的人性論乃處於這條轉變脈絡的前端，但與清儒從「義理之性」往「氣質之性」滑轉而肯定實然之「情慾」的態度不同，〔註43〕慎行論性乃由兩面言之，就「天命之謂性」的觀點而言，是由

〔註41〕 參見陳德和：〈孟子心性論辨析〉，《儒家思想的哲學詮釋》（台北：紅葉文化事業有限公司，2003 年 1 月），頁 115～119。

〔註42〕 參見林聰舜：〈綜論〉，《明清之際儒家思想的變遷與發展》（台北：台灣學生書局，1980 年 10 月初版），頁 278～281。

〔註43〕 林啟屏先生即認為清儒「往氣質之性移動的後果，便容易忽略『道德本心』

形上到形下，即從超越層縱貫到經驗層而言性善；而就「形色天性」的概念上看，則是反過來說，由氣質之善以言人性之善。所以我們可以說，慎行的性善論是一種綜合「現實經驗的觀察」與「超越天命的體認」的一種理解。

二、性善與心——性善由心彰顯、心善由性保證

由天地萬物之生成變化而說性，這是性體在天道論方面的意義。此外，由人之道德行為而說性，則屬於性體在人性論方面的意義。前文我們已經指出在慎行乃直接從天命之善言人性之善，即所謂的「繼善成性」。從天道、天理的一面而言性乃純為至善固無疑問，但從人性的一面看，天道之善又如何於人性之善中印證呢？意即「天命之善」又如何於吾人之具體生命、行為中被瞭解、彰顯呢？慎行曾說：

> 世人於尊德性道問學紛紛致辨，余謂是且不必辨，直須是如何為德性，如何為問學。世人只言性不知言德性，只言學不知言問學。夫為識德而先求性，則所謂尊者，不過一空虛之性，而非根實可據之性。或言性惡或言善惡混，何所不恣。孟子曰：「仁義禮智，非由外鑠我也，我固有之也。」是則以德為性，方實見其當尊。德固天之與我者也，戒慎恐懼奉吾本來，安得不時時凜也。〔註44〕

此即批評當時世人只知言性之無善無惡的一面，而不重視仁義禮智之道德倫理的一面，這樣一來「尊德性」所尊之性者亦不過為一空虛之性，而非可供吾人現實生活、行為做依據之性。蓋依孟子性善之說，仁義禮智等德性並非由外鑠、外力所強加的，而乃是人性中固有的本質，故謂之「天爵」。所以從「仁義內在」這個觀點看，我們知道人性中本具此仁義之質既是我固有之，也是天所與我，而慎行所謂「德固天之與我者也，戒慎恐懼奉吾本來」也正是強調這種精神。所以他又說：

> 孟子道性善。性，仁義所出也。道性善則楊墨敢自外名教，而終不能自外本性。故曰「萬物皆備，誠身強恕」，其全也如此；曰「親親仁民，仁民愛物」，其別也如此；曰「得志兼善，不得志獨善」，其

再自作主宰的活動力，其結果必然對於『善惡』問題的判斷，採取『實然』的態度，於是做為『實然的人欲處』，反而取得了正當性，」請見：林啟屏：〈乾嘉義理學中的「具體實踐」〉，《儒家思想中的具體性思維》，頁169。
〔註44〕孫慎行：〈至道〉，《慎獨義》（四庫禁燬書叢刊本），頁429。

用之時也如此；曰「禹、稷、顏回同道，曾子、子思同道」，其權之
精也又如此。凡皆性術中流出幾希，一脈直接堯、舜、禹、周、孔
子之心傳。〔註45〕

孔子言仁，孟子道性善，並以「不忍人心」以及「惻隱」說仁，故以仁義爲
內在，以道德性爲性。而慎行指出「孟子道性善，性，仁義所出也……凡皆
性術中流出幾希，一脈直接堯、舜、禹、周、孔子之心傳。」即是表示他明
白儒家心性之學的脈絡，亦能解悟於孟子所言道德的本心的內涵。

　　事實上，在《困思抄·義利》，慎行自己曾言道：

喻義、喻利當時象山一辯之令人感泣，今者萬語千言，以爲義中有
利，利中有義。分剖愈析，塗徑轉寬。如孟子說：「舜與跖之分無他，
利與善之間也。」……然則「利義如何辨？」曰：「不爲不欲，此義
之善也。反是即利。」「不爲不欲，又如何辨？」曰：「無爲元吾所
不爲，無欲元吾所不欲，此所謂性善也。吾人只有這一些可以自靠，
反求而即得。甚明白，而不可以欺。」所謂嘑蹴之來，寧死勿受。
乞墦之行，妻妾唯羞是也。又所謂行求慊心者也。若舍是而求之外，
即名理無窮，利中善、善中利之說，未必不紛紜中我也。故無爲不
爲，無欲不欲，性地最明，不容夾雜。今若過剖之間，而謂世有相
雜之利善，則人豈亦有相雜之真性耶？〔註46〕

義利之分辨始於孔子之言「君子喻於義，小人喻於利」，說明君子與小人的兩
種不同的價值標準，「義」代表從人之所以爲人的應然理想來訂定取捨，而「利」
則是不顧道德理想但取決於個人的欲求。故慎行指出孟子所謂「舜與跖之分
無他，利與善之間也」也是從這個層面對人做道德上之分判。事實上，從孟
子人性論立場所理解的「義」，不僅是我們本心真性的先驗理則，就其呈現爲
「羞惡之心」、或「應然」的道德意識，它也原則性的判分了兩種生命實現的
方式，一是合於本心真性的，另一是違反本心真性的；即一種可以彰顯出人
之所以爲人的尊嚴，另一則不免引領我們墜入禽獸的境地。〔註47〕因此，慎
行認爲人們分辨「利義」最簡單、直捷方式即是「不爲不欲」，並指出人之所
以能夠「無爲元吾所不爲，無欲元吾所不欲」的關鍵即在於：人人都具有孟

〔註45〕孫慎行：〈闢楊墨〉，《困思抄》（四庫禁燬書叢刊本），頁 351。
〔註46〕孫慎行：〈義利〉，《困思抄》（四庫全書存目叢書本），頁 34～35。
〔註47〕參見袁保新：〈義利之辨〉，《孟子三辨之學的歷史省察與現代詮釋》，頁 144。

子所指出「反求即得」的道德本心。也因人心本具有辨別善惡、價值判斷的
能力，所以人在現實生活中才表現出「嘑蹴之來，寧死勿受」、「乞墦之行，
妻妾唯羞」等種種行爲出現，故慎行說所謂「行求慊心」，即是以「道德本心」
做判準，對具體事物及情境做價值判斷的行爲。〔註48〕

　　是故，慎行說「無爲不爲，無欲不欲，性地最明，不容夾雜」，意即人
性之善經由可以辨別善惡的道德意識即能落實於具體世界中。也因此，慎行
認爲人若不能內求本心而持守這一「應然」（無爲不爲）的道德意識，而外
求於無窮之名理，將誤以爲人本具有一利善相雜之性，此乃不明人之無雜於
後天不良習染之眞性乃爲一純然至善者。因爲就「性善」的先驗性而言，慎
行認爲：

> 孟子劈頭說：「人皆有不忍人之心」欲人識心，故將惻隱之心指爲仁
> 之端，非仁在中，而惻隱之心反爲端也。……惟德根于心；則一味
> 求心，德自無不眞之處，……《中庸》言性之德也，謂之德則可，
> 謂之即性則不可。于文生心爲性，惟性善，故心善，心善，故隨所
> 發無不善，而有四端。端者倪也，有端倪不可不窮分量，故須擴充，
> 故曰「盡其心者，知其性也」。〔註49〕

此即不同於孟子「即心言性」以心善證性善的思路，〔註50〕在慎行的思路中

〔註48〕楊祖漢先生在抉發「仁義內在」之涵意時，引用康德所說的「意志底他律」
　　　　來對反道德行爲生發之主體意志（意志之自律）。他強調只有在主觀的立意的
　　　　原則、同時亦是普遍的法則時，人之行爲方有眞正的道德價值。所謂法則由
　　　　主體提供，就敬長之活動而言，即是如此：我之所以會去敬長，乃因我自覺
　　　　到長者是應該敬的，並不是我要從長者身上或藉著敬長之行爲，得到我所意
　　　　欲的某些東西。如孟子所說的人見孺子將入于井，必生惻隱之心而欲往救之，
　　　　吾人若能因此行是該當行而行，全不考慮此行爲結果對于我有利抑有害，
　　　　此時吾人所以去作成行動之立意，便完全是不受外界的任何事物所影響，即
　　　　是自律的。又此時之意志乃是一建立普遍之法則的意志，吾人此時對自己的
　　　　要求（須往救孺子）對于其他所有人皆是有效，任何人面對此情況亦應如此
　　　　行動。此時雖由我立意，但所立的並不是主觀的、特殊的，或他人不贊同之
　　　　隨的立意，而是「人同此心，心同此理」般的立意。故雖是由我建立之原
　　　　則，此原則實乃普遍之法則。參見楊祖漢：〈孟子與告子義內義外之辯論〉，《儒
　　　　家的心學傳統》（台北：文津出版社，1992年6月），頁203。
〔註49〕孫慎行：〈四端〉，《困思抄》（四庫禁燬書叢刊本），頁341。
〔註50〕唐君毅先生曾指出：「孟子乃是「即心言性」的方式而言人性，認爲「人心」
　　　　可以統攝耳目之官之軀體，即自然生命之欲望。」請參見唐君毅：〈中國人性
　　　　觀之方向與春秋時代之對德言性〉《中國哲學原論・原性篇》，頁42。而徐復
　　　　觀先生則說：「孟子在生活體驗中發現了心獨立而自主的活動，乃是人的道德

是從「性」是「天之所命」本爲天賦這個觀點出發，認爲人之內在性體乃是天道內在化的道德實體，故爲至善，進而主張「惟性善，故心善，心善，故隨所發無不善」，意即心善之先驗性由性善保證。即便如此，若從後天經驗來看「性善」，則性善還是須經由心之四端之自然顯現才得以被具體彰顯，意即心之惻隱、羞惡等感受（道德情感）的生發，乃是人在實然的生命中體悟性善的一種具體表現。所以我們認爲慎行對於性善的思路始終是雙向進行的，即從天道之善直貫到人性之善性，再由人心之善彰顯天道（性）之善，因此，對於孟子著名的「孺子入井」寓言，慎行的理解是：

> 內交、要譽、惡聲三者總屬私情。……可知惡聲是人情不能不有的，唯不能不有的，而惻隱尚不爲，此足知本心毫無夾雜、無顧盼。一切世間有所利而爲，與有所畏而不爲，心俱沾染不上。故曰：「人之生也直。」若有沾染，便是不直。……吾心本與萬物一，原與乾坤同德，而人不察耳。今人或牿亡已甚，肆爲殘賊，一無顧忌。並一內交、要譽、惡聲之心尚有不存，安望非內交、要譽、惡聲之心復能自醒噫！〔註51〕

在孟子以爲，人見孺子將落入於井中，刹那間惻隱之情、不忍之心的顯現並欲往而救之的行爲，即是人性本善的一個明證，而並非爲了「內交、要譽、惡聲」等個人私情。其中，慎行更指出人之「惡聲」，不忍心聽見小孩呼救哀嚎之心理情緒，即是人心之本然。〔註52〕並且他再從此具道德性的本然之情，〔註53〕指出人心當下的反應、判斷本來是毫無夾雜利益等外在因素。因此，

主體之所在，這才能建立性善說的根據。」請參見徐復觀：〈從性到心——孟子以心善言性善〉，《中國人性論史・先秦篇》（台灣：商務出版社，1994年，4月），頁174。

〔註51〕孫慎行：〈內交〉，《困思抄》（四庫禁燬書叢刊本），頁332。

〔註52〕徐復觀先生認爲「乍見」兩字即說明了在此一情況下，心未受到生理欲望之裏脅的當體呈露，這就是善性的自然流露。參見徐復觀：〈從性到心——孟子以心善言性善〉，《中國人性論史・先秦篇》，頁173。

〔註53〕李明輝先生曾說：「或許有一種超感性的『情』，可以做爲普遍道德的基礎，因而有別於一般的情感。一般的情感是被動的，是由對象所引發的，而這種超感性的『情』則是主動的，發自主體本身的活動。」且李明輝先生指出朝鮮儒者李退溪的「四端七情」之辯即認爲「情」亦可以理氣分言，分指超越性與感性的情感，李明輝先生並借用謝勒（Schiller）的倫理學中「情感先天」的概念來詮釋孟子「四端之心」的概念，指出「先天的」一詞係表示對價值的直接的、第一手的、直觀的意象性把握。請詳參李明輝：〈再論牟宗三對孟

慎行的結論是，人之純然至善之本心本與天地萬物爲一、乾坤同德，意即「心」乃是人與天地萬物合一的內在根據，而這合一、同一的方式，意即我們分析他天道觀時所提到的「以喜怒哀樂之眞情至性遍觀萬物、體認萬物」的一種主張。所以慎行認爲：

> 或謂：「思勉，何可不用？」余曰：「窮天地，互古今，惟此一點，不容思勉處，默相感動，如何卻要思勉？……譬如見入井惻隱，豈嘗思入井之可哀，而後勉爲惻隱否？孩提愛敬，豈嘗思父兄之爲親，而後勉爲愛敬否？夫四海之當保，獨何異于孺子？天下之可達，豈獨遜于孩提？鳴呼！此可與知性者道也。」〔註54〕

所謂「不用思勉」即表示：眞正的道德判斷，應該都是本心（本體）直覺的、直接而當下的反映，並且與本心之直覺反應所一起產生的情感，雖然是經驗的、感性的情感，但卻和超越的理是不可分的。故慎行又說：

> 曾子說人未有「自致」者也，此一自字，便有天親至情自然而然，使吾不得不竭盡其情處。此一自字，即《中庸》「不思而得」、「不勉而中」，即孟子所謂「不學而能」、「不慮而知」，於此見性之善，於此見天命之性。依其可悟，若事其親常思此親喪，自致之情自然無不至，無一毫夾雜、無一毫滲透，何患性不能盡。曾子說人未有自致，可見天性雖存，而此一點不昧者，僅親喪時耳。鳴呼！危矣！
>
> 〔註55〕

意即人心皆本具此能力、本質，只是人往往以後天的環境中所養成不良的習慣殘賊、牿亡此一眞情至性而不復自醒矣。因此在慎行認爲：

> 朱子云：「一日之間，萬起萬滅，而其寂然之本體，未嘗不寂然也。」以此說未發之景象，可謂深切矣。而卒未嘗言其所謂中者是何物，且寂然恐非斯以爲立。余心疑焉，敢臆而志之。夫吾之喜以天下喜，怒以天下怒，哀樂以天下哀樂，直與天地同流，萬物同趣者，此眞性也。即未發時，常薰然盎然，有一段懇至不容已處，中也。所謂天下之大本也，即肫肫、淵淵、浩浩，在至誠功用之極固然，而凡民稟賦之初，亦未有不然者也。即今人陷溺之後，亦未有不可還其

子心性論的詮釋〉，《孟子重探》，頁 118～122。

〔註54〕孫慎行：〈不思勉〉，《困思抄》（四庫禁燬書叢刊本），頁 324。

〔註55〕孫慎行：〈自致〉，《困思抄》（四庫禁燬書叢刊本），頁 361。

固然者也。〔註56〕

除了再次肯定孟子所言仁義理智固然爲人心所本有之外，慎行更強調透過人心顯現與發用，人的眞情至性（深層的善性）也得以在具體生命中顯現，便能「喜怒以天下，哀樂以天下」而與「天地同流，萬物同趣」。唐君毅先生曾說：「人未與其他人物相接之時，人只有一純情、純氣，自爾周流，而性理與意，即于此中見。至當與人物相接之時，則此內在之純情之喜怒哀樂，表現於物之當喜而喜，當怒而怒，此則如一自爾周流之心體，分別對物平伸，而次第發情以見性。……此心感通於物，故或當喜而喜，當怒而怒，然當喜當怒之理，即性也。」〔註57〕因此，慎行才會說人心所本具之「寂然本體」雖然未嘗不寂然、乃爲未發，但實際上卻是一薰然盎然、懇至不容已之「中體」，因此，只要人不自我陷溺此一本心，未有不可還其固然之善性者，然而「已發、未發」的問題可以說是宋明理學六百年來的一大公案，理學家們對於「已發、未發」的不同理解往往也就代表他們在「心性關係」上的不同立場，甚至影響到他們對工夫論的看法，也因此，慎行對於「已發未發」的見解乃是下一節探討的主題所在。

第三節　心性在具體生命呈現之關鍵

一、已發未發之眞諦

對於何謂未發之中，又如何做由未發之中到已發之和的工夫，乃是宋明儒學的兩個重要課題。《中庸》所謂「喜怒哀樂之未發，謂之中；發而皆中節，謂之和。中也者，天下之大本也。和也者，天下之達道也。致中和，天地位焉，萬物育焉」〔註58〕若由天道的一面看，「中和」就是萬物各盡其性所達成的一種恰好的境界或狀態。蓋宇宙中一切存在，莫不有所表現，一切表現，莫不有所變動。而一切變動則永遠在求向於「中」、求兩相異之「和」，因此我們可以說，萬事萬物就在各盡其性的過程中而得以成「和」而得「中」。〔註59〕關於這一點，

〔註56〕孫慎行：〈讀宋儒語錄記又二章〉，《文抄》（四庫禁燬書叢刊本），頁26。

〔註57〕參見唐君毅：〈劉蕺山之誠意、靜存，以立人極之道〉，《中國哲學原論——原教篇》，頁488～489。

〔註58〕朱熹：〈中庸章句〉，《四書章句集注》，頁18。

〔註59〕參見錢穆：〈中庸新義〉，《中國學術思想史論叢（二）》，頁84～87。

愼行以爲天道如此而人道亦然，此點我們於其天道論中已有討論，故不再贅述。此處要強調的是，在愼行以爲人道如此，人心亦莫不然。因此愼行說道：

> 昔人言中，第以爲空洞無物而已，頗涉玄虛。但言未發，不及喜怒哀樂，即所謂未發者，亦屬影響，故直謂人無未發之時，謂纔思便屬已發。以予觀之，殊不然。夫人日用間，豈必皆喜怒？皆哀樂？即發之時少，未發之時多。若今人物交私梏，即發之時少，未發而若發之時多矣。然謂人無未發，則終不可。今無論日用間，即終日默坐清明，無一端之倚著，有萬端之籌度，亦便不可謂之發也。但所謂未發者，從喜怒哀樂看，方有未發。夫天地寥廓，萬物眾多，所以感通其間，而妙鼓舞之神者，惟喜怒哀樂。如風雨露雷，造化所以鼓萬物而成歲；慶賞刑威，人主所以鼓萬民而成化也。造化豈必皆風雨露雷之時？人主亦豈必皆慶賞刑威之日？故說有未發之中，正見性之實存主處。今若以爲空洞無物而已，是將以何者爲未發？又將以何者爲中？而天地萬物之感通，其眞脈不幾杳然無朕耶？且所謂致中者，又從何著力？毋乃兀坐閉目，以求玄妙，如世之學習靜者乃可耶？夫惟君子知未發之非空虛，方見性之實，知人生未發之時多，而所謂愼獨立本者，無時無處不可致力，方見盡性之爲實。延平每教人靜坐觀中，但入門一法，非《中庸》愼獨本旨也。愼獨者居處應酬日用間，無在非是。子曰：「居處恭，執事敬，與人忠。」若靜坐觀中，止是居處恭一義。〔註60〕

他說「昔人言中，第以爲空洞無物而已，頗涉玄虛。但言未發，不及喜怒哀樂，即所謂未發者，亦屬影響」，於此可知愼行非常重視「喜怒哀樂」的本質和功用，因爲在他以爲人的情感本發自於天性，就好像天地之有風雨露雷一樣自然，所以情感在愼行而言本是人性中不可獲缺之一種本質。因此，若否定了情感，則「未發之中」之於人，永遠只爲一空洞玄虛之物，那麼所謂的「中體、性體」對於人而言，又有何意義？是故，愼行認爲《中庸》裡所謂的「未發、已發」本來就當以喜怒哀樂之情感來著眼做分判，其所指涉本是人心之情感（感性作用）之已發、未發兩種狀態而言，並非指人心之本體（中）之已發、未發的狀態。

　　因此，愼行主張人即便思考、知覺等行爲、作用在進行時，心之至善之

〔註60〕孫愼行：〈未發解〉，《困思抄》（四庫禁燬書叢刊本），頁353。

本體（性）亦無所謂已發未發（因為「未發」、「已發」乃以情感之流動與否做分判），所以他反對「纔思便屬已發」的說法。〔註61〕蓋「思」本屬於心的一個重要功能、能力，此一能力無所謂「未發、已發」，而心則因具有此一能力而可以貫「已發、未發」。所以慎行認為，可以說人的情感有「未發之時」，而不能說人心可以沒有未發之中的存在。也就是說，人即使在情感、思考發動時，人心之中（性體）亦當是未發，而不會變成已發。所以慎行說：

> 中和尚可分說，致中和之功，必無兩用。未發一致中和，已發一致中和，辟如天平有針為中，兩頭輕重鈞為和，當其取鈞，非不時有斟酌，到得針對來，煞一時事。且鈞而相對，是已發時象。如兩頭無物，針元無不相對，更是未發時象。看到此，孰致中？孰致和？何時是致中？何時是致和？君子只一戒懼不忘，便中和，默默在我，便是致字，無兩條心路。〔註62〕

意即人心即如天平，天平之上空無一物所呈現的靜定狀態即是「未發之中」，然而天平之靜定不一定是兩頭無物，也可以是物置於其上，而求兩頭輕重相等至於平衡而靜定，那麼此時就是「已發之和」。事實上，在慎行而言，宇宙一切事物之本然狀態即是「中」，而其經變化、表現而達至之和諧狀態即是「和」，而人心亦然。故人心如天平，喜怒哀樂即如砝碼，外物來感而使天平失衡，此時人以喜怒哀樂應之，即如同於天平另一端加上砝碼，而使天平達於平衡，如此人心則常保持於一天性之本然之和諧狀態、即同於天理之正也。所以在慎行而言，「未發之中」與「已發之和」只是分指心的兩種不同狀態而已，而致中和之道德修養工夫的重點則在於求「已發之和」而非求「未發之中」。因為人心未發之時，「未發之中」本為一中和之和諧狀態，所以如何使人心應於外物、已發之後而復達於一和諧之本然狀態，才是「致中和」之工夫的重點所在。錢穆先生指出：

> 宋儒以理釋性，但人性該有傾向與追求，而理則總像靜定著？王守仁把好惡來說良知，但好惡指示了性的動情，卻沒有指示出性的靜

〔註61〕「思」雖有思考與反省兩種性格：亦與喜怒哀樂混在一起，但思與喜怒哀樂究竟是兩種性質不同的活動，並且喜怒哀樂常可給思以困擾，而思亦常可給喜怒哀樂以平衡，而若把思與喜怒哀樂混淆，以言未發之中，並以求喜怒哀樂之未發之中為工夫，將無形中入於禪。請參見徐復觀：〈從命到性——中庸的性命思想〉，《中國人性論史》，頁129～131。

〔註62〕孫慎行：〈致中和〉，《困思抄》（四庫全書存目叢書本），頁24。

態。人性在其永遠的動情中，還有他永遠的靜態，中和兩字卻夠說
明這靜態。以今語釋之，中和便是一種均衡的狀態。因人心有好惡，
有時會引起對內對外的不均衡，而人性則必在不斷的動向進程中求
均衡。……換言之，人性之好惡，得達中和均衡的狀態始是理」，始
是人性的真體段與真要求。愼行把天平來敍述內心中和的貌相，把
天平兩頭無物來描述未發時氣象，可謂罕譬而喻。〔註63〕

是故，我們認爲在愼行思想脈絡中，發生作用的是心之情感、知覺、思考等
能力，而人心之至善本體（未發之中／中、性體）並不因爲感於外在事物即隨
之而動或更改其純然至善、廓然大功的本質，〔註64〕所以他說「有未發之中，
正見性之實存主處」，意即人心中所具此一「未發之中」之存在，就是性體實
際存在於人心的一個表現。此亦符合前文我們所言：「中」在愼行而言乃爲一
切事物之本體，既是人心之本體，亦爲天地萬物之本體，即萬物在生成之時
本稟賦著共同之性，因此天命本體默默流行於人心之中之本體，故又名之爲
「性體」。因此，此「性體」亦是人心可以價值判斷的形上根據，故人心能辨
別善惡、平衡情緒以及實踐道德，也只是自尋天理、自如其性。

其中，愼行標舉出人心有調節喜怒哀樂的本能，正如天平有回復平衡的
能力一樣，是一種本質性的能力，而此本能就是「性」，也就是「未發之中」。
順此，做「致中」工夫的重點，即不在使心中空虛無物或是不著一念並一昧
要求人心復歸於情感未發的狀態，而是在情感及思緒已發的時候，行「致中
和」之工夫，使人心常保持於一天性之本然之和諧狀態。如此一來則無時無
刻皆可致力於所謂「愼獨立本」或是「戒愼恐懼」等工夫，人性也才有落實
處。故他說：

中與道不可混言也。率性之謂道，是日用喜怒哀樂之未發爲中，是
本心。夫中既未發，又何處見其過見其不及。唯發之不中節，而有
過有不及，乃爲不明不行。謂道是過不及之衡，則可，謂中無過不

〔註63〕錢穆：〈孫愼行、錢一本〉，《宋明理學概述》，頁294～295。

〔註64〕牟宗三先生分析陽明「良知即是未發之中，即是發而中節之和」的說法時曰：
　　　　「良知無分於有事無事，無分寂然感通，無分於動靜？……言已發未發亦就
　　　　是寂然與感通說，依是，亦可說良知無分於未發已發，無分中與和，有事無
　　　　事、寂然感通、未發已發、動靜中和，其義一也。」參見牟宗山：〈致知議辯
　　　　疏解〉，《從陸象山到劉蕺山》，頁340。由此觀之，愼行對於至善本體的境界、
　　　　狀態的理解，與陽明是類似的。

及之名，非也。〔註65〕

蓋人之喜怒哀樂，本是人心之至誠至性，人心之遇物而有情之動，乃是人心之存在之必然表現，故慎行言「中既未發，又何處見其過見其不及」，蓋心之未發之中本是寂然不動者，然此寂然不動之本體（中體、性體）既不動、未發那又如何見所謂「過與不及」呢？此中關鍵即在「喜怒哀樂」等情感，因此慎行認為捨卻心之喜怒哀樂而求明性而達道，則無法見得所謂「過與不及」，亦無從求得心之「中和」之境界。慎行又說：

> 夫中有可立，立無可倚，本無馳逐之足憂，又何必虛寂之是尚。故《中庸》所謂致中者，正慮虛寂之病，而欲人之盡力以擴吾中。後儒所謂致中者，只懲馳逐之非，而欲人漠然無事以還吾中。其求中愈至，其倚愈深已。〔註66〕

意即當時儒者所重視的「致中」的工夫，只重視從「未發之中」處著手，而欲人漠然無事以還「中」，〔註67〕此正與《中庸》以「戒慎恐懼」來防止人之念慮落於空虛寂漠之本意背道而馳。所以他說：

> 古來未有實言性者，中和是實言性處，後人求之不得，往往虛言性，以為無可名。獨《禮記》云「人生而靜，天之性也」一句，儒者多宗之。周子作《太極圖》，以為聖人主靜，立人極。至豫章、延平，每教人靜坐觀中，看未發氣象。接程啟朱大為得力。余蓋從三十始玩中字，幾十年後而後覺一靜字妙，始知教人求未發真是學問要領。

〔註65〕孫慎行：〈中道〉，《慎獨義》（四庫禁燬書叢刊本），頁415。

〔註66〕孫慎行：〈中立〉，《困思抄》（四庫禁燬書叢刊本），頁380。

〔註67〕陳來先生曾說：「所謂體驗未發之中，是要求體驗者超越一切思維和情感，以達到一種特別的心理體驗。其基本方法是最大限度地平靜思想和情緒，使個體的意識活動轉為一種心理的直覺狀態，在這種高度沈靜的修養狀態之下，把注意力完全集中到內心，成功的體驗者常常會突發的獲得一種與外部世界融為一體的渾然感受。……但是這種未發的心理體驗有極大的偶發性，它不能通過普遍規範加以傳授，需經由個體的獨自體認。」請參見陳來：〈心性論〉，《朱熹哲學研究》（臺北：文津出版社，1980年12月初版），頁107～108。很顯然的，陳來先生是將體驗未發之中的過程，理解成為一種神秘體驗。而牟宗三先生在《心體與性體》中有一節專門討論「逆覺的工夫」，並指出兩種逆覺體證說，一是內在的，二是超越的。其中所謂「超越的體證」者，即是李延平之靜坐以觀喜怒哀樂未發前大本氣象為如何之工夫。蓋指「超越」者乃閉關靜坐之謂也。此則須與現實生活暫隔一下。「隔」即超越，不隔即內在。請參見牟宗三：〈胡五峯之「知言」〉，《心體與性體二》，頁477～476。

又數十年思之，覺得求未發之中，是至誠立大本眞學問要領，然將一靜字替中字，恐聖學與儒學便未免于此分別。宋儒只爲講一靜字，恐偏著靜，故云：「靜固靜也，動亦靜也。」苦費分疏幫補。聖學說中，便無偏靜氣象，不必用動字幫補。凡學問一有幫補，則心思便有一半不滿處，費了籌度；躬行便有一半不穩處，費了調停。聖賢即率性而行，便爲道，故云：「致中和不于中處調和，亦不于和處還中，徹始徹終，要在慎獨。」……故知看未發之中，只儒學入門法，不可便謂與聖學無異。若以靜替中更大有懸隔，後人專以靜求性，恐終有病痛在。〔註68〕

即認爲中和之說本來即是實實在在言性之觀點，然而後人對此不明，往往虛言性，以爲性乃無可名狀之事物，反而因此從《禮記》中所謂「人生而靜，天之性也」一句中之「靜」字著眼，所以從周濂溪提倡「主靜」「立人極」之說以來，再經伊川有《中庸》爲孔門傳授心法之說，而形成楊龜山、羅豫章以至李延平之一脈相傳，教人以靜坐觀中、求未發氣象爲工夫要領。〔註69〕原本，慎行對於「求靜」工夫亦極爲讚同，然最終則認爲宋儒以「靜」字替「中」字，將使人於工夫的著力處恐偏於靜中存養，導致不重視動時發用的種種工夫，最後反而需要另外強調「靜固靜，動亦動」等說法。如此一來乃多費一轉手而成多餘，亦容易沿生弊病。此即黃宗羲所謂：

陽明門下，自雙江、念菴以外，總以未發之中，認作已發之和，謂工夫只在致和上，卻以語言道斷，心行路絕上一層，喚作未發之中。此處大段，著力不得，只教人致和著力後，自然黑窣撞著也。先生乃謂從喜怒哀樂看，方有未發。夫人日用間，豈必皆喜怒，皆哀樂？即發之時少，未發之時多，心體截得清楚，工夫始有著落。〔註70〕

事實上，《中庸》所言之慎獨本容易令人聯想到靜，而本來慎獨也是要人回到內在的自我，對自身的意念行爲做徹底的深刻反省。因爲日常生活中，人爲外物所誘，心思外馳，所以從事道德修養，每每需要退處於世事紛紜之外，在靜中反省自己的思想行爲。然而慎行卻以爲這種「觀未發之中」的工夫，

〔註68〕孫慎行：〈性說〉，《困思抄》（四庫全書存目叢書本），頁 56～57。
〔註69〕參見錢穆：〈朱子論未發與已發〉，《朱子新學案（二）》（台北：三民書局，1971年 10月），頁 237。
〔註70〕黃宗羲：〈東林學案〉，《明儒學案（下）》（台北：華世出版社，1987年 2月 1版），卷五十九，頁 1448～1449。

只是儒學工夫的入門之法，況且過於強調「以靜求性」的工夫，也容易造成人對於真實世界的隔閡，對於人生之實情實狀反而不能夠切實去體會，凡此，皆非先秦孔孟聖學之本意也。

因此錢穆先生指出：「從一條話，可見慎行學問還是從宋儒入，這正是東林共同的脈絡。但慎行……開始指點出聖賢與儒學之分別處。換言之，即是先秦儒與宋儒之分別處，亦即是孔、孟與程、朱之分別處。」〔註71〕慎行學問是否從宋儒入手還有待商榷，然而他回歸先秦典籍另做詮解的為學態度卻是十分明顯的。蓋慎行以為傳統儒學言「中」本無偏靜氣象，故本不必用動字幫補，所以聖賢率性而行，便是為道。聖賢能率性行道，而常人又如何做到「率性之謂道」呢？答案則在「慎獨」工夫的落實，故其主張「致中和不于中處調和，亦不于和處還中，徹始徹終，要在慎獨」。當然，此時慎行所言之「慎獨」已非《中庸》所言之意義所能涵蓋，關於這一點我們將於第五章中做一更詳盡的討論，以下我們依然將焦點放在心性關係的探討上。

二、由情欲來看心性之關係

上文言道，慎行認為「未發、已發」本來就當以喜怒哀樂之情感來著眼做分判，其所指涉就是人心之情感之已發、未發兩種狀態而言，並非指人心之本體（中）之已發、未發的狀態。因此，人心即便處於思考行為或知覺作用之發用狀態，人心中之至善之體（未發之中）亦無所謂已發未發，不是能說「思便屬已發」，因為發生作用的是心之情感、知覺、思考等能力，而人心之至善本體（未發之中、性體）並不因為有感於外在事物即隨之而動、更改其純然至善、廓然大功的本質，所以他說「有未發之中，正見性之實存主處」，意即人心中所具此一未發之中之存在，就是性體實際存在於人心的一個明證。

因此，慎行所言之「心性關係」，也可以說是一種「性體心用」的觀點。但是以往這種觀點乃是在性屬理而心屬氣的認知下說，此時心性關係乃是：「心是形而下，性是形而上」。其中關於「心」的概念又有「道心、人心」之分，如朱子即認為：「心者，人之知覺，主於身而應事物者也。指其生於形氣之私者而言，則謂之人心。……人心易動而難反，故危而不安。」〔註72〕認

〔註71〕錢穆：〈孫慎行、錢一本〉，《宋明理學概述》，頁296。
〔註72〕朱熹：《尚書・大禹謨》，《朱文公文集》（台北：商務印書館印行，1975年），卷65，頁379。

為人心、道心的不同來源，構成了兩者的重要區別，進而將人欲歸屬於人心的一面，皆屬形氣之私。〔註73〕蓋朱子此乃一經驗實然的心態，不能純由超越的立場談本心、本性，為了要安排現實之惡乃必須將情分層，故發展出「理氣二元」而「不離不雜」這一種特殊的義理格局。〔註74〕

　　然而慎行直承孟子仁義內在、性由心顯，由惻隱之心以說性善的思路，並在其「一元論」的辯證思維底下，主張時空中之一切具體事物皆因有「理義」為背後的生化本體並以「氣數」為具體的表現方式而得以存在。換言之，人做為經驗世界中的一個具體實有、存在，也必然具備這兩種面向。而由此觀點出發言「心、性」，我們可以說「義理之性」、「理義之心」乃是屬理義本體的一面自無問題。因此對於「道心、人心」之論，他說：

> 人心道心，非有兩項心也。人之為人者心，心之為心者道，人心之中，只有這一些理義之道心，非道心之外，別有一種形氣之人心也。……若謂心有兩，而以人心與道心對，則將以一去一而為中乎？將盡脫二者之外而為中乎？抑亦參和二者之間而為中乎？吾勿敢信。今以人心為形氣之心，若屬邪妄一邊，殊不知心原無有邪妄的。……後人惟見有氣質之性，故因生出一種形氣之心，與孔、孟心性處頓異。〔註75〕

在他看來「道心、人心」也只是一，意即人心之本體只有一個，就是「理義之道心」。換言之，「理義」就人心而言，就是性體（中體）。所以慎行說「心之為心者道」，就是指「性」乃以「未發之中」的形式存乎人心之中而為其本體，此本體只為一，即是「理義之道心」，非指道心之外復有一形氣之心、別有一本體。因此，在慎行本體論「理氣一元」、「性氣一元」的立場下，本不須將道心與人心相對而言，就如同他主張義理之性外無復有一氣質之性存在一樣，人心、道心之超越之本體亦只是一，就是「理義」。

　　然而人畢竟是一個具體而現實的存在，心固然可以是一種超越之本體的概念，但從經驗現實而言，所謂「四端之心」、「心之官則思」（情感、思考……）等能力則是心（本體）在具體生命的一種顯現方式。是故，人心與道心非二在

─────────────────────

〔註73〕觀於朱子對於「人心」之見解，可參閱：張立文：〈人心與形氣〉，《朱熹與退溪思想比較研究》（台北：文津出版社，1995年3月初版），頁338～345。

〔註74〕請參見劉述先：〈朱子之心性情三分架局〉，《朱子哲學思想的發展與完成》（台北：台灣學生書局，1982年2月），頁219。

〔註75〕孫慎行：〈執中〉，《困思抄》（四庫禁燬書叢刊本），頁333。

慎行而言，乃是本體論之辯證思維上的延伸，而這也表示在人之現實生活與具體生命中，人心與道心兩者並非不需揀別。這揀別處，其實也就是「天理人欲」之分別。事實上，天理人欲這對概念源出於《禮記‧樂記》，宋明儒繼承之作了進一步的引伸發揮。其中以朱子「存天理、滅人欲」的說法最具代表性，但同時亦引來了最多誤解。〔註76〕然宋明儒從來都不否定人有生命欲望，只是其中有正當不正當的分別；另一方面，他們也清楚明白天理有時是通過正當的欲望來表現，則其所謂「人欲」即僅指不正當之生命欲望，然其與欲望終究一也。〔註77〕而在慎行思想脈絡中情感與欲望亦是有所分別的，他說：

> 哀樂皆根乎性，未發之中、發而中節之和實于是在始。吾誦關雎之樂不淫、哀不傷，以為聖人之有至德而已，而曾不知反之性也已。而知聖人之盡性，而淫傷哀樂之際茫不知辨也。……乃知哀與傷辨，哀性也，傷特情之私也。情愈用而日新，情一沉而立敗，即樂淫何莫不然！陰陽訢合，天地和同，此樂之正性也。好色少艾，貪愛相乘，此淫之為私情也。〔註78〕

他認為哀樂等情感若是出自於人的本性，則能發而皆中節，此即所謂「樂而不淫、哀而不傷」，並且可以愈用而日新，進而訢合陰陽、和同天地。然而若只是為了滿足於一己之私情淫欲，則人所發出之情感即向下沉淪而立為敗壞，此時人的情感將導引出放縱的慾望，致使人變成「好色少艾、貪愛相乘」之徒。亦即欲望如果到達會了破壞人本然的和諧之心性的一種狀態，則這種欲望才能被稱為是不良的欲望，而應予以排除。

事實上，慎行以為人之氣質本亦為善，因此欲望之於人，本亦是一種中性之存在，情感本身更不具備惡的本質。所以他說道：

> 夫使人嗜味常如病回之初，節之又節，謹之又謹，則中和之性可漸還，而有味必知隨味隨知，何至饑渴之害為心害哉？……《記》云：

〔註76〕事實上，《禮記‧樂記》言「人生而靜，天之性也；感於物而動，性之欲也。物至知知，然後好惡形焉。好惡無節於內，知誘於外，不能反躬，天理滅矣。夫物之感人無窮，而人之好惡無節，則是物至而人化物也。人化物也者，滅天理而窮人欲者也。」也只反對「滅天理而窮人欲」，而並沒有明言要「存天理」則必須「滅人欲」。

〔註77〕參見劉述先：〈從道德的形上學到達情遂欲──清初儒學新典範論析〉，《儒家思想意涵之現代闡述論集》（台北：中央研究院中國文哲研究所籌備處，2004年12月修訂1版），頁97～98。

〔註78〕孫慎行：〈關雎〉，《困思抄》（四庫禁燬書叢刊本），頁322。

「飲食男女，人之大欲存焉。」故首説一飲食，繼説一造端夫婦。今之人既不自知其不知味，又視學術與知味無關，是終身日用，業已失性之真。而欲以一時知鮮，窮性之量，豈可得哉？夫性有乖而必露，情無溺而不流。〔註79〕

意即毫無節制而盲目的慾望與習性，才是造成人性喪失、人心沈淪的主因。〔註80〕而非人的心性中本有一惡性私情，因此他説：

天理人情，原無兩項。惟循天理，即人情自安，所以爲君子。中庸若徇人情，未免扳附天理。所以爲小人反中庸。人情所最欲者利，故聖賢常以天理提防之。〔註81〕

蓋人心即爲天理，天理原不拂人心。以道，如堯舜之達真是可欲，如孔顏之窮實無可惡；不以道，如臧文仲之竊位安見可欲，如陳仲子之居於陵殊爲可惡。〔註82〕

所謂「惟循天理，即人情自安」本是一切理學家所認同的主張，並非一特殊之見解。但是他強調「天理人情，原無兩項」、「人心即爲天理」，意即天理、人情、人心（此時亦指情感而言）本非爲對立之關係，而是一種體用的關係。捨「體」則無「用」可言，捨「用」則「體」亦無從表現。是故慎行認爲捨情便無以覓性，天理也只是人心中之真性情（道德情感）與真好惡（良知之好惡）而已，故他説「天理原不拂人心」。〔註83〕

　　因此，關於「心即理」之説，慎行並沒有直接表達出贊同或是反對的態

〔註79〕孫慎行：〈知味解〉，《困思抄》（四庫禁燬書叢刊本），頁338～339。

〔註80〕蔡仁厚先生曾説：「《禮記・禮運》有云：『飲食男女，人之大欲存焉。』人要求滿足欲望，本是自然之事。只須求之而得其正，行之而適其度，又何至與天理相違逆？（譬如化男女情欲爲夫婦之倫，即一顯例）儒家講道德修養，不取矛盾之對立，而重主從之對比。」請參見蔡仁厚：〈孟子的修養論〉，《孔孟荀哲學》（台北：台灣學生書局，1999年9月），頁253。

〔註81〕孫慎行：〈小人之中庸〉，《困思抄》（四庫禁燬書叢刊本），頁325。

〔註82〕孫慎行：〈欲惡〉，《困思抄》（四庫禁燬書叢刊本），頁342。

〔註83〕方東美先生認爲：「宋儒的思想著重於把握理性，……顯出一個很大的缺陷——在情緒、情感、情操生活方面很貧乏，對人類的欲望、情緒、情感這方面都不敢沾染。於是他們的生命不是開放性的而是萎縮性的，構成理性上的偏見……對於人類具有善性的欲望、情緒、情感都一概抹煞了，這是一個偏頗的哲學。」請見方東美：〈談宋儒所傳承的學術傳統與時代背景〉，《新儒家哲學十八講》，頁76。晚明王學末流因強調良知現成而有「任情起見」等弊病沿生，然慎行並不因此即有所謂的「理性上的缺陷」，而輕視甚至是抹煞情感所具有的價值。

度。蓋「心」的意義本有著許多層面，若直接講「心即理」的話，除了容易
使人忽略現實氣稟物欲之殊雜，不注重道德修養工夫，進而把人欲和天理混
在一起；也容易因為直言「心即理」導致學者只重視追求一先驗的本心，而
使得「情」這個概念無處可安放。也就是說，慎行雖不否認人氣質上的因素
（情慾、情緒、意志、欲念……）對於人心的影響，但也強調的是「心」做
為人的主宰，除了具有彰顯人性（性體）的能力與傾向（天性）之理性層次
之外，同時也涵攝「氣和情」的層次，意即性情是一種體（本質）用（作用）
的關係，而最終關鍵則在「心」的能力上，所以他說：

> 夫天地萬物何以位育，三千三百何以經曲，豈是人揣度可容商量可
> 盡。唯有慎思一法，能使心神默聚，性體時彰。艱難處一切貫穿，
> 鋪張處一齊收束。孟子謂：「思則得之」，不害誠之不思也。此說誠
> 者不思而得，不妨人之致思也。余嘗驗之，若思嗜欲，未思而中若
> 燔矣。思詞章，久之亦有忡忡動者。倘思道理，便此心肅然，不搖
> 亂。若思道理，到不思而得處，轉是水止淵澄，神清體泰，終日終
> 夜，更不疲勞，不知何以故？且思到得來，又不盡思的時節，不必
> 思的境路，儘有靜坐之中，夢寐之際，遊覽之間，立談之頃，忽然
> 心目開豁，覺得率性之道，本來元是平直，自家苦向煩難搜索，是
> 亦不思而得一發竅一實證。〔註84〕

此中之說即孟子所謂「理義之悅我心，由芻豢之悅我口」，蓋人心能思亦能知
理義，而慎行說「若思道理，到不思而得處，轉是水止淵澄，神清體泰，終
日終夜，更不疲勞」即指出人心之能思是天性，而好理義也是人心之天性，
並且若能經由慎思的工夫使道德本心呈現以做為行為與思考時的價值主導，
則此時心之所以為心的本質（性體）亦得以彰顯，心性（理）關係則是一而
不為二。此外，從這一個層面看，我們也能比較出慎行思想與清初儒學順著
氣質、情、才之肯定而進一步肯定人欲之新思想典範的不同處。

三、從盡心知性到戒懼慎獨

慎行心性論中，心性雖可說是一而不為二的關係，但就工夫一面言，則
尚須經過「盡心」的工夫，方可言「成性」之心性不貳的境界。蓋心之能推

〔註84〕孫慎行：〈慎思解〉，《困思抄》（四庫禁燬書叢刊本），頁325。

擴至盡而回復其之本然面目，此時方可言心即是性。不然，心未盡時，它永遠只是一超越的道德的本心，性體雖然具於其中，但其做為涵蓋、等同於宇宙的形上實體之意義則尚未被完全彰顯，故仍須經由種種「盡心」工夫使其在經驗時空、現實生命中具體顯現。所以他認為：

> 〈盡心〉一章，先儒頗多分殊。……以余仔細看來，工夫實處全在盡心二字。事天、立命乃盡心之實也；知性、知天乃盡心之由也。……余以為孟子〈盡心〉一章，盡于盡心、知性、知天，即《中庸》明善也。盡心、事天、立命，即《中庸》之誠身也。《中庸》又言至誠盡性，性言份量，心言效用，心盡故性盡。然亦有心之盡，而性未必盡者矣。盡性即聖賢未可以易言，盡心即凡庸皆可以自竭。〔註85〕

意即道德修養工夫的落實處還是在於孟子所謂「盡心」的概念上，其中，慎行還認為「事天、立命」即是盡心工夫之落實；而「知性、知天」則是透過真實履踐盡心工夫所獲得完善結果。因此他說孟子所言「盡心、知性、知天」即是《中庸》明善也；而「盡心、事天、立命」即《中庸》所謂誠身也，並且他又從《中庸》之「至誠盡性」的概念中，提煉出「性言份量，心言效用」的看法，意即言「性體」之於人，則此本體亦等同於宇宙生生不息之本體，故即便是聖賢亦不敢輕言達到「盡性」的境界；然言「心」之於人，則具體生命之種種表現莫不是心的功能與效用，並且從此處入手言「盡心」之工夫，即便是凡庸之人亦皆有竭盡其心（盡心）的可能。也因此，慎行主張「盡心」雖未必等同於「盡性」，但卻是「盡性」的必要步驟與前提，所以他言道：

> 孟子要人還其本心，其落實卻在盡心一字。即集義之慊，非盡則無絲慊，學問之求放心能盡則無他。求盡從幾頭處之竭至言，非從份量之充滿言。則一生竟何時可盡，惟即此幾頭處。我之所以為心者然，正我之所以為性者，不能不然。天之所以與我性，我之所以合天性者，不容不然。其幾頭直頃刻可通至事天立命，方是滿此心之份量，而存心養性、夭壽不貳、修身以俟，是工夫所以求滿此心之份量。夫份量則聖賢不能以終完，若幾頭則凡庸皆可以自竭。不必論知性知何，更不必論先知性後盡心，先盡心後知性如何，即知天

〔註85〕孫慎行：〈盡心辨〉，《困思抄》（四庫全書存目叢書本），頁33。

亦無暇懸空擬議也。〔註86〕

此中之說除了再次強調孟子「還其本心」之工夫落實即在「盡心」這一概念上。比較特別的是，他主張「盡心」與「盡性」雖然有所差別，但「盡心」與「知性」卻無分別。蓋他認為人有「盡心」之表現或行為的當下，則能知其性，並能知此性本原於天，是故他說「我之所以為心者，正我之所以為性者，不能不然。天之所以與我性，我之所以合天性者，不容不然」，此即他所認知的「盡心知性則知天」之的意涵。

因此，既然一切工夫的落實都在於「盡心」上，則當不必先論「知性」是知何「性」，也不必論「知性」與「盡心」孰先孰後，而「天」之義涵（存有之奧妙）則更是不需懸空加以臆測。因為透過道德修養使心體擴充至盡而成性，此時心與性並非由二而合為一，而只是心回復至其之所以為心的本然。並且此心之本然之狀態即是所謂「性」，意即心之為心的意義完全被彰顯出來時就是「性」，故可說心即是性。所以我們前文指出慎行認為人心之「中」（本體）即是「性」之實存主處，心性為一的意義亦從此方面來看。因此「盡心」工夫實際上即是人心之自求充量的繼續表現而自興起生長的一個表現，並以達到「盡性」為最高境界。所以慎行曾說：

> 世間力有勇怯，有巧拙。然自孟子言性，更無勇怯，人人可以為烏
> 獲；更無巧拙，人人可以為奕秋。……夫名理猶然，何況力行為善，
> 更是吾性本真。吾性至善原與聖人一體，苟能盡心不二，則從此向
> 往，即大而化之之聖，非有限量。聖而不可知之之神，非有隔越。
>
> 〔註87〕

即強調常人之性與聖人本無所分別，只要能努力於道德實踐工夫中，充擴本心並持之以恆而終身不倦，則終有一天能達到聖神之境地

更且，慎行還以為《中庸》之「慎獨」即孟子之「盡心」，他說：

> 孟子論性以情以惻隱之心，情即心也，《中庸》卻未嘗一言情與心，
> 第揭慎獨，獨故心所成也。慎獨，孟子之盡心也。有慎獨，方有中
> 和，盡心者之知性也。有中和，隨有位育，知性者之知天也。……
> 《中庸》首戒慎恐懼，故不言心，孟子在在言心，即以證性。〔註88〕

〔註86〕孫慎行：〈盡心〉，《困思抄》（四庫禁燬書叢刊本），頁369。
〔註87〕孫慎行：〈烏獲〉，《困思抄》（四庫禁燬書叢刊本），頁383。
〔註88〕孫慎行：〈盡性〉，《慎獨義》（故宮博物院圖書館館藏本），頁55～56。

蓋孟子論性善由四端之心上言，因此所謂「惻隱、羞惡、是非、辭讓」之心的四種活動即是情，故言「乃若其情，則可以爲善」，而慎行亦謂「論性以情以惻隱之心，情即心」。然而他指出《中庸》一書卻未嘗言「心」、「情」而只言慎獨的原因在於：慎獨也是一種「盡心」的工夫。本來「慎獨」最初的一個意義，即是在意念初動時，省察其是否出於「性」亦或是出於私欲，而省察意念動機是出於性或欲望的主體即是「心」，也因爲「心」有這種能力，所以慎行才說「獨故心所成」，因此人經由做慎獨工夫而達致中和的境界，也就是達到孟子所謂「盡心知性知天」的境地。

　　是故，慎行主張《中庸》所言之「戒慎恐懼」即是一種講求「盡心」的工夫，故不言心；而孟子言盡心者則能知性知天，也反過來證明《中庸》所謂「天命之謂性」的概念並非虛設之假定。所以他說：

> 《記》云：「人者，天地之心。」蓋天地分而人爲之會合。然全天地之中者，惟聖人乾之剛健中正純粹精也。坤之文在中也，天地之精英壹粹于中。而後兩間爲之幹持，爲之維護。即人有心也亦然，故云「人者，天地之心」。曰「中立」，心之主宰不搖，一戒懼之爲主宰也；曰「道中庸」，心之運用無方，一戒懼之爲運用也。所謂天命之謂性者，始確然實體，非虛言理而妄測天也。〔註89〕

從這段話看來，慎行認爲人之所以可會合天地，關鍵就在於能以「心」做爲自身生命與精神的主宰，而能令「心」成我們生命與精神的主宰的關鍵則在於「戒懼」之工夫。蓋天地本無不位，但由精神錯亂、以氣（欲）使心之人看天地，天地是顛倒不正的，甚至因爲人過份的放縱生理欲望導致的暴戾之氣、行爲，萬物受其害而被摧殘。因此，人透過「戒慎恐懼」之慎獨工夫，使「本心」做爲生命之主宰而不受欲望所動搖，並運用於周邊四方之人事物，此即是推擴自性本具之中和之德而爲中庸之行，並使萬物各得其所，此時「天命」（性體）之於人亦得以在具體生命中被體證，而非只是一虛設假定之說。〔註90〕是故慎行認爲：

〔註89〕孫慎行：〈道中庸〉，《慎獨義》（四庫禁燬書叢刊本），頁 431。

〔註90〕徐復觀先生在〈心的文化〉一文中指出：「人心是價值的根源，心是道德、藝術之主體，但主體不是主觀。通過工夫，把主觀性的束縛克除，心的本性才能顯現。」因此他認爲「心的作用是由工夫而見，是由工夫所發出來的內在經驗，它本身就是一種存在，不是由推理而得（如形而上的命題），故不能與科學發生糾纏。」這樣的觀點或可加深我們對慎行「盡心知性」的理解。請

> 天命之謂性，天也，即人也。在天合天下爲命，在人則合天下爲性。
> 唯人合天下爲道，方稱合天下爲率性。然於不可離處言性，恐人難
> 爲尋也。不言教者，恐人易爲飾也。唯是出入起居，無時可離道，
> 故提一道字，不睹不聞命宅也。隱見顯微，性地也。獨，道樞也。
> 戒慎恐懼，天心也。戒懼則有獨，而道生。不能戒懼，則不有獨，
> 而道亡。〔註91〕

自客觀的天的一面言，則合天下之物皆在天命的覆蓋之下，則無所謂率性、
盡性的問題，然自主觀的人的一面看，則要能合天下之物方才稱爲性，因爲
唯有從人的一面看，方才有所謂的工夫修養的問題，也才有所謂「率性之謂
道」可言。這意味著「道」（本體）本即含攝於人性之中，性體之外亦無所謂
「道」，因此慎行認爲《中庸》所謂「道也者，不可須臾離，可離非道」即是
從此「不離處」言性，並以爲言「道」就是在強調人性之中具有這一不睹不
聞之天命存在。所以慎行說「隱見顯微」即是此性體之存在，而此性體之本
質乃是經由戒懼工夫所顯現之「獨」（心）做爲樞紐而得以開展，並且人能做
戒懼慎獨的工夫，乃是因爲人心本具有「戒慎恐懼」之才能，而此能力又即
是天生本具的一種能力與本質。

　　因此在慎行而言，道德實踐的關鍵在於戒懼慎獨，能戒懼則心中那幽隱
微妙的性體便得以顯現，而做爲天的性體同時也就等同於吾人之心體，此便
是儒者率性之道。是故，下一章我們將進一步分析慎行對於「慎獨」與「獨」
的看法，以期對慎行的道德哲學做最終的理解。

　　詳參徐復觀：〈心的文化〉，《中國思想史論集》，頁 248～249。
〔註91〕孫慎行：〈達天德〉，《慎獨義》（四庫禁燬書叢刊本），頁 443。

第五章　慎行之慎獨說——成德之教 的工夫歸宿

　　上一章言及慎行對於心性關係的理解時，我們已稍有提到他對於「慎獨」的特殊見解，並指出在他思想中，「戒懼慎獨」與「盡心知性」是可以被合在一起看的兩組概念。這不僅表示慎行重新理解孟子思想，也反映出他對《中庸》與《大學》裡的「慎獨」概念也做了進一步詮釋。而他的工夫理論更是以「戒懼慎獨」為中心次第開展而自成一系統。

　　因此，這一章要說明重點即是：慎行的工夫理論是如何環繞著「戒懼慎獨」概念而開展，而他又是如何來理解「慎獨」這個概念。此外，我們認為「工夫論」乃是慎行道德哲學的最終歸宿，也就是說，他思想中的天人、理氣以及心性等等思路與概念，都將在探討他工夫理論時，獲得更進一步與更具體的說明。所以對慎行工夫理論的探討，將是我們檢視其整體思想體系的最後一個步驟。

第一節　慎行對「慎獨」的理解

一、「慎獨」與「獨」

　　慎行最具思想性的兩部的著作，分別是《困思抄》和《慎獨義》，從後者之命名便可得知慎行是非常重視「慎獨」這一概念。然而一如其他宋明理學家，慎行在表達他思想時，並沒有獨立處理「慎獨」這一觀念，而是把其他

觀念帶進來一併討論。因此，要徹底瞭解他「慎獨」之說的含意，便勢必要
將他思想中其他觀念先討論清楚，這也是我們上兩章討論、分析他天道論與
心性論中各種概念的一個主要目的。

　　但在對慎行之「慎獨說」做一全面性的討論之前，我們須先說明「慎獨」
一詞原本的意涵。一般宋明儒所言之「慎獨」的主要意涵乃是根據《中庸》
與《大學》這兩部經典。首先，在《大學》記載：

> 所謂誠其意者，毋自欺也，如惡惡臭，如好好色，此之謂自謙，故
> 君子必慎其獨也！小人閒居爲不善，無所不至，見君子而后厭然，
> 揜其不善，而著其善。人之視己，如見其肺肝然，則何益矣！此謂
> 誠於中，形於外，故君子必慎其獨也。〔註1〕

而《中庸》則云：

> 天命之謂性，率性之謂道，修道之謂教。道也者，不可須臾離也，
> 可離非道也。是故君子戒慎乎其所不睹，恐懼乎其所不聞。莫見乎
> 隱，莫顯乎微。故君子慎其獨也。〔註2〕

此兩書中所謂的「慎其獨」正是「慎獨」一詞之所本。以下我們先討論《大
學》所言「慎獨」之意義。

　　純就字面意義而言，《大學》所言「慎獨」乃要人「謹慎於獨處之時」，
不能因爲沒有旁人的警惕、外在的約束，就放縱自己的行爲和意念。故以小
人和君子對比，強調小人因爲沒有「慎其獨」，而於「閒居」時則「爲不善」
乃至於「無所不至」。因此君子道德修養工夫的第一步，就是要「慎其獨」，
即獨處之時亦要警惕、審察自己的意念與行爲，否則便容易流於惡而不自知。
雖然這樣的解釋合情合理，但若更仔細的分析文意，從朱子所說的「獨者，
人所不知而己所獨知之地也」〔註3〕的角度作出發來言「慎獨」，將慎獨之「獨」
解釋成「獨知之地」，即指人的內心世界或意識活動。則此時「慎獨」的意涵
就從「謹慎於獨處之時」而擴大成爲「謹慎於己所獨知之地」，如此一來，「慎
獨」的時間與範圍則變得更廣泛，亦即不限於在一個人獨處的時間與空間才
需要「慎獨」，而是不論在何時都能、也都應該要做「慎獨」之修養工夫，如
此一來，「慎獨」與「誠意」概念便得以連貫，亦即從做「誠意」工夫之「毋

〔註1〕　朱熹：〈大學章句〉，《四書章句集注》，頁7。
〔註2〕　朱熹：〈中庸章句〉，《四書章句集注》，頁17～18。
〔註3〕　朱熹：〈中庸章句〉，《四書章句集注》，頁18。

自欺」到「惡惡、好好」以至於「誠於中，形於外」的一連串過程也可以說是一種「慎獨」的工夫。

接著，我們將焦點轉向《中庸》所言「慎獨」意義上。從《中庸》所謂「戒慎乎其所不睹，恐懼乎其所不聞。莫見乎隱，莫顯乎微。故君子慎其獨」看來，其所說「慎獨」之意義，似乎更偏於朱子所謂「謹慎於己所獨知之地」之意義。因為君子必須戒慎於不可睹聞的內心隱微之處，以免稍有鬆懈或不慎，而萌生惡念邪欲，如此做為人性之天命本體，將無法下貫、呈顯於我們的具體生命中，則人與道即漸行漸遠矣。因此，「慎獨」一詞的概念在《中庸》而言，更強調「天命之謂性」之道體與「慎獨」工夫之間的關係。

而慎行所重者也是此意，他說：

> 夫君子之戒慎恐懼，有事無事無不盡然。……至誠立大本，夫焉有
> 所倚，言其功用，總不出盡性、本心所者。戒慎恐懼之所也，即天
> 地化育之所，是所原無可倚者處，此之謂慎獨。〔註4〕

除了表示在道德修養的過程中，不論何時何地都應該要做戒慎恐懼之慎獨工夫，還指出人們「戒慎恐懼」的地方、對象，也就是化育天地的創生本體，所以「慎獨」即是在做使此「本體」得以顯現、發揮其功用的工夫。所以慎行說：

> 夫學問思辨行，故所以明性善，篤行亦所以明性善，至必明必強而欲
> 之淨盡，中之廓然者何加焉？即謂之誠身可也。誠者，戒慎恐懼而已。
> 以是念始，即以是念終，要于秉彝之好，好無不如，物則仁誠之樂，
> 樂無不還，物備，即合之《大學》誠正修終無不合。子韶所謂「昭昭
> 一無可疑者」，蓋確然自信性善，真明善之路，實誠身之路也。近世
> 言格致言明善，未有及信善者，即率性何在。朱子云：「知性即物格
> 之謂，盡心即知至之謂」，原未嘗不以知性為宗旨者也。〔註5〕

此處則復申以學問思辨行之種種工夫，莫非不是為了明吾性之善而誠吾人之身。此「誠之」的工夫就人而言，則只是「戒慎恐懼」而已，亦即從「戒懼」於天命之善開始，能自命依一普遍的道德理想，並自此理想伸展、擴充吾人之善性，最終可以達於萬物皆備於我的境界，而能夠達到「成己成物」的理想，此亦《大學》言「誠正修」之修身之目的。

〔註 4〕孫慎行：〈順親〉，《慎獨義》（故宮博物院圖書館館藏本），頁 37～38。

〔註 5〕孫慎行：〈誠身〉，《慎獨義》（故宮博物院圖書館館藏本），頁 40。

　　因此，在慎行以為，一切的道德實踐都從吾人所本具的善性（本質）開始，而復能以戒慎恐懼之心態持此一信念貫徹始終，此即所謂的「明善誠身」之說，亦是所謂「知性、率性」之道。而他又說：

　　《中庸》從戒慎恐懼論道，故其言立大本者深；《大學》從明新止論
　　道，故其言知本者約。〔註6〕

意即《大學》與《中庸》言「慎獨」，雖然都著重內外相成，但《中庸》乃從天命、人性、率性、修道依次而言，並在「君子慎其獨」之後一句，言「中也者，天地之大本，和也者，天地之達道」，此即謂人心之中即為「大本」，意即指天命之性為「大本」，因此慎行認為《中庸》以戒慎恐懼論率性之道，能將人心之中（亦即性體、大本）與天命之性並言，使其有貫通處；而《大學》言道，則終以「明德親民、止於至善」為最高境界，雖亦內外並重但缺乏對超越天道的體認。所以相較之下，慎行認為《中庸》言道是更為深刻而全面的，因此他又說：

　　君子戒慎，慎于為善；君子恐懼，懼為不善。所不睹所不聞，天命
　　之善，統宗地也，即此善。誠身便是孟子可欲之善，便可獨善其身
　　與兼善天下而無二。〔註7〕

至此，慎行則更明確的將「天命之性」與吾人所戒慎恐懼的「不睹」、「不聞」的「對象」做一連結，事實上，這也是他對《大學》、《中庸》裡所言「慎獨」之意含的進一步發揮。而在他這一種思想脈絡下，「慎獨」一詞已具有「持續不斷的戒懼謹慎的體認、發揮人性中所含具的形而上之天理、道體」的意涵。甚至我們可以說，在慎行以為，做「戒懼慎獨」工夫，也就是所謂的「明善誠身」，是一種可以同時完成獨善其身與兼善天下的道德修養工夫。

　　蓋儒家所謂至善之道，本來當兼人之內外、主客兩面而言，而非專指修養內在心性。因此，既然「慎獨」工夫的目標又本在使人之意念、行為皆能為善而合於道，那麼自然慎獨之「獨」所指涉呈現的就不僅只是人之獨處、獨知之境地，甚至也不只是謹慎的保存與擴充本具於吾人生命內在之天理、天命，其指涉的範圍更應當包涵道德修養完成後的一個境界。而慎行的「慎獨說」，就是往這方面發展。也就是說，在慎行以為，慎獨之「慎」是一種全面性的道德修養工夫，而慎獨之「獨」除了被賦予一本體的意義之外，也可

〔註6〕　孫慎行：〈誠身〉，《慎獨義》（四庫禁燬書叢刊本），頁413。
〔註7〕　孫慎行：〈遠人〉，《慎獨義》（四庫禁燬書叢刊本），頁400。

以是道德實踐之圓滿境界的一種指稱，而這個意義我們將於下文做進一步的討論。

二、對《大學》與《中庸》之「慎獨」的理解與詮釋

在上文的結尾我們指出，慎行對「慎獨」有不同於前人的詮釋。以下我們則再從他對《大學》、《中庸》中「慎獨」的不同理解中，來闡述他獨特的「慎獨說」。以下我們先從「格物致知」、「誠意正心」等概念來著手做分析，以便瞭解慎行如何進一步發揮《大學》中「慎獨」的概念。

首先，我們先探討慎行對「誠意」認識，他認為：

> 文成（陽明）云：「大學之要，誠意而已。」吾深以為然，但說誠意微不同誠意者，知修身為本，即實修身為善，去不善。如好好色、惡惡臭，方是所謂善者，只是人倫止至善。……人之一身意為主，到誠意則已壹意于善，無復有不善。但用情處未免有所之，其所亦至善累也。故須正修，故曰：「德潤身，心廣體胖。」故君子必誠意之為正心樞紐也。曰：「無情者，不得盡其辭，大畏民志。」見誠意之為齊治平樞紐也。予故亦曰：「大學之要，誠意而已。」此漢書已提出，不獨文成也。然文成又云：「誠意之功，格物而已，誠意之極，止至善而已，止至善之則，致知而已。」說得翻弄鼓舞，只緣看誠意不作實修身，故未免多出枝節。古本經文直捷可明，此予所謂微不同者也。……《大學》一書，無非格物也，豈必另言所謂致知？只是知修身為本，更無別有知處。……唯今人不把知修身作致知，卻視明明德於天下之外，尚別有一種學術，一番見解，方為致知，所以《大學》益不明。〔註8〕

他說「人之一身，意為主」，人若能誠意，自然也能「壹意于善，無復有不善」，故主張以「誠意」為「正心」與「齊治平」之樞紐。於此他與陽明的主張並無多大不同。不過，慎行自認為他對「誠意」的理解與陽明的些微之不同處在於：「誠意」的關鍵固然是格物沒錯，但在陽明的理解中，所謂：「意之所用，必有其物，物即事也。如意用於事親，即事親為一物；意用於治民，即治民為一物……。凡意之所用，無有無物者。有是意即有是物，無是意即無

〔註8〕孫慎行：〈大學義〉，《困思抄》（四庫全書存目叢書本），頁40～41。

是物矣。」〔註9〕即主張意之所在便是「物」，將物視為一個意向性的結構而非物質結構，〔註10〕進而將天下的事皆收歸於心，《大學》的家國天下都變成了意中之物。因此，陽明格物工夫的根本仍落在「意」上，故其主張「大學之要，誠意而已」。然而慎行以為陽明這樣的說法，即是以「誠意」為格物致知的實際內容，實不如古本《大學》中以「修身」為本而言「格物致知」來得直捷明白。〔註11〕因此慎行的主張是：「《大學》一書，無非格物也，豈必另言所謂致知？只是知修身為本，更無別有知處」。

其中慎行認為「格物」與「修身」的關係則是：

> 天下總只一物，窮得一部《大學》，條理明白便是格物。若欲格物另傳，則置《大學》何地。知本又是八條目中大綱領真脈絡，後諸章中無非此意。若其他節目應用，直舉此措之耳。漢儒卻重誠意，《中庸》齊明為第一事，漢儒見得頭腦不差。然說修身為本，元無不該在內，故知本便是致知格物處。從此而辨，如何是自欺自慊，如何慎獨，此方是誠意處格物。若夫如何正修、如何齊治格物，自可類推。……要知格物之功，無在不有。故格之義，無處不通。然必先格物窮理而後格，非格式、感格可隨時盡也。故知格物是《大學》實功，窮理是格物定論。即陽明數番抽換，總脫不得朱子窮理，即說致良知，還是真窮理。《易》曰：「君子窮理盡性。」窮理即窮吾性之理也。〔註12〕

〔註9〕 引自陳榮捷：〈答顧東橋〉，《王陽明傳習錄詳錄集評》（台北：台灣學生書局，1998年2月），頁177。

〔註10〕 請參見彭國翔：〈陽明工夫論的重點與問題〉，《良知學的開展》（台北：台灣學生書局，2003年6月初版），頁91～98。

〔註11〕 關於晚明理學家對於《大學》古本今本的態度，余英時先生指出：「陸王一派從來不滿意朱子的格物補傳，從王陽明到劉宗周尤其為《大學》的問題商透了腦筋。王陽明的《大學古本》已經是一種校刊的工作，而劉宗周一直到晚年仍然對《大學》一篇不能釋然無疑。」參見余英時：〈從價值系統看中國文化的現代意義〉，《清代學術思想史重要觀念通釋》（江蘇：江蘇人民出版社，1995年8月），頁218。

〔註12〕 孫慎行：〈格物辨〉，《困思抄》（四庫禁燬書叢刊本），頁33。值得一提的是，在《明儒學案》中，經由黃宗羲節錄之後，則以「《易》曰：『君子窮理盡性』，窮理即窮吾性之理也。陽明說致良知，纔是真窮理。」結尾，然在現今困思抄的四個版本中，所記載的卻皆非為如此，此中或多或少都反映出黃宗羲在選錄《明儒學案》之資料時的主觀性。

蓋慎行本認為，致知在格物的「格物」，即不外以修身為本，推而至於齊家治國平天下。所以他說「天下總只一物」，亦即「身家國天下」皆是「格物」的對象，能使「身家國天下」條理明白而達到「修齊治平」之功效即是「格物」工夫的目的所在，甚至「心、意」與「正、誠」亦是格物的對象與功效。因為慎行認為以「修身」為本而為「八條目」之脈絡，實際上亦將「誠意正心」的工夫包含在內一起說了。因此他說能以「修身」為本也便是「格物致知」，並且他又說「格物之功，無在不有，故格之義，無處不通」，但前提是要能先「格物窮理而後格」，故到了最後慎行乃以「窮理」為格物的最後定論，並以為「窮理」即是窮吾性之理。因此慎行說：

> 往吾謂格物無傳，散之諸章。蓋嘗以諸章證之，而無在非明親止，
> 即無在非格物知至，似可直信不疑。由今思之而知修身為本，並所
> 云治亂厚薄之際，何其痛切而不煩也。然則諸章之言格物者，乃其
> 大凡。而此之言格物者，尤其統要也，則謂格物之未嘗無傳也。……
> 近誦子韶解《中庸》明善，述格物知至義曰：「內而一心，外而萬事，
> 無不窮極其終始」又云：「窮之又窮，以至人欲淨盡，天理廓然，而
> 性善昭昭，一無可疑。」以此語明善則精矣。〔註13〕

此處則明言《大學》講究「格物致知」為的是要能明德親民而止於至善，而以此為前提做「格物致知」的工夫，方是回歸到《大學》「知修身為本」的脈絡。蓋無「身」又何來「心意知物」，無「身」又何以言「家國天下」，因此慎行認同子韶〔註14〕解「格知」時，以「內而一心，外而萬物」皆為格物窮理的對象，並以其此工夫之終極將使「心」至於純乎天理而無一毫人欲之私的境界，而至此人性之善亦昭然明矣。也就是說，慎行以為不經格物，則不能明善，故慎行認為言《大學》時必以「知修身」為本，並又進一步主張修身必須尋格物窮理之途。而這樣的主張，實際上就是將格物致知攝歸到以修身為本的脈絡，同時強調修身又必由「格物窮理」之途徑。

〔註13〕孫慎行：〈誠身〉，《慎獨義》（四庫禁燬書叢刊本），頁413。

〔註14〕張九成，字子韶，號無垢居士，浙江錢塘人，生於宋哲宗元祐七年（1092），卒於宋高宗紹興二十九年（1159）。嘗謂「人而不學則不明乎善，不明乎善，則內無以誠身，近無以齊家，小無以治國，大無以平天下。」其所謂學，則屢以「格物窮理」來說明，在學問傳承上，仍屬於二程，請詳參鄧克銘：〈張九成之生平〉，《張九成思想之研究》（台北：東初出版社，1980年10月），頁1～6。

　　事實上《大學》一書蘊含了宋明六百年心性之學分合的端緒，朱子講格物窮理、陽明講致良知，皆借《大學》爲根據而自成一系統。然明末「致良知」之流弊遍天下，爲治其流弊，東林之顧（涇陽）高（景逸）兩人之講《大學》時，一面將格致引歸「修身」，以爲方是「知本」的眞義，一面由「身」之管鑰而推至於對家國天下事的關心；由此發揮《大學》八目一貫、內外兼至之旨，〔註15〕而我們認爲慎行言「格物窮理」的用意除了在矯正王學末流重空虛求悟之風氣外，也非常重視道德實踐的內在力量，而力求避免如程朱末流一般，流於株守章句、支離循外。他認爲：

> 思之所謂格物者，欲知性也。《詩》云：「天生烝民，有物有則。」則性也。繼之曰：「民之秉彝，好是懿德。」夫唯明懿德之可好，又明好德之爲秉彝，而物則無一毫不窮徹，方爲物格知至。孟子曰：「萬物皆備於我。」性也。繼之曰：「反身而誠，樂莫大焉，強恕而行，求仁莫近焉。」夫爲明強恕之爲仁，又明反身之爲樂，而萬物無一毫不窮徹，方爲物格知至。〔註16〕

即以爲「格物」之目的本在「知性」，而《詩經》裡所言「天生烝民，有物有則」、「民之秉彝，好是懿德」即已指出人所稟受自天的「性」，除了本身即以天理之法則爲本質外，還具備一喜好美德之天性。因此他認爲孟子所說的「萬物皆備於我」以及「反身而誠」乃是此意的再發展。所以「格物」在慎行而言，不只是主體對客體的認知把握，而且是主體對其所具之理的發現過程。這除了表示出慎行對「格物」工夫的見解與向外窮理之進路有所不同之外，也反映出其思想由修正王學進而走向調合程朱學派與陸王學派的一種傾向。

　　總結來說，慎行認爲《大學》之「八條目」乃是一體而不可分割，是同一整體工夫的連續不同表現而已，所以《大學》所言之「慎獨」對慎行來說也只是一種「格物窮理」的工夫，其最初固然是以「意念」爲對象而開始，然終以成就外在事業爲不變之取向。就像唐君毅先生所說的：「《大學》之明明德於天下，則可說是爲從事《大學》者之開始點上之一心願或心志。此一心願或心志，則兼有極大之廣度，同時有極高之強度，以貫徹于次第之由修身，以至齊家、治國、平天下之事之中者。」〔註17〕一樣，慎行的「誠意慎

〔註15〕參見古清美：〈顧高二人之論學〉，《顧涇陽、高景逸思想之比較研究》，頁179。
〔註16〕孫慎行：〈誠身〉，《慎獨義》（故宮博物院圖書館館藏本），頁39。
〔註17〕唐君毅：〈莊子天下篇之內聖外王之道與大學之明明德於天下之道〉，《中國哲

獨」確實也以此態度爲標的。所以他言道：

> 《大學》慎獨以意對外爲獨，《中庸》慎獨以性命合道爲獨。不睹不
> 聞有隱，隱而有見，見而有微有顯，乃心路中遍相次第。萬物未生
> 爲隱，初出爲見，端倪爲微，盛大爲顯，實不睹聞爲骨子，故總謂
> 之獨。君子慎獨，如物栽根時，生意潛藏，後來生出無窮景象，《中
> 庸》一書，闡發皆從後來景象追到向來生意。〔註18〕

此處慎行對《大學》之「慎獨」所下的結論是「以意對外爲獨」，即他認爲「誠
意」工夫的重點，在於能夠堅持由好善惡惡之心所出來的意念，使之念念相續
貫徹到外在的行爲，進而落實在客觀的人事物上，方才是「慎獨」目的所在。

　　此外，慎行則以「性命合道」概念來理解《中庸》之「慎獨」。前文我們
已指出他本認爲「《中庸》首戒愼恐懼，故不言心，孟子在在言心，即以證性。」
因此，他在這裡說「不睹不聞有隱，隱而有見，見而有微有顯，乃心路中遍
相次第」，亦即指《中庸》戒懼愼獨之工夫，乃是一種使我們心中所具之性體
（天命之性）從「不可睹聞」到「隱而有見」而終至「有微有顯」一步一步
顯現發展的道德修養工夫，而這一「心路」之成長歷程就像萬物之生成的過
程從「未生爲隱，初出爲見，端倪爲微，盛大爲顯」一樣，都是因爲具有一
不可睹聞、幽隱微妙的「獨體」才得以存在並且發生，因此「慎獨」在慎行
以爲就是使此「獨體」發展的一個工夫過程，所以他說「君子慎獨，如物栽
根時，生意潛藏，後來生出無窮景象」，而這就是他認爲《中庸》以「性命合
道」言「慎獨」的意義。因此慎行對「慎獨」的特殊見解，乃是以《中庸》
蘊含之意義爲依歸而有的進一步發展。

三、慎獨之學的開出

　　根據以上的討論，我們已知慎行的「慎獨」是根據《大學》與《中庸》
之義理的進一步發展，其中他認爲這兩部經典正反映著「慎獨」的兩種不同
意義，或者是兩個方面、層次，一則「以意對外」爲獨；一則「以性命合道」
爲獨。並且慎行對於「慎獨」說的創見之處，乃是以《中庸》爲根據的義理
上的發展，因此，關於「慎獨」與「中、和」的關係，他曾進一步說道：

> 中也者，天下之大本也，赤子之心是也。和也者，天下之達道也，

學原論·原道篇二》，頁75。

〔註18〕孫慎行：〈固聰明〉，《慎獨義》（故宮博物院圖書館館藏本），頁87。

不失赤子之心是也。中和致則位育弘，是之謂大人。大人與赤子對
言，孟子蓋借象也。古人謂之赤心，此心也。喜怒哀樂所自生，而
時時與天地相照徹，處處和萬物相孚應。未發不落虛無，時發不嫌
馳逐。君子之競競戒慎乎其所，而不敢須臾離者，此物也，此獨
也。……知獨者，方知中和，知中和者，方知修道之仁，而禮義知
天盡不出是。嗚呼！可不省諸，可不慎諸。〔註19〕

前文我們指出慎行所謂「中」乃為一切事物之本體，既為人心之本體，亦為天
地萬物之本體，亦萬物在生成之時本稟賦著共同之性──「性體」。在此他則強
調言「中」既是天下之大本，也是人之最原始、最真實之心，也就是「赤子之
心」，若沒有失去此一「赤子之心」就是「和」。並以為此「心」乃喜怒哀樂等
情感發動的根源，而為與天地萬物同體的真實主體。因此人心於情感思緒未發
動之時，當非為一空虛之無物；而已發之時，也不至於逐於外物而失此本心。
所以慎行認為「慎獨」，就是在這個方面上做「戒慎恐懼」的工夫，其對象就是
「心」，也就是所謂的「獨」，所以他說「知獨者，方知中和，知中和者，方知
修道之仁，而禮義知天盡不出是」即是表明此意。再者他又說：

獨與中非二物也，從天命之初言，先有中方有獨；從率性之還言，
先有獨方有中。然則時中者，以其能戒懼慎獨。能戒懼慎獨者，方
為君子。故曰：「君子而時中」。〔註20〕

認為「獨」與「中」並非二物，但可分而言之、觀之。即從存有（本體宇宙
論）的角度而言，先有「中」方有「獨」；但是若從實踐（工夫境界論）的一
面而言，則「獨」在先而「中」在後。此亦符合慎行之「中」為「性」而「獨」
為「心」，並且「心盡則性成」的思路。故言「慎獨」是強調在「心」上做工
夫，意即能時時戒慎恐懼而慎獨，即能彰顯天命而能「時中」。

再者，他又說：

凡學道者，多從空墮，如鳥欲高飛，而罟則網之，獸欲奔趨，而阱
則錮之，此皆妄逐于空，而不知道之有實也。夫天實有是命，故吾
性實有是善，吾性實有是善，故吾道須實行是善。善只有一，更無
他也，有他即空。……君子時時戒懼者，唯恐好名好利之心未純然
無染，即觸處成迷，則隨在成墮。夫一念不實，則萬念皆空，吾心

〔註19〕孫慎行：〈中和〉，《慎獨義》（故宮博物院圖書館館藏本），頁9～10。
〔註20〕孫慎行：〈時中〉，《慎獨義》（四庫禁燬書叢刊本），頁394。

> 又安復有獨？故必知一善爲獨者，方知得一之無可失，遯世不見知
> 不悔，盡脫於名者也，此之謂獨。正己不求，而壹於居易俟命，盡
> 脫於利者也，此之謂獨。〔註21〕

除了顯示出他「天人一貫」的思維脈絡之外；也再次從「慎獨」的概念出發，強調時時戒懼可使心保持原初純然無染的狀態，即上文所說的不失赤子之心的一種工夫。因此能「還中」亦即是「致和」。所以從明白天命與性善之一貫，再到實際去行善，慎行認爲關鍵就在於「慎獨」。因此他說「一念不實，則萬念皆空，吾心又安復有獨」意即時時刻刻戒愼恐懼保持心體之不失狀態，這就是「獨」，也是一種經由工夫而達到盡脫於名、利的一種「明善（天命）」狀態、境界。所以他認爲：

> 若欲先立本後經綸，則先有一道以栖其心於寧靜之地，復有一道以
> 調其心於日用之紛。勢將以道爲二，以心爲二。而仁、淵、天不得
> 還爲一也，何名獨？〔註22〕

即是強調「中」與「獨」雖可分言，然實際上所指稱的對象皆是「心」，而分指其在不同時間歷程上的不同狀態與境界。經過「戒愼」、「恐懼」的慎獨工夫之後，仁、淵、天乃還爲一，道與心乃能達於不貳之境地。

　　復次，我們再從「天命之謂性」的概念來看慎行的「慎獨」說，首先他以爲：

> 降衷自天，而後因之成身成德，不睹不聞之所，性命之根源，所謂
> 戒愼恐懼者操無已也。〔註23〕

這裡慎行明言所謂「不睹不聞」之所在就是性命之根源，就是天命，而此一「天命」之於人，乃是「降衷自天」。我們前文已有提及，慎行曾說『『降衷』云若有眞是形容不得，想像不得，而渾然藏密，所謂不睹不聞，而無聲無臭之至者也，是中也。」（《困思抄‧說中》）因此，在他以爲，天命之於人而言亦即是中、是性，並且是整然的具於吾心之中，而人心所天生本具之德性（中、性體），透過戒愼恐懼之道德修養工夫則得被具體實現。所以他說：

> 君子慎獨之所，便是天之命，而率性之所也，并不於鬼神上求也。
> 是之謂與天地合德。夫道不可離，即知鬼神之爲德，時時無可離，

〔註21〕孫慎行：〈罟獲〉，《慎獨義》（四庫禁燬書叢刊本），頁396。
〔註22〕孫慎行：〈立大本〉，《困思抄》（四庫禁燬書叢刊本），頁375。
〔註23〕孫慎行：〈達孝〉，《慎獨義》（四庫禁燬書叢刊本），頁407。

> 此達天要路也。……人之爲道，道行于世，須盡合諸人人。鬼神之
> 爲德，德藏乎心，獨有鬼神可合。〔註24〕

此處即表示，君子愼獨之地就是天命存在的地方，也就是率性的地方，而這個地方也就是「心」。並且他認爲明白此點則能知「道不可離」與「鬼神之爲德」的原因在於：德本蘊含於我們的心中，所以人之爲道，也只不過是將蘊含我們心的德性表現出來而已，能做到這一點即是與天地合德而達於天命。

是故，愼行表示：

> 故新無可執也。天命之性爲故，率性之道爲新。率性之道爲故，修
> 道之教爲新。因是則知所不睹所不聞爲故，戒愼恐懼爲新。戒愼恐
> 懼爲故，隱見微顯爲新。總一愼獨。〔註25〕

也就是說天命之性本來存於心中，而爲吾人所不睹不聞之物，在人率性爲道的過程中，它在我們心中（本體）則從隱而見、從微而顯，最後則表現在現實之道德教化的完滿中，而這一整體的過程在他而言就是「愼獨」。因此，他所謂：「凡世無形而運用之謂道，有實而蘊藏之謂德。故隱見顯微總戒愼恐懼中心境……一者，戒愼恐懼也。獨之爲愼，德之有諸心也。不論如何以知，如何以行，總之一也。」〔註26〕也還只是此義意的再次闡明。

而我們可以說，愼行之所以要一再從「天命」言「性」、言「愼獨」，即是要強調「性」的超越意義，並以此點明心亦具有超越時空之價值意義。所以他指出：

> 〈虞書〉道心惟微，唯聖人方知道脈之要，只此一微。而又知微者
> 何物，微者何在，方謂之維精。唯《中庸》君子戒愼恐懼，無時不
> 切，方知不睹不聞之所。……人心之合造化者，惟此微。曰：「知微
> 之顯。」可與入德。本心之還道德者，惟此微。若不戒懼，則隱見
> 微顯之獨，若疑有，若疑無，而精微終涉想像；能戒懼，則不睹不
> 聞之所，爲常存，爲常運，而精微覺實可操持。〔註27〕

在這裡他認爲，透過戒愼恐懼、無時不切的愼獨工夫，則能體悟「道心惟微」所言之「微」即是那「不睹不聞」、「幽隱微妙」的天命本體。也因人心具此

〔註24〕孫愼行：〈鬼神〉，《愼獨義》（四庫禁燬書叢刊本），頁405。

〔註25〕孫愼行：〈溫故〉，《愼獨義》（四庫禁燬書叢刊本），頁432。

〔註26〕孫愼行：〈行之者一〉，《愼獨義》（四庫禁燬書叢刊本），頁409。

〔註27〕孫愼行：〈盡精微〉，《愼獨義》（四庫禁燬書叢刊本），頁431。

「微」，所以人心可以是道心、心體也可以是性體。其中，他以爲能使心同於性、同於天的關鍵就在於「戒愼恐懼」的愼獨工夫，亦即能做「戒懼」之工夫，則心中之「微」則能經由隱而現、由微而顯，進而成爲一常存、常運之獨體。

總結來說，就像愼行在《中庸愼獨義》的〈跋〉所指出的：

> 《論語》言中莫明於末篇之〈堯曰〉「天之曆數在爾躬，允執其中」，即知中者，躬之中也，非虛無不著者也。《易》，艮之四曰「艮其身」，象曰「止諸躬」，而象曰「止其所」，止其所，即知躬者，止之所也，又非恍惚難尋者也。《中庸》未嘗言躬，即不睹不聞之所，亦未嘗明指其地。而揭之戒愼恐懼，因名愼獨，即知愼獨，便知獨之爲中也。〔註28〕

即是認爲「中」就是「躬之中」，也就是吾人所有之「中」。能明此於者，則知做「戒愼恐懼」工夫使心「止」於不睹不聞之所而同於天命的同時，即是愼獨。是故，「獨」在愼行思想脈絡中，也是心體擴充至盡而同於性體、天命之本體時的另一種指稱。所以我們可以說，「愼獨」是愼行思想裡對天道與心性之統合的關鍵見解，「獨」在他而言，則已被提升爲本體的另一個稱謂，所以他說：

> 無聲無臭，目今日用之景，即最初未發之景也。其安頓卻在何處說？
> 上天之載乃是天以上事，天以上無可名目，天以下屬之人，乃始有道有德可名。……獨即渾然太極，知以剖分，法象如是，方可入德。
> 入德方于我不睹不聞實見其所，而時時爲戒愼爲恐懼。稱君子愼獨。
> 《中庸》一書詳說皆道德事也，而無聲無臭，則不可以言矣。〔註29〕

總之，他認爲人之最初本性、未發之性體，其實就是「獨」。因此，「獨」也被他用來當作渾然未分之太極本體的另一個稱謂。並且，此本體雖乃無法睹聞、無聲無臭之不可「經驗」者，然愼行還是篤定的認爲：只要人能時時戒愼恐懼，則此「獨體」（形上實體）終究可以在具體生命中被體現的。

第二節　愼獨之學的實踐工夫

〔註28〕孫愼行：〈跋〉，《愼獨義》（四庫禁燬書叢刊本），頁453。
〔註29〕孫愼行：〈無聲〉，《愼獨義》（四庫禁燬書叢刊本），頁452。

在宋明理學中，工夫論始終是一個極重要的部分，它的終極指向是「成聖成賢」。而成聖成賢的可能根據和具體途徑這兩個基本面向，在宋明理學而言，就是指本體論與工夫論這兩個方面。經由前文分析，我們知道在慎行的本體論思維中，天命之善、人性之善是先於人的道德實踐的，也是道德實踐之所以可能的理論基礎；因此他的所有工夫論、講求道德實踐的方法，即是要經由現實上的實踐來確立天命之善、人性之善。是故，我們可以說慎行的工夫論的目標指向處即是「性善」（天命），也就是我們前文所言謂的「盡心成性」。其中，我們指出在慎行而言，道德實踐的關鍵在於戒懼慎獨（獨），能戒懼則心中那幽隱微妙的性體（獨體）便得以顯現，而做為天的性體同時也就會等同於吾人之心體，此便是他所謂「盡心成性」的率性之道。至此，我們將論述的主軸轉向慎行的工夫論上。

一、「戒慎恐懼」──道德實踐的關鍵概念

在分析慎行工夫理論、道德修養方法（率性之道）之前，我們先從慎行的一段親身體驗說起，他曾自述說：

> 凡人心實自有體，余從辛亥歲為合族徭役，一至親所牽幾破壞，半歲調劑，不見聽煩惱，至五六日，忽到書舍，一息覺心為突開，晶晶然瑩然躍然，如水銀，如明鏡，傾刻方闔。後以一僕奴賊事，為人用力驅除，數日稍息，而心復現。然覺出時尚有三四分，此則兩分餘耳。京邸劇冗時，亦屢屢見，便不復能細憶。丙辰歲為至親禍患，吾姪並同覆溺，煩惱終歲，迫急月餘，而心體突一開。進居間，懶廢久矣。昨一事為友竭盡夕，忽朗朗光白，其照最遠，境界洞然，醒而息如是者，在始一悟。〔註30〕

從文中的敘述，可以得知慎行每每於憂苦煩難中覺得「心體」忽現，而他對於這種「悟」得心體的感受形容是「晶然瑩然躍然，如水銀，如明鏡」、「朗朗光白、境界洞然」。然此乃屬個人體驗層面的形容詞，很難以文字做具體的描述，但可以確定的是，慎行曾經明白地說道「儒者之道，不從悟入」，亦即表示這種體驗尚非一個真正儒者終極目標。因此他接著說：

> 人心為嗜欲所迷障，昏昏無返還處，故不到煩惱痛切，即本心不出。

〔註30〕孫慎行：〈自記〉，《文抄》（四庫禁燬書叢刊本），頁13。

> 若口說做好念好，尚隔幾層影響。以此思之，一生善心，不過偶爾
> 乍發，豈不重可惶恐，孟子所謂「夜氣不足以存」，幾爲我輩說。鳴
> 呼，余又以此悟儒者欲主靜，方見心體，猶是入門法。凡余所爲恍
> 惚臆見者，皆日中煩惱時也。〔註31〕

認爲人常因爲嗜欲過深，渾渾噩噩的在過日子，所以每每不到憂愁煩惱、悲
傷哀切之時刻，總不能明白本心的眞正意向。當然這並非說生命之總總欲求
即不眞實，或是說善念善心不重要，只是強調人在經過現實上的磨難和考驗
之後，對於生命的意義與本質往往會有更深刻而眞切的體驗。因此，隱藏在
欲望背後，一個之於我們生命的一種更本質性的眞實存在，也就是我們眞正
的「心」（本心、亦即是所謂的「性」、「天」），才更是我們所應該去追求、彰
顯的對象。是故，愼行認爲宋明理學傳統的「靜坐」只是儒家道德實踐工夫
的入門之法，而非究極之工夫。他指出：

> 學士大大，初既業儒，旋欲習靜，既已習靜，又將逃禪。夫以爲益
> 于身，而姑爲之，則可。若以爲無損于道而終爲焉，則不可。夫聖
> 賢之所爲道者，爲人臣而愛君焉者，無以有己也。爲人子而愛親焉
> 者，無以有己也。故孟子陳說仁義，上篇終以正人心，而下篇終以
> 盡心。心盡則心正，心正則道明，……若祇論道之明不明，不論心
> 之盡不盡，而旁皇出入間，毋乃反鏡索照？〔註32〕

雖然不反對靜坐的修養工夫，但愼行指出士人過於重視習靜工夫，則可能偏
於禪學而有損於儒家主張的「修齊治平」的外王之道，也就是說一切的內在
道德修養，應該能貫穿於外在現實社會中日用人倫等作爲，而非一昧的追求
內在的自我安適。當然愼行並非只重視外在層面的道術，他說《孟子》一書
陳說仁義之道，以「正人心」爲起始，以「盡心」爲收束，就是強調不能只
重視對外在的事物的追求與完成，而應以「心盡心正」爲前提，如此一來，
則更能明白事物的眞正意義，在爲道的過程中才不容易迷失自己的眞正心
性，反爲外在事物所役使。

　　因此，在愼行而言，工夫的關鍵是在「心」上，亦即我們前文所言的：
一切工夫的落實都在於「盡心」的概念上，其中「戒愼恐懼」在他而言即是
「盡心」的一種工夫。事實上，在儒家哲學中，《中庸》的「戒愼恐懼」的要

〔註31〕孫愼行：〈自記〉，《文抄》（四庫禁燬書叢刊本），頁13。
〔註32〕孫愼行：〈楊墨〉，《文抄》（四庫禁燬書叢刊本），頁15。

求並非什麼新論，無非是《詩經》中「相在爾是，尚不愧屋漏」（〈大雅‧抑〉）這種樸素的道德要求的精緻化。因此做爲道德培養中許多方式的一種，包括朱熹、王陽明在內的許多思想家都提到它，但並沒有將它做爲根本的方法。到了陽明弟子鄒守益〔註33〕則將「戒愼恐懼」專門標出，給予特別的重視，而且更將其視爲唯一的方法加以對待，他認爲「戒愼恐懼之功，命名雖同，而血脈各異。戒懼於事，識事而不識念；戒懼於念，識念而不識本體。本體戒懼，不睹不聞，常規常矩，常虛常靈，則沖漠無朕，未應非先，萬象森然，已應非後，念慮事爲，一以貫之，是爲全生全歸，仁孝之極。」〔註34〕意即透過時時凝聚戒愼恐懼的精神狀態並加以貫徹始終，可以使良知本體呈現並做爲人之現實行爲的指導，此乃偏重從消極禁戒來做爲致良知的手段，也可以說是一種反向思路的工夫理論。〔註35〕

然而「戒愼恐懼」之於慎行的「盡心」工夫，其所扮演的角色、地位又爲何呢？在慎行以爲：

> 率性者，直而已矣。子曰「人之生也直」，性也；易曰「直，其正」、曰「敬以直內」，率性是也。君子戒愼恐懼，此吾心之敬，即吾性之直。吾性之直，便是吾道之正。〔註36〕

他認爲若就心性修養的一面而言，所謂的「戒愼恐懼」即是表現在「心之敬」上，而「心之敬」即是「性之直」，所以《易傳》中言「敬以直內」，慎行則說此即是「率性」的一種工夫。因此做戒愼恐懼的工夫而使心呈現「敬」的本然狀態，就是所謂的「率性之道」。慎行又強調說：

> 夫使人心之不忘天，而常如屋漏之在在見天也，則知獨矣。獨故此心存亡之關也。……天之賦于人，人之承於天者，必於是所。非世

〔註33〕鄒守益，字謙之，號東廓，江西安福人。初見文成（陽明）於虔臺，求表父墓，殊無意於學也。文成顧日夕談學，遂稱弟子。先生之學，得力於敬。敬也者，良知之精明而不雜以塵俗者也。吾性體行於日用倫物之中，不分動靜，不舍晝夜，無有停機。流行之合宜處謂之善，其障蔽而壅塞處謂之不善。蓋一忘戒懼則障蔽而壅塞矣，但令無往非戒懼之流行，即是性體之流行矣。離卻戒愼恐懼，無從覓性；離卻性，亦無從覓日用倫物也。參見黃宗羲：〈江右王門學案一‧文莊鄒東廓先生守益〉，《明儒學案（上）》，卷16，頁333～334。

〔註34〕黃宗羲：〈江右王門學案一〉，《明儒學案（上）》，卷16，頁342。

〔註35〕參見何俊：〈晚明思想的裂變〉，《西學與晚明思想的裂變》（上海：人民出版社，1998年8月），頁19～20。

〔註36〕孫慎行：〈過不及〉，《慎獨義》（四庫禁燬書叢刊本），頁395。

人意見可人，亦非君子功力可加。故曰「所不睹所不聞」，唯有一戒
慎恐懼，常令心無疚惡者，方能合之所謂誠者。……君子之慎獨者，
蓋專力於敬，而信並歸焉。〔註37〕

在他以為，人心能不忘天則能知「獨」（性體）的實質意義為何，因此「獨」
之能顯現與否，即是「本心」之存亡的關鍵，而天人之「連結處」、「合一處」，
亦在於人心之「獨」（性體）是否能顯現。是故人若能「戒慎恐懼」使心無咎
惡，則能合於誠者（天之道）。也就是說，「敬」的工夫固然是從性來，卻是
由心做起，亦即透過「戒懼」之工夫，則能明於「敬」乃是性體之本然狀態、
精神條理。但必須強調的是，慎獨在慎行以為本是一種內心的自我反省活動
（戒慎恐懼），而並不是另循一本體去戒懼操存之。

　　是故，慎行說：

張子韶解《中庸》，每處以戒慎恐懼貫穿，不及慎獨，非不言獨也。
不慎獨則無中庸，不戒慎恐懼則無慎獨，子韶可謂知慎獨之真者已。
若必以若何戒懼若何慎獨，分為兩而並持之，則一乘之以理欲之關，
而志意為棼；再乘之以動靜之交，而精神為漏，幾之靡定，而中之
不獨也明矣，惡乎慎？〔註38〕

意即「戒慎恐懼」即是慎獨的工夫，是由心做起的工夫，並不是「戒懼」與
「慎獨」各有其對象而分為兩種工夫，而以「戒懼」為「存天理、去人欲」
之靜中存養「志意」的工夫；「慎獨」為心在未動而將動時，對其作省察的工
夫，慎行認為這樣分言「戒懼」與「慎獨」，反而將造成「志意為棼」、「精神
為漏，幾之靡定」的問題。而慎行這樣的觀點與朱熹認為「戒慎乎其所不睹，
恐懼乎其所不聞」是「存天理之本然」的工夫，並將「慎獨」視為是「遏人
欲於將萌」的工夫有著明顯的不同。〔註39〕因為朱熹強調「戒懼」是心未發
時工夫，「慎獨」是心已發時工夫，因此將「戒懼」、「慎獨」分為兩段工夫，
分屬於心之「未發」與「已發」兩種狀態。〔註40〕然而慎行則明白反對這種
將「靜存動察」分而為二的工夫，他說：

〔註37〕　孫慎行：〈潛伏〉，《慎獨義》（四庫禁燬書叢刊本），頁448。
〔註38〕　孫慎行：〈莫見〉，《慎獨義》（四庫禁燬書叢刊本），頁393。
〔註39〕　參見朱熹：〈中庸章句〉，《四書章句集注》，頁17～18。
〔註40〕　關於朱熹對《中庸》首章詮解的詳細分析，請參見林月惠〈朱子與劉蕺山對
　　　　　《中庸》首章的詮釋〉，楊儒賓主編：《朱子學的開展——東亞篇》（台北：漢
　　　　　學研究中心編印，1992年6月），頁129～154。

> 《中庸》工夫，只學問思辨行，用力首戒慎、恐懼、慎獨，只要操
> 此一心，時時用力，時時操心，原非空虛無實。如世說戒懼是靜而
> 不動，慎獨是未動而將動，遂若學問思辨行外，另有一段靜存動察
> 工夫，方養得中和出。不知是何時節？〔註41〕

意即不論是「戒懼」或是「慎獨」，其目的都只是在於：時時刻刻用力於操存
我們的本心，去做實際的「學行」工夫。因此，若將「戒懼」限定為一種使
「心」保持在「靜而不動」之狀態（求未發之中）的工夫，或將「慎獨」定
義在心在「未動將動」（心已發之幾）時做的工夫，在他而言，都是不諦當的。
因為他認為：

> 只緣看未發與發，都在心上，以為有漠然無心時，方是未發，一覺
> 纖毫有心，便是發，曾不于喜怒哀樂上指著實。不知人生決未有漠
> 然無心之時，而卻有未喜怒、未哀樂之時，如正當學問時，可喜怒、
> 可哀樂者未交，而吾之情未動，便可謂之發否？是則未發時多，發
> 時少。君子戒懼慎獨，惟恐學問少有差遲，便于心體大有缺失，決
> 是未發而兢業時多，發而兢業於中節、不中節時少。如此看，君子
> 終日學問思辨行，便是終日戒懼慎獨，何得更有虛閒，求一漠然無
> 心光景？縱有之是虛寂存神隱怪之說，非《中庸》之說也。夫中和
> 為大本達道，並稱天下，正欲以天下為一身，不欲外一身於天下也。
> 朱子說程門靜存，孔孟來無此教，最足破後人養靜說。〔註42〕

意即道德修養工夫本非在心外另求一「未發之中」，因為慎行之「已發、未發」
的分別乃在於情感之流動與平靜，而若戒懼慎獨目的只是另求一「未發之
中」，那又應當將「心」置於何處？蓋在慎行以為：在具體生命中，人心決未
有漠然無心之時，人性也該有其傾向與追求，所以「戒懼」、「慎獨」之目的
應該在避免使具體的學問思辨行之工夫有所差遲，以及心體有所缺失、不全，
而不是只在虛閒中，去空求一漠然無心光景。並且他以為若能明白這個觀點，
則人在做學問思辨行之工夫時，同時也可以是在做戒懼慎獨之內省工夫。而
我們前文已有說明，在慎行以為「未發之中」與「已發之和」只是分指心的
兩種不同狀態而已，心未發之時、亦即未發之中本為一中和之和諧狀態，所
以如何使人心應於外物、已發之後而復達於一和諧之本然狀態，才是致中和

〔註41〕孫慎行：〈博學〉，《慎獨義》（四庫禁燬書叢刊本），頁417。
〔註42〕孫慎行：〈博學〉，《慎獨義》（四庫禁燬書叢刊本），頁417。

工夫的重點所在。

　　因此，從慎行觀點來看「戒懼慎獨」，則重點在於：

　　　　夫天命之中有常，即吾率性之正鵠，自有常，庸德庸言，素位昭然，
　　　　分寸不可踰越，君子戒慎恐懼，無時不兢兢懼失、難爲湊合，而何
　　　　敢妄發。〔註43〕

　　　　君子誠心乎戒慎恐懼，即何獨不中，何中不節，何節不和，何和不
　　　　禮。而安得謂一制之節之之禮，足當之乎？〔註44〕

意即能「戒懼慎獨」則時時戰戰兢兢懼有所失，如此一來心能不妄發；即便
有所發，皆能復歸於中（天命之性）而調於和。所以，「戒慎恐懼」在慎行以
爲，是一種合動靜而言的「慎獨」工夫，也是一種不分靜動爲二時、心意爲
二物的「致中和」工夫。

　　是故，在慎行的工夫論中，「戒慎恐懼」與傳統理學「主敬」工夫的差異
並不大，只是他更強調在應事接物的同時，亦可以保持敬慎甚至敬畏的態度，
而不是一昧的做「內省克己」的工夫而不往外發用，此乃爲了避免使「戒懼」
工夫和「主靜」工夫一樣，產生「喜靜厭動」的弊病。他說：「若今人祖述宋
儒主敬說，終日靜坐泥塑，說常惺惺法，未免隔一關也。」〔註45〕意即「主
敬」若只是重視靜坐工夫，則容易近禪偏釋。

　　事實上，儒家的主敬說、靜坐之目的與佛家禪式的靜坐是兩回事，此自
不待辨，而靜坐也可以是入道的一種工夫，朱子便曾言：

　　　　伊川亦有時叫人靜坐，然孔、孟以上卻無此說。要須從上推尋，見
　　　　得靜坐與觀理兩不相妨，乃爲的當爾。〔註46〕

此即認爲靜坐更須往上推一步，與觀理配合，方爲的當。所以朱子認爲「敬
字工夫，乃聖門第一義，徹頭徹尾，不可頃刻間斷」，〔註47〕並且強調「敬只
是此心字作主宰處……敬非塊然兀坐，耳無所爲，目無所見，心無所思。」

〔註43〕孫慎行：〈正鵠〉，《慎獨義》（四庫禁燬書叢刊本），頁405。
〔註44〕孫慎行：〈禮儀〉，《慎獨義》（四庫禁燬書叢刊本），頁428。
〔註45〕孫慎行：〈時中〉，《慎獨義》（四庫禁燬書叢刊本），頁394。
〔註46〕朱熹：〈晦庵先生朱文公文集四·答潘謙之〉，《朱子全書·二十三》（上海：
　　　　上海古籍出版社2002年12月），卷55，頁2591。
〔註47〕朱熹：〈朱子語類〉，《朱子全書·一》（上海：上海古籍出版社2002年12月），
　　　　卷12，頁371。

〔註48〕由此觀之，慎行主張的「戒愼恐懼」從工夫層面看來，與朱子「主敬」的見解並無多大不同。〔註49〕而牟宗三先生曾言：「在朱學中，心具（理）是綜合的具，並不是分析地創發的具，故其心具並不是心發（理），此乃是認知並列之形態，而不是本體的立體直貫之形態。在道德修業上，通過一種工夫使心與理關連的貫通而爲一，此工夫即是『敬』。」〔註50〕今不論牟先生的評判是否全然相應朱子的思想，然若單從慎行的思想脈絡來看，我們顯然不能這樣去理解慎行的「戒懼」說，蓋慎行以爲：

> 《中庸》道不可離，則君子見性命之縣來，而道之所只一慎獨。其戒懼所不睹恐懼所不聞者，以心握敬即修道爲純，非以敬耳，心於入道尚隔也。故曰「不動而敬」，蓋修道之純也。人之言不動者，不過以有事對無事。夫敬在不動，尚分寂感。《中庸》之言不動者，獨以內省主不動。夫敬不以動，方無分常暫。唯敬之全，乃合《中庸》之用之全。此《中庸》首開戒愼一脈，而復終之以不動之敬。文王緝熙敬止，不動之敬也。曾子戰兢臨履，不動之敬也。〔註51〕

意即在日常生活中，人的存在境況千差萬變，但總之不外動靜兩途——或在靜而獨處之時，或在動而應事接物之際。所以慎行以爲一般人言「不動」，總也以有事無事相對而言。然而他指出眞正的「不動而敬」乃是時時戒愼恐懼，不必分有事無事、是寂是感。所以若能時時主敬、戒懼，則心時時是敬的狀態，便無分平常或短暫。亦即慎行認爲所謂的「不動」，應該要時時刻刻以「內省」（戒愼恐懼）爲主，心才能達到「敬而不動」的狀態。蓋以「戒愼恐懼」爲內省工夫，則心達於「敬」之狀態，即「性」之直（理、本然），此時心雖循理而動，然因此「理」爲心所本具，故做爲道德判斷的本心（性）則未嘗有所動也。所以慎行說：「孟子說四十不動心，並不可說心不動。若說心不動，便不勝倚著了。……不動心是活，心不動是死。」〔註52〕即是此意。是故，

〔註48〕同上，卷12，頁371～372。
〔註49〕朱子論敬非常細微，按照錢穆先生的梳理，敬有多種意思：一曰「如畏」；二曰「收斂、心中不容一物」；三曰「主一」；四曰「隨事檢點」；五曰「常惺惺法」；六曰「整齊嚴肅」等等並認爲六說可相會通，強加分別，則轉成拘礙。請詳參錢穆：〈朱子論敬〉，《朱子學提綱》（北京：新華書店，2002年10月），頁93～98。
〔註50〕參見牟宗三：〈象山與朱子之爭辯〉，《從陸象山到劉蕺山》，頁120。
〔註51〕孫慎行：〈不動而敬〉，《愼獨義》（四庫禁燬書叢刊本），頁450。
〔註52〕孫慎行：〈浮雲〉，《困思抄》（四庫全書存目叢書本），頁37。

慎行認爲所謂「不動而敬」，並非心眞的不動，而是心能循自性（理）而動，不因外物影響而動搖了那做爲價值判斷之道德意識（本心/本性），方爲眞正的做到「不動心」而能達到「不動而敬」的境界，且這才是《中庸》言「戒懼慎獨」工夫的眞正用意所在。

再者，我們還可以從「洗心，退藏於密」的概念來進一步說明慎行的「戒懼說」，首先，他認爲：

> 《易》「洗心，退藏於密」，苦於窮索而無其所，即戒愼恐懼於不睹
> 不聞之所。……夫洗心者，戒愼恐懼也。心本純一，愈戒懼則愈無
> 疵者也。退藏者，所不睹不聞也。心本內斂，愈戒愼則愈不放者也。
> 心猶近前，洗之而退以藏則後，故云密。〔註53〕

意即認爲「性體」或「獨體」至爲隱微，故必須深入心之所以爲心之不睹不聞處才能尋得，而想要把握住此「獨體」，則需戒愼恐懼以操存此至微之獨體。所以慎行認爲「洗心」就是「戒愼恐懼」，而越能以戒愼恐懼不斷操存心之本體（獨體、性體），則越能掌握住心之本體而不放失。這樣的論點與劉宗周極爲相似，〔註54〕然慎行不似宗周那麼刻苦嚴毅並極度重視內省改過之修養工夫。蓋根據慎行一元論的立場，他本反對在工夫論上分裂「動與靜」以及「本體與工夫」，蓋慎行認爲：

> 君子以戒愼恐懼之一心而潛乎不睹不聞之中。……君子已發未發之
> 中和而奉之爲時中。時者，時時戒愼恐懼，所以不離中也。〔註55〕

「戒懼」本貫動靜、已發未發之工夫，故能於動時省察意念並在已發時「致和得中（性體）」，這樣的見解在慎行哲學中是沒有衝突而被允許的。因爲他認爲「戒愼恐懼」本是一種講求「盡心」的工夫，是一種動靜二時皆可發用的道德修養工夫，並且他認爲「今人徒說戒愼恐懼是工夫，不知即此便是眞性」，〔註56〕亦即「戒愼恐懼」既是人做道德實踐的工夫，也是道德本體的本性，可以說是道德本體所自然發露呈顯的一種工夫。所以他說「君子之戒愼恐懼，有事無事無不盡然」〔註57〕即表示在道德修養的過程中，不論在何時何地或是何種狀態都可以、也都應該要做戒愼恐懼的慎獨工夫。所以他又說：

〔註53〕 孫慎行：〈如神〉，《慎獨義》（四庫禁燬書叢刊本），頁422。
〔註54〕 請詳參黃敏浩：〈慎獨哲學的衡定〉，《劉宗周及其慎獨哲學》，頁，231～234。
〔註55〕 孫慎行：〈時出〉《慎獨義》，（故宮博物院圖書館館藏本），頁83～84。
〔註56〕 孫慎行：〈慎獨〉，《困思抄》（四庫禁燬書叢刊本），頁326。
〔註57〕 孫慎行：〈順親〉，《慎獨義》（故宮博物院圖書館館藏本），頁38。

> 聖人亦未嘗不自受過，即一受過心何等平正，若憚改便有不肯去之
> 意，而姑爲去，是壓捺。吾心平正如大地，過之來如加一物直須去，
> 卻方平復，認得心體如是，即有過，自復無過。顏子好學，直從無
> 可動搖、無可壓捺處，便還本體。〔註58〕

人在現實生活中所經歷的人事物千變萬化，而在處理各種事件時，即便是聖
人亦不可能是事事圓滿無缺，重點在於人即便犯錯，亦需堅定的相信心之本
體原自平正（性善），並不會因爲外物之干擾就失去了它的虛明本質，而此心
之無法動搖、壓捺處即是「性」。是故我們可以說，慎行主張以戒懼存心，藉
由本體（性）本身所蘊含的動力，來平衡人所表現出的種種複雜之情欲，以
求生命之徹底解決，進而達到眞正的道德生活。

二、以「慊心、集義、養氣」言慎獨工夫──道德實踐的具體化
過程

上文我們說「戒懼慎獨」是慎行工夫論的前提與基本原則，今欲更具體
的討論慎行的道德修養工夫，我們可以從「慊心」這個概念著手。首先慎行
認爲：

> 孟子欲人盡心，說盡字，幾令人無可程量，無可印證。養氣處說：「行
> 有不慊於心，則餒矣。」只一餒字，令人一毫瞞昧不得，處處印證。
> 一毫放鬆不得，時時程量。義不義，從此分途。《大學》誠意實此者
> 也，《中庸》戒愼恐懼，唯恐有悖乎此也。……「問如何是慊心？」
> 「只求得一個是，所謂『無是餒』與『是集義』正此也，且兩其爲
> 氣也，其字來歷緣此。」〔註59〕

此處說道：就「盡心」這個概念看，似乎令人無處程量、無從印證；然而，
若從孟子所謂的「行有不慊於心，則餒矣」這一種具體情境體會，則人自身
的所作所爲到底符不符合「本心」（道德意識）則無從隱藏、清楚可知。並且
他認爲「誠意」與「慎獨」的工夫的目的即是在充實與保持此一道德意識，
並進一步防止自己的意念與行爲有悖於此。因此，慎行這是將孟子所謂「行
求慊心」之「慊心說」與《大學》「好好惡惡」之「自慊說」，甚至是《中庸》
的「慎獨說」放在一起看了。蓋慎行本有謂「行求慊心……吾欲不欲，性地

〔註58〕孫慎行：〈貳過說〉，《困思抄》（四庫禁燬書叢刊本），頁360。
〔註59〕孫慎行：〈慊心〉，《困思抄》（四庫全書存目叢書本），頁61。

最明，不容夾雜」，〔註60〕即表明人心本具備對具體事物、行為做價值判斷的道德意識。因此，人的所作所為若不依此「道德意識」（本心）指引，而屈從私利，內心自然會體驗到一種「不自安」感。而人有這種「不自安」、「愧餒」的感受時，就表示此時心不得其宜，人若於此處看透明白，順從此一能夠「好善惡惡」的本心（道德意識）行動，則能復得其安，此即所謂的「慊心」。並且心能慊方能「無餒」，也才能進一步言「集義養氣」的工夫。

事實上，慎行這種說法，本是儒家的老傳統，孔子言「仁」、孟子道「義」本是奠基在這一種內心之自然而然的道德情感上，而非純粹由理智去做價值的判斷與思索。牟宗三先生曾說：「《論語》所言的『不安』之感，意即孟子所謂的惻隱之心或不忍人之心，有覺，才可有四端之心，否則便可說是麻木。……因為『覺』是指點道德心靈的，有此覺才可感到四端之心。」〔註61〕而慎行強調的「心慊」即是人的行為、意念在不違背此四端之心的情況下的一種「安樂感受」。而這也呼應我們前文所言，慎行主張「捨卻心之喜怒哀樂而求明性而達道，則無法見得所謂『過與不及』，亦無從求得心之『中和』之境界」的一個看法。因此，當人面對現實生活、生命中的內、外在的一切誘惑，只要從「心之自慊」處入手，即可直接且具體的體認到「本心」（道德意識）的發用與呈顯。所以他又說：

> 若說好色知好惡臭知惡，人誰不然？……如小人之無不至，即為善而常不覺為己善，即去不善而常不覺為己無不善，何至有揜有著，令人若肺肝之見哉。故曰「此之為慊心自慊」。……不然一視好善惡惡為我之絕大學問，絕苦工夫，豈常人所能躋攀。纔學而自為衿飾，少得而則為張皇。〔註62〕

這表示人只要依據本心所具備的「好好惡惡」的能力，並從自身之道德情感的發現處當下去體會即是坦途正路，本來在現實生活中，原本就不需要具備絕大學問、或是歷經艱苦困難的工夫，才能去做「好善惡惡」的道德實踐之具體行為。而慎行所謂：

> 凡人情唯素則安，不素則不安。故曰：「君子素其位而行。」……唯等之若平常。則所以處之之心，不降而平矣。如是而何所不自得。

〔註60〕孫慎行：〈義利〉，《困思抄》（四庫禁燬書叢刊本），頁34。
〔註61〕牟宗三：〈孔子的仁與「性與天道」〉，《中國哲學的特質》，頁21～32。
〔註62〕孫慎行：〈自慊說〉，《困思抄》（四庫全書存目叢書本），頁8。

〔註63〕

亦只是在強調人心之「自慊」的這種心情是每個人自己再清楚也不過的事。
錢穆先生曾指出:「朱子易簣前三日,將《大學‧誠意》章之註中『誠,實也。
意者,心之所發也。實其心之所發,欲其一於善而無自欺也』的『一於善』
三字改爲『必自慊』。實則『一於善』以達於誠意最後境界,非格物致知而不
能到;必自慊則當下自知,不一定要達到心即理的境界,而人心自知有自慊
與不自慊之別。因此自慊即是不自欺。」〔註64〕而很顯然的,慎行是贊同這
種說法的。因此,人的一切意念想法、行爲處事若順能從本心的當下反應而
行動,則自然心安理得,我們的心情自然平穩安樂,如此能夠無入而不自得
了,反之,若有一事一念有慊於心,不論是被外物所誘也好,還是被自己內
在的意念所誘而過分內求也好,通通是對和諧心性的破壞,致使道德本心不
能整然地顯現於具體生命與現實境域中。

　　是故,順著慎行工夫論中「『戒慎恐懼』本是一種講求『盡心』」的脈絡,
再合以上文所闡明的慎行的「慊心」說,我們可以說:「戒懼慎獨」合以「慊
心」的工夫,即是「盡心」工夫的具體下手處。是故,我們對慎行所言「孟
子要人還其本心,其落實卻在盡心一字。即集義之慊,非盡則無繇慊,學問
之求放心能盡則無他。求盡從幾頭處之竭至言,非從份量之充滿言。」〔註65〕
的這一段話,便有了更清楚的理解。並且可以再從「慊心」進一步往下言「集
義養氣」的工夫。

　　至此,我們將焦點轉向慎行的「集義養氣」的工夫上。首先,我們在前文
已指出,在慎行以爲:孟子說「氣」之於常人,有「平旦之氣」與「夜氣」兩
種,而「浩然之氣」則是聖人修身養性所有結果與境界。於此,他進一步說:

> 天之生人也,有一人即有一人之精神力量,可以集義、可以生浩然
> 之氣。……若助長者,直精神力量,用之粉飾張皇,以求可悅,而
> 不知一念妄求集義,根源已先斬矣。……夫日運而不息者,求之心
> 慊,縱不浩然于旦夕,不妨待浩然于積久。求之助氣則未得,其似
> 浩然忽喪其浩然,此眞揠苗而不悔,而尚自謂有功者也。《傳》云:

〔註63〕孫慎行:〈素位說〉,《困思抄》(四庫全書存目叢書本),頁33。
〔註64〕參見錢穆:〈朱子論心之誠〉,《朱子學提綱》,頁81~82。
〔註65〕孫慎行:〈盡心〉,《困思抄》(四庫禁燬書叢刊本),頁369。

「一鼓作氣，再而衰，三而竭，此言雖淺，可以喻氣。」〔註66〕
此處慎行明言人人天生皆本具「精神力量」可以集義，此即是將「氣」意義
界定在「精神力量」（由身心所形成的一種生命力）的概念上，並且認爲要讓
精神力量達至「浩然之氣」之境界的前提是不能「助長」之。意即若將精神
力量用在粉飾張皇我們的外在行爲，以求虛僞的去取悅別人，這種不切實際
的虛僞行爲因爲沒有以內在道德力量爲根源，所以縱使勉強自己做「集義養
氣」的工夫，頂多也只能令人在一瞬間擁有浩然之氣的錯覺，因爲這種從「妄
求集義」所產生的「氣」，轉眼間即會衰竭殆盡、蕩然無存。

　　因此，慎行認爲在做「集義養氣」工夫之前，必先求「心慊」而使一切
工夫有一源源不絕的內在道德力量爲根本，如此一來，在理論上，人的精神
力量「縱不浩然于旦夕」，亦可以經由長時間的積累而達至「浩然」的境界。
因此他又說：

> 所謂善養浩然，只求行慊心，亦未嘗求氣也。正、助俱是義襲，義
> 襲卻是求氣。正字亦無弊病，但謂必有事而正，此徒正事耳。心慊，
> 則行事自能合義。若止正事，補東缺西，得此失彼，恐非集義之道。
> 且心不先慊，縱外事雖正，中可勿餒乎？恐亦非浩然之路。〔註67〕

凡此，皆表示慎行之養氣論乃繼承孟子的論點而做進一步的論說，並且更強
調先從內在一面的「戒懼慎獨」、「好惡誠意」來做「慊心」的工夫。如此一
來，「浩然之氣」是「盡心」工夫的產物，且從內在精神上的「養氣」層次可
以一路向外發展到具體形體上的「踐形」層次。這也表現出慎行重視一元論
的思想基調，與孟子重一本，言從心見性，強調擴充工夫是一致的，在這之
中，更表現出慎行不將身心視爲兩個異質範疇的身心觀。依據這種觀點，當
人的道德意識（本心）發動時，它可以帶動一種生理性質的力量，這種力量
可滋潤、轉化或體現我們的形體，〔註68〕此中即誠如黃俊傑先生所言：「孟子
所提出的『浩然之氣』，兼具存有論與倫理學的內涵，強調將原始的生物意義
的生命力，加以轉化，賦予德性的內容，經由這種轉化，原始的氣就接受心
的統帥指導，而成爲『浩然之氣』，使心理與生理經由互動而取得聯繫，並達

〔註66〕孫慎行：〈助長説〉，《困思抄》（四庫全書存目叢書本），頁16～17。
〔註67〕孫慎行：〈勿正説〉，《困思抄》（四庫全書存目叢書本），頁22～23。
〔註68〕參見楊儒賓：〈論孟子的踐形觀〉，《儒家的身體觀》，頁143～161。

到統一的境界。」〔註69〕因此我們可以說連結「本體」（心）與「形體」（身）
的關鍵就是「氣」，也就是愼行所謂的「精神力量」，並且道德修養的完成，
心、氣、身這三個面向則是缺一不可。而愼行又舉例說道：

> 孟子養氣須是錢不妄受，色不妄交，立根定基，方可集義。非禮，
> 色一交便是邪氣雜揉，如敗種不能生植。即發生出來，終成秕穀，
> 非義之財亦然。……告子專心而遺氣，固非道術之全，乃世人專氣
> 而置心，亦非學問之正。百度多乖，寸衷不惺，其於養也，何嘗去
> 之百里。於是因此有醒《論語》君子有三戒，正是養氣法度，自少
> 至老，競業循理，無少踰越，是爲集義。〔註70〕

此處所謂「養氣」之前要立定根基，方可進一步言「集義養氣」，此立根基處，
從前文分析的脈絡看來，就是「慊心」。所以他舉例說道，人在接觸女色與錢
財時等現實事物時，若是不符合「慊心」原則，則人在發念、行動的過程中
所產生的精神力量必定邪氣雜揉而終將導致外在形體的衰敗與毀滅。這種情
況在他認爲，即有如敗壞的種子是不能生植的道理一樣，即使可以勉強生發
出來，但終究無法順利成長的。

是故，愼行認爲在人的道德修養（踐形）過程中，雖然應該以「心」（本
心/道德良知）爲本，但「心」「氣」並不能分而論之。所以他說「專心而遺氣，
固非道術之全……專氣而置心，亦非學問之正」，意即在德性生命的培養發展
過程中，「心」、「氣」是缺一不可的，並且認爲人從少到老，都應兢兢的循理
而行，不能稍有踰越處，如此才能集義養氣，達至身心合一的境界。〔註71〕
所以他說：

> 夫子謂「終食之間」非泛然頃刻間也。……此心欲惡安頓處，便是
> 天理是非恰當處。故去仁不去仁，道無可準的，而歸之以一仁。仁
> 猶慮無可憑據，而歸之以一。是君子終食無違，蓋必於是之爲兢兢
> 云。〔註72〕

〔註69〕參見黃俊傑：〈孟子思想中的生命觀〉，《孟學思想史論（卷一）》（台北：東大
圖書公司，1991年10月），頁30。
〔註70〕孫愼行：〈養氣〉《困思鈔》（叢書集成續編本），頁92，
〔註71〕劉宗周便極稱讚愼行這種說法，其曰：「近看孫淇澳（愼行）書，覺更嚴密。
謂自幼至老，無一事不合于義，方養得浩然之氣，苟有不慊則餒矣。是故東
林之學，涇陽導其源，景逸始入細，至先生而另闢一見解。」請參見黃宗羲：
〈東林學案〉，《明儒學案》，頁648。
〔註72〕孫愼行：〈無終食之間〉，《困思抄》（四庫禁燬書叢刊本），頁386。

即認爲孔子所謂「無終食之間違仁」，即是強調心的不安、不忍處亦即是天理的呈顯處，因此從心之本然的欲惡安頓處（心慊），便可明白如何發意動念才是天理之是非恰當處。且明白這一點的人則自然會時時刻刻、兢兢業業的循本心之理而行。總而言之，慎行認爲：

> 孟子一生集義養氣，先于持志。直養者之塞天地，正盡性盡人盡物之參天地也。塞天地則不餒，參天地則無疚惡。……無疚惡，即善養浩然之謂也。〔註73〕

並且又說：

> 好色之好，惡臭之惡，人情終無滿足時也。修身者好惡如此，非自謙而何。若小人爲不善，見君子方厭然，眞是自欺。且又揜不善著善，如何可謂之自謙也？……從此便切磋琢磨，愈覺有不能已之勢，不到道盛德至善民不能忘，親賢樂利沒世不忘，不肯歇腳。然非實有一副爲己心腸，焉能謙謙深造不已，故君子慎獨。獨非獨處也，對面同堂，人見吾言，而不見吾所以言，人見吾行，而不見吾所以行，此眞獨也。《中庸》曰：「內省不疚，無惡於志。」是也。且慎獨亦不以念初發論，做盡萬般事業，毫無務外爲人夾雜，便是獨的境界。歛盡一世心思，不致東馳西騖走作，便是慎獨的精神。〔註74〕

此中之說即表示：慎行除了重視道德本體所本具的這一好善惡惡之動力、能力之外，更強調的是具體道德實踐工夫。因此他固然強調從「慊心」到「集義」乃致於「養氣」的一連串屬於個人道德的身心修養工夫的重要性，但更以「經世濟業」爲道德修養的終極目標。蓋慎行所謂的「慎獨」工夫，本不僅只是在意念處做道德意識的培養工夫，更重視以此意向外，而以能達到「做盡萬般事業，毫無務外爲人夾雜」、「歛盡一世心思，不致東馳西騖走作」爲最高境界，所以他認爲能夠「誠於中，形於外。……此獨眞立竿見影，空谷聞聲，所爲對天地而通民物者。」〔註75〕方才是「獨」（本體）的最高境界與「慎獨」工夫的眞正精神所在。

三、以「學、問、思、辨、行」言慎獨——本體與工夫的動態統

〔註73〕孫慎行：〈內省〉，《慎獨義》（四庫禁燬書叢刊本），頁449。
〔註74〕孫慎行：〈自慊〉，《困思抄》（四庫全書存目叢書本），頁8。
〔註75〕孫慎行：〈自慊〉，《困思抄》（四庫全書存目叢書本），頁8。

一

經由前文分析可知，在慎行工夫思想中，「時時戒懼」的概念已取代「求靜」或是「主敬」的工夫。此外，我們尚能從《中庸》「學、問、思、辨、行」的概念來進一步闡明慎行的工夫理論。在《中庸》裡這一連串的工夫乃是針對所謂「誠之者」而言。雖然《中庸》裡面說道，只有達到「誠者」境界的聖人能夠「不思而行、不勉而中」，但卻也強調常人若能勤勉於「博學、審問、慎思、明辨、篤行」等具體的修養與實踐之工夫，亦可以達到等同於「誠者」的境界。蓋人之氣稟雖不齊，但只要能下定決心，抱持著人一己百、人十己千的信念，持續不斷的修養自己的身心，則終能明於善道而復其本然之善性。楊祖漢先生便說：

> 由人一己百，人十己千之說，可見儒學對於人的氣稟之不齊，對於
> 習氣惰性之對於人踐德之障礙的事實。是直切的了解到的，並不是
> 由於肯定性善，便天真認為人很容易的便可能成聖人。〔註76〕

而我們從慎行以下所言兩段話：

> 世間有無窮之道理，人生無間暇之日時，祇覺人能，己雖為百為千
> 終不敢承當一能字。若為學問諸事，一一為自己己了；博審諸事種
> 種，便當下可措，此常人誇能之見，非君子戒慎恐懼之心也。〔註77〕

> 所謂弗措者，要于性之得，要于道之合。弗措所以為戒慎恐懼也。……
> 唯學問思辨行隨在，弗敢輕措而為擇為執，更無知行之分之可疑。
> 〔註78〕

則可以看出他對於《中庸》所言之「學問思辨行」工夫的重視與堅持，其中他又特別強調「時時戒懼」與「知行不分」這兩種態度。蓋慎行本認為：

> 君子戒懼，即勤勤學問思辨行，總為求明用，其與抱一空虛無著之
> 心，而號為常惺惺者，不大有間乎？況惺惺亦知覺一邊，則何如明
> 善之為確也？天然之明覺，定從研窮之明覺而開，研窮之明覺，實
> 由天然之明覺而融，是為明善，是為誠身。〔註79〕

〔註76〕楊祖漢：〈第二十章〉，《中庸義理疏解》（台北：鵝湖出版社，1980年3月4版），198。

〔註77〕孫慎行：〈己百〉，《慎獨義》（四庫禁燬書叢刊本），頁419。

〔註78〕孫慎行：〈弗措〉，《慎獨義》（四庫禁燬書叢刊本），頁418。

〔註79〕孫慎行：〈明善〉，《慎獨義》（四庫禁燬書叢刊本），頁413。

首先，在工夫層面上，愼行以爲君子「戒懼」的用意在督促自己勤勉於「學問思辨行」，並且，這些修己成德工夫的最終目的在於「明用」，而非只是抱持著一「空虛無著」之心，自以爲達到了一種不著一事之高明境界。很明顯的，這些話語是針對雙江一派而說。蓋雙江之「歸寂」說本以「主靜」爲工夫論上的第一原理（則），並認爲「主靜」的要求即具體表現爲摒棄見聞感知。其中，雙江「才涉思議，便是憧憧，如憧憧則入於私矣。」（《困辨錄・辨中》）這樣的說法顯然認爲人的「思議」活動是引起內心紛亂（憧憧）的根源，故將「思議」活動歸入被排斥的行列之中。〔註80〕然而在愼行以爲，人的內心即使透過靜坐的工夫到達清明之狀態（惺惺），亦應當屬於「知覺」的一種狀態，蓋人天生本具「思、行」等知覺能力，沒理由、亦不需要排斥這種天賦與能力。所以他說：

> 安知默坐中又不有愼思事。宋儒常惺，豈其一無所思。……學問思
> 辨行，時時用力，一而有宰，密而不疏，是所以爲戒懼愼獨。〔註81〕

即主張時時用力於「學問思辨行」，則人心自然能夠專一而自作主宰，達到「密而不疏」毫無雜念的地步。是故，《中庸》裡所謂的「明善」，在愼行以爲本該是兼具「瞭解」與「彰顯」這兩種意涵，故可說明善即是誠身，誠身即是明善。而這一切本因人天生具有一成德之可能，此即愼行所謂「天然之明覺」，然即便如此，此天生的本質亦有待於後天的努力來成就，故愼行他又強調「天然之明覺」與「後天之研窮」乃互爲因果，意即超越之本體與現實之工夫缺一不可。

　　事實上，在晚明王學盛大發展以致於流弊四起的理學潮流中，「空虛求悟」與「歸寂求靜」之工夫已漸漸取代了程朱「格物窮理」的工夫，並趨於不切實際。傳統儒家經典《中庸》裡所強調的「學思」工夫，恰好可以被用來對抗這種不切實際的風氣。因此，愼行重視「學思」的態度，除了表現出他工夫論的一個顯明特徵之外，也反映出當時東林學者注重實踐的學問風氣。也然而，東林學者在反對「現成良知」說時，並沒有連帶的反對陽明的「致良知」之說，而是突出「致」字在實踐層面上的所代表的意涵，所以顧憲成說：「孟子言良知，文成恐人將這個知作光景玩弄，便走入玄虛去。故就上面點

〔註80〕　參見楊國榮：〈致良知說的分化——歸寂以致知〉，《王學通論》（台北：五南圖書出版有限公司，1997年9月），頁123。
〔註81〕　孫愼行：〈讀宋儒語錄記二章〉，《文抄》（四庫禁燬書叢刊本），頁25。

出一致字，此意最爲精密。」〔註82〕即是強調此意。高攀龍則說：「身心之事，當汲汲求之，不可通在無事甲中，一切求閒好靜，總是無事生事，亦成當面蹉過。」〔註83〕在此處，高攀龍則以爲「靜」只能作爲工夫環節的一面，因爲如果一切求靜，則勢必取消眞正的工夫。

經由上文的分析與說明，我們明瞭愼行工夫論的基本態度與顧、高兩人是一致的。並且愼行又特別重視「學問思辨行」裡「思」的這一個概念，因爲：

> 君子時時戒愼恐懼爲愼獨，未必時時學問思辨行也。……。凡涉於外者，有尺度可循，人不得逾越。若思之窮乎，要渺極乎，支離汗漫者，易爲逾越，又誰從尺度，唯愼思乃爲能思。孟子述《中庸》明善，條拈出思誠。謂人道之通天道者，唯思一路。非思，則人道滯而不神，而天道亦隔而難合。……思到事親知人知天，方知不思而得實處、方爲愼。〔註84〕

人的行爲乃表現於外者，而爲自身與他人所共見，因此有法規制度可依循與並受其規範，則不易逾越之。但是人的思維活動卻是無窮無盡，其所思議的對象可以是虛無飄渺、不著邊際之事物，且爲外人所無法發現與得知，故無從規範與限制之。因此，愼行認爲人在做任何思考活動之前，需先做到「戒愼恐懼」的工夫，如此一來則能「愼思」。亦即能時時戒懼，則能愼思。因爲他認爲孟子提點出「思誠」的概念，就是明白《中庸》所言之「明善」乃需透過心之「思」這一能力的發用才得以實現，也才能在行人道的同時體會到天道之誠與善，進而明瞭人道與天道非爲二。

凡此，皆反映愼行並不認同雙江一派所謂「思便屬已發」的觀點，因爲他認爲《中庸》所謂「已發、未發」本是針對情感之流動與否而言，故「思維活動」並不能以「已發、未發」來分別，所謂戒愼恐懼的愼獨工夫，實際上也是一種「思」的工夫。是故愼行認爲「思」乃是一種可以貫穿學問（知解）與辨行（實踐）的重要能力，而這一能力實則爲道德本心所具有的本質與作用。所以他又說：

> 夫天地萬物何以位育，三千三百何以經曲，豈是人揣度可容商量可盡。唯有愼思一法，能使心神默聚，性體時彰。艱難處一切貫穿，

〔註82〕黃宗羲：〈東林學案〉，《明儒學案（下）》，卷五十八，頁1382。
〔註83〕同上，頁1421。
〔註84〕孫愼行：〈愼思〉，《愼獨義》（四庫禁燬書叢刊本），頁417。

　　鋪張處一齊收束。孟子謂：「思則得之」，不害誠之不思也。此說誠
　　者不思而得，不妨人之致思也。〔註85〕

此中慎行認爲「慎思」可以使人「心神默聚」而能超拔於耳目之官的拘蔽，
不隨物欲流轉，故能彰顯性體。在孟子而言，本心之存亡，端視人之「操存」
與否。因此操存是工夫用語，「思」是本心所發之明，亦是操存工夫之可能的
內在動力與根據。故其言「先立乎大者，則小者不能奪」，此中之「立」即由
「思」而立。〔註86〕而慎行則直接將「戒慎恐懼」與「思」結合，以「慎思」
爲工夫，並且認爲孟子所謂「思則得之」之「思」與《中庸》所言誠者「不
思而得」之「思」並沒有衝突。蓋從即本體即工夫的觀點而言，「思」即是道
德本體（本心）的本質作用，而「慎思」則爲使此本質可以在我們具體生命
發生作用進而，應用到實際生活中的一種工夫。是故慎行言：

　　思者，未必無不思而得之時。學問辨行者，未必無不勉而中之時，
　　此則天之偶注，而品之不可定者也。惟是戒懼于思者，必有不思而
　　得之時。戒懼於學問辨行者，必有不勉而中之時，此則志之獨捻，
　　而天之可自定者也。〔註87〕

此中之說，所強調還是後天的努力與修養工夫。雖然慎行認爲做「思」與「學
問辨行」的工夫時，雖然有「不思而得、不勉而中」的時刻，但終究屬於偶然
之靈光乍現而爲人所無法掌控。因此，他再次強調唯有時時戒懼於「思」與「學
問辨行」，則人可憑自身之努力而達到「不思得、不勉中」的境地，如此一來，
成德之教方有一人人可行的工夫作爲保障，而能普遍爲常人所實行。

　　是故，慎行雖然認爲人人本具一「天然之明覺」，但不同「現成良知」之
說主張「良知本體」可不經思勉而垂手可得，因此不重視後天之研窮工夫的
爲學態度，慎行更注重的是一種「擇善固執」之人爲上的努力。並且他說：

　　君子不睹不聞戒懼，豈思爲默，而他遂不爲默歟。如學問辨雖從見
　　聞交接，而此中有洞然得見聞之先者，不可謂不默也。即篤行有殫
　　力實體之時，而此中超然冥會實體之外者，不可謂不默也。……若
　　世之厭實行爲拘守，希虛見爲圓融，非知默之眞者也。〔註88〕

〔註85〕孫慎行：〈慎思解〉，《困思抄》（四庫禁燬書叢刊本），頁325。
〔註86〕參見牟宗三〈基本的義理〉，《圓善論》，頁51。
〔註87〕孫慎行：〈不思〉，《慎獨義》（四庫禁燬書叢刊本），頁415。
〔註88〕孫慎行：〈篤行〉，《慎獨義》（四庫禁燬書叢刊本），頁418。

此中乃是針對「主靜歸寂」一派所具有「喜靜厭動」傾向而言，此派否定「感知」與「思維」在成德工夫上所具有的實踐性的本質與作用，故以「反現內聽、絕物忘智」爲反歸寂然之本體的條件，這樣不僅排斥正常的感知與思維，也會脫離實際生命的感應過程與具體踐屨而去求寂求靜。〔註89〕所以慎行屢屢強調「思」的重要性，並認爲感知思慮與實際感應過程應合而觀之而以實踐爲最終取向。因爲他曾說：「凡人非身有所感會，則觸處發必不能眞至。」〔註90〕並又認爲：

> 夫專事研窮，多未親切，一經踐屨，中始豁然。學人得力往往如是，以此篤行果爲擇善也。……如是益知明善，即誠明之明，亦《大學》明明德之明，不是單知，不得以致知爲虛，力行爲實，致生人兩種歧見。〔註91〕

除了再次明言實踐行爲的重要之外，所謂「不得以致知爲虛，力行爲實」即強調內在道德本體與外在道德行爲的相互統一，方爲眞正的明德致知；也就是說「致知」與「篤行」不可分爲二截看待，亦即《大學》「明善」與《中庸》「誠明」之「明」，都應當合以「理解」與「彰顯」這兩層面的意義來理解，其意涵方稱完備。

更進一步講，一切道德實踐之行爲本應當置入整體社會而言，因爲慎行主張：「唯合人與人而言，方爲道，非默默內藏之謂也，此乃言力行近仁者。」〔註92〕意即所謂的「行仁道」當從整體社會言，因爲道德踐屨的目標，並非僅止於個人的修身養性，而是能夠在人我之間發生作用，產生具體而正面的影響，如此才是道德實踐的眞正意義與目標。

蓋一昧的要求個人道德修養之內聖工夫，實爲一永無止境之過程，不見得有益於國家社會。因此，對慎行而言，個人的道德修養本是以外在的社會實踐爲目標，「修身」（道德修養）之目的即在成就國家社會。且若以外在的道德實踐便是一種內聖之修養工夫，不將內聖外王分成兩截來看待，自然也不會有過度重視內在道德修養而忽略外在事功之建立的情況產生。〔註93〕事

〔註89〕參見楊國榮：〈致良知說的分化——歸寂以致知〉，《王學通論》，頁124。
〔註90〕孫慎行：〈讀化書記後〉，《文抄》（四庫禁燬書叢刊本），頁179。
〔註91〕孫慎行：〈篤行說〉，《困思抄》（四庫全書存目叢書本），頁14。
〔註92〕孫慎行：〈力行〉，《慎獨義》（四庫禁燬書叢刊本），頁410。
〔註93〕余英時先生便認爲：「從個人方面說，理學家或偏於『內聖』取向，或偏於『外王』取向，這是無可避免的，但以群體而言，『內聖』、『外王』卻是不能不同

實上，所謂「學問不過空談，而貴實行」、「學問必須躬行實踐方有益」本是東林學者們所共同強調的學問態度。東林領袖顧涇陽有謂：

> 官封疆，念頭不在百姓上。至於水間林上，三三兩兩相與講求性命，
> 切磨德義，念頭不在世道上，即有他美，君子不齒也。〔註 94〕

也就是說，以個人的爵祿爲慮，固不可取，但僅僅注重一己之德義，同樣也不足取。這實際上即是主張將工夫由日常的道德踐屢擴及世道百姓之業。因此，學問工夫經由東林學者乃從「事親從兄」之類的個體的道德實踐，轉換到整體社會性的經世活動。〔註 95〕所以我們可以說，慎行的「慎獨」工夫固然重視從「慊心」到「集義」以致於「養氣」的一連串的身心修養過程，但絕非僅止個人的道德修養，而是以「經世濟業」爲道德修養的終極目標。

第三節　慎獨之學的實踐理境

一、從工夫論的角度看「慎獨」——貫動靜、合內外

根據以上的討論，我們已知慎行所謂的「慎獨」，不但是道德修養的工夫，也是道德修養的境界。所以他說道：

> 有千萬其心思，而不失爲獨；有孤寂其念慮，而不名爲獨。是在戒慎不戒慎之間，不問其應酬與靜居也。凡人不過妄臆寸心影響之爲獨，君子直是終身率性保合之爲獨。〔註 96〕

此中之意，正符合我們前文所分析的：慎行的「慎獨」乃從「以意對外」開始，並以「性命合道」爲目的。因爲他認爲《大學》言「誠意」的重點，是要能夠堅持由好善惡惡之心所出來的意念，使之念念相續而貫徹到外在的行爲，進而落實在客觀的人事物上，方才是「慎獨」眞正用意所在；此外達到

時加以肯定的價值。」請參見余英時：〈理學家與政治取向〉《朱熹的歷史世界》（北京：新華書店，2004 年 8 月 1 版 1 刷），頁 408。

〔註 94〕黃宗羲：〈東林學案〉，《明儒學案（下）》，卷五十八，頁 1377。

〔註 95〕關於東林學者之工夫論與經世思想關係，可參考楊國榮：〈致良知說的分化——躬行與經世的結合〉，《王學通論》（台北：五南圖書出版有限公司，1997 年 9 月），頁 143～150。另外，余英時先生認爲，清初儒家注重經世思想的普遍風氣，即是受晚明東林學風所影響，請參見余英時：〈清代學術思想史重要觀念通釋〉，《中國思想傳統的現代詮釋》，頁 243。

〔註 96〕孫慎行：〈莫見〉，《慎獨義》（四庫禁燬書叢刊本），頁 393。

「終身率性保合之爲獨」則是「慎獨」的爲最終目的，此即其所謂《中庸》之慎獨爲「以性命合道」的意涵。

今單就工夫論的層面而言，慎行之「慎獨」不只是對內心做澄治省思的單方面工夫，因爲他說：

> 獨者，無動無靜者也。然則《大學》何首言靜字？曰：「從知止後寫得力境界，非將靜字做本體，亦非將求靜義做工夫也。」〔註97〕

依慎行之意，「靜」非眞本體，「求靜」自然也非一全面性的工夫。因爲他認爲若是達到「獨」的最高境界時，是「無動無靜」的；也就是說，「慎獨」應該是一種通貫動靜的道德修養與實踐工夫，其不離動靜，而並在日用尋常的動靜中存養並擴充我們的道德之本體。意即經由戒懼工夫所達致的「獨體」境界，是超越動靜的。所以他說：「君子戒愼戒懼，原未嘗分動靜。」〔註98〕本來慎行即以爲：

> 舍求放心，別無學問也。然則所謂尊德性而道問學者，舍德性別無學問也。……非塊居兀坐，守炯然不用之知覺，而謂之操存者也。夫欲無梏亡，非戒懼爲愼獨不可。此於尊德性最明，而何必以主靜言德性，又何必外是，而單以致知言學問。故以《中庸》求德性，即念念德性是爲實凝道；以《中庸》求問學，即言言問學爲眞德性。〔註99〕

學問之道在於「本心」之追求，此自是孟子道德哲學之重點，然而《中庸》所謂「尊德性而道問學」，慎行則認爲應以「德性」爲優先，因此本心之追求與發用即是對德性之遵從。然而他特別指出：本心之操存並非只是「塊居兀坐，守炯然不用之知覺」，而是以「戒懼爲愼獨」，能如此方是眞正的尊德性。蓋「戒懼慎獨」本是一種講求「盡心」的工夫，在動靜二時皆可發用，所以他說「君子之戒愼恐懼，有事無事無不盡然」即表示在道德修養的過程中，不論何時何地、何種狀態都可以、也應該要做戒愼恐懼之愼獨工夫。如此一來，則能達到所謂的「念念德性是爲實凝道、言言問學爲眞德性」的境地。由此觀之，在慎行而言，「愼獨」亦即是「求放心」。

而我們也可以說：「慎獨」並不是去規定「存有」（天、性）是什麼，而是在現實的生活世界裡和具體的實踐過程中，抱持著一「時時戒懼」之心靈，

〔註97〕孫慎行：〈靜說〉，《文抄》（四庫禁燬書叢刊本），頁138。
〔註98〕孫慎行：〈天地所以爲大〉，《慎獨義》（四庫禁燬書叢刊本），頁439。
〔註99〕孫慎行：〈德性〉，《愼獨義》（四庫禁燬書叢刊本），頁430。

透過行爲與感受，去體會「存有」（性天之道）是什麼，因此他說：

> 求放心以存亡論，不以內外論；以仁義不仁義論，不以玄虛有無
> 論。……故心苟念念仁義，則坐一室中，神通四海內外。當斯須之
> 頃慮周千百世上下，吾正謂之存不謂之放也。若心不念念仁義，雖
> 潛神默守息息相攝，約千里之馳，歸之一膜之內，正吾所謂之放不
> 謂之存也。吾恐世之以懸虛視心，以潛神默守視求放心，即是終身
> 學問，徒成歧見不可以不辨。〔註100〕

這是以爲能愼獨則能念念不忘仁義，此時本心爲吾人所彰顯而處於「存而不
放」的狀態，故即使獨處於一室之中，自然還是會以國家社會爲顧慮；反之，
若不能戒愼懼獨以仁義存心，即便透過「靜坐、守敬」等工夫，使身心達到
了「潛神默守、息息相攝」的狀態，但那做爲吾人之道德本體之「本心」，終
究是處於「放而不存」狀態，而不能眞正的被彰顯。蓋不戒懼愼獨以求本心
之彰顯，即便能終身做學問，在愼行而言，也只會陷入偏執之成見，終將走
入歧途而蹉跎人生。也因此，「戒懼愼獨」或是「求本心」之目的乃是以實踐
爲最終取向，故愼行說：

> 君子愼獨一功，敦行實踐，不肯駕空凌躐。……大約做盡寰中事業，
> 方透得空外精神。〔註101〕

又曰：

> 涉世與居身非兩事也。由此而言，失之有形跡可指名者易見，失之
> 無形跡可指名者難見。然一合則百無不合，一離則百無不離。君子
> 能不戒愼恐懼之爲兢兢？〔註102〕

蓋儒家之哲學思維、基源問題本在修己以安百姓，故深入探求人性基礎的目
的，是爲了掌握人性的普遍價值。而一切的工夫理論的建構，不論是簡易的、
繁瑣的，也只是爲了於具體生活中實現道德的價值。所以「愼獨」做爲一奔
赴向終極理境工夫理論，本必須在具體實踐的過程中，去體會和實現一永恆
之普遍性價值，並不是離開具體生活世界去做純抽象的思維。故愼行說：「愼
獨者，合隱見顯微而獨者也。素隱者，外見顯微而隱者也。素隱行怪直置其

〔註100〕孫愼行：〈求放心說〉，《困思抄》（四庫禁燬書叢刊本），頁363。

〔註101〕孫愼行：〈爾室〉，《愼獨義》（四庫禁燬書叢刊本），頁449。

〔註102〕孫愼行：〈不知味〉，《愼獨義》（故宮博物院圖書館館藏本），頁16。

身世外，而課之倫常日用則無有。」〔註103〕亦只是此意。

　　總而言之，慎行認為：

> 夫概中庸之道，其散在倫物，不蒂萬序千端，如川流矣。而敦化者
> 何？《中庸》首揭之以戒懼慎獨，實性命統宗地……唯慎乃有獨，
> 唯獨乃並而不傷，唯並物無害，而以育以行，是又一川流也。令物
> 慎獨而歸之並育並行，又是一敦化也。如物之有鎖鑰，中庸之道為
> 大全如鎖，戒懼慎獨之為入門要領如鑰。〔註104〕

強調「慎獨」不只是個人的內在修養工夫，甚至不僅止是人，而是連天地間
的萬物也當是其成就的對象。不過這一切的前提還是以個人的「戒懼慎獨」
基礎，而這樣的概念是慎行始終所強調的。事實上，儒家的自我認同在「一
體觀」的思想下，正視了天地萬物的內在價值，所以在民胞物與的「同體」
中，「我」與「物」並非「異類」而為一體。陽明的〈大學問〉，便由人而鳥
獸、草木、瓦石，層層逼進，終論及天地萬物同一。〔註105〕關於此，慎行
則認為：

> 常人視物不關切，多有玩棄之心。君子戒慎恐懼真知物為天命之化
> 工，為率性之散見，為修道之極則，無有一可鄙夷可弁髦者。直以
> 與物之心為慎獨之心，須臾不離而始有成物之知，有時措之宜。且
> 提出一成己之仁，與成物之知對。成己為仁，是以人屬之成己之中。
> 故仁成物為知，是以物合之成己之外。故知視物為外，猶覺其緩。
> 合外為內，方見性體、方覺其切。〔註106〕

人若以自我為中心去對待萬物，視其為一純然客觀之物存在，則容易對「物」
產生一玩棄之心態。然經由「戒懼」的種種工夫，人可以明白天地萬物的存
在皆經由「天命」化育而成，故皆有其存在的意義，因此人在道德實踐之時，
也不能忽略「物」之意義之完成。此即肯定人對物的責任，不使「萬物一體」
徒成一為無實質意義之空話。

　　蓋自天地宇宙之存有的一面而言，則人與萬物皆為其中實存之物，皆乃
真實存在於這個世界中，此時人與萬物並無不同。然若就價值實踐的層面而

〔註103〕孫慎行：〈隱怪〉，《慎獨義》（四庫禁燬書叢刊本），頁399。
〔註104〕孫慎行：〈並育〉，《慎獨義》（四庫禁燬書叢刊本），頁437。
〔註105〕參見林啟屏：〈儒家思想中的一體觀與現代化發展〉，《儒家思想中的具體性思
　　　　維》，頁291。
〔註106〕孫慎行：〈成物〉，《慎獨義》（四庫禁燬書叢刊本），頁423。

言，人處於天地之間，其身份是特殊的，所以透過自覺性的道德行爲，我們可以積極的彰顯與創造價值，而於實踐的過程中明白天命的眞諦；此外，能由盡己之性進而能盡物之性，方是整全的率性之道，因爲「成己爲仁」只是道德實踐的起點，「成物爲知」才是進一步的目標。此亦即《中庸》所謂「合內外之道」的意涵，也是於現實生活世界中體現「性體」的眞諦。

二、從本體論的角度看「愼獨」——會通心性與天道

前文指出，慎行認爲「戒愼恐懼」即是一種「盡心」的工夫，其透過「戒懼愼獨」使「本心」呈顯爲生命的主宰，進一步推擴此「心」於周邊四方之人事物，使萬物各得其所。而在這一個過程中，「性體」（天命之性）之於人的意義，同時被具體彰顯出來。〔註107〕因此，道德實踐的關鍵在於戒懼愼獨，能戒懼則心中那幽隱微妙的性體便得以顯現，做爲天的性體同時也就等同於吾人之心體。故愼行有曰：

> 人者，天地之心。而人所爲爲天地立命者，唯此一點兢兢業業不容己之心。如此則安，不如此則不安。如此則順，不如此則逆。《正未章》所謂，唯人所不見，此性體也。……今人徒說戒愼恐懼是工夫，不知即此便是眞性。丟卻性，別尋一性，如何有知性時？謂所不睹所不聞是天命，我要戒愼恐懼他，是天命與我身終粘連不上，一生操修，徒屬人爲，又如何有至于命時？……天理，天命之性也，即是戒愼恐懼。君子戒愼恐懼，便爲存，非是別有他物，而將此存之也。〔註108〕

蓋人所具有的那一兢兢業業之心，本能自作主宰、做價值判斷，而心之安與

〔註107〕勞思光先生在評判劉蕺山認爲：「蕺山常將『心』與『天』合一，如云：『天者，無外之名，蓋心體也』；又云：『身在天地萬物之中，非有我之得私；心包天地萬物之外，非一膜之能圍。通天地萬物爲一心，更無中外可言；體天地萬物爲一本，更無本之可覓』。故將一切天地萬物皆置於心內。並且亦將一切的形上觀念、德行觀念、存在觀念和文化觀念皆攝於『心』。」是故勞先生結論是：「蕺山所立之『合一觀』，則萬有合於一『心』，……其自立之系統實乃濂溪系統之倒轉，而爲陽明系統之極度擴張。」請詳參勞思光：〈明末清初之哲學思想（上）〉，《新編中國哲學史（三下）》，頁617～666。不論勞先生對於蕺山思想之平價是否恰當，今若比觀於愼行之思想，則我們必須強調的是，「心」確實可以等同於做爲創生之源頭的「天」，但這並不代表「心」概念可以無限擴張而涵蓋天地間的萬物，而是透過道德工夫的實踐，做爲「心之本體」的「性體」才能同時被彰顯其等同於「天道本體」全幅之意義。

〔註108〕孫愼行：〈愼獨〉，《困思抄》（四庫禁燬書叢刊本），頁326。

不安、順與逆的具體感受的發顯處，其實也就是心能彰顯性體（天理）的一個證明，是故，心作道德價值判斷得同時，性體同時也就被具體呈顯出來。因此，慎行強調「戒慎恐懼」既是人做道德實踐的工夫，也是人的道德本體之眞性（本性），因此所謂的天命、天理也不過是人心之本然（即人性），所以人並不是向外尋求一對象（本體）去戒慎恐懼「它」，而是在做「戒慎恐懼」之內省的工夫時，吾人之心亦等同於「天理」、「天命之性」，意即此時心、性、天三者是一體的。

然而心與性、天理的關係在慎行認知中，即便在這種意義下可以是統一的，但這是從思想上的義理架構而言，並非代表慎行不重視道德實踐的工夫。反之，人心之能於具體時空歷程中體現性體（天道、天命之性），前提是要能實行「戒懼恐懼」的工夫。所以慎行嘗言：

> 知天命即《中庸》知天地之化育也。若是知得透徹，如知性知天而盡心，恐止是不惑事，不消到五十。……孟子曰：「所存者神，上下與天地同流。」此知天命之實精神也。……瞥頭提出一個志字，尚我爲運用，末方點出一心字，復還本體。其實一生不過以天命相始終而已，此尤學問大頭腦處。〔註109〕

並且又認爲：

> 蓋人一心之隱見微顯，便是萬事之隱見微顯，萬事之隱見微顯，便是萬物之隱見微顯，並從所不睹所不聞中流注獨也。若不識戒慎恐懼眞脈者，則何知有隱？何知有見？何知有微？何知有顯？此中多岐百出，不可勝原，萬事萬物都無歸著，我心亦總無歸著已矣。故知慎獨難也。〔註110〕

這即是強調人心（主體）若能藉由「慎獨」工夫而達至能體現天道（性）的境界時，則「心」與「萬事」、「萬物」可以是一事（一體）的，意即「心」（主體）經由「戒慎恐懼」工夫的鍛鍊之後而覺醒，則當明白天地間萬物皆從不睹不聞之處（存有的根源）所流注（被創生）而獲得「獨」，因此萬事萬物皆具實性，皆有其存在的意義。而「慎獨者」即是能眞實的體會此理（天道創生萬物之意義），故能將天地萬物視爲一己，視天下人之事爲己事。但這一切的前提：要能明白「戒慎恐懼之眞脈」，即必須經由具體的道德實踐的一個

〔註109〕孫慎行：〈知天命〉，《困思抄》（四庫禁燬書叢刊本），頁 346。
〔註110〕孫慎行：〈莫見〉，《慎獨義》（四庫禁燬書叢刊本），頁 393。

過程，人心才能眞正的體現天道。此時心與性方是具體的一、實踐意義的一。牟宗三先生在評判劉蕺山思想時認爲：「性」乃是一創造性的實體，是客觀的存有原則；而「心」，則是一主觀的形著原則。「性」的全幅意義，須由「心」來形著與朗現，「心」把客觀而形式說的「性」具體化了，故先分說「心」、「性」，再「以心著性」，這樣才是蕺山哲學的眞正特性所在。由於這樣的特性，乃是與南宋的五峰之學相近的，因此，他逐將兩者列爲同一系，並繫於濂溪、橫渠、明道之下，而開出了宋明理學中，程朱、陸王之外的第三系，同時將蕺山視爲宋明儒之殿軍。〔註111〕依循這條線索來看，我們認爲慎行哲學中的心性關係也十分接近「以心著性」的思路。〔註112〕

　　蓋心性關係在慎行思想中，雖是一而二、二而一的關係，但就工夫一面言，則尚須經「盡心」的工夫，方可達到「成性」之心性不貳的境界。而心之能推擴至盡而回復其之本然面目，此時方可言心即是性。不然，心未盡時，它永遠只是一超越的道德的本心，性體雖然具於其中，但其做爲涵蓋、等同於宇宙的形上實體之意義則尚未被完全彰顯，故仍須經由種種「盡心」工夫使其在經驗時空、現實生命中具體顯現。所以慎行說：

> 所不睹所不聞者，終日睹聞，未嘗睹聞；終身睹聞，無可睹聞，此
> 是心體，未是獨也。惟君子戒慎恐懼，一乎是所，絕無他馳，一敬爲

〔註111〕牟先生有關蕺山之學的論述，請參見牟宗三：〈分論二明道、伊川與胡五峯〉，《心體與性體・第二冊》，頁 512~535；〈劉蕺山的慎獨之學〉，《從陸象山到劉蕺山》（台北：學生書局，1979 年），頁 451～520。牟先生這樣的說法，對海內外蕺山哲學與宋明理學的研究，產生了十分重大的影響，甚至於有逐漸形成詮釋「典範」的趨勢。

〔註112〕關於牟宗三先生「三系說」之「五峯蕺山」一系，已有學者指出，胡五峯、劉蕺山的思想究竟是否屬於同型態尚有待商榷，其中劉述先先生認爲：「由於陽明在天泉證道時，曾肯定龍溪的四無，只以之爲偏向一邊而已，五峯也說性無善無惡，回歸明道，與陽明的四句教旨意相通，並非敵論，而蕺山因執意要排除龍溪，甚至否定四句教，以構成足夠理由不能將胡、劉歸爲一系。」詳見：劉述先：〈有關宋明儒三系說問題的再反思〉，《現代新儒學之省察論集》，頁 173～187。此外，黃敏浩先生指出：「蕺山思想中超越性的性體雖有宇宙論意涵，但他的入手完全集中在「主體」的證悟上，乃與五峯的思想有相當的差異。……是一「盡心即性」的型態。」請詳參黃敏浩：〈宗周與五峯的異同〉，《劉宗周及其慎獨哲學》，頁 240～247。關於此，筆者的見解是，宋明儒學本爲一整體的發展，其中各家思想不可能完全相同，也不可能全然無關，種種分系說讓我們更容易理解宋明儒各家思想之要義，但不必、亦不能因此強爲之分派而比較其高下，蓋對於宋明每一家思想都應有同情的瞭解，如此方能深入其思想之義理層面而有更精確的瞭解。

> 主，百邪不生，一念常操，萬用畢集，眞覺有隱有微，時時保聚，有
> 莫見，有莫顯，種種包涵，繼善成性之所，正富有日新之所，乃名爲
> 君子愼獨，此獨也。其始之率性也，與天地合者，不與天地分神，故
> 名愼獨；其終之盡性也，爲天地用者，能以天地還眞，故名愼獨。天
> 之命我以一獨，我之率性修道還天以一獨者，道蓋如是。〔註113〕

意即人心之本體（性體）就客觀之形式意義上而言，雖等同於形上天道創生
本體而具於吾心之中，然並非如具體事物一般，可直接爲人之感官所經驗。
但若能透過「戒愼恐懼」之工夫，使心所發之意念能凝聚在道德意識之中，
進而時時操存此道德意識，使之發用於現實生活所面對的人事物上，則在這
個過程中，人心之中那等同於天道創生之本體（性體），則可從隱而現、從
微而顯，進而達到「愼獨」的境界。故愼行說：「隱見顯微，性地也。獨，
道樞也。戒愼恐懼，天心也。戒懼則有獨，而道生。不能戒懼，則不有獨，
而道亡。」〔註114〕即是認爲人心之「隱見顯微」即是此性體存在的地方（也
可以說是顯現的方式），而此本體乃是經由戒懼工夫所能凝聚之「獨」（本心
呈顯）做爲樞紐而得以一步步的展開。是故，人心之「獨」，其始之率性，
終之盡性，並在這一「繼善成性」的過程中，由隱而顯，最後乃能超乎形跡、
死生而等同於形上天道實體，故可名之爲「獨體」。所以愼行說：

> 《大學》首明德，《中庸》從致曲之誠説形著到明，此明方是我心
> 著實。戒愼恐懼既深，心體光明自然透露，即明德與明明德覺直
> 捷可通。……《大學》之始，在明明德。《中庸》之終，予懷明德。
> 一明字足捺兩書之約。然步步工夫，時時階級，皆實言德，非虛
> 言明也。〔註115〕

此中所謂「戒愼恐懼既深，心體光明自然透露，即明德與明明德覺直捷可通」、
「步步工夫，時時階級」皆乃強調此意。

此外，愼行嘗言道：

> 夫入道者，不於誠著力，不于天親一脈不可僞爲處竭情，徒曰「我
> 能修道」，其爲道也，虛焉而已矣。縱紛紛於學問思辨行馳神，是誠
> 何歸結；縱戒懼愼獨凝神，是誠何根蒂。故明善者，明乎人與天所

〔註113〕孫慎行：〈不睹不聞〉，《慎獨義》（四庫禁燬書叢刊本），頁393。
〔註114〕孫慎行：〈達天德〉，《慎獨義》（四庫禁燬書叢刊本），頁443。
〔註115〕孫慎行：〈性之德〉，《慎獨義》（四庫禁燬書叢刊本），頁423。

生成實處爲道，而知不泛用之紛紜萬緒，而獨用之本眞，而中庸之
道能知能行，始爲實事。……此足悉戒懼慎獨者，終始之誠。〔註116〕

「誠」本是傳統儒家思想之終極價值意義下的概念，即所謂的「本體」。故慎
行此處所謂「入道者於誠著力」即是指做道德修養工夫時，「誠」乃標示出工
夫的價值意識之方向。當然，言「誠」並不是慎行工夫論之思維的特色，「戒
慎恐懼」才是。此中之說，但反映慎行工夫與本體並重的思想傾向。所以他
說：「夫誠非虛言理也，君子慎獨始覺性命之眞，須臾不可離。」〔註117〕也是
這個意思。凡此，皆強調「慎獨」不只是理論上的道德修養工夫，也當是人
於具體生命體現天道與性命的一種眞實境界。而慎行說：

所不睹不聞戒懼，直與無聲無臭幾希。宥密者，同流並運反而觀之，
忘食忘憂，我心天也，覺學而達無虧也。默而觀之，時行物生，天
心我也。〔註118〕

也只是此意的再強調。所以，在他以爲：

惟戒懼則不睹不聞之所，而天地爲昭，萬物同體，隱見微顯之獨，
爲主持者，明明矣。……夫君子之喜以天下，怒以天下，哀以天下，
樂以天下，豈虛爲見而已哉！吾中心當其默覺其然，而覺民之無不
共此同然者，是之爲大本達道，是之謂慎獨。〔註119〕

人經由「戒懼慎獨」達至「天地爲昭，萬物同體」的境界時，則所謂「君子
憂喜以天下」當非一空話，而是人人天生本具的「本心」（道德意識）透過「戒
懼慎獨」呈顯、發用所產生「與民同然」的一種效果。並且人心之道德意識
所具有的這種特性與本質，實際又與天道之大化流行的規律秩序相符合，所
以他認爲《中庸》裡「上律下襲」的意思就是：

上律天時，如所謂天之歷數在爾躬，允執其中者是也。歷數非只運
祚也，有歷數之行，則天心在，即躬亦非身也。有吾心之歷數，即
天之歷數合，而躬之中在中爲躬宰，躬爲歷數宰，此祖述憲章之縣
來也。律者，萬古常行而無易者也。……襲者，一而不貳者也，唯
一戒慎恐懼之心，思天地同流乃如是。〔註120〕

〔註116〕孫慎行：〈知天〉，《慎獨義》（四庫禁燬書叢刊本），頁408。
〔註117〕孫慎行：〈知生〉，《困思抄》（四庫禁燬書叢刊本），頁372。
〔註118〕孫慎行：〈譬如天地〉，《慎獨義》（四庫禁燬書叢刊本），頁437。
〔註119〕孫慎行：〈中和〉，《慎獨義》（四庫禁燬書叢刊本），頁394。
〔註120〕孫慎行：〈上律〉，《慎獨義》（四庫禁燬書叢刊本），頁436。

天理雖爲萬古常行無易者，但透過「戒懼慎獨」人認識自我的本性的同時，則明白人人本具有的那一戒慎恐懼之心（獨體），永遠擁有一種思與天地同流的意向，而人心之所以永恆不變而超乎時間、空間的意義在此，宋明理學中通過天人的絕對統一來實現人性之全幅意義的眞實根據也在於此。

第六章　結　論

　　經由以上各章節的分析，我們對慎行思想的重要概念與問題都大致討論過了。在第二章中，我們敘述慎行的生平，明瞭他除了具有強烈的道德意識之外，也是一位透過行動來表現思想理念的儒者。並而在深入剖析慎行哲學思想前，先從思想史的角度切入，指出東林講學針對的是王學所產生的流弊，然不論講朱學或是評王學，東林學者（慎行）終究走出了自己的一條路出來。

　　其次，在慎行「天道論」的討論中，我們闡發慎行對於「超越天命」的真切體認，並視之為一切天地萬物創生的根源。並在他「理氣一元」的思想脈絡中，超越之天道本體與氣化流行之種種現象又為一體兩面的關係，意即理與氣是不分的，理與氣是合一的。然在強調理氣為一體兩面之餘，慎行並沒有就此否定「天命」的形上意涵，反而更強調做為本體意義的「理義」是理氣二者辯證之綜合，是一種永恆價值的存在。其中，他以「誠」為樞紐來會通天命與人性，進而融會存在的根源與價值的根源於一體。最後，則在「天人貫通、本體為善」價值立場中，用天人雙彰的論述方式，把儒家天人合德、合善這一思想傳統予以展現，而這樣的一種思路可說是直承先秦《中庸》以誠明善的天道思想，並在宋明理學「理氣論」的基礎上而發展出來的。

　　復次，慎行的人性論則可說是針對時弊而發，從批評「無善無惡」到反對「氣質之性」，最後強調「性善氣質亦善」、「不善乃習」的觀點無非是為了堅持性善論的立場。事實上，若以慎行天道論的角度為出發點，「理、氣」既然一貫而為不可分者，「理義」為善自然「氣質」也應當是善而非惡。也因此，慎行對「形色天性」的理解是雙向的，意即為「天性為形色、形色亦天性」的理解模式。而透過分析慎行對「已發未發」的理解，我們指出慎行思想中

的心性關係，乃是一種「性為心之體；心為性之用」的一而二、二而一之關係。

最後，我們則探討了慎行對「慎獨」特殊見解，並指出在他思想中「戒懼慎獨」與「盡心知性」是可以合在一起看的兩組概念。這不僅表示慎行重新理解孟子思想，也反映著他對《中庸》與《大學》裡「慎獨」概念也做了進一步詮釋。其中，慎行的工夫理論則是以「戒懼慎獨」為中心而次第開展，我們並指出在慎行而言，道德實踐的關鍵在於「戒懼慎獨」，能戒慎則心中那幽隱微妙的性體（獨體）便得以顯現，而做為天的性體同時也就會等同於吾人之心體，這便是他所謂「盡心成性」的慎獨之道。

總結而言，天道論、心性論及工夫論三個層次在慎行思想中連成一氣，也因為它們關連一氣而以道德實踐為依歸，慎行所談的心性理論中的種種概念才有著力點，所謂的「天人合一」之理境也才有成就的可能。

此外，我們若將慎行的思想置於他所處的時代脈絡中，便可發現它是乘當時思想界「玄虛而蕩」、「情識而肆」的虛無、功利的流弊而起，轉以將思想重心放在超越層面的天道性命上，而發展出獨特的慎獨之學，並極度強調實踐工夫的重要性。但從另一方面看，慎行認為心性雖具超越層面的意涵，但卻也不離吾人日常生活之應事接物，意即那「絕對而又超越」的天道並非一可離日用人倫的抽象懸空之本體，所以他說：「舍倫外別無忠恕，舍忠恕別無戒慎恐懼，舍戒慎恐懼外別無中，舍中外別無一。」〔註1〕即不論是從實踐理境說、或從具體時空、人事物看，慎獨與忠恕、日用倫常是分不開的，意即在日用人倫的踐履中也能彰顯出天道性命的真實意義。也因此，心性之學固然要講求，但須向實處講、從現實人生出發，蓋講求心性本是為了立身行道、安己修人，而不能只是談玄涉虛，無益於世道人心。據古清美先生所說：

> 顧（涇陽）高（景逸）論學、講學處處從立教無弊，挽救士習的出發點，……他們的學說沒有宋儒的精研博大的系統，亦不似陽明簡易直截的特性，但是他們有宋儒的嚴肅態度，亦有陽明活躍的生命感，具備了剛毅俊絕的冷風，亦有發於義理的熱血，將先秦儒家的政治理想和宋明理學的心性義理，用生命的鮮血寫在歷史的扉頁上。〔註2〕

〔註1〕孫慎行：〈忠恕〉，《慎獨義》（故宮博物院圖書館館藏本），頁27。
〔註2〕古清美：〈結論〉，《顧涇陽、高景逸思想之比較研究》，頁321。

此中所述顧高兩人之論學特色，亦可說是東林之學者或多或少的傾向，而這種以心性義理用世之精神，就像慎行說的：「治術道術原無兩也，更論不得就事說為粗，就仁義說為精。」〔註3〕意即天命心性之道與經世濟民之術本無精粗之分，讀書做學問固當尋求事理之是非與修身之根據，但真正的學問亦應當切用於天下國家人民之事上，否則與清談何異，又何能有補於世道人心？

─────────────

〔註 3〕孫慎行：〈讀陽明先生奏疏〉，《文抄》（四庫禁燬書叢刊本），頁 39。

餘　論

　　本論文以愼行個人思想爲探討的對象，文中也援引許多愼行原著資料，之所以如此，主要是因爲當今學界對愼行思想尙無一全面而整體的分析、研究，因此，筆者從天道、心性、工夫三個層面來分析愼行的思想時，便著重在釐清愼行思想中各義理概念之意義與彼此間的關係，以求對愼行思想有一精確的理解與呈述，並能供來日研究者之參考。然而，相較之下，對於愼行思想與晚明理學之間的關係，如愼行思想與東林學派整體思想、學風之比較探討，甚至東林學風對於明末清初之思想轉變的影響等等議題，卻也還有努力的空間，而此不足處，當是筆者日後應當要努力與研究的目標、方向。

參考書目

一、古籍資料

1. 《周易》：《十三經注疏》本（台北：藝文印書館，2001 年 12 月初版 14 刷）。

2. 《禮記》：《十三經注疏》本（台北：藝文印書館，2001 年 12 月初版 14 刷）。

3. 《論語》：《十三經注疏》本（台北：藝文印書館，2001 年 12 月初版 14 刷）。

4. 《孟子》：《十三經注疏》本（台北：藝文印書館，2001 年 12 月初版 14 刷）。

5. 〔宋〕張載：《張載集》（台北：漢經文化事業有限公司，1983 年 9 月）。

6. 〔宋〕程顥、程頤：《二程集（上）》（台北：漢京文化事業有限公司，1983 年 9 月）。

7. 〔宋〕程顥、程頤：《二程集（下）》（台北：漢京文化事業有限公司，1983 年 9 月）。

8. 〔宋〕朱熹：《四書章句集注》（北京：中華書局，2003 年 6 月 7 刷）。

9. 〔宋〕朱熹：《朱子全書》（上海：上海古籍出版社 2002 年 12 月）。

10. 〔明〕孫慎行：《玄晏齋集五種・困思抄》（台北：莊嚴文化事業有限公司，1997 年 2 月初版《四庫全書存目叢書・經部 162》）。

11. 〔明〕孫慎行：《困思抄》（國立故宮博物院攝製北平圖書館善本書膠片）。

12. 〔明〕孫慎行：《玄晏齋集五種・困思抄》（北京：北京出版社，2000 年《四庫禁燬書叢刊・集部・123》）。

13. 〔明〕孫慎行：《玄晏齋集五種・困思抄》（上海市：上海書店，1994 年《叢書集成續編・子部 88》）。

14. 〔明〕孫慎行：《中庸慎獨義》（國立故宮博物院攝製北平圖書館善本書

膠片）。

15. 〔明〕孫慎行：《玄晏齋集五種·止躬齋慎獨義》（北京：北京出版社，2000 年《四庫禁燬書叢刊·集部·123》）。

16. 〔明〕孫慎行：《玄晏齋集五種·文鈔》（北京：北京出版社，2000 年《四庫禁燬書叢刊·集部·123》）。

17. 〔明〕劉宗周：《劉宗周全集》（台北：中央研究院 1996 年 6 月）。

18. 〔明〕黃宗羲：《宋元學案》（台北：華世出版社，1987 年 9 月）。

19. 〔明〕黃宗羲：《明儒學案》（台北：華世出版社，1987 年 2 月）。

20. 〔明〕黃宗羲：《明儒學案》（台北：世界書局，1992 年 5 月）。

二、近人相關著作

1. 于化民：《明中晚理學的對峙與合流》（台北：文津出版社，1993 年 2 月）。

2. 方東美：《中國人生哲學》（台北：黎明文化事業，1987 年 7 月）。

3. 方東美：《新儒家哲學十八講》（台北：黎明文化事業公司，1985 年 4 月再版）。

4. 王邦雄：《中國哲學史》（台北：國立空中大學，1999 年 4 月）。

5. 王國良：《明清時期儒學核心價值的轉換》（合肥：安徽大學出版社，2002 年 2 月）。

6. 史作檉：《中國哲學精神溯源》（台北：書鄉文化，1990 年 4 月）。

7. 史作檉：《憂鬱是中國人的宗教》（台北：書鄉文化，1993 年 10 月 1 版 1 刷）。

8. 古清美：《顧涇陽、高景逸思想之比較研究》（台北：大安出版社，2004 年 7 月初版）。

9. 古清美：《慧菴論學集》（台北：大安出版社，2004 年 7 月）。

10. 古清美：《明代理學文集》（台北：大安出版社，1990 年 5 月）。

11. 牟宗三：《中國哲學的特質》（台北：台灣學生書局，1987 年 10 月）。

12. 牟宗三：《中國哲學十九講》（台北：台灣學生書局，1999 年 9 月）。

13. 牟宗三：《中西哲學之會通十四講》（台北：台灣學生書局，1996 年 3 月）。

14. 牟宗三：《圓善論》（台北：台灣學生書局，1996 年 4 月 2 刷）。

15. 牟宗三：《心體與性體（一）》（台北：正中書局，1999 年 8 月初版 11 刷）。

16. 牟宗三：《心體與性體（二）》（台北：正中書局，2002 年 10 月初版 12 刷）。

17. 牟宗三：《心體與性體（三）》（台北：正中書局，2001 年 3 月初版 12 刷）。

18. 牟宗三：《從陸象山到劉蕺山》（台北：台灣學生書局，2000 年 5 月再版 4 刷）。

19. 牟宗三：《道德的理想主義》（台北：台灣學生書局，2000 年 9 月修訂版 6 刷）。

20. 江丕盛主編：《科學與宗教》（香港：中華書局，2003 年 3 月初版）。

21. 吳怡：《生命的學問》（台北：三民書局股份有限公司，2004 年 5 月初版 1 刷）。

22. 吳怡：《中庸誠的哲學》（台北市：東大圖書公司，1993 年 5 月 5 版）。

23. 余英時：《士與中國文化》（上海：上海人民出版社 2003 年 9 月 2 刷）。

24. 余英時：《中國思想傳統的現代詮釋》（江蘇：江蘇人民出版社，1995 年 8 月 1 版 3 刷）。

25. 余英時：《朱熹的歷史世界（上）》（北京：新華書店，2004 年 8 月 1 版 1 刷）。

26. 余英時：《朱熹的歷史世界（下）》（北京：新華書店，2004 年 8 月 1 版 1 刷）。

27. 余英時：《宋明理學與政治文化》（台北：允晨文化實業股份有限公司，2004 年 7 月初版）。

28. 李杜：《中國古代天道思想論》（台北：藍燈文化事業股份有限公司，1992 年 9 月）。

29. 李紀祥：《明末清初儒學之發展》（台北：文津出版社，1992 年 12 月）。

30. 李明輝：《當代儒學的自我轉化》（北京：中國社會科學出版社，2001 年 7 月）。

31. 李明輝主編：《中國經典點詮釋傳統（二）》（台北：樂學書局，2002 年 2 月初版）。

32. 李明輝：《孟子重探》（台北：聯經出版事業公司，2001 年 6 月出版）。

33. 李明輝：《康德倫理學與孟子道德思考之重建》（台北：中研院文哲所，1994 年）。

34. 李明輝主編：《孟子思想的哲學探討》（台北：中央研究院中國文哲研究所籌備處，1995 年 5 月初版）。

35. 岑溢成：《大學義理疏解》（台北：鵝湖出版社，1991 年 8 月 4 版。）

36. 杜維明：《儒家思想》（台北：東大圖書出版社，1997 年 11 月初版）。

37. 杜維明：《人性與自我修養》（台北：聯經出版事業有限公司，1992 年 6 月）。

38. 杜保瑞：《北宋儒學》（台北：商務印書館，2005 年 4 月）。

39. 林聰舜：《明清之際儒家思想的變遷與發展》（台北：台灣學生書局，1980 年 10 月初版）。

40. 林安悟：《儒學革命論》（台北：台灣學生書局，1998 年 11 月）。

41. 林安悟：《當代新儒家哲學史論》（台北：明文書局股份有限公司，1996年1月初版）。

42. 林安悟：《中國近現代思想觀念史論》（台北：台灣學生書局，1995年9月初版）。

43. 林安悟：《道的錯置──中國政治思想的根本糾結》（台北：台灣學生書局，2003年8月初版）。

44. 林安悟：《存有、意識與實踐》（台北：東大圖書公司，1993年5月）。

45. 林啓屏：《儒家思想中的具體性思維》（台北：台灣學生書局，2004年2月初版）。

46. 周志文：《晚明學術與知識份子論叢》（台北：大安出版社，1999年3月1版1刷）

47. 何俊：《西學與晚明思想的裂變》（上海：人民出版社，1998年8月）。

48. 岡田武彥：《王陽明與明末儒學》（上海：上海古籍出版社，2000年5月初版）。

49. 洪漢鼎：《詮釋學史》（台北：桂冠圖書股份有限公司2002年3月）。

50. 侯外盧：《中國思想史》（北京：人民出版社，1995年10月）。

51. 侯外盧：《宋明理學史》（北京：人民出版社，1997年10月）。

52. 徐復觀：《中國思想史論集》（台北：台灣學生書局，2002年9月10刷）。

53. 徐復觀：《中國人性論史‧先秦篇》（台北：商務出版社，1994年4月）。

54. 容肇祖：《明代理學史》（台北：台灣開明書局，1969年11月）。

55. 高柏園：《中庸形上思想》（台北：東大書局，1988年）。

56. 郭齊勇：《儒學與儒學史新論》（台北：台灣學生書局，2002年10月初版）。

57. 袁保新：《孟子三辨之學的歷史省察與現代詮釋》（台北：文津出版社，1992年，2月初版）。

58. 陳榮傑：《王陽明傳習錄詳錄集評》（台北：台灣學生書局，1998年2月修訂版3刷）。

59. 陳德和：《儒家思想的哲學詮釋》（台北：紅葉文化事業有限公司，2003年1月初版一刷）。

60. 陳榮華：《葛達瑪詮釋學與中國哲學的詮釋》（台北：明文書局，1998年初版）。

61. 陳來：《宋明理學》（台北：紅葉文化，1994年9月）。

62. 陳來：《朱熹哲學研究》（臺北：文津出版社，1980年12月初版）。

63. 陳來：《詮釋與重建──王船山的哲學精神》（北京：新華書店，2004年11月1版1刷）。

64. 陳福濱：《晚明理學思想通論》（台北：環球書局，1983 年 9 月初版）。

65. 陳立驤：宋明儒學新論（高雄：復文圖書出版社，2005 年）。

66. 唐君毅：《人生之體驗》（台北：台灣學生書局，2000 年 5 月全集校訂版 3 刷）。

67. 唐君毅：《道德自我之建立》（台北：台灣學生書局，2002 年 9 月全集校訂版 3 刷）。

68. 唐君毅：《中國哲學原論‧導論篇》（台北：台灣學生書局，1993 年 2 月全集校訂版 2 刷）。

69. 唐君毅：《中國哲學原論‧原教篇》（台北：台灣學生書局，1980 年 9 月全集校訂版）。

70. 唐君毅：《中國哲學原論‧原性篇》（台北：台灣學生書局，1990 年 6 月全集校訂版）。

71. 唐君毅：《哲學論集》（台北：台灣學生書局，1990 年 2 月全集校訂版）。

72. 唐君毅：《中國哲學原論‧原道篇（一）》（台北：台灣學生書局，1992 年 3 月全集校訂版 2 刷）。

73. 唐君毅：《中國哲學原論‧原道篇（二）》（台北：台灣學生書局，1993 年 2 月全集校訂版 2 刷）。

74. 唐君毅：《中國哲學原論‧原道篇（三）》（台北：台灣學生書局，2000 年 9 月全集校訂版 3 刷）。

75. 唐君毅：《哲學概論‧上》（台北：台灣學生書局，1996 年 9 月）。

76. 唐君毅：《哲學概論‧下》（台北：台灣學生書局，1996 年 9 月）。

77. 張立文：《朱熹與退溪思想比較研究》（台北：文津出版社，1995 年 3 月初版）。

78. 張學智：《明代哲學史》（北京：北京大學出版社，2000 年 11 月 1 版 1 刷）。

79. 曾春海主編：《中國哲學概論》（台北：五南圖書初版份有限公司，2005 年 9 月初版 1 刷）。

80. 勞思光：《中國哲學史》（台北：三民書局，1980 年 2 月）。

81. 勞思光：《大學中庸譯註》（香港：中文大學出版社，2000 年）。

82. 溝口雄三：《中國前近代思想的演變》（台北：國立編譯館，1994 年 12 月）。

83. 楊祖漢：《中庸義理疏解》（台北：鵝湖出版社 1990 年 3 月 4 版）。

84. 楊祖漢：《儒學與康德的道德哲學》（台北：文津出版社，1987 年 3 月）。

85. 楊祖漢：《儒家的心學傳統》（台北：文津出版社，1992 年 6 月）。

86. 嵇文甫：《晚明思想史論》（北京：東方出版社，1996 年 6 月）。

87. 傅偉勳：《從創造的詮釋學到大乘佛學》（台北：東大圖書出版社，1990 年 7 月）。

88. 傅偉勳：《批判的繼承與創造的發展》（台北：東大圖書出版社，1991 年 8 月初版 1 刷）。

89. 黃俊傑：《孟學思想史論（卷一）》（台北：東大圖書公司，1991 年 10 月初版）。

90. 黃公偉：《宋明清理學體系論史》（台北：幼獅文化出版社，1971 年 9 月）。

91. 黃敏浩：《劉宗周及其慎獨哲學》（台北：台灣學生書局，2001 年二月初版）。

92. 黃忠天：《周易程傳註評》（高雄：復文圖書出版社，2000 年 9 月初版 1 刷）。

93. 黃振華：《論康德哲學》（台北：時英出版社，2005 年 5 月）。

94. 彭國翔：《良知學的開展》（台北：台灣學生書局，2003 年 6 月初版）。

95. 楊儒賓：《儒家的身體觀》（台北：中央研究院中國文哲研究所籌備處，1993 年 1 月修訂 2 版）。

96. 楊儒賓主編：《朱子學的開展——東亞篇》（台北：漢學研究中心，2002 年 6 月）。

97. 楊儒賓主編：《朱子學的開展——學術篇》（台北：漢學研究中心，2002 年 6 月）。

98. 楊國榮《王學通論》（台北：五南圖書出版有限公司，1997 年 9 月初版）。

99. 楊祖漢：《中庸義理疏解》（台北：鵝湖出版社，1980 年 3 月 4 版）。

100. 鄭宗義：《明清儒學轉型析探》（香港：中文大學出版社，2000 年）。

101. 鄧克銘：《張九成思想之研究》（台北：東初出版社，1980 年 10 月。）

102. 劉述先：《朱子哲學思想的發展與完成》（台北：台灣學生書局，1982 年 2 月）。

103. 劉述先主編：《當代儒學論集：傳統與創新》（台北：中央研究院中國文哲研究所籌備處，1995 年 5 月）。

104. 劉述先：《儒家思想意涵之現代闡述論集》（台北：中央研究院中國文哲研究所籌備處，2004 年 12 月修訂 1 版）。

105. 劉述先：《現代新儒學之省察論集》（台北：中央研究院中國文哲研究所籌備處，2004 年 5 月初版）。

106. 蔡仁厚：《孔孟荀哲學》（台北：學生書局，1999 年 9 月 5 刷）。

107. 盧雪昆：《儒家的心性學與道德形上學》（台北：文津出版社，1991 年 8 月初版）。

108. 蕭萐父，許蘇民：《明清啟蒙學術流變》（瀋陽：遼寧教育出版社，1995

年 10 月 1 版 1 刷）。

109. 錢穆：《宋明理學概述》（台北：蘭臺出版社，2001 年）。

110. 錢穆《中國近三百年學術史》（台北：商務印書館，1996 年 7 月）。

111. 錢穆：《中國學術思想史論叢（二）》（台北：素書樓文教基金會，2000 年 11 月）。

112. 錢穆：《朱子學提要》（北京：三聯書店：2002 年 10 月 1 版 2 刷）。

113. 錢穆：《中國思想通俗講話》（台北：素書樓文教基金會，2001 年 2 月）。

114. 錢穆：《朱子新學案（二）》（台北：三民書局，1971 年 10 月）。

115. 鍾彩鈞主編：《劉蕺山學術思想論集》（臺北：中央研究院中國文哲所籌備處，1998 年 5 月）。

116. 謝大寧：《儒家圓教底再詮釋──從「道德的形上學」到「溝通倫理學底存有論轉化」》（台北：臺灣學生書局，1996 年 12 月初版）。

三、期刊論文

1. 古清美：〈東林講學與節義之風〉《孔孟月刊》，第 22 卷第 3 期，1983 年 11 月。

2. 古清美：〈清初經世之學與東林學派的關係〉《孔孟月刊》，第 22 卷第 3 期，1985 年 11 月。

3. 杜保瑞：《劉蕺山的工夫理論與形上思想》（國立臺灣大學哲學所碩士論文，1989 年 6 月）。

4. 林麗月：《明末東林運動新探》（國立台灣師範大學歷史研究所博士論文，1984 年 7 月）。

5. 朱湘鈺：《高攀龍心性論研究》（國立暨南大學中國文學研究所碩士論文，2002 年 6 月）。

6. 曾光正：《東林學派的性善論與工夫論》（國立清華大學歷史研究所碩士班，1986 年）。

7. 陳立驤：《劉蕺山哲學思想研究》（國立成功大學中國文學研究所博士論文，2003 年 6 月）。

8. 蔡家和：《羅整菴哲學思想研究》（國立中央大學哲學研究所博士論文 1995 年 1 月）。

9. 蘇子敬：《胡五峯知言哲學課題之研究》（私立中國文化大學哲學研究所碩士論文，1980 年 12 月）。

10. 蘇子敬：《唐君毅先生詮釋孟子學之系統研究》（私立中國文化大學哲學研究所博士論文，1998 年 7 月）。

11. 蕭敏如：《東林學派與晚明經世思潮》（國立台灣大學中國文學所碩士論文，2003 年 1 月）。

附錄　孫愼行著作《困思抄》、《愼獨義》

《困思抄》

筆者案：《困思抄》（或名《困思鈔》）現存四個版本，依年代次序爲：明萬曆刻本〔註1〕、明天啓刊本〔註2〕、明崇禎刻本〔註3〕、與年代不明之「常州先哲遺書」本。〔註4〕以下所錄之篇章乃以「崇禎刻本」爲底本，若爲其他版本之篇章，則於章名後另行標記，其中無法辨識之字詞則以*標註之。

〈玄晏齋集序〉

古之立言者，言其中所獨得者也。中有獨得則見徹，見徹而天下事可迎刃解。是故，古人行事肖其言，而言肖其中之所有。後世文士非不斐然以立言自命。及當大事，竟與昔所稱說者相違背，何也？中無獨得則神悸而氣奪也。孫公生平介立澹然，獨湛性學有年。以爲言性者，莫精于《易》，則玩《易》以證性。內典諸書多與《易》旨合，復旁取之以證《易》。了然徹悟於天人性命之理，又不落於空幻，惟從君臣、父子、昆弟、夫

〔註1〕〔明〕孫愼行：《玄晏齋集五種·困思抄》（台北：莊嚴文化事業有限公司，1997年2月初版《四庫全書存目叢書·經部162》，明萬曆刻本）。

〔註2〕〔明〕孫愼行：《困思抄》（故宮博物院圖書館館藏，明天啓間刊本）。

〔註3〕〔明〕孫愼行：《玄晏齋集五種·困思抄》（北京：北京出版社，2000年《四庫禁燬書叢刊·集部·123》，明崇禎刻本）。

〔註4〕〔明〕孫愼行：《玄晏齋困思鈔》（上海市：上海書店，1994年《叢書集成續編·子部88》，常州先哲遺書本。）此叢書收錄之《玄晏齋困思鈔》只標記爲常州先哲遺書，故年代不明。

婦、朋友間一一體驗見諸行。其所爲玄晏詩文及《困思鈔》、《奏議》諸集，沈深融徹，剖前人未剖之秘居多。余交公二十年矣，雖不能窺公之學，然心誠服公。每與知交言，或疑信半。歲癸丑，晉貳春，卿攝部務，適有國家大事，是宮闈父子之間十餘年不舉者，公毅然力請，兼有以奇禍怵公，公請益力，懲患執政之詞，屬而篤嚴而無所逃，痛切而使人淚潸潸下，竟獲請此一役也，非執政不能得之。上非公誠懇不能得之執政，人始服公有用之學，謂余言不阿云。嗟乎！公當力爭時，精誠之極動，天地鬼神格祖考，奮不顧身以弭亂安社稷。古人當大事如公者，詎多見兮。它如黜代庶釋楚繫議科場，減貢夷難以更僕要之。知無不言，言無不盡。昔人所稱進忠若驅利，論政若訴冤，其公之謂與。余數從公廷議，見公侃侃執政前，隨機辯折，執政稍諉，則以義振之，令人面赤心下，不得不從公。余私詢公何言言重機若此，公謂縈心國事，宵不交睫，反覆思之，心口自相應對，豫蓄以待耳。及詳讀公集，乃知公有獨得，惟知君父之爲大，而毀譽榮辱得失生死之爲細也。其心洞然，其氣浩然，故其言**然無所阿邑，曩所云反覆思者，直權詞應余耳。歐陽子謂凡人之情忽近而貴遠，若公之文之行與立朝事業當遠求之。古人中如以近忽之，請觀茲集，當益信余之非阿矣。

萬曆乙卯季春年　友弟漢東何宗彥君美題。

〈讀困思抄集題〉

學以明聖人之道也，聖人之道不可見，而見之於書。其言雖千條萬端，而其大要不外於人倫物理。必倫理明而後成世界，天地得以位，日月得以明。苟無倫理則舉世皆昏昏冥冥，即心身性命安置何處。堯舜開道學之傳，便以明倫爲第一義。《大學》明德、親民，歸於止至善，又恐人不知至善爲何物，故引文王之敬止，只在君臣、父子、國人以示的。而且謂不知此者，即不如邦畿之民與綿蠻之鳥，可謂深切而著明矣。後世秕儒妄以知止爲聖學之秘傳，而務深求其說。而於聖人之所自訓自解，反棄而不顧，又日紛紛然，爲致知格物之辨。夫人倫物理之不知，即是物之不格，何以能誠正，何以能修齊治平，如是欲言致知知止，豈不悖哉。余昨歲南歸，遇孫淇澳宗伯於途，偶爲談此，宗伯出其《困思抄》相示。開卷言知止，即與余合。余喜而讀之，其所講解發明，皆從實證實修體

貼拈出，而又一字一語不根於倫物，至其精警痛切處，足以醒人耳目、沁人心骨，則又多余所不能發者，是大有功於聖學，而今日天壤間不可無之議論也。往余在成均與宗伯有一日之雅，比濫政地。而宗伯家居時以書相規切，語多侃侃，其後知宗伯入都，稍知余之苦，每晤則言天下國家大計，無一語及私。

福唐友人葉向高書

〈玄晏齋困思抄敘言〉

聖明道教翔洽，學士大夫率都雅而譚名理。故天下國家之事，一屬於躬或素心為變，而末路多挫，何也？則非不根極於性體，第以辨於材氣，其中有所不足者乎。先生文章，道德歸然，望於寓內，體與用合宰，不敏惡闖一班。唯是受事庀職之餘，獲聆先生提誨有日，因請為《困思抄》者，讀而卒業。津津數千萬言，靡不根厥夙脩，抒自靈詮證，獨見於百家，匪求為異，頗為發於千古，不害其同。其大旨要在闡明孔孟性善之說，使人自見本來面目。其上焉者，有以知堯舜之可為；而下者，亦不忍為暴棄之習。抽關啓蔀，直可與〈太極圖〉、〈西銘〉諸書俟諸百世，蓋知性無過先生矣。夫知性者，無足也而無不足也。無足則稱杜乾坤，任天下於吾身，而沖然若見其不足。無不足則一切禍福利害，實吾身於天下，而又怡然自見其至足。信理而行，豈顧問哉？是故，可以不緇纖介，可以壁立千仞，可以百責擔當，矢諸衾影夢寐。可以一片血誠對諸天地鬼神，可以昌言悟主而不尸其功，可以一辭去國而不有其名。疇謂先生而以材氣用事也者，蒸民之頌山甫也，盛稱其夙夜補*之功，以為天生保茲。而曰「德輶如毛，民鮮克舉之維，仲山甫舉之」，夫以德性為職業，斯真職業。古大臣作用固如此矣，今其在先生矣。

歲甲寅仲秋季望。禮部祠祭司郎中林宰等謹序。

〈困思抄序〉（萬曆刻本）

生、學、困非三也，蓋一人之身兼有之。如山行者之必歷層巒；江行者之必窮洄洑。請以事親一事名之：失乳而嚎，入懷而喜，生之知也；溫清有節，立跽有文，學之知也；怨慕呼天，齋虁底豫，困之知也。今以舜之知為困，未必謂然。若以舜之孝為困，未有不信其然者。非思無困，

非困無知。乃憚困，因以憚思，即懸想成功之一者。祇謂困之可馴致，而不知生之絕不能辭困，則亦弗思爾矣。宗伯孫先生，闢異訂訛，即舉世所尊奉爲不可易者。先生一準諸孔孟之心，不他依傍。人知先生冥會神授，迺先生中夜披衣起，則有炯然於心目者，參互以求至當，迨曉稿成，復數改易甚，則無一字仍原草。先生之思，蓋其困也。今人無先生之困，而妄臆先生之思。如事親者，漫謂一孩赤之良，自足了了，不深思極慮，所謂仁義之達可哉？然則何以不命困知？夫知猶電光之易歇；思若春蠶之初抽，終日終夜究未思何遠，皆此意也。思誠，誠之絕無遽以爲誠者也。先生一生忠孝大節，無不困極。徐通見疑終諒猗歟，先生得利於困者多矣。

〈序〉（天啟刊本）

學者終日讀書，而不能讀書者，皆由不能思。將聖賢喫緊指點痛切提撕，只視爲拾青紫之具，口耳咕嗶倏忽已離，是以童而習之，白首而不知其解也。子曰：「未之思也，夫何遠之有。」凡人思幸事，則心境日外轉而出之，不知其窮；思理解，則心境日內轉而入之，亦不知其窮也。故曰「思軋軋」，其若抽神理相守，今古相映，忽然自有不思而得者，而後乃知此中通復之妙。予近與諸子謂**，常令脫去訓故，各自參取，期有證於身心，而以孫宗伯〈困思抄〉爲指南。夫禪家指西來意，必在離四句絕句**非。故讀書者，能參義於四句以前，斯窮經赴理，自轉丸於千仞之上矣。夫先生業以困思得之，而況於學者乎。凡讀書而不能思，思而不能困者，皆未可與語此也。

同邑年侄鄭曼敬題

1.〈知止解〉

知止兩字不明，徒錯看《大學》，竟錯過一生學問。止即仁敬孝慈信，是至善也。以此明德，德始明。以此親民，民始親。豈惟道當止？抑亦人不能不止處？人不能舍倫之外別爲人，亦不能舍倫之外別爲學。日用人倫，循循用力，乃所謂實學，故特稱止。知得至善真，然後而定、而靜、而安、而慮、而得，相因而至，故曰於止。知其所止，知止最吃緊。今學者誰不識有人倫？但覺人倫外，尚復有道，盡倫外，尚復有學，即不可謂知止。即一出一入，精神終不歸歇，思致終不精詳，擾擾茫茫，如

何有得止時？得與中庸，得一善，同是知邊事，到格致誠正修齊治平兼全，方是實止，方究竟一得字。經文知先後、知本俱已明列，只知止引證文王。在後人卻忽而他求，纔說止，輒想到奧妙去。說箇定靜安慮，又想做耽空守寂，類諸子百家之說。何不試思之，人豈能勝是文王，文王所稱緝熙敬止也，只這仁孝敬信慈，在在能止。故曰聖人，人倫之至。又曰學則三代共之，皆所以明人倫也，若此處不知，即不知格致誠正修竟為何，齊治平又卻何來，從此一動步，便不是路頭，更何暇論大道。蓋三代以下，道術不明久矣，只節義一途，尚在人倫內，然已多不合道者。至說道德，即未免悠悠空曠，若功利辭章，更夢想不到人倫地位。嗚呼！何不於知止急求之？文王之止，未及夫婦，故後足之以桃夭；未及兄弟，故後足之以蓼蕭。朱子所謂「推類以盡其餘」者也。非是倫外尚別有道、別有學。孟子曰：「仲子不義，與之齊國，弗受，是舍簞食豆羹之義也。人莫大焉亡親戚、君臣、上下。」子夏曰：「賢賢易色，事父母能竭其力，事君能致其身，與朋友交言而有信；雖曰未學，吾必謂之學矣。」可見砥行修名，凡屬意見用者，縱做到讓國事業，聖賢視之只是舍簞食豆羹。日用人倫，循循用力，乃所以為實學，所以為大人。《中庸》明善，只明此至善也。知、仁、勇達德全在〈行五達道〉諸章，至聖、至誠、至道、至德，便明挑出至字。

2.〈自慊〉（萬曆刻本）

自謙只合從謙字，今人解自欺也。夫盡只說不能實好善惡惡，夫不能直自怠耳，不可謂之欺。需是未能而飾為己能，方為自欺。然則己能而常若未能，得不謂之自謙乎？好色之好，惡臭之惡，人情終無滿足時也。修身者好惡如此，非自謙而何。若小人為不善，見君子方厭然，真是自欺。且又揜不善著善，如何可謂之自謙也？謙字最是學人向進※※。從此便切磋琢磨，愈覺有不能已之勢，不到道盛德至善民不能忘，親賢樂利沒世不忘，不肯歇腳。然非實有一副為己心腸，為能謙謙深造不已，故君子慎獨。獨非獨處也，對面同堂，人見吾言，而不見吾所以言，人見吾行，而不見吾所以行，此真獨也。《中庸》曰：「內省不疚，無惡於志。」是也。且慎獨亦不以念初發論，做盡萬般事業，毫無務外為人夾雜，便是獨的境界。歛盡一世心思，不致東馳西騖走作，便是慎獨的精神。故曰：「誠於中，形於外。」又曰：「十目所視，十手所指，其嚴乎！」

此獨眞立竿見影，空谷聞聲，所爲對天地而通民物者，唯些須一脈，豈易承當。小人自欺，故只爲人；君子自謙，故常愼獨。王文成說謙字義亦如是。

3.〈昭昭〉

曩有友疑《中庸》甚嚴謹，〈今夫天〉一條文稍衍，余心知其說非也，然無以對。歸而積思久之，是《中庸》直指性體，而天所以開人，與人所以合天者盡在是。夫以天之浩蕩，竟不知何處津涯？何從湊泊？直揭之斯昭昭，而天可括。且天道無窮，而日及其無窮，豈眞有積累乎？無窮者斯昭昭也，所謂爲物不貳者也。故能常繫常覆，而不測之用神。夫吾之心，不有昭昭存耶？一念如是，萬念如是，一息如是，終古如是。蓋不盈寸而握天地之樞焉。故曰「君子以自昭明德」，又曰「賢者以其昭昭，使人昭昭。」正此物也。故地與山川俱詳列並言，正欲人博觀俯察，而悟昭昭之覆果無窮也。然地山川則曰一撮土、一卷石，一勺有形可見，故有一可指。而天直曰斯昭昭，雖有愚人，當下可見，雖有智者，無可名說，君子請以是試思之。〈困思抄〉〔昭昭非小，無窮非大，猶之火然，一星之火，與燎原之火，無小大之可言。〕

4.〈關雎〉

哀樂皆根乎性，「未發之中」、「發而中節之和」實于是在始。吾誦〈關雎〉之樂不淫、哀不傷，以爲聖人之有至德而己，而曾不知反之性也已。而知聖人之盡性，而淫傷哀樂之際茫不知辨也。及吾忽有省焉，而後知其辨也。吾蓋身試之哀而然，始吾哭吾父也。數千里奔歸見，星起者百餘日，忽聞人言，若不聞者，即平常語忽不解。明年坐寺中連雨無事，一晝覺心有懸絲，視蛛絲更細長，不能分一垂，直下心爲之醒。自後期年襄事，吾尙能執勞。夫兄於父豈不相懸絕哉，然吾哭仲兄半月餘，當午怔營悟悟力遣未止，然猶一月哭也。及聞伯兄喪，哭仆地，再哭不能聲，兩足軟不步者年餘。夫吾誠不能致哀吾父，然以兩兄之情論，又不啻減半矣，而慟乃倍。說者以爲年漸加長，且重喪之後其摧必甚，是固然，然而未悉也。吾念方哭父時第，知父可痛悼而已，心一往而計無還，以陽明勝者也。及其哭兩兄也，陰氣之乘多矣。思兩兄氣稟皆兼人，又伯兄五十，仲兄更少五。喪直在百餘日內，人生呼吸竟不可保，不覺內顧

而傷。故每一哭泣，輒若骨節解碎，即居閒時思，對人時言，仰天時嘆，銷靡愈裂，至今數年猶然，豈必盡以兄，故乃思吾之哭兩兄，果誠哀也，當何遽至極憊。孺子終日啼號，無損天合，中年傷感，困頓不支，人生往往如是。乃知哀與傷辨，哀性也，傷特情之私也。情愈用而日新，情一沉而立敗，即樂淫何莫不然！陰陽訢合，天地和同，此樂之正性也。好色少艾，貪愛相乘，此淫之爲私情也。古人稱邪淫，不稱邪樂。文王刑于寡妻，雝雝在宮，后妃窈窕，婚姻之感，無介乎容儀；燕私之意，不形於動靜，琴瑟鐘鼓，可弦可歌，不聞以樂損德。今之人則未樂先淫，未哀先傷者也，又認淫爲樂，認傷爲哀，又恆見其淫，不見其樂；恆見其傷，不見其哀。悲夫！〈關雎〉蓋舉其什，非特首章也。諸詩多爲哀樂，發誦之皆足見其性。

5.〈反古之道〉（萬曆刻本）

今天下同軌、同文、同倫，夫子曰「吾從周」，其心不過自同凡民之所爲而已。夫以夫子至聖，豈不深于古之道。而其心恆欲自同凡民之所爲。彼反古者，其品不過賢智之人，而其心遂有不可一世、馳騁千古之意。其淺中狹量何如？故曰「言足以興」，議禮、制度、考文之謂也；「默足以容」，吾從周之謂也。「然則『信而好古』與『好古敏求者』又謂何？」曰：「好古非用古也，唯用今之道，方不失古之意。且《易》曰：『知崇禮卑，崇效天，卑法地。』夫子不祖述堯舜乎？而其所憲章唯文武。夫唯有堯舜之祖，而後能爲文武之憲也。若反古者，逞其獨見，其病根原總不脫愚耳。」烏乎！知古，然則爲邦，奚四代之取。曰「禮不敢從夏殷，爲下之道也」，有王者作千古，折衷此，非爲下之道也。

6.〈學文辨〉

人之所以爲人，實行而已。若不孝第、不謹信、不親愛，何暇言學，故曰「行有餘力，則以學文」，儘他全力欲都用在行上。文即古人道術，教人行者也。但說弟子之行上敦朴一邊，源頭多有未洞澈處，條理多有未停當處，須學文方日長益。文者，道之璨然可見者也。學文蓋將入道也，故弟子以學文爲行之終，君子直以博文爲約之始，孝第直到禮節文樂舞蹈，謹信直到庸德庸言愃愃，氾愛親仁直到曲成道濟，方稱博文約禮。然從博而約，即文爲禮，總只是因文見道。縱造詣到極，全其聰明，未

免以偏至入。故但可曰「弗畔」。若顏子博約，並入無先後可言。且曰「博我約我」，則又躍然得所以為我，而文與禮特其名目。得我則無在不是文禮，無時不是文禮，而道益無容言說，是顏子卓爾，未由所以為深見道處。至如弟子記四教，曰「文而不言博」，又曰「行」、曰「忠」、曰「信」而不言禮，總三字方合得一禮字，足知見道與成德不同。在顏子方能深見乎道，在諸弟子不過各成其德爾。夫文無窮盡隨人所見，若論文之極，即文思文明。夫子文章，文不在茲，總不過是與約禮，豈真兩截、有先有後，但後人學道不得不從文入耳。凡學人俱得稱弟子，非年少之謂也。若世之文，意見技能支離多術，豈古人所謂文乎？《禮》云：「甘受和，白受采。」聖門文學唯游夏，而子夏以賢賢忠孝為學，子游為灑掃應對逐末忘本。足知古人所重在此不在彼，故曰「行有餘力，則以學文」。

7.〈不念舊惡〉（萬曆刻本）

不念舊惡，昔人以為清者之量，予直以為仁者之心。夫所以惡人者，為其惡也。若已改，尚念，是獨何心？夫唯不念，而後與人善之途寬，故曰「仁也」。且彼所念舊者，非真惡惡也，唯與己關。即非有甚惡，輒仇疾之，若與己不關，縱大惡搖手不問已耳。不然，嘻笑當之已耳。中藏鄉愿之操而外不敢為夷齊之行，其心曾何見惡之可惡哉，而況於舊者又奚曉曉為？夫夷齊為不忍人惡，故不樂念人舊惡。彼曉曉然洗索之是苛切者，真泛泛然疾痛之無與者也。邸中有友聞予言而正之者曰：「夫子不厭不倦，仁也，而夷齊非也。」予因舉孟子「其趨一也。一者何也？曰仁也。」以對。友無以難予，遂言曰：「夫夷齊不立不言之心，正夫子不厭不倦之心也。」「人情多有好勸之不從，痛絕之乃始改心易行者。夫夷齊之惡，蓋亦出於無可奈何也。至不念而本懷盡見，故孟子謂百世之下，聞風者，興於此見，仁体之流注焉。」若曉曉然，洗索之是苛者，真泛泛然，疾痛之無與者也。況事屬已往，又何容追咎。予因是嘆，今世不獲善人之用，士人不獲自新之利，俱念舊之為患也，非必惡也。即一肯輒追求焉無已，蓋人才之多壞矣，讀韓子〈原毀〉一篇，可為明鑑。其曰：「怠與忌之謂也，怠者，不能修；忌者，畏人修。」真足破千古人病痛。

8.〈仁說〉（萬曆刻本）

夫子稱復禮為仁，孟子又以仁、禮存心分言。心只是一，仁禮是兩項名，

禮智信亦然。如云禮者，義之實也；義者，仁之節也；仁者，義之本也，何可截然爲五。譬如五行五音，迭相爲宮；又譬株五色，迭相爲質。若不是一，如何迭相爲得。今人見聖門多言仁，《易》言元善，則以爲仁無不該，而他不心然，此可謂不知必者。夫水一而已矣，及雜投之辛甘酸苦，即味隨之變。謂味非水，不可，舉一味而以爲水性，不可。夫性猶是也。後人至有以孔門重仁者，孟子重義者，有謂後儒重禮者，講良知重智者，又以爲土於五行無不在重信者，此無異執一味而以爲水性專在是也。如孟子明說放其良心，蓋指仁義也，至後單以本心指義，復以人心指仁，人路指義，又復以人之安宅指仁，無穿窬之心指義。言之即異，會之即一。

9.〈不思勉〉（萬曆刻本）

世間人不誠，只爲有思有勉。吾人立下要見得不思而得，不勉而中的實理，眞切明白，是爲擇善。擇久分明，將從前思勉心，一切放下，日用云爲，純是性眞運用，是爲固執。「然則聖人中道何獨言從容？」曰：「從容者，正不思不勉之謂也？」或疑聖人無擇執，曰：「伏羲畫掛，仰觀俯察，遠取近取，可謂不博學乎？舜好問好察，可不謂審問乎？周公夜以繼日，可不謂愼思乎？堯舜惟精惟一，可不謂明辨乎，非知之艱行之唯艱，可不謂篤行乎？故擇執之聖人，即從容中道之聖人。」夫擇執非思勉之謂也。聖人所時時用力也，惟用力故言從容，愼思正恐吾妄得也。然又有或勉強而行之者，何也？夫勉直謂力當勉用，而非謂道可勉中也。且愚到必明。柔到必強，道亦何嘗不從容中。今不知不思不勉之實理，而徒執有思有勉之虛見以求誠身，且謂唯聖不思勉，人自當思勉，豈天道有兩耶？亦人道有兩耶？寧有思勉徘徊便可稱誠之者耶？或謂思勉，何可不用？余曰窮天地，亙古今，惟此一點，默相感動，如何卻要思勉？如孟子所稱可欲之善，是何從來？聖神不可知之境，是何從入。古來忠臣孝子、義夫節婦，儘有殺身同，而精神光彩與不光彩，風聲磨滅與不磨滅，只一獨知獨覺之中，從容與勉強者，微不同耳。故曰「至誠而不動者，未之有也。不誠，未有能動者也」。夫博學、審問、愼思、明辨、篤行，種種工夫，正爲思勉猝難去耳。曰：「若是，則世人俱不合思勉耶？」曰：「即世人亦何處用得思勉？譬如見入井惻隱，豈嘗思入井之可哀，而後勉爲惻隱否？孩提愛敬，豈嘗思父兄之爲親，而後勉爲愛敬否？夫四

海之當保，獨何異于孺子？天下之可達，豈獨遜于孩提？」嗚呼！此可與知性者道也。

10.〈慎思解〉

夫天地萬物何以位育，三千三百何以經曲，豈是人揣度可容商量可盡。唯有慎思一法，能使心神默聚，性體時彰，艱難處一切貫穿，鋪張處一齊收束。孟子謂：「思則得之，不害誠之不思也。」此說誠者不思而得，不妨人之致思也。余嘗驗之，若思嗜欲，未思而中若燔矣；思詞章，久之亦有忡忡動者；倘思道理，便此心肅然，不搖亂。若思道理，到不思而得處，轉是水止淵澄，神清體泰，終日終夜，更不疲勞，不知何以故？且思到得來，又不盡思的時節，不必思的境路，儘有靜坐之中，夢寐之際，遊覽之間，立談之頃，忽然心目開豁，覺得率性之道，本來元是平直，自家苦向煩難搜索，是亦不思而得一發竅一實證。

11.〈莫知我章〉（萬曆刻本）

會中舉〈莫知我章〉問，予首以不怨不尤對。予曰：「此是吾人一生貼實修旨處。」人情怨尤只為遭遇不好，若論孔子五倫上竟無一毫扯平得，少孤、子死、絕糧、畏匡、栖栖、君臣不合。以孔子道德，便是與堯舜中天並駕尚未足，而遭遇如此。常人有一不如意便覺拂逆，遭遇比古人該好多少。然怨天尤人之意，尚時時橫于胸臆，不是猛斷怨尤，如何略有進步。又問：「如是，足進學否？」曰：「未盡也，然實學問卻是不怨尤中來。且莫說聖學，比如常情，失了父母，纔覺孝心親切；無了兄弟，愈覺悌意真懇；夫喪妻後，恨不及做賢夫；父哭子時，不倍做慈父。蓋遭一番摧折，自然平卻一番心地，自然抖出一番精神。寧暇曉曉，說浪頭話，做漫天事，即欲不小心，下學亦是不能銷。不然何故孔子首說不怨尤。」又問上達如何？」曰：「未嘗下學，何知上達。如《中庸》說，經綸立本，推到知天地之化育，又推到上天之載無聲無臭。自吾儕觀之，未有實印證，於今只宜先絕怨尤根欲。絕怨尤亦未易能，需自忖平生德業若何、享用若何，只有僥倖過份，決無枉屈受虧。如此自應勉勉孜孜日用人倫內，著實不令分毫放過。便不知不慍，不亦君子，遯世不悔，唯聖能之，恐上達當亦不遠。夫孔子原自謂人莫知吾儕，更復何言。但深感怨尤易動，覺於此撤得，方有學路。不然慕外希高、談玄說妙，自

以爲大學問，總不過是怨尤種子，正吾儕所宜深戒。」

12. 〈篤行說〉（萬曆刻本）

今以學問思辨爲擇善，以篤行爲固執。夫學之弗能弗措，則學非專知也。「然則篤行可爲擇善乎？」曰：「可。夫專事研窮，多未親切，一經踐履，中始豁然。學人得力往往如是，以此篤行果爲擇善也。如人登山，方知山中光景；涉長路，方知路上風物。篤行即精力所聚，見地愈開，視簡冊遺言、師友辯論胸中抽索，所得孰深淑淺、孰虛孰實，眞有不可同年語者也。此知擇善必篤行始了也。」「然則固執何居？」曰：「學問思辨行所以擇，即執所以固也。然則又何言誠身？」曰：「擇善是求明，固執方是實明。如舜好問察，執中用中，顏子執中庸，得一善，服膺勿失，眞明善也。至其斯爲舜。見舜分量與回之爲人出回面目，是謂之誠身。如是益知明善，即誠明之明，亦《大學》明明德之明。不是單知，不得以致知爲虛，力行爲實，致生人兩種歧見。」

13. 〈小人之中庸〉

小人中庸最難分殊，然看來古所稱胡廣中庸，則畢竟近乎人情。是然天理人情，原無兩項。惟循天理，即人情自安，所以爲君子。中庸若徇人情，未免扳附天理。所以爲小人反中庸。人情所最欲者利，故聖賢常以天理提防之。曰「謀道不謀食，憂道不憂貧」，至衣食安飽、屢空貨殖之際，辨析極明。而許衡乃曰：「學者以治生爲急。」夫治生與學道何關？而顧以之爲急。聽其言，若民情日用之所宜；究其用，則壞方寸之極、敗名檢之尤，不過此一念爲醞釀然，而公然書之冊以告後人，可謂無忌者也。蓋至今祖之以口實，竊之以行私者，中人以上往往不免。故董子曰：「皇皇求仁義，常恐不能化民者，卿大夫意也。皇皇求財利，常恐匱乏者，庶人意也。」嗚呼！此董子所以爲醇儒也。由此以推，則凡阿意曲從，陷親不義，謂君不能託之，將順細人姑息婦子，嬉嬉似乎皆人情日用之所宜，而其終不至大敗極弊不止。此眞後世之中庸所謂小人而無忌憚者。

14. 〈有子〉（萬曆刻本）

予常聞之人云：「有子得聖人之內，子貢得聖人之外。」爲仁務本，用禮貴和，其於道直探蘊奧，故曰內。謂博施爲仁，謂不言，何述宗廟百官之見、

日月天階之仰？其視聖道直瀰漫布濩，故曰外。說者曰：「有子言語氣像似聖人，外也，子貢一貫之，授性與天道之聞，果專外乎？」曰：「性道文章並言，猶二之也，唯文章而後知性、道不可聞，終以文章入者也。一貫之授，恍惚遺信間，多學而識之，心未忘也。曾子直以江漢秋陽皜皜折有子意，亦有子所少耳。故孟子謂二子知聖而其言一。」曰：「見禮聞樂，外可名象。」一曰：「出類拔萃虛處。形容豈非證與？」夫聖人之道，苟窺其一曲，皆足成身，況如二子之得其大。雖然據二子之得，故不失聖人之體。假即合二子之得，終爲足契聖人之精神。何則一有所見，即見自爲珍域，隨所得力而入，終身究竟不能自開。此聖人所以爲大而化之，聖不可知也。若諸子，則韓子所謂學焉，而得其性之近者，雖然不偏，得不入道。夫時習之，後輒以孝弟之。言先非無意也，吾從其內。

15.〈慎獨〉

人者，天地之心。而人所爲爲天地立命者，唯此一點競競業業不容己之心。如此則安，不如此則不安。如此則順，不如此則逆。故云其惟人之所不見乎。又云上天之載，無聲無臭是也。吾聞云：「戒懼乎其所不睹，即庸德之行，即不動而靜。恐懼乎其所不聞，即庸言之謹，即不言而信。」明此之爲明善，誠此之爲誠身。有一人非儒者也，而忽言儒曰：「莫作見乎隱解，謂有見隱二見。莫作顯乎微解，謂有顯微二見。如是方慎獨，方合得不睹不聞。」余心駁而存之者十餘年。又有一人非窮理者也，而忽言窮理曰：「莫見乎隱，則無聲色之末；莫顯乎微，則無毛韇之倫。如是方合天載無聲無臭，而爲君子之戒慎不睹、恐懼不聞。」余聞之又心駁而存之者數十年。乃思兩說不甚異，即與世說亦不異，然尙「恨費而隱」與「夫微之顯」未及相印證。

16.〈慎獨〉（萬曆刻本）

人者，天地之心。而人所爲爲天地立命者，唯此一點競競業業不容己之心。如此則安，不如此則不安。如此則順，不如此則逆。〈正未章〉所謂「唯人所不見」，此性體也。故「無忌憚」非小人之性也。若性則豈君子有一性，小人又別有一性，且見君子而厭然，此心更何從來。今人徒說戒慎恐懼是工夫，不知即此便是眞性。丟卻性，別尋一性，如何有知性時？謂所不睹所不聞是天命，我要戒慎恐懼他，是天命與我身終粘連不

上，一生操修，徒屬人爲，又如何有至于命時？《禮》云：「正明目而視之，不可得而見也；傾耳而聽之，不可得而聞也。」孔子云：「出入無時，莫知其鄉。」以此印證不睹不聞最親切。吾聞云：「戒懼乎其所不睹，即庸德之行，即不動而靜；恐懼乎其所不聞，即庸言之謹，即不言而信。」明此之爲明善，誠此之爲誠身。

象山詩：「壚墓興哀宗廟欽，斯人千古不磨之心，滄浪滴自涓流水，拳石崇成太華岑。易簡工夫終久大，支離事業竟浮沈，欲知自下升高處，眞僞先須辨只今。」朱子云：「只疑說到無言處。不信人間有古今。」朱子云：「所以存天理之本然。」天理，天命之性也，即是戒愼恐懼。君子戒愼恐懼，便爲存，非是別有他物，而將此存之也。

17.〈尚論〉

頌詩讀書知人，即鄉國士皆當爲之，何至天下士方尙論。要見論古與學古不同？學古是壹意以古人爲師，方與古人爲友。論者，品第高下必我造詣與他差不多，方可論。如一鄉善士，當不敢論國士；一國善士，當不敢論天下士。即論來也，無有當。況古今善士豈可輕論。知人亦不止知彼一人之人，直須知從古以來之人，故當論世。孟子曰：「地之相去也，千有餘里：世之相後也，千有餘歲。」如一鄉一國，只可謂之地。必盡天下看，方可謂之一世。然則盡古今天下看，亦不過謂世之？如子貢說由百世之後，等百世之王，莫之能違，便是子貢的知人論世。孟子說：「由堯舜至於湯，由湯至於文王，由文王至於孔子，皆五百餘歲。」中間見聞知之人，一一指數過，方是孟子的「知人論世」。

18.〈助長說〉（萬曆刻本）

天之生人也，有一人即有一人之精神力量，可以集義、可以生浩然之氣。若助長者，蓋一誤用焉，而後無復之者也。夫忘比于不耕苗，苗不長，其生意在也。忘者，氣不即生，其精神力量在也。使其一旦用之，夫必不可有功。若助長者，直精神力量，用之粉飾張皇，以求可悅，而不知一念妄求集義，根源已先斬矣。夫天下之人欲入道者，苟覺其非，未有不可圖其是也。獨助長者，無可改圖之日。如管子盡掃三代之遺風以求伯齊，政法令一新，齊則既伯矣，而天下不復爲王矣。安石盡掃眞仁之培養，以求強宋，紛紛興作，征伐四出，宋則似強矣，而天下濱於亡矣。

使以兩人才力，能無欲速，見小而循循爲必世之功，則周世未必不復王，宋室未必不長治也。唯其有速伯速強之心，以幾僥幸，是故一伯強而不旋踵敵也，吾儒學術何莫不然彼。夫色取行違，即邦家聞矣，而以之于達，必不得矣。闇然媚世，即眾皆悅矣，而以之于中行，亦必不矣。世豈有無長之實，可得長之形，貪僞長之利，尚能收眞長之益者。夫日運而不息者，求之心慊，縱不浩然于旦夕，不妨待浩然于積久。求之助氣則未得，其似浩然忽喪其浩然，此眞揠苗而不悔，而尚自謂有功者也。《傳》云：「一鼓作氣，再而衰，三而竭，此言雖淺，可以喻氣。」

19.〈本末辨〉（萬曆刻本）

凡一物定有個本末，如一株樹並無截去枝葉，而猶成爲樹之理。故曰「物有本末」。只是種樹，必須從根頭培植起。故要知本，古人明明德於天下，便是修身爲本。若務明德，不務親民，便是獨了學問，何言明明德於天下。夫世無捨己而獨爲人，捨人而獨成己者。然則所謂末者何指？如〈知本章〉，使無訟是本，聽訟是末。〈治國章〉，德是本，財是末。夫治天下者，豈有舍聽訟理財，而猶成爲天下之理。然但聽于訟理財上著力，而不知愼德以爲聽訟理財之本，便是捨本逐末。《中庸》云：「立天下之大本。」又云：「聲色之於化民，末也。」孟子云：「君子之守。修其身而天下平。人病捨其田而耕人之田，所求於人者重，而所以自任者輕。」要見得身不修，其病不獨在明德不明，即所求乎人處，亦終不可謂之親民也，不過聽訟理財把持天下，孔子所謂聲色化民者而已。故古之人唯恐人不修身，而特揭爲本。今之人乃唯恐民之妨修身，而故剖爲末。豈捨明親之外別有淵默之修身。捨爲人君、爲人父、爲人臣子與國人交，漠與天下不相關，而別有超然獨旨之明明德耶？吾不知之矣。

20.〈性命說〉

性命孟子分做兩邊說，正要破人兩邊見。說性處便有命，何得謂性；說命便有性，何得謂命。君子不謂性，故曰「天命之謂性」；君子不謂命，故曰「率性之謂道，修道之謂教」。《易》曰：「窮理盡性，以至於命。」命只是理義之命，性只是理義之性，無容二說也。

21.〈貴道〉

嗚呼！此曾子臨終囑咐最切最苦之言，後人何得悠悠視之。曾子拈出道

字，又說君子所以貴道，只爲容貌、顏色、詞氣三事，此三者，一有不得，曾不足以立人。看三斯字，君子只於道者著力，三者自不其然而然。即《中庸》所謂：「道者不可須臾離，可離非道。」不諦親切。夫遠暴、慢遠、鄙倍、近信，殊平常無他善，然細玩之，即堯舜性之、周旋中禮、盛德之至也不過是。曾子一生弘毅，任道、忠信、省身，故其於道得力如此，即前章戰競臨履、啓手啓足，正所云動容等項實驗爾。若籩豆之事，不過以爲有司存。夫孔子俎豆嘗聞，入廟，每事必問。籩豆豈不是切要，正欲將此切要的形容道尤切要。大凡運用無形，而純然有以自養者，謂之道；功能稍著，而灼然有以自見者，謂之事。今人之事，不知道即畢力劻勤，蓋世猷爲，總謂之籩豆事耳。當時魯秉周禮，三家亦有學禮于夫子者。故曾子直欲奪其平生所最慎重者，而反之道，至比於有司四惡之科，其言絕痛。嗚呼！曾子特恐人之不省也。故曰「人之將死其言也善」。今人若不心知道果可貴，豈不辜負斯言。

22.〈致身解〉

事君致身，朱子以爲行之盡誠。漢註則曰：「不過能致身而已。」若甚易易。漢去古未遠，人皆知道，看得君臣之義重，死生之際輕。且以事君言致身，本非極至事。古云：「身名俱全者，上也；名可法而身死者，次也。」夫子謂殷有三仁，唯武子愚不可及，縱一死，豈俱完得。所以古人致身不過如賢賢能易色，事親能竭力，交朋友能有信，皆平常日用之當然者而已。故能致身不過人臣之常，若不致身便是不臣之極。蓋自叔季以來，世道交喪，朝君臣暮仇敵，其流弊至不忍見，只緣一死判不下耳。由宋儒而言，欲看得死難，即人之舍生宜眞；由漢儒而言，欲看得死易，即人之偷生更可媿。

23.〈生說〉

告子以生言性，執已發而遺未發，便是無頭學問。且以天命言性，正所謂凡聖同然，理義說心，而形體不與焉。言生則未免涉形體矣，烏可謂性？夫人之與禽獸異也，以形體觀，不啻相千萬矣，而孟子特謂之幾希，可見形體之異，聖賢不謂之異也。惟是義理之說，惟人有之，而禽獸不能，所謂幾希者也。今若以形體言性，則犬牛人同有生，便同有性。正如以色言，白之謂白，只一白，白羽、白雪、白玉亦同一白，而所謂幾

希者，惡從見之？說者謂生非形體，特生機。夫既有生機，非無可指，既有可指，便非未發，正白之謂白之說也。「然則生終不可言歟？」曰：「性未嘗不生也，而實不可以生言也。如天地之大德曰生，德與性固有辨，曰大生，曰廣生，皆天地之用，用即已發，不可偏執為性也。且時行物生，天地位，萬物育，聖賢亦何嘗不言生？但從生言性，雖性亦生，從性言生，雖生亦性。雖性亦生，必至混人性于犬牛，雖生亦性，方能別幾希於禽獸。」

24.〈性善圖說〉（萬曆刻本）

孟子性善，○。可使為不善，◑。（上圈即性相近，下圈乃習相遠）告子無分，（善，○。不善●。）兩者不存，并性亦不立。（宋儒）性即理。（才稟于氣，氣有清濁。○清賢，●濁愚。）右《言性圖》。

如此並衡，便把真性來做兩件。孟子說「性善」，即習有不善，不害其為性善。後人既宗「性善」，又將理義氣質並衡，是明墮「有性善、有性不善」，與「可以為善、可以為不善」之說了。且告子說「無分」雖不明指性體，而性尚在。後人將性參和作兩件，即宗性善而性亡。

25.〈氣質辨〉

孟子謂「形色天性也」，而後儒有謂「氣質之性，君子有弗性者焉」。夫氣質獨非天賦乎？若天賦而可以弗性，是天命之性，可得而易也。孟子謂「為不善，非才之罪也」，而後儒有謂「論其才，則有下愚之不移」。夫使才而果有「下愚」是，「有性不善」與「可以為不善」之說是，而孟子之言善非也。（朱子云：有耳目則有聰明之德，有父子則有慈孝之心，于張程之說云：以事理考之，程子為密然。又云程子所言才字與孟子本文小易。）孟子謂「故者以利為本」，而荀子直謂「逆而矯之，而後可以為善」。此其非人人共知故不必辯。但荀子以為人盡不善，若謂清賢濁愚，亦此善彼不善者也。荀子以為本來固不善，若謂形而後有氣質之性，亦初善中不善者也。夫此既善，則彼何以獨不善？初既善，則中何以忽不善？明知善既是性，則不善何以復 之性？然則二說，又未免出入孟、荀間者也。荀子明王道述禮樂其言，矯性為善，最深最辨。故唐、宋人雖未嘗明述，而變化氣質之說，頗陰類之。由孟子之性善，則雖為堯為舜之事業初不見增，益使天下歡欣鼓舞而急還，其本然者必

此，由後儒之變化氣質，則或一鄉一國之善士以不勝其功，能使天下矯強畏難而偷安于已然者，必此言。今若說富歲凶歲，子弟降才有殊，說肥磽雨露，人事不齊，而謂麰麥性不同，人誰肯信？至所謂氣質之性，不過就形生後說，若稟氣于天，成形于地，受變于俗，正肥磽，雨露，人事類也，此三者，皆夫子所謂習耳。今不知其為習，而強繫之性，又不敢明說性，而特創氣質之性之說，此吾所不知也。如將一粒種看，生意是性，生意默默流行，便是氣，生意顯然成像，便是質。如何將一粒分作兩項，曰性好，氣質不好。故所謂善反者，只見吾性之為善而反之，方是知性。若欲去氣質之不善，而復還一理義之善，則是人有二性也。二之，果可謂性否？孟子諄諄「性善」，為當時三說，亂吾性也；又諄諄「才無不善」，恐後世氣質之說，雜吾性也。夫氣質既性生，即不可變化；與性一，亦無待變化。若有待變化，則必有不善。有不善，則已自迷于性善，其說可無論矣。獨無善無不善，今人尚宗述之，而以出自告子，又小變其說，以為必超善不善乃為善。嗚呼！此亦非孟子所謂善也。子曰：「人之生也直。」夫不待超而無不善，此則孟子所謂善也。《易》云：「繼之者善也，成之者性也。」《詩》云：「天生蒸民，有物有則，民之秉彝，好是懿德。」此則孟子所謂「道性善」也。或疑：「既性善，氣質又同是善，下愚何以獨不移？」曰：「此自賊自暴自棄之過，非氣質之過也。」「然則生知、學知、困知，又何不同？」曰：「此孔子所謂「性相近者也」，相近便同是善中，亦不可一律而齊。」「然則性之反之可謂同乎？」曰：「孟子蓋以湯、武合堯、舜，非以堯、舜劣湯、武也。正所謂同是善中，不可一律齊者也，終不害為知之一。辟如水有萬派，流性終同，山形萬狀，止性終同。故人人可為堯、舜，同故也。或相倍蓰而無算，不能盡其才，此則異耳。聖賢見其異，而知其同；諸說迷其同，而執其異；後儒既信其同，又疑其異。故其言性也，多不合。」朱子解〈天命之性〉章，只說一性即理也四字極的當，即孟子性善意一脈。曰：天以陰陽五行化生萬物，氣以成形，即有物之謂也，至理亦附焉，即有則之謂也。朱子知性於宋儒中極為穩實，上接孔孟下折衷諸儒，可謂集其成者。

26.〈告子〉（萬曆刻本）

告子屢言性，曰「杞柳」，柳最易長；曰「湍水」，水最易動；曰「生之

謂性」，生其活機；曰「食色性也」，食色其實用。而合之無善無不善，益不可指著。使庸常者由之，而日見吾心之感應，其宜人情者此言。使賢智者知之，而默見吾性之流行，其超人情者亦此言。蓋以圓活教人，自謂見性極真，不知誤天下愈甚。流俗既以濟其私，迷不知檢防，高明益以神其見，蕩無所歸著。近代來雖有向道之士，習見流俗之可鄙，不過出於高明之可喜悅而已，性善之義曾未有堅持而不跳，力信而不疑者。宋儒之直提此者，吾得「立本」之說焉，明儒之直提此者，吾得「良知」之說焉。嗚呼！舍善無性，舍明善無率性，外之模胡于尚論猶可言也，內之模胡于知性不可言也。蓋荀楊之說為世嚆矢，使吾性幾混然博雜而無可追求，又不特一莊列之玄虛汪洋浩大，與告子共相熾煽而已。（告子之「兩不得，勿求。」非真任之不得也，其宗旨當在不得之先，不使至于不得耳。只是聖賢之道，存心競業，當在預養，惟恐一不得也。及其不得，則皇皇焉，困心衡慮，而亟為自反之圖。夫其皇皇焉，困心而衡慮者，正告子之所謂「動心而深弗欲」者也。不知惟動于不得，而後不動于其無不得者真。）

27.〈自反〉

孟子學問全在知言、養氣、不動心，而其原實宗曾子自反，故說君子存心一于自反，便可為舜。又說行有不得必反求諸己，便可身正天下歸，故曰「守約如是，方能不動心」。今人恆見得養氣須自反，常直不知知言要自反。欲知天下人之心即我心，是我心方在病痛中，即人有病痛焉能覺得。凡人言下一有不得，便覺忡忡兀兀方寸搖撼，甚至項頸發赤不能自寧，皆是非不明故也。是非不明，起於不能自反。凡人只為一不明，故纔有議論便相矛盾，甚至事為學問，都成聚訟。人既不肯見吾之是，安為屈伏，吾又不能見吾之非而更求進步，門戶日多，道術日亂，即終身自坐詖邪道中而不知，故所謂褐寬博之惴，與千萬人必往，豈獨氣有之言，亦宜然。故知自反真是知言明道第一義。嗚呼！此告子「不得於言，勿求於心。」所以為不可也。雖然告子之兩不得勿求，非真任之不得也。其宗旨當在不得之先，不使至于不得耳，只是聖賢之道，存心競業當其預養，唯恐一不得也，及其不得則皇皇焉，困心衡慮而亟為自反之。圖要于理無不明，即言無不善，正告子之所謂動心而深弗欲者也。唯動于不得，而後不動于其無不得者，真必如告子之無不得也。是則心

不動矣，而聖賢小心之義荒矣。知言須知其所，四所字最爲的實。

28.〈義外〉

《中庸》說仁：「知性之德也，合內外之道也。」義何獨不然？故曰「故時措之宜也。」告子曰「仁內而非外，義外而非內」都是偏的。告子不知性，又以仁義俱強爲，故其言如此。前孟子謂其戕賊仁義，此則姑放下仁，單就義闢，故曰「告子未嘗知義，以其外也」。孟子只非義外，並不曾說義內，何則？義原不專內也。告子既墮外一邊，我若專墮內一邊，二者均屬偏見。故公都子一說「行吾敬，故謂之內。」卻被孟季子就敬長彼此說「果在外，非由內。」便無辭以應。終于孟子決不肯專說內，只將「庸敬、斯須」一段圓活機關指點與他，即義合內外便了然。至孟季子又轉執果在外非由內，所以公都子飲食在外之說得以終。上想當時，公都子等既爲孟子闢義外，便專執義內，今人又見孟子不闢仁內，便認爲仁內爲是。非獨闇仁義之大道，並失告子初心，所謂矮人觀場，到處迷誤。

29.〈勿正說〉（萬曆刻本）

告子勿求于氣，未嘗養氣，疑于正、助無預，且孟子方以告子勿求爲可。所謂善養浩然，只求行慊心，亦未嘗求氣也。正、助俱是義襲，義襲卻是求氣。正字亦無弊病，但謂必有事而正，此徒正事耳。心慊，則行事自能合義。若止正事，補東缺西，得此失彼，恐非集義之道。且心不先慊，縱外事雖正，中可勿餒乎？恐亦非浩然之路。《書》云：「唯先格王，正厥事。」格王之心在先，正王之事在後。即下文「生於其心，害於其政，發於其政，害於其事。」是其明證。故戒云「勿正」，又特提「心勿忘」，若說必在有事勿用正心，孟子方欲人慊心，而茲且以爲不必正，得無相背？無乃反到義襲了，余于此不無疑。朱子以期必爲正，外求效于事，不內求慊于心，與章旨合。

30.〈內交〉

內交、要譽、惡聲三者總屬私情。然要譽、惡聲總一名上起念，不知何故做兩項分剖，看來三者之中亦有緩急。夫內交，交不可內也，其事緩。要譽，譽亦不可要也，於吾身未急，至不仁之聲，及我乃急矣。今人欲做一好事，可稱人猶得笑其沽名，若去一不好事，云「懼人議論」。人未

有不以為急切而亮之者。可知惡聲是人情，不能不有的，唯不能不有的，而惻隱尚不為，此足知本心毫無夾雜、無顧眄。一切世間有所利而為，與有所畏而不為，心俱沾染不上，故曰「人之生也直」。若有沾染，便是不直。故曰「乾以易知」，知此故易；「坤以簡能」，能此故簡。吾心本與萬物一，原與乾坤同德，而人不察耳。今人或牿亡已甚，肆為殘賊，一無顧忌。並一內交、要譽、惡聲之心尚有不存，安望非內交、要譽、惡聲之心復能自醒噫！

31. 〈致中和〉（萬曆刻本）

中和尚可分說，致中和之功，必無兩用。未發一致中和，已發一致中和，辟如天平有針為中，兩頭輕重鈞為和，當其取鈞，非不時有斟酌，到得針對來，煞一時事。且鈞而相對，是已發時象。如兩頭無物，針元無不相對，更是未發時象。看到此，孰致中？孰致和？何時是致中？何時是致和？君子只一戒懼不忘，便中和，默默在我，便是致字，無兩條心路。

32. 〈時習〉

習于鳥為數飛，《記》云：「鷹乃學習」是也，數飛是活動意。凡學問最怕拘板，必有一種活動自得處，方能上達。天地間之理，到處流行，有可見，有不可見；有所言，有所不能言。不是以心時時體會，有活動機括，焉能日進日新？故須時習。舉一隅以三隅反，學人之習也；溫故知新，君子之習也；聞一知十，大賢之習也；默而識之，吾道一以貫之，聖人之習也。習品分不同，當其習而忻然解會，適悅于中心則一也，非是，則俗學而已矣，則勤苦難成而已矣。曾子所謂「傳不習乎」亦懼此病，故曰「善教者，使人繼其志」，又曰「善學者，相悅以解」。《易》之〈坎〉曰：「君子以常德行，習教事。」其次則〈兌〉曰：「君子以朋友講習。」夫習之獨見於〈坎〉〈兌〉者，何也？坎與澤皆水也，天下之萬物有定形而水獨無定形，唯無定形而隋物為之形，乃周流萬變而不可窮，故曰「水哉，水哉」，曰「逝者如斯夫，不舍晝夜」，君子獨于是取習焉。夫洊至所以為時，而麗又所以為悅也。且諸卦名獨唯〈坎〉獨加習，是習也。《周易》所以為《周易》，《魯論》所以為《魯論》者，其精義莫先乎此。若止認作服習重習，專有人工，絕無天趣，即終身從事，轉入拘板。烏乎！此學所以愈不明也。或曰：「《易》中唯〈兌〉〈坎〉二卦有習

字，兌于德爲和悅，坎于德爲險難。」故曰「有朋自遠方來不亦樂乎」，
兌之謂也；「人不知而不慍，不亦君子乎」，坎之謂也。

33.〈執中〉

人心道心，非有兩項心也。人之爲人者心，心之爲心者道，人心之中，
只有這一些理義之道心，非道心之外，別有一種形氣之人心也。孟子曰：
「人之所以異於禽獸者幾希。」幾希，微孰甚焉！人之所以異於禽獸者，
僅此幾希，危孰甚焉！惟精者精察此微，惟一者緊守此微。中即喜怒哀
樂未發之謂也，非天下之至中，不能持天下之至危，然非天下之至微，
不足言天下之至中。戒愼恐懼，危微也；愼獨，精一也；致中和，允執
中也。若謂心有兩，而以人心與道心對，則將以一去一而爲中乎？將盡
脫二者之外而爲中乎？抑亦參和二者之間而爲中乎？吾勿敢信。今以人
心爲形氣之心，若屬邪妄一邊，殊不知心原無有邪妄的。如《論語》一
書，有四心字，自許以「從心」，許回以「其心」，荷蕢稱「有心」，戒人
以「無所用心」是也。《大學》言「正心」，只云「心不在焉」。《孟子》
言「放其良心」，又「陷溺其心」，並未嘗言心有不好的。至于正與不正，
便只說胸中，不言及心；小人不善，便只說如見肺肝。後人惟見有氣質
之性，故因生出一種形氣之心，與孔、孟心性處頓異。

34.〈言志〉（萬曆刻本）

凡言願者，皆有志未能之辭，豈唯共敝無憾，由未必能無伐、無施，回
未必能即老安、朋友信、少懷，夫子未嘗自謂己能。所謂躬行，君子未
之有得者也。唯未能，方覺隨在皆致力之時，終身有不滿之願，聖人所
以爲聖人也。豈唯聖人，即子路聞義未行先恐，顏子問不能、問寡，若
無若虛是復何心。後世求志者，不求聖賢實處，徒說氣象大小，謂二子
有意，不若聖人付物不勞，舉聖人一團無可奈何，心事反爲淹晦，予嘗
痛之。夫老無自安之理，朋友無自信之理，少無自懷之理。聖人即付物，
豈能無意。且安之未必即安，信之未必即信，懷之未必即懷，聖人雖欲
不勞，亦何可得。故心愈肫懇，則德業愈光。所謂無爲而成，直從至誠
無息而生，何暇氣象之言乎。予以爲今人之患，非在有意與勞也，若眞
汲汲皇皇，有志未能，是今人所以爲善志聖賢處。子路之志，只要打一
利字；顏淵之志，卻要打一個名字。若夫子則與天下共游乎利與名之中，

而亦不見超然忘利與名之跡。故曰「大道之行也，天下爲公」，未之逮也，
而有志焉。

35.〈天命說〉

君子自修只是盡性，盡性自然不怨不尤而俟命，能俟命自然行遠登高，
無一毫虧缺，無一毫不響應，不到大德受命不已，俟命反之之聖也。所
謂君子行法以俟命者也，必受命之之聖也，即舜是也。「然則俟命而馴至
受命，反之亦可以爲性之乎？」曰：「及其成功一也，何不可？《中庸》
明說武王受命，足知武王可以爲舜也。曰『末者』，蓋究竟而後同也。」
「然則立命何如？」曰：「看修身以俟則立，亦從俟來而未必盡受命，故
特言立必受，則把柄在我，命可勿論焉；立則把柄亦在我，受與不受又
可勿論焉。舜武受命者也，孟子立命者也。《易》曰：『窮理盡性以至於
命。』只言一命字，便見與天爲一，而又超乎立與受。即把柄在我，又
可勿論焉，孔子是也。又只自任知天命，又曰：『我於辭命則不能。』蓋
命之難言如此。古稱天地之性，人爲貴。又稱人者，天地之心，天地有
事，尙靠人做，故至誠盡性，盡民物贊化育參天地，即人之能，便爲天
命，獨凡人與天二耳。」「然則如天、配天不二乎？」曰：「就形氣既分
論，則我與天地並立爲三，而未分則天地人合三者而總爲天。如之、參
之就形氣之天言也，天命則就天地人所合之天言也，天載者載此，達天
德者達此，故曰『天命之謂性』，至誠只說其天，更不言如參。又潛伏之
言獨曰『其唯人之所不見乎』，言人之所不見，則其爲天之所見可知。故
說盡吾心之天，而求合在天之天，便成二了。然詩書中往往說在天之天，
此神道設教，意如小民無知，則惕之以王法；人不足畏，則敬之以天威。
故曰：『天子受命於天。士受命於君。』若知天，君子只盡吾心之天，便
是在天之天，更無兩事。是所以爲俟命立命。」

36.〈天命〉（萬曆刻本）

今人之言命者，多說命脈。夫命脈者，從吾之有形言也。夫吾之所以有
形者，從何始乎？始於天心之好生也。有天心之生，而後有吾心之生，
有吾心之生，而後有吾身之生。則世之所謂命脈者，正聖賢所謂天命之
謂性者也。今人之言命者，又多說命運。夫命運者，從吾之有享言。夫
吾所以有享者，從何終乎？終以天心之陰騭也。有天心之騭，而後有吾

心之驚，有吾心之驚，而後有吾身之驚。則今之所爲命運者，正聖賢所謂天命之謂性者也，是以君子知天事天可以立命。

37.〈周南、召南〉

二南諸詩，自〈兔罝〉、〈甘棠〉、〈羔羊〉而外，所言接閨門女婦性情，此何與文王而顧以首經？且夫子特以教伯魚也。夫人情玩忽最莫如居室，即禁之不馴，訓之不洽，而乖離亢悍之易作者，尤無甚婦人女子。婦人女子可化，則凶頑其易者也；性情可令各得，則政教號令之無不達其粗者也。今誦二南之詩，想文王之德，其刑于寡妻，雖雖在宮，雖無指，實要以無貴、無賤、無近、無遠、無不沐浴太和，漸被教化。即文王不淫不傷，潛移密感之精神可想見，不然何能不疾速不爲成如是。夫有文之德，不患無文之化，雖無文之位，未嘗不有文之責，即未必文之純不可不常師文之意。後世人士，行誼廉隅外，非不修飭而家行缺焉。即家行尚或有聞，而燕私蝶嫚，所謂不媿者，弗能慎其坊。以此談學術語事功，無乃而圍廬立思遠，到此眞必無之事。故爲二南，則誠爲達，猶有火之必先也。不則爲僞爲疏，猶無基而欲厚墉也。今人視二南則曰「此聖人之道也，我何能爲」；其自視則曰「吾上之不爲文王，中之亦不失爲自立」，一廢而百不振者，必此矣。是將爲敝儒而已。即其盛者，不免爲霸儒而已。余懼焉，謹略述精義所載最明最切者數條，時用省觀。

易，家人，九三，家人嗃嗃，悔厲，吉。婦子嘻嘻，終吝。〈象〉曰：「家人嗃嗃」，未失也。「婦子嘻嘻」，失家節也。上九，有孚威如，終吉。〈象〉曰：威如之吉，反身之謂也。

子曰：：「君子居其室，出其言善，則千里之外應之，況其邇者乎？居其室，出其言不善則千里之外違之，況其邇者乎？」

《書》云：「我其試哉，觀厥刑于二女。」

《詩》云：「鼓鐘于宮，聲聞于外。」外又有云：「有扁斯石，履之卑兮。」

子曰：「有家者不敢失於臣妾，而況於妻子乎？故得一家之懽心，以事其親。」

曾子曰：「十目所視，十手所指，其嚴乎！」

人之其所親愛而辟焉，之其所賤惡而辟焉，之其所畏敬而辟焉，之其所哀矜而辟焉，之其所敖惰而辟焉。故好而知其惡，惡而知其美者，天下鮮矣！

孟子曰：「身不行道，不行於妻子；使人不以道，不能行於妻子。」

子思曰：「不爲伋也妻者，是不爲白也母。」故孔氏之不喪出母，自子思始也。」

禮內言不出於梱，外言不入於梱。

余蓋誦出母之言，而益思孔氏之家法也，內則之言出婦二曰：「子放婦出，而不表禮焉。又曰：「子甚宜其妻，父母不說之出；子不宜其妻，父母說之不出。」古人之厚于禮而薄於色如是。故遇其幸，則爲文王之二南；遇其不幸，則爲孔氏之出妻。夫其不難於出是也，正孔氏之所以爲二南也。若後世有欲出妻，而其妻數之淫慝數十事，遂終身廢于世，如是而其妻可出乎？而況於妻悍夫弱，反爲受制而不能出者乎？嗚呼！生民之本，禍福之原，君子蓋不可不深思也。子夏論學而首重賢賢易色，夫賢賢即夫婦之倫正也，易色則必不至小加大、賤加貴，而淫辟之意消，乖戾之端泯。即父母之順始于好合，北門之忠可無室謫，雞鳴靜好終之雜佩。所謂竭力致身言信，何莫不以是根基。故特首言之，亦足明子夏之深於二南矣，夫子之詩蓋授之子夏。

古人之厚于禮而薄於色如是。故遇其幸，則爲文王之二南；遇其不幸，則爲孔氏之出妻。夫其不難於出是也，正孔氏之所以爲二南也。……嗚呼！生民之本，禍福之原，君子蓋不可不深思也。子夏論學而首重賢賢易色，夫賢賢即夫婦之倫正也……所謂竭力致身言信，何莫不以是根基。故特首言之，亦足明子夏之深於二南矣，夫子之詩蓋授之子夏。

38.〈不及〉（萬曆刻本）

夫子稱商也不及，而子夏之徒有田子方，子方之徒有莊周。其言汪洋慢衍，是所謂最過高者也，說者以爲矯其師之蔽而然。予曰：「非也。」聖人之道，仰之彌高，特不以高見耳。子夏篤信聖人，即廣大高明所得多矣，然則猶謂之不及者。苟率性之中，略有幾微之不合，便爲不及，非世之促促凡陋者比也。夫于小道，則曰「致遠恐泥」；于大德，則曰「不踰閑」。以此知其遠大也，是以在四科則居文學。又曰：「有聖人之一體，至設教西河，人之尊事擬於夫子，豈非儼然道術之大全與？」然則周雖高，所得未必如子夏之弘也。唯以其跳越於道之外，而不善爲高，故其高易見。乃子夏直循循於道之中而不以高見，即于道不及其于周也，去之不啻千里焉。聖人之道猶天然，豈不信哉。好奇之士，多祖稱莊周，

適見其不知大道而蔽於小也。

39.〈求志〉（萬曆刻本）

「用之則行，舍之則藏。」此夫子可仕則仕，可止則止也。就應世言，隱居以求其志，行義以達其道，此夫子己立立人，己達達人意也。就操心言，隱居非舍也。即世欲我用，而我不輕爲用。如漆雕之吾斯未信，是行義非用也。即世不我用，而我未嘗不思爲用。如夫子之皇皇歷聘，是古人不說志善與不善，只說得志與不得志。蓋人之志未有不公諸於天下者也，然名利之來，既以汩沒於外，晏安之氣，復自頹廢於中，此志便茫無把柄。唯隱居，即世氛不入，心境方清。隱居以求即靜養既深，本心易白，此非衡泌自樂，山澤爲高者比也。如是而有所以行，有所以藏，是其抱負深遠處。如是而可以用行，可以舍藏，又其應用安閑處，故曰「唯我與爾有是」。蓋行藏非異也，而所持是以爲行爲藏者，人不得與焉，故又曰「吾聞其語，未見其人也」。若徒認隱居行義爲窮達，便無識聖賢所以隱居行義意。

40.〈辭達〉（萬曆刻本）

文章之奇，生於見之有不全也，全則無所謂奇也矣。議論之妙，生於見之有不平也，平則無所謂妙矣。故曰「辭達而已矣」，又曰「修辭立其誠，所以居業也」。

41.〈毀譽〉

常人之自視也，常有求全之毀，而未必有不虞之譽。常人之視人也，多有不虞之譽，而未必有求全之毀。夫唯君子平觀兩者，蓋皆有焉。

42.〈無物辨〉（萬曆刻本）

無物之物，對己而言謂之物；盡物之物，對人而言謂之物。若對己而言，則合人物皆謂之物。「然則何知己之不爲物也？」曰：「自天地而言，則我與人物皆謂之物，然不可謂之不誠。不誠者，從人道言，但可謂之無物，而不可謂之無己。己雖不誠，但不成耳而已，尚在也，物自物也。有誠方有物，若誠不積乎方寸之間，則物將拒之藩籬之外矣，雖謂之無物可也。且就我而言，則天地人物總皆謂之物，天自天也，地自地也，人自人也，物自物也，而我不誠則漠不相關，安得有物。故曰：『萬物皆備於我矣，反身而誠，樂莫大焉。』」「然則物之終始，何以知其亦非己

也？」曰：「以其終始，是以知之。從己而言，則有始也有終也；對物而言，則我雖誠不能始也，能終其始而已。夫有始有終，此則天道本然，我與物共得之，而我不能爲於物者也。終其始，則人道當然，物即不能自爲，而我之所得爲于物者也。故始終天命之謂性也，終始中和位育也。贊天地之化育，終始也。知天地之化育，終始而幾合始終者也。《易》曰：『大明終始。』《大學》曰：『事有終始。』皆其義也。故誠不誠都就己身上看，便將對己之物會得親切。故曰：『非自成己，所以成物。』」

43.〈耳順〉

常人豈盡是自滿己善與忌人善的，但內不足者外多逆。即見善聞善，偏不以爲善，即說是善，亦多少艱難，不肯領受處。辟之連城之寶，過者不識有以投之，反生憎棄。唯聖人於天下無不有，故無不知，無不知，方無不合。舜達聰，夫子耳順是也。如孟子稱舜則曰：「聞一善言，見一善行，若決江河，莫之能禦。」則善不屬於言行，而屬於聖心之決，常人視之悠悠耳。當時子貢知聖人亦窺見此意，故曰「文武之道」在人賢不賢者莫不有。夫子無所不學，無所不師。然則道不屬於在人，而屬於聖人之善學，常人索之茫茫耳。故舜唯大知，夫子唯知天命，乃能有是。可見學人須開眼，具最大識見，方能虛心有無限精進。九層之台累而愈上，曠視寰中，便別有一番胸穴、一番境界。

44.〈偶言〉

吾聞云：「須知三仁不遇，童冠偕遊，總是一般意思。」故曰「朝聞道，夕死可矣」，故曰「大人者，與天地何其德，與日月何其明，與四時合其序，與鬼神合其吉凶」，又曰「一朝而覺生平之過失，是爲聞道」。

45.〈正命〉

桎梏，蓋喻也。以道術論，吾聞云於陵仲子之辟兄離母，桎梏死者也。鄉愿居似忠信，行似廉潔，桎梏死者也。此皆不盡其道者也，盡道便率性而行，正正平平絕無意見束縛處，故云「順受盡命」。盡無窮之道，方合不已之命。或疑小人行險以僥倖，謂桎梏爲險不可歟？曰：「易險以道術論，不以世途論。君子依中庸，遯世而不悔，是爲居易。又易險以心地論，不以形跡論。子曰：『雖在縲絏之中，非其罪也。』又曰：『有殺生以成仁。』是爲居易。」

46.〈兩端〉（萬曆刻本）

舜，精一而已；夫子之道，一貫而已。乃稱舜，則曰「執其兩端，用其中于民」。而教鄙夫，則曰「叩其兩端而竭」。此何以故？天下不過一可一否、一行一止，即天地之道，亦不過一陰一陽、一闔一闢而已，兩端則千變萬化皆盡于是。易之生生不已，即是物也。故曰「一故神，兩故化」，唯兩而一之用于是，日新而不可窮然，唯有一則兩者衡量始出。且舜之執自好問好察來，夫子之叩亦從己無知而鄙夫空空來。可見聖人胸中，非特其兩端不預設也。即一亦渾然無可名狀，殊非後人執一之一。夫回擇乎中庸得一善，嗚呼！其真有得於此歟。

47.〈格物辨〉

天下總只一物，窮得一部《大學》，條理明白便是格物。若欲格物另傳，則置《大學》何地。知本又是八條目中大綱領真脈絡，後諸章中無非此意。若其他節目應用，直舉此措之耳。漢儒卻重誠意，《中庸》齊明為第一事，漢儒見得頭腦不差。然說修身為本，元無不該在內，故知本便是致知格物處。從此而辨，如何是自欺自慊，如何慎獨，此方是誠意處格物。若夫如何正修、如何齊治格物，自可類推。故予常以平天下無傳，見之治國，格物無傳，散之諸章者，此也。至格字諸家訓釋頗異，若以為格非心，則侵誠，且不先知，如何辨得非心出？若以為格式，則侵正修，且不先知，卻認何者是格式？若以為感格，則侵齊治平，且不先知，豈能念得我所以感格人，人所以感格于我的道理？要知格物之功，無在不有。故格之義，無處不通。然必先格物窮理而後格，非格式、感格可隨時盡也。故知格物是《大學》實功，窮理是格物定論。即陽明數番抽換，總脫不得朱子窮理，即說致良知，還是真窮理。《易》曰：「君子窮理盡性。」窮理即窮吾性之理也。若以為名物支離，此則後人不明朱子之過。朱子曰：「知性則物格之謂，盡心則知至之謂也。」嗚呼！是可謂名物支離耶否？

48.〈素位說〉（萬曆刻本）

今富厚之家，雖有千百金出入，曾不為意也。若三家之市，乍得數十金，則驚愕失措。何故者？以非其素也。凡人情唯素則安，不素則不安，故曰「君子素其位而行」。夫位則朝莫遍遷彼此候，更何可素也。然唯君子之

心安于其位，則若素然于文。云：故舊平常曰雅素。夫唯狎之若故舊，則所以處之之道，不煉而習矣。唯等之若平常。則所以處之之心，不降而平矣。如是而何所不自得，而又何外之，足願附之韓魏之家，而自視欲然，此賢者之素也。舜之飯糗茹草，若將終身，及其爲天子，若固有之，此聖人之素也。

49.〈盡心辨〉（萬曆刻本）

〈盡心〉一章，先儒頗多分殊。如以知天、事天未至，而立命爲至，則知天即至誠知化育也，事天即文王昭事也，可謂未至歟？如以知天爲生知，以事天、立命爲學知、困知，夫文王昭事，何以明其爲學知歟？湯武身之行法俟命，何以明其爲困知歟？且又以爲學當從妖壽不貳、修身俟命始，則性、天之弗知，何以能立命歟？其于致良知之說，得無自相鏊歟？以予仔細看來，工夫實處全在盡心二字。事天、立命乃盡心之實也；知性、知天乃盡心之由也。朱子以知性爲格物。以盡心爲知至，可謂深見本體。若以《大學》細擬之，知性是格物，知天是知至，盡心則意誠之謂也。存、養、事天則心正之謂也，不貳、俟命則修身之謂也。然正修與誠本非截然兩事，正則誠後加之保護，修則從誠正處貞之純一。故先儒謂《大學》一書，盡於誠意。余以爲孟子〈盡心〉一章，盡于盡心、知性、知天，即《中庸》明善也。盡心、事天、立命，即《中庸》之誠身也。《中庸》又言至誠盡性，性言份量，心言效用，心盡故性盡。然亦有心之盡，而性未必盡者矣。盡性即聖賢未可以易言，盡心即凡庸皆可以自竭。

50.〈朝聞〉

孟子曰：「生亦我所欲，所欲有甚於生者，故不爲苟得者；死亦我所惡，所惡有甚於死者，故患有所不辟也。」此朝聞夕可以大關也。《中庸》曰：「素富貴，行乎富貴；素貧賤，行乎貧賤，素夷狄，行乎夷狄；素患難，行乎患難。」君子無入而不自得焉，此朝聞夕可之實地也。獨怪今之言道者，其視道若維玄維默不可體會；視夕可死眞若獨去獨來不可名言。曾不知道不過率性，聞道不過知性。古之死忠、死孝、死節、死義者，皆聞道之人也，皆夕死可之心也，不得以其行偏而少之也。夫行有偏，率性無偏，人知道果如是，則日用尋常各有定，則無可忻厭、無可趨辟。無聞之人云：「若論世情，人時時是死；若論聞道，人時時可死。」

朝是開發邊事，夕是歸藏邊事，兩字大可思。

51.〈鄉原〉

狂狷者，中行之徒；而鄉愿者，小人中庸之徒也。夫鄉愿闇然媚世，似乎深有忌憚的，如何卻稱小人之徒？曰：「鄉愿一生營營，所忌憚者，世情耳，觀其譏嘲狂狷不可與入。堯舜其無忌憚，豈不顯然明白。夫無忌憚之爲可惡也，爲執有我見也。同流合污，豈眞謂世之當從，但恐世不我悅耳。內矜名行，外精窺見，無非無刺，一有我腔調有忌憚者，固如是乎。且所貴忌憚者，以理論也。夫鄉愿之有忌憚於世，正其所以無忌憚於理也。故孔子以爲德賊，賊常畏人見。孟子以爲邪匿，匿則深入人，而人不見者也。蓋鄉愿者，深懷小人之心。而小人者，大充鄉愿之量。其所操之術，則有陰陽；其乘人之勢，則有強弱，終是一條脈路，不得二視。今人若欲說小人，誰肯自居。至鄉愿，則心畏其名，而未嘗不身祖其實。至鄉愿之譏狂狷，則陽詘其議，而未嘗不陰謂其然。夫言行不相顧與踽踽涼涼，此皆鄉愿之目狂狷，而非狂狷果然也。今人動則以狂爲諱，即狷亦多狹小之不敢道。夫以孔孟力稱之而不足，以鄉愿一破之而有餘。嗚呼！何鄉愿之毒中人心甚也。

52.〈捨己〉

凡人不能進善，只緣看得己太重，纔做一件事，便愈好名歸己。即與人相議論，恐善言不出己乎。以此爲己，卻是壞己，明者不然。若人知執己如憃溺坑穢，即欲不捨不可得。凡人好自高大，橫屬見小。若見大者，自然覺得善爲充天塞地之善，不覺此身爲充天塞地之身，何所不取、何所不用。如三人可師，隨在改從。若人明知善本大海汪洋，己從何處湊泊，即欲不捨亦不可得。象山云：此道與溺於利欲之人言猶易，與溺於意見之人言卻難。舍如古來豪傑，鉅萬家資，一散立盡，千百軍中，一奮便勝，非大勇猛不能然。二者雖舍其外，未舍其內也。何則？己猶有意見在，若欲並舍意見，直須篤志道德、洗心自治之人。然能舍得一分，便有一分進益。能舍己，自能從人。能樂取，能與人爲善，正如破竹不可禦。舍得盡，卻是聖賢。吾人需從平生最用力、最自得處猛舍起。

53.〈知味解〉

食而不知其味，此一時之失也；鮮能知味，此終身之失也，亦舉世之失

也。一時之失，從忿懥等之有所生。則終身之失，從喜怒哀樂皆失節生可知也。夫謂世之無知味似不可信，而謂世之人喜怒哀樂之皆不知節，則確乎可信者也。顏子好學，止稱不遷怒，即其他可知，故曰「鮮能知味」。夫一世既皆不知味，則今雖欲辨知與不知，將何處印證？即欲退而反求吾眞知，又將何處醒發？常以吾大病之時驗，稍得彷彿，吾嘗幾絕，復醒，不飲食者，幾經旬，徐而飲之湯，殊覺悠然有餘味，又徐而少嘗之以糜，即以爲天下之味，莫加於此也。夫皆向之所謂泊乎無味者也，而今何津津，是剝極而復人盡。而天清明之識，所爲乍見者也，及夫湯糜不足而繼之甘辛，甘辛不足繼之鹽酸濃厚，嗜欲紛紛與尋常無異。則雖有取最珍味交乎前，而吾意營營然，而口茫茫然。其不爲食不知味，鮮耳。可見大病之餘，庶幾乎性之回，而尋常之飲食，則多奪於情之偏也。古人云：「多病道心生是也。」使夫人嗜味常如病回之初，節之又節，謹之又謹，則中和之性可漸還，而有味必知隨味隨知，何至饑渴之害爲心害哉？噫！世之人盡釀病者耳。其自覺爲大病而翻然欲反其初者有幾？故曰「君子之道，淡而不厭」。又修身則首曰「齋明」。但則太羹玄酒有遺味，一唱而三嘆有遺音，蓋聖人常以性之近者導人也。夫齋特非於口也，而實齋於心。夫齋於口者，則諸味之所不能遯者，齋於心則又睿知之所從生，而飲食之所不能囿也。然而最眞最切者，無如飲食爲耳。《記》云：「飲食男女，人之大欲存焉。」故首說一飲食，繼說一造端夫婦。今之人既不自知其不知味，又視學術與知味無關，是終身日用，業已失性之眞。而欲以一時知鮮，窮性之量，豈可得哉？夫性有乖而必露，情無溺而不流。若以不知味之人爲道，無異糞丸而擬質隨珠也。聖人故不得不首惕之。

54.〈稱惡辨〉

夫意見不明，而誤認人之惡爲善，其過小；宅心不平，而強執人之惡爲善，其過大。夫惡宜痛絕之，不宜稱之也。稱者，必借人之惡以自飾者也，又必其利人之惡而相濟者也，是將是非倒置、可否失衡、惡人高張、善人暗塞，殊可深惡？若以爲說人惡，即非忠厚而惡之，是宜言說惡不宜言稱也。夫終身未嘗言人過失，生平未嘗臧否人物，終日談未嘗及時事，此特三代以下，士人德行，恐非聖人大中之道，此特亂世專爲保軀謀耳。且其流將至其術視同俗爲鄉愿，又將篤厚周愼爲胡廣之中庸，殆

有過之。竊意聖人之惡，又宜在此不在彼，聖人第曰：「誰毀誰譽而已。」非其並善惡，而一切不及也。舜之隱惡，蓋從問察時論隱之便，可不阻人耳，是論人非論道術也，隱痛之耳。《風雅》三百篇中，刺淫匿憂時事者，何直切也？而聖人且以爲溫柔敦厚。《春秋》之義，不虛美、不隱惡，一字褒貶而人心之懼歟，直道在焉，且得謂之稱惡否？即孟子所：「人不善，當如後患。」何恐其言一事而壞及終身。言一人即劁貼世事，此苦心之言，非辟患之言也。而概以稱惡爲說惡，使人必阿容忍默而爲後忠厚，此第以訓浮薄則可耳。明於道術者，當不若是。夫子又謂：「君子成人之美，不成人之惡。」夫稱人惡之心，即成人惡之心也，是安得不惡？若第以說人惡爲失厚，舉世誰不知惡之，恐不獨君子。

55.〈浮雲〉（萬曆刻本）

孟子說四十不動心，並不可說心不動。若說心不動，便不勝倚著了。夫子說不義而富且貴，於我如浮雲。並不可說，我視如浮雲。若說我視如浮雲，便不勝粘帶了。不動心是活，心不動是死，於我如浮雲是安，我視如浮雲是勉。且說心不動，即心已動了。說我視如浮雲，便不可爲浮雲矣。

56.〈時中〉（萬曆刻本）

忌憚即是戒慎恐懼，性也。《中庸》一書，無非欲人明善。然單說善，尚恐人以善爲不善，以不善爲善。即說仁義禮智信，安知無執一而差。縱說時中尚可假借得，直以小人無忌憚相反，人方無躲閃處。夫子言君子三畏，正與小人之狎反。唯君子則無不畏，唯小人則無不狎。要知慎獨是天命之謂性，率性之謂道，修道之謂教。眞傳要旨「無忌憚」三字，尤醫千古人對病之藥。若今人祖述宋儒主敬說，終日靜坐泥塑，說常惺惺法，未免隔一關也。

57.〈不與退〉

聖人只與人進，寧與人退？退是不肯向進，若與退卻是棄人度外，便爲己甚。故人潔己，進只與今日能潔，寧保往者不潔？看不保其往，則來者之當保可知。蓋彼既有意來學，則往者有所爲，故應一切勿問我。既有意教他，則後有所爲，自當急與維新。故曰「往者不追」，又曰「來者猶可追」。今人徒以「不逆將來」一言誤解與退。若謂將來我可勿保，如是，則今日方洗心而學道，明日便可任意而爲非。縱不於學人分上開一

縱容之條，卻於教者門中生一解免之路。近世有壞師門學術，人多口實，其爲患不小。朱子云：「許其既退而爲不善也。」義本嚴明，何可不守？朱子又云：「不追其既往，不逆其將來。」即孟子往者不追，來者不拒之說也。」故云「以是心至斯受之耳，逆與順相反」。

58.〈義利〉

喻義、喻利當時象山一辯之令人感泣，今者萬語千言，以爲義中有利，利中有義。分剖愈析，塗徑轉寬。如孟子說：「舜與跖之分無他，利與善之間也。」一何明直痛快。而今之人轉借之間之說，以爲精密，若利善之間常有相雜者然。夫利善何啻黑白，爲善爲利何啻東西，今不應東行而尚雜於西，西行而尚雜於東也。人情多好善不決、視利無傷，故每好言精密以自解免。若決信得舜跖之所由分，僅一善一利之間，爲狂甚易，爲聖不難。夫人何事甘爲跖不爲舜？亦何苦必趨利不趨善？此心自應日夜傍徨，媿汗不能已。其感泣也，當不只如聞象山之言而已。然則「利善/利義如何辨？」曰：「不爲不欲，此義之善也。反是即利。」「不爲不欲，又如何辨？」曰：「無爲元吾所不爲，無欲元吾所不欲，此所謂性善也。吾人只有這一些可以自靠，反求而即得，甚明白，而不可以欺。所謂嘑蹴之來，寧死勿受。乞墦之行，妻妾唯羞是也。又所謂行求慊心者也。若舍是而求之外，即名理無窮，利中善、善中利之說，未必不紛紜中我也。故無爲不爲，無欲不欲，性地最明，不容夾雜。今若過剖之間，而謂世有相雜之利善，則人豈亦有相雜之眞性耶？豈疑爲疑不爲，似欲似不欲，尚有二三不能自決者耶？孟子曰：『夫道一而已矣。』無可雜也。孔子又曰：『道二，仁與不仁而已。』夫孟子之所謂無他，正孔子之所謂道二也。朱子曰：『近一種議論，欲周旋於二者之間，回互委屈，費盡心機，終不可得爲君子。』此正所謂轉借之間之說爲精密者也。」

59.〈四端〉

孟子劈頭說「人皆有不忍人之心」，欲人識心，故將惻隱之心指爲仁之端，非仁在中，而惻隱之心反爲端也。孟子又說「仁義禮智根于心」，若仁在中，而惻隱之心反爲端，是應言心根于德，不應言德根于心也。若心根于德，則百方求德，心恐有不眞之時；惟德根于心；則一味求心，德自無不眞之處，故曰「學問之道無他求，其放心而已矣」。《孟子》一書，

專爲性善說也。「然則仁義禮智，可謂非性乎？」曰：「《中庸》言性之德
也，謂之德則可，謂之即性則不可。于文生心爲性，惟性善，故心善，
心善，故隨所發無不善，而有四端。端者倪也，有端倪不可不窮分量，
故須擴充，故曰『盡其心者，知其性也。』擴而充之，便是盡心。知仁
義禮智之根于心，便是知性，若仁在中，而惻隱之心反爲端，是應言反
求，不應言擴充也。」

60.〈欲惡〉

子曰：「富與貴是人之所欲也；不以其道，得之，不處也。貧與賤是人之
所惡也；不以其道，得之，不去也。」處、去非從身言。

凡能逐所欲之謂處，能無累於所惡之謂去。世人只見欲惡不見道，聖人特
提一道字，說個不處不去。聖人亦未嘗不欲人想富貴脫貧困，但只要道上
明白，富貴原實有富貴好處，如曰「廣土眾民，君子欲之中天下，而立定
四海之民，君子樂之是也」。貧賤原自有貧賤好處，如曰「彼以其富，我以
吾仁；彼以其爵，我以吾義，吾何慊乎哉，是也」。蓋人心即爲天理，天理
原不拂人心。以道，如堯舜之達眞是可欲，如孔顏之窮實無可惡；不以道，
如臧文仲之竊位安見可欲，如陳仲子之居於陵殊爲可惡。舊說專以身之富
貴貧賤論去處，夫富貴貧賤皆非人所能處且去也。雖然不處，猶可言也，
或卻而逃之可也。若不去，豈唯君子，雖常人其有能去之者乎。且南河陽
城不能終舜禹之辟，風雷拔木終以述周公之召，即富貴亦非人所能不處也。
豈唯不能，縱能之不過賢人以下苦節砥行事耳，其于聖人與道委蛇一團、
仁體流注，尚不知其幾千里隔。子曰：「邦有道，貧且賤焉，恥也；邦無道，
富且貴焉，恥也。」若有意，不處不去是獨有無道富貴之恥，而絕無有道
貧賤之恥也。《中庸》曰：「素富貴，行乎富貴；素貧賤，行乎貧賤。」如
不處不去是獨有行乎貧賤之自得，而絕無行乎富貴之自得也。適有友爲余
傳是說，余聞之驚汗久而益恍然悟，因知聖人之道，盪盪平平如是，未可
以賢者之見，窺聖人之心也。子曰：「人莫不飲食也。鮮能知味也。富貴自
有富貴之味。唯能處者知之。貧賤自有貧賤之味，唯能去者知之。」或疑
既言道，又何言仁，何又說成名。夫名，名教也，言道猶名也，徒言道不
言仁，則恐濡忍富貴者，心不必實處，而自託能處以濟其私；勉強貧賤者，
心不必實去，而自託能去以飾其高。縱名爲君子，實非君子，故曰「君子
去仁，惡乎成名」，說到仁方於道處親切。故如好好色，如惡惡臭方爲誠意。

民好好之，民惡惡之，方爲絜矩。《中庸》曰：「率性之謂道。」又曰：「修道以仁。」此之謂也。

61.〈知命解〉

君子何以貴知命？曰：「畏天命、畏大人、畏聖人之言者。」君子也，若不知天命，即不畏，即狎大人、侮聖人之言，直無忌憚之小人也。故曰「不知命，無以爲君子也」。何以言畏天命？曰：「作善降祥，作不善降殃，惠迪從逆凶。」《詩書》言：「天命不出。」此即《中庸》所云：「栽培傾覆者也。」善即福，不善即禍，無念不善即無不福，一念不善即無不禍，得不畏耶？然唯君子知命，故不敢不畏。若以爲不可奈何，而安之若命，此特莊列之知命，非夫子之所謂知命也。夫以爲不可奈何而安之，則其視命也，真氣數之適然，其來吾不能卻，其去吾不能止。舉古聖賢小心昭事，感格凝承之理，一切都置不道，而徒以悠悠曠達當之而已，蓋其說疑於俟命而實非俟也。《中庸》稱「居易俟命」，《孟子》稱「行法俟命」。夫俟之心，正畏之之心也。一毫不敢期必，一毫不敢悖違，此其敬畏何如，而顧可以悠悠曠達當之哉。《孟子》又以殀壽不二，修身以俟爲立命。夫壽縱百年不可姑待明日，殀即一息此志不容少懈，此君子之所謂修身俟也。非不可奈何，而姑安之之謂也。故以修身爲俟，則凜然爲善，凜然去惡，天人感應，毫髮不差，君子所以畏天命也。若以不可奈何，而安之爲俟，則何言爲善何言去惡，氣數之遭，直付之造化，而我無心焉，小人所以不知天命而不畏也。則孟子於堯舜禹之禪讓，則曰「天也，非人所能爲非歟」，曰「言天則必謂自民視聽」。又謂「禪繼義一」，則亦以理言天，而未嘗以氣數也。夫理之流行即氣數，元無二也。故善降祥，不善降殃，正「莫之爲而爲，莫之致而至」者也。若小人不知天命，則妄意爲之，而未必爲，妄意致之，而未必至，而不免行險以僥倖。夫曰「非人所能爲」，正爲行險僥倖者說也，而非人之果不能爲也。故道之將行將廢，則曰「命不遇魯侯」，則曰「天栖栖」。列國立聘梁齊，正孔孟修身以俟命處。昔子夏亦謂：「死生有命，富貴在天。」夫自不知者觀之，直將以爲無可奈何；自知者觀之，有命在天其可畏宜如何也。故繼之曰：「敬而無失，恭而有禮。」蓋聖賢之言命類如此。余懼世人言命者，盡以莊列之安爲俟，而不求諸君子之畏也，作知命解。

如何是天命？曰：「《易》：『遏惡揚善，順天休命。』《書·皇極》：『毋作

好，毋作惡。』《禮》：『教民平好惡，而反人道之正。』則知天之命，不過一福善人之心，不過一好善。故曰『天命之謂性』。舜武之受，受此者也，文之純，純此者也。不然何誠身處，特言明善禍福先知處，特言善不善。至如孟子說無道之天下，而有文之仁，則必爲政，頑囂之瞽瞍而有舜之孝，則必底豫。蓋萬有不齊之內，終有一定不移之天。天無不賞善者也，無不罰惡者也，人無不好善惡惡者也，故曰『天命之謂性』。」

天道福善禍淫，所謂福禍者，非壽夭窮通之謂也。有夭不爲禍者，顏子是也；有壽不爲福者，盜跖是也；有通不爲福者，桀紂是也；有窮不爲禍者，孔孟是也。薄德厚享，是則爲禍；厚德薄享，是實爲福。《洪範》曰：「予攸好德，汝則錫之福。」《詩》云：「永言配命，自求多福。」《禮》云：「賢者祭，必受福。」世所謂福也，內盡於己而外順於道之謂備，備之謂福。今人誘咎於命，動輒言顏之夭與伯牛之疾，曾不知夫子所謂不幸短命者，正言德也。傷其上不得爲舜之受命，次不得爲湯武之俟命，而徒以未見其止終也，即執牛手而曰「命得非進之以命」，而欲牛之自反，所謂盡性至命者乎。其再曰「斯人也而有斯疾也」，使牛可以省，他人可以懼。使謂牛不宜疾而竟疾，顏不宜夭而適夭，如世人誘咎於命，則是夫子方以不怨天自明，而尚未免以怨天之心待二子也，必不其然。古人之所謂命，非今人之所謂命也。郤子曰：「命在養民，死之短長時也，民苟利矣，吉莫如之遂遷繹而卒。」君子曰：「知命成子受脤不敬。」劉子曰：「民受天地之中以生，所謂性也。是以有動作禮儀威儀之，則以定命也。」故能者，養之以福；不能者，敗以取禍。今成子惰棄其命矣，二子之言皆深知天命之謂性者。程子云：「書言天序、天秩、天有是理，聖人循而行之，所謂道也。」既知道如是，即天命之性，亦可理會。朱子云：「命由令也。」此言最確，凡人要做事都實有天默使，豈不是命。故惡人放肆，便是悖違天命；善人敬謹，方是順承天命。

62.〈鄙夫〉

古人論鄙夫患失，至吮癰舐痔、弒父與君無不至，斯其下也極矣。然而據夫子所第，尚有穿窬之盜與德之賊。夫以名論則鄙夫輕而盜賊重，若以事論則無不至之惡，而盜賊之行又宜何加也。要知從道術中論，則有道有賊；從世俗中論，則有鄙夫。盜賊雖不肖，然尚有好名畏義之心焉。若鄙夫則何知是非、何知好醜？盡忘我之身名，以趨世得失。元未嘗一有我之品識，

以衡量世得失，而無不至，無怪已，故曰「不可與事君」。蓋今之從政，斗宵之徒是也，其歌雍、舞八佾、祿去公室政逮大夫無不至，而竊位之爲，穿窬乞醯讒妄之爲，鄉愿其輕已。是故君子銳心於眞學問，方可以不爲盜賊。若肯稍庸心於學問，尙可以不爲鄙夫。《傳》云：「學，國之殖也，不學將落。」是以衰世亂國之士，誣善之人必先去其學。

63.〈先覺辨〉

至誠先知不過一明善，天下禍福與善不善符應絲髮不差。常人不知禍福，只爲見善不明。至誠既明善，辟如天下百工技藝，苟一造其至，即成敗得失分數，便可以逆計，無不審。致誠盡民物，窮古今，貫幽明，洞天地，不過若民情日用之在目前，最是了了，又何不先知？又如古醫師之制方書，其言人脈理症與死生之故，不啻燭照，雖在千百世之上看千百世之下，無能一逃，如此見得親切，方曉得先知境界，故曰「至誠之道，可以前知」。道者，至誠知之，人人亦可以與知之者也。非其知人所不能知，而以爲異也。終是有隔礙處。若異便不是道。「然則先知與先覺有辨否？」曰：「知是洞悉之於我心，覺則便有開通人心，使之潛移默奪處。《漢書》云：『事覺伏誅。』《律令》云：『互相覺察是眾人皆知，而心有感動之謂也。』故伊尹云：『先知覺後知。』五字纔寫出一覺字，隨繼云：『先覺覺後覺。』又自以爲予天民先覺，將以斯道覺斯民。看來人不共知，便知到極頭，只可言知，不可言覺，故古稱明道覺人。《詩》云：『有覺德行，四國順之是也。』《論語》：『不臆不信。』抑亦先覺。臆則推度彼己間，以求相信，先覺則感動人心，無所用推度而無不信。故夫子特曰『賢然』。」「則至誠之知，顧不如賢之覺耶？」曰：「至誠初言先知，至成己成物如措之宜，而人人無不知之功用滿。故曰：『成物，知也。』是知即先覺之知。至誠所以一心通萬心，萬心爲一心者也，至不賞民勸，不怒民威，其爲覺更不待言矣。如《繫辭》曰：『可久，則賢人之德；可大，則賢人之業。』則謂賢即至誠可也。」

64.〈大學義〉

文成云：「大學之要，誠意而已。」吾深以爲然，但說誠意微不同誠意者，知修身爲本，即實實修身爲善去不善。如好好色、惡惡臭，方是所謂善者。只是人倫止至善，若小人爲不善而著善，即不知修身，又何言誠。

善不善非對立者也，出乎至善卻是不善。人之一身，意爲主，到誠意則已壹意于善，無復有不善。但/俱用情處未免有所之，其所亦至善累也。故須正修，故曰「德潤身，心廣體胖」，故君子必誠意之爲正心樞紐也。曰「無情者，不得盡其辭，大畏民志」，見誠意之爲齊治平樞紐也。予故亦曰：「大學之要，誠意而已。」此漢書已提出，不獨文成也。然文成又云：「誠意之功，格物而已，誠意之極，止至善而已，止至善之則，致知而已。」說得翻弄鼓舞，只緣看誠意不作實修身，故未免多出枝節。古本經文直捷可明，此予所謂微不同者也。昔人以韓子原道不及格致，爲不知《大學》。由今觀之，正深知《大學》處。《大學》一書，無非格物也，豈必另言所謂致知？只是知修身爲本，更無別有知處。修身者，人人修身，即「明明德於天下」是也，六字便該一部大學，故曰「壹是皆以修身爲本」。韓子云：「古人之正心而誠意者，將以有爲也。」此明發修身爲本，義極精切，何須另言致知。誠意者，知修身爲本，即實修身爲善，去不善，如好好色，如惡惡臭，方是人之一身意爲主。唯今人不把知修身作致知，卻視明明德於天下之外，尚別有一種學術，一番見解，方爲致知，所以《大學》益不明。故曰「韓子深知《大學》」。

　　《大學》言絜矩，矩者，方也。既有種種名目，便有方所，故三圖皆取象方。若〈太極圖〉，道理總包，無可方所，故取象圓，故性善圖亦從圓。

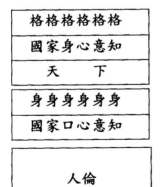

格格格格格格	格物無傳在處是格物
國家身心意知	
天　　下	平天下無傳總之為天下
身身身身身身	身于五處散言，
國家口心意知	而單修身則無可說，其詳在誠意篇中。
人倫	人倫之理是至善，至善是明德，止至善是明明德，至善民不能忘，沒世不忘是親民。

65.〈知天命〉

　　五十知天命，此聖人之極至之造。從五十以前，志學者立不惑，此聖人好學日新與年俱進事。從五十以後耳，順從心不踰矩，此聖人好學無己，

至老不退事。知天命即《中庸》知天地之化育也。若是知得透徹。如知性知天而盡心，恐止是不惑事，不消到五十。《易》曰：「大人者，與天地合其德，與日月合其明，與四時合其序，與鬼神合其兇，先天而天弗違，後天而奉天時。」此知天命之是德業也。孟子曰：「所存者神，上下與天地同流。」此知天命之實精神也。唯五十方有此造位前之志學與立已實有見，此後之耳順、從心，亦不過優遊乎此而已。夫耳順而一聞一見，若決江河，從心而周旋中禮，盛德之至，此皆聖人所優爲事。豈知天命時尚不能然，直至六十、七十始能然耶？凡人至六十則志雖存而形易懶，故稱耳順，蓋自信其耳之能爲用也。凡人至七十則不唯形易懶而心亦難持，故稱從心，蓋猶覺其心之能爲主也。此聖人深慮其衰而幸其能不衰，所謂不知老之將至者也。若說五十後重有此兩進步，則豈耳有遺聰而輒能知天命，亦豈其矩尚違心，而遂可謂知天命耶？此必不然。驀頭提出一個志字，尚我爲運用，末方點出一心字，復還本體。其實一生不過以天命相始終而已，此尤學問大頭腦處。

66.〈鬼神〉（萬曆刻本）

世間人凡有所爲，便可見；凡有所言，便可聞。且當其爲時，無不欲人見者；當其言時，無不欲人聞者。夫即此欲見欲聞心腸，并可見可聞的事業，其于世能幹旋幾何。夫子特將微之顯鬼神揭出，說鬼神即世間伎倆功能，一切超越，而于天載無聲無臭者冥合幽贊。故視弗見，聽弗聞，體物不可遺，其爲德盛如是。所謂德者，行道而有得焉者也，非虛論理氣曲伸往來之謂也。所謂誠不可掩者，正是鬼神實得處。所謂誠者何？善是也。人之仰鬼神，只爲能福善禍淫，鬼神之所以福善禍淫，全是一段至善。欲人人俱爲善。故福而不敢喜，禍而不敢怨，祈福免禍，而終凜凜不敢。必使天下齊明盛祭，洋洋如在，可格思而終不可度，且射者，誠故也。倘一出乎誠，便入乎僞，僞則感格幾關，自然阻礙，縱有功用，總不出向來見聞窠臼，烏能不可掩如是？故德盛到鬼神作用，纔無蹤跡；至誠到合鬼神精神，纔無滲漏，故曰「禍福將至，善必先知之，不善必先知之，故至誠如神」。夫禍福而必要之善不善可見，鬼神所以能司禍福者，唯其實欲人爲善去不善。至誠所以如神者，唯有善無不善也。「成己成物，時措之宜。」善之謂也；「不見而章，不動而變，無爲而成。」如神之謂也。又曰「質諸鬼神而無疑，知天也」，天之道只是一個善，故明

善誠身，推本天道。至誠知天，是能以人道見天道，即以天道爲人道者也。至於世法世則有望不屢，其與體物不可遺，豈非同一消息？夫子言庸德庸言，既詳而特揭鬼神微顯，即首章〈不睹不聞〉，與末章〈闇然日章〉，其機緘脈絡全在是，君子不可不深思焉。《中庸》詳說誠之是人道，誠字卻從鬼神點出。可見不待生存不隨死亡，徹始徹終，曾無止息，唯此誠而已。

67.〈忠恕〉

忠恕之說，非特諸子百家不能及。即上古聖人亦未嘗言，故夫子以爲吾道，而曾子亦以爲夫子之道，說忠恕詳於道。〈不遠人章〉曰：「違道不遠，施諸己而不願，亦勿施於人。」曰：「君子之道四，丘未能一焉。」庸德之行，庸言之謹，此中庸之至，人人皆可以爲之，而人人皆不能盡之者也，然唯夫子使發之。古來如堯舜執中，禹建極，湯建中，文武純與敬，皆未嘗及忠恕。即不辜、不經，檢身不及與人不求備，非不深體忠恕之實，而未嘗明揭忠恕爲教。可見群聖人之道，皆各造其極，夫子之道，則默立其極。各造其極者，尙未免出一面目；默立其極者，終未嘗自出一面目。群聖人各以聖人爲天下，而夫子要使合天下爲聖人，眞所謂教萬事無窮者，賢于堯舜遠歟。生民以來，未有於斯更見實處。《魯論》中如曰：「爲之不厭，誨人不倦。」曰：「躬行君子，爲之有得。」曰：「躬自厚而薄責于人，則遠怨矣。」曰：「不怨天不尤人，下學而上達者。」此忠恕之教之實也。在《大學》則藏恕絜矩，在《中庸》則至誠無息，肫肫、淵淵、浩浩皆是也。孟子：「反身而誠，強恕而行。」又：「行有不得，皆反求諸己。」「君子有終身之憂，無一朝之患。」豈非獨承孔氏之脈歟。故夫子初言一貫，正的指在是而不明言。曾子之唯，蓋已確然見事，而不待顯言也。非其初之唯者，別見一境界，而後之言忠恕者，乃更借一門戶也。聖門最稱穎悟無如子貢，然初曰一貫，至問終身可行，而後曰恕。當其言一貫也，尙不知其爲忠恕也，及其言恕而始知其可貫也。是則一義而須再告，又必帶明言而不能自發者，其爲分量懸矣。今人謂曾子眞積已久，夫子方以授之。按曾子之年少夫子四十六歲，其受當在二十五以前，夫子尙自稱三十而立。然則夫子之言特先機之指點，非事後之提醒也，而曾子遂能直唯無疑。《記》稱「參也魯」，夫子自居爲忠信，魯于忠信爲近，故其唯忠恕也無難。不然，即以穎悟

之賜，而終不免徘徊「屢中之域」。嗚呼！此古今入道大機括也。說者謂顏子明睿，不別有入乎？曰「不違」，如愚非眞明睿見者也。蓋至若無若虛，故曾與顏無二脈也，二便不足爲夫子之道。孟子言「堯舜之道，孝弟而已矣。」「觀所求乎子以事父，未能；所求乎弟以事兄，未能。」即孝第全要忠恕做。今古說堯仁舜孝，若以此責人，人尚可諉曰「不能」。若以忠恕責人，如俗云「將心比心」，人便不可諉曰「不能」。故知夫子之道，獨立萬世之極。

〈贊〉

夫子之前未言忠恕，夫子之後不識忠恕，唯曾、思、孟獨祖忠恕。故知聖道只是忠恕，求人、非人唯恕喻人。君子絜矩父母，斯民不善，好惡菑身。故知一貫只是忠恕，不願勿施，是不違道。子臣弟友胡不慥慥，至誠無息，配天浩浩。故知一貫只是忠恕，老幼推恩，唯心所度，約以修身，胡施不博，強恕爲仁，反誠是樂，故知一貫只是忠恕。

68.〈爲仁由己〉（萬曆刻本）

世間做事由己不由人，萬事皆然，何獨爲仁？且萬般由己，雖三尺童亦莫不知，何尚以告顏子，又何爲獨以告顏子，要見爲仁殊不易言。群弟子問仁雖多，夫子告爲仁者二：一則曰：「克己復禮爲仁。」一則曰：「能行五者于天下爲仁。」若其他止一端，即先難後獲，但己可謂仁矣，未許之爲仁也，必至行五者于天下，而後謂之爲仁。然隨事數效尚可期必，唯至一日克己，復天下歸仁，到此末免堯舜猶病，似乎由人不由己境界。故夫子直決其機，以全天下付授，眞非顏子不能承當。若仲弓所請事，不過家邦無怨，其分量未免懸隔。今人做事動輒尤人，到得分量未滿處，雖賢者亦將以爲我無如人何，未免放下，唯古聖賢終不肯放下，如曰「篤恭而天下平」、曰「其身正而天下歸之」何等決截。故曰「永言配命，自求多福」，此眞由己不由人之明証也。

69.〈克復〉

《易》云：「子克家。」克己便是能己，克己自然復禮。日之運行於天，每日一遍。一日克復，即克周遍毫無滲漏，故曰「天下歸仁」，此獨夫子所能，亦顏子所可幾及，故特語之。若非禮，全是「知誘物化」，與己絕不相關，故勿，則己之所以爲己也。非禮皆勿，則一身自全，故曰「一

日克己復禮」。今若以己爲己私，欲克去之，此不過常人制私事。夫視己爲不善之己而欲去之，何等艱難。若視己爲本善之己而務還之，何等易簡。故「克、伐、怨、欲」不行，夫子以爲難，不以爲仁，不應以克去，尚告顏子也。故曰「有不善未嘗不知，知之未嘗復行」，正顏子純粹絕無沾染處，非其身有不善而後去之也。若有不善而後去之，何言不遠，復一日是終日。若以爲一朝決斷則志氣猛迅，但可以語學人而不可以語顏子。「或疑一日用力何如？」曰：「用力嗜欲玩好，則力有不足者矣。唯用於仁，即愈用之愈無不足，故云「一日」。夫力無不足，正夫子所謂己也。夫用力，力無不足，正夫子所謂克己也。」

70.〈知之次〉

竊嘗疑夫子至聖，其知何止爲次，說者以爲謙，非也。唯知之次，所以爲夫子。古稱堯舜性之也，是堯舜眞生知。若夫子而亦生知，則亦爲堯舜已矣。而所謂賢于堯舜遠者，幾不可見矣。夫唯有堯舜之心而不有堯舜之面目，是所以爲夫子。世之人多聞多見，夫子亦多聞多見；世之人擇之識之，夫子亦擇之識之。坦坦平平共游天下萬世之常，而特立天下萬世之極，所以爲賢于堯舜遠也。且夫子非徒自處學知而已，曰「發憤忘食」，困也。又曰「終日終夜以思，無益」，困也。必如是乃爲眞好學。昔人有言，孔父非不體遠，以體遠，故用近。顏子豈不具德，以德備，故膺教。不知而作，孟子所謂：「行不著，習不察，終身由而不知其道者也。」予深以爲知言。

71.〈賢不肖〉

孟子說：「賢不肖相去不能寸。」夫子弟不中不才，何至並及父兄？父兄即棄不中不才，何至遂下同子弟？由今看來，所謂中、才者，將於才技功能乎？亦于人倫道德乎？若以才技功能，則父兄之賢豈弟子所能盡攀，而子弟不肖，亦何能大爲父兄之累。宜其言之，若未切至耳。唯從人倫道德論，設弟子不孝而逆祖先，父兄輒任之逆祖先，將得爲孝乎？推此，而夫婦之間或乖戾傷恩，或昏悖干分；朋友之間或殘賊破義，或巧詐蔑情，父兄可泄泄坐視乎？可謂子弟事，一言再言，不聽，遂付之無可奈何，而卒終乎其關切也。元屬一體，其蔓延也，終無兩勢。非姑息縱惡謂之不愛子弟，實安忍樂禍謂之不知自愛。如是而弟子不中不才，父兄則目曰不中不才，

豈爲苛責。今人或以父兄之賢，遇子過惡姑爲容恕，此在鄉里持厚則可。若父兄寧可以之自便，古來既有不可亂之名教，居常更有不可窮之流弊。教子弟非爲子弟也，乃以爲成其父兄也。教得一分，方是自己一分進步。又知過責父兄非爲父兄也，更以迫其爲子弟也。受益一分，方寬子弟一分心事。故曰「故人樂有賢父兄也」，原從子弟身上看。

72.〈成章〉

象山以孔子登泰山爲立本，天地生育始於東方，生氣鍾于泰山，泰山之上，不生草木，而發育之功，直偏宇內，故泰山稱岱宗。登東山小魯；登泰山小天下，此聖人之達也。夫魯與天下原非外，得不小乎？即吾心亦具有魯與天下，可謂聖人獨小之乎？若說觀海便不是海，盈科而行便我不是海；若說遊聖人之門便不是聖人，成章而達，便人人皆可以爲聖人。狂簡者，成章而裁，尚費一重轉手。志道者，成章而達，卻是一條直路。成章是美大，達則化矣。成章是闇然日章，達則至矣。水之瀾、日月之明，容光必照，皆成章而達一理會處。

73.〈弗如〉（萬曆刻本）

聖賢只有一個精神，疊疊不肯放下，便是萬古常流不息處。「躬行君子，未之有得」，此夫子之精神也。「雖欲從之，末由也已」，此顏子之精神也。到子貢說「何敢望回」，便幾乎與孔顏精神一條線路，故曰「吾與女弗如也」。至曰「然而無有乎爾。則亦無有乎爾」，此又孟子之精神所爲續孔顏於不已者也，人卻疑孟子自任。夫孟子之說，孔子也，直謂生民以來，未有敢自謂己有哉。謂未能有行，即夷尹尚然，況孔子哉。

74.〈深造以道〉

凡學以知解精研求者，愈精研即愈桎梏。學以行誼敦篤求者，愈惇篤即愈倍馳。足知造雖深，未必眞得者，唯君子之深造必以道。道者，率性者也，以道方自得，自得者非外鑠，我固有之者也。故自得方居安資深，到取之左右逢其原，其原即我固有之也。凡人誰不以固有者用，而曾不知其爲用，眞所謂對面不相識者也。逢者無心而忽遇之謂，亦又久隔而重親之謂，左右逢原即隨所應用本體自還。而我之所爲深造者，始無幾微毫髮之滲漏。富有大業、日新盛德，皆於是在，此自得之實益也。蓋非以道之君子不能有之，故云「終身由而不知其道者眾」。；夫終身由，

亦可謂深造矣。而不著不察即所行習者，祇從名義上周旋，形跡處檢點，而固有者茫無于涉。故曰「愈惇篤愈倍馳」，又云「所惡于智者，爲其鑿也」。夫鑿者于造非不最深，然從素隱起，知不于易，知起知者也。夫以利爲本，吾固有之智，何嘗不洞然。而乃以屑屑然人力過求爲哉，故曰「愈精研愈桎梏」。《中庸》說：「君子無入不自得。」孟子說：「契之教人以人倫，使自得之。」兩者便是深造以道法程。王文成云：「不離日用，常行內，直造先天未畫前。」形容逢原最親切。

75.〈山梁雌雉〉

翔，和洽也。稚爲離離，爲文明又士贄也。「山梁雌雉。時哉！時哉」，所謂翔而後集者也；「子路共之，三嗅而作」，所謂色斯舉矣者也。《鄉黨》一篇，終以是義可見。夫子太和元氣與物同流，而一有行，行者參其間，遂不免有翻然之感。此亦修身處事之一鑑也。嗚呼！虞庭獸舞，志聖之隆。山梁雉時，志聖之逸。

76.〈成己〉（萬曆刻本）

「仁者，人也。」所謂二人爲仁是也。如是，方見得「親親爲大」。孟子何又曰「合而言之，道也。」由我而言，則有人；盡人而言，則爲合，如曰「父子、君臣、兄弟、夫婦、朋友」。所謂仁也者，人也；曰「五者天下之達道。」所謂「合而言之，道也。」唯有合人之道，方有修道之身。故曰「成己，仁也。」「然則成己之外，復有成物；盡性之後，復有盡人之性。何耶？」曰：「舜之大孝，正所謂親親爲大也。如舜盡事親之道，而瞽瞍底豫，成己也。瞽瞍底豫而天下化，天下之爲父子者定，便是成物與盡人之性。」「然則成物者，別無道耶？」曰：「《中庸》正恐人之求諸物也，故特曰『自成自道』，而即曰『所以成物』，然必至誠無息，直到高厚悠久，而後覆載成之用弘是成物，雖無他而功化，需積久也。如舜懸德升聞，尚成己時，事到後，便從欲以治四方風動。若論舜之德只是如此，非初時有一道，而後來化天下又有一道也。大凡德到積久即精神光彩，別是一番感動，非人可測。」「然成物又云知者，何也？」「至誠如神，善不善必先知，是正其所以斡旋成物處。然知善知不善乃實明善，原非成己外事也。故曰『仁者，人也。』總之包含在內了。」

77.〈致曲〉（萬曆刻本）

至誠，誠也；至聖，明也。致曲所以誠，崇禮所以聖也。曲者何？禮儀三百，威儀三千是也。發育峻極皆此也。凡禮到委曲至處，便充周布濩，君子以致曲為實心，以崇禮為能事，即覆物、載物、成物之業，俱不出議禮、制度、考文之外也。合之則所謂經綸天下之大經。然又經曲異言者，到至誠即渾全有餘，當至曲即推廣無盡也，立本知化育即經綸極功也。《中庸》書出自《禮記》，原為禮作。故聖誠，禮之至也；戒慎恐懼，禮之精也；無忌憚，禮之反也。故古稱六德，曰「知、仁、聖、義、中、和」。不言信者，誠即信也，合六者便為至誠。不言禮者，六者皆所以崇禮者也。六者虛，而禮則實。聖門多人授受，唯告顏子獨言復禮。

經曲二字正相對。如*云「經緯」。經是直的大經，如路有十里，一總看十里，最是直捷。若不知大體，或三里或五里細細分殊，是為致曲，合來卻未嘗不是。朱子以一偏為曲，正此意。對大經言，即曲處便是一偏。孟子云「經德不回」，是性之事。君子以行法為言法，便委曲。

78.〈性教圖〉（萬曆刻本）

〈性圖〉

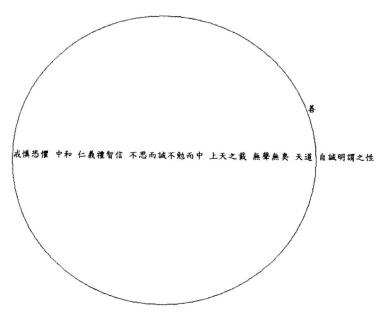

戒慎恐懼　中和　仁義禮智信　不思而誠不勉而中　上天之載　無聲無臭　天道｜自誠明謂之性

〈教圖〉

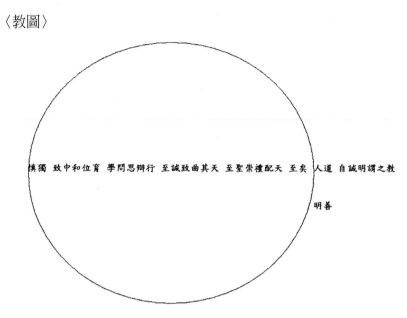

慎獨　致中和位育　學問思辯行　至誠致曲其天　至聖崇禮配天　至矣　人道　自誠明謂之教

明善

至誠無息處，點出文德之純，文之施於天下者顯，故不論其道，只論其心。三重王天下後，極贊仲尼祖述憲章、上律下襲。仲尼之施於天下者未顯，故不論其心，詳舉其道。至誠性德則曰「仁」、曰「知宜」、曰「義誠」、曰「信」，四者所以爲精神，而周世不息者也，屬虛形一邊。君子凝道則獨曰「禮」。禮者，所以爲行事而成身不過者也，屬實體一邊。

〈論語圖〉

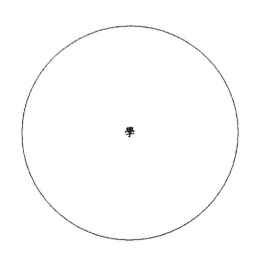

學

79.〈問孝〉（萬曆刻本）

問孝四章，夫子答各異。說者以爲因病而藥。夫因病而藥不過達問一端

耳，夫子鈞陶大德歟，群弟子佩服深心，何從窺見。夫當時及門之徒，蓋三千焉，豈盡無一言教誨。即高第七十有二人，計其問答，亦當數四不置，而魯論所述三十人止耳。夫子之言，本無高下，特諸人之造自有深淺。唯其深造篤行之久，各成其德，各達其材，使恍然能憶夫子之授我，與其授他人者何若也，而特筆之於書以志。故從一言稱述，即為其人終身之品局。如顏稱復聖，以「克負」。子夏獨傳詩教，以「可與言詩」。遊聖人之門，蓋真難為言也矣。言孝之異，乃弟子行成後之異、見定後之異也，初何必疑夫子之言之異，且天下道理，本無可異也。夫子自嘗曰「下學上達」，又告人再曰「一以貫之」，故數十人中，此不必聞彼之聞，彼亦不必得此之得。唯一有所言，即以終身佩服，是所以為善學，是魯論所以為傳萬世無窮。末世去聖已數千載，又多是凡人資見，乃欲盡為講解，講解愈多心愈惑。嗚呼！是直數他人貨物何益自己實用。

80.〈春秋〉（萬曆刻本）

《春秋》天子之事，說者指命德討罪言。夫《春秋》特是非之書，非賞罰之書也。然則何言天子之事？夫志一家，不過士大夫之事；志一國，不過諸侯之事。《春秋》者，直以一國之史志天下，故稱天子之事。如是，又何以知我、罪我者，非獨世衰道微大義不明，亂臣賊子懼為己患也。凡人意見之所不及，即同異易生，力量之所不到，即雌黃未免。《春秋》之作，遊、夏尚不能贊，況其他乎？故後之邪臣，至有以為腐爛朝報不肯進。講者即當時更可知矣，豈必行天子之事，乃罪哉。夫子而果行天子之事，則真無辭乎罪也矣。《春秋》雖是是非非，其歿者，無由取人追賞之罰之。即存者，亦不能執其人明賞之罰之也。夫子自言其義，則竊取之矣。夫既謂之竊取其義，則非明試其是實，益可知也。又曰「我欲載之空言，不如見之行事之深切著明者」，夫著作，故所以為行事也。今徒誤認見之行事一句，而直以《春秋》為行天子事，義殊不然。

81.〈闢楊墨〉

世疑孟子好辯，只自任距楊墨。然自〈墨者夷之〉與〈楊子為我〉兩章外，並不及楊墨，不應距楊墨之言盡削不存也，又不應諸所泛論辯皆為楊墨。余嘗反覆思之，楊墨之罪直到無父無君，孟子首曰：「未有仁而遺其親，未有義而後其君」此便是距楊墨大端矣。一書無非說仁義也，說

仁義即楊墨不距而無不距。且孟子道性善。性，仁義所出也。道性善則楊墨敢自外名教，而終不能自外本性。故曰「萬物皆備，誠身強恕」，其全也如此；曰「親親仁民，仁民愛物」，其別也如此；曰「得志兼善，不得志獨善」，其用之時也如此；曰「禹稷顏回同道，曾子子思同道」，其權之精也又如此。凡皆性術中流出幾希，一脈直接堯、舜、禹、周、孔子之心傳。而獨閑其道者也，道閑即楊墨自無不距。凡軍戰而勝之陣上，曰「克未戰而遏之境外」、曰「距辨則戰而克也」，閑聖道則不戰而距者也。夫戰而克，即彼縱能服，其傷實多，不戰而距，即我常不敗，其利無形。故曰「能言距楊墨者，聖人之徒也」、曰「今之與楊墨辨者，放豚既入又從而招之」，孟子亦未嘗欲人辨也。又曰「反經而已矣，經正則庶民興，庶民興斯無邪匿矣」，予乃今知《孟子》一書，無非所以距楊墨也。

82.〈掘井〉

凡學重本原，知本原，即淵泉之出，其出不窮。若徒矻矻工力者，是掘井九仞，不及泉者也。即穿鑿之智日深，而活潑之幾愈隱，故孟子以為棄井。凡學務平易，平易則庸德之進，其進無疆。若徒悠然高遠者，是為山，未成一簣者也，即添入之力厚，而峻極之体反虧，故夫子以為吾止。然則其棄也，不在九仞之後，直在掘井之初也。亦不在一簣之後，直在為山之初，是故君子不可以不慎所往焉。《易》稱井通，言其可自得也。《書》稱：「為山九仞，功虧一簣。」甚言其不可竟也。孟子謂：「為高必因丘陵。」《記》亦云：「然未嘗言為山也。」井蓋不一二丈，而可得泉亦有數十百丈，而未得泉者，亦全不在九仞也。

83.〈命過〉（萬曆刻本）

人知《中庸》言性命，不知《大學》未嘗不言性命。《中庸》言性命深而詳，《大學》言性命明而約。如曰「見賢不能舉，舉不能先，命也」，曰「好人所惡，惡人所好，是為拂人之性」，是性命總不出好惡外，第不退不遠人，疑何獨言過不言命，不知過是人命也。是如舜誅四凶後命官，性之實事也。舉皋陶而不仁遠，命之極功也。何可一諉之天，即說命元無分別二。但命屬命德一邊，過則觀過知仁。有愛人之心，而未免優容之過，故屬退不肖一邊耳。君相造命，大君有命，君子盡性以至於命，皆是在人之責，何必言天。如此方見得天命之謂性，無容二視，亦不必

他求，以此知《大學》未嘗不言性命。即詩書言「天命禍福」總不出此意。以道理虛言天命，乃是後儒之事。

84.〈與知〉（萬曆刻本）

人心有仲尼，世駭陽明之說，而不知即人皆可以為堯舜之說也，人皆可以為堯舜，世未深信孟子之說，而不知即夫婦之愚可以與知，夫婦之不肖可以能行之說也。與知之知，即聖人之知；能行之行，即聖人之行。特言愚不肖者，見人人皆可以為聖也。又必言夫婦者，生人倫理由茲始也。夫「淑女窈窕」、「文王雝肅」，自世觀之，以為古今絕德最難能若。自性觀之，實亦無加于尋常本分之當然，而特夫人之多自汨歿耳。故有山妻農女守貞死節，即志士仁人不能過者，此何來耶？真與知與能之一證也。大約聖賢所謂知能，從本根上論，不從枝葉上論，若以枝葉論，而愚不肖有時窮矣。惟以本根論，而率性固未嘗不同也。今之人多從枝葉上用力，故意見太多。伎倆太勝。自視愈高，而厭薄愚不肖愈甚。孟子曰：「道在邇，而求諸遠；事在易，而求諸難。」人人親親長長而天下平。夫愚不肖之於道何不知也？何不可能也？謂世有不能戾天之鳶，不能躍淵之魚，吾終弗之敢信。

85.〈中立不倚〉（萬曆刻本）

中立非特立也，中自無倚，不倚從立來。中者，天命之性，由天者也。中立者，率性之道，由人者也。由天則無倚，由人則不能無倚。故至誠立天下之大本，而曰「夫焉有所倚」。或問：「中可立乎？」曰：「唯立而中始實有於我，不然其不視為穆然淵然，茫無歸著者，鮮耳。故有子云『本立』，孟子亦云『中道而立，能者從之。』」

86.〈絜矩〉

竊疑今之言絜矩者，第以為欲惡與同。曾不言欲惡何事，即言財欲公不欲私，欲舉賢不欲混不賢，於孝弟慈絕不干涉，不知矩從何生，所謂絜又從何準的。蓋至仁親為寶歟，是能容之，以能保我子孫黎民。而後知為人上與為人下者，其老老長長恤孤之真性，皆於是在。好者，順此者也；惡者，悖此者也。慎此之為慎德，不然不到爭奪不已；用此之謂寶善，不然不到用娟嫉與畜聚斂不已。故言「弗人之性，菑必逮身」，好惡至此而後性可明，性明而後矩可絜。夫《大學》諸章未有外孝弟慈而稱

明新、稱至善者也。盡性之謂至，成性之謂矩，故曰「規矩，方圓之至
也」。絜矩何獨言惡人情，欲之勢順，惡之勢逆；順者易推，逆者難化。
故違道不遠，從不願勿施上說。不欲無加，即子貢尚非所及。君子絜矩，
眞須人情所最難者，而推即易者可知。故仁人好惡，止言放流；有國者
以義爲利，止言不畜，正此義也。上下前後左右何細說不厭詳也，說者
以上下四方均齊方正爲矩，非也。篇首三以上稱。不將以上自居，而視
己之身有特出乎眾者耶？苟視己之身有特出乎眾，而其爲驕泰甚矣。矩
惡能絜，夫惟平吾之身設處乎儔人廣眾之中，有時爲上，亦有時爲下，
有時爲前後，亦有時爲左右，視吾與人毫無等差，亦毫無壅隔，而後謂
之能絜矩，故曰「樂只君子，民之父母」。嗚呼！此君子忠信以得之之實
也。所謂得眾得國，有人有財，好義終事，正興孝興弟不倍之明效也。
非君子絜矩，誰能如是。

87.〈不謀其政〉

不謀其政，先儒以爲若君大夫問而告，則有矣，余以爲問而告，非謀也。
魯論言政頗多，群弟子不暇論。如葉公問，則告以「說近來遠」。康子問，
則告以「政者，正也，子帥以正。」可謂謀乎？夫謀者，不只言其理而
深與其事，夫子固未嘗及其事也，第言其理耳。即言之詳莫如答哀公問，
第曰「人存政舉」，五達道、九經皆古今治天下大規模，其見於《禮記》
者，不過成身敬親類耳，曾未嘗一及魯事，可謂謀乎？大凡謀者，深言
其事，知其言可用不可用，某政可行不可行，蓋無其責而以身擔其是非
利害者也。夫言理則我出之無心，人聞之足戒言事，即聽者未必見庸，
而其究易生得失，盡言取禍不審失身，其爲危道多矣，故曰「默足以容」。
往嘗疑夫子之諄諄言政而未嘗默，今乃知其言，而未嘗不默，不謀故也。
「然則顓臾不宜伐，陳恆宜討，獨非事耶？」曰：「夫子從大夫後不敢不
告。又曰：雖不吾以吾其與，聞是不得以不在其位例。且言不宜伐，未
必不伐，言宜討，竟不討。蓋亦旁議之，而非身親之明規之，而非審畫
之也，是終不得爲之謀。故夫子至是邦，必聞其政。而子貢直曰：『溫良
恭儉讓以得之』，夫盛德有五，溫良之仁，恭儉讓之禮，僅居二者。夫不
有聰明剛毅審察之足稱者乎？第從聞政言，則博攬當世之故歟。周知眾
人情狀聰明毅察，疑于有餘，溫良恭讓，疑于不足。夫唯夫子愈不足，
而人欲親就之。此聖德之感通，所以超乎尋常窺測萬萬也。故曰：『其諸

乎人之求之歟。』由此而言，即必聞其政，亦非夫子意，又何況乎謀其政。」

88.〈未發解〉

昔人言中，第以為空洞無物而已，頗涉玄虛。但言未發，不及喜怒哀樂，即所謂未發者，亦屬影響，故直至謂人無未發之時，謂纔思便屬已發。以予觀之，殊不然。夫人日用間，豈必皆喜怒？皆哀樂？即發之時少，未發之時多。若今人物交私梏，即發之時少，未發而若發之時多矣。然謂人無之，則終不可。今無論日用間，即終日默坐清明，無一端之倚著，有萬端之籌度，亦便不可謂之發也。但所謂未發者，從喜怒哀樂看，方有未發。夫天地寥廓，萬物眾多，所以感通其間，而妙鼓舞之神者，惟喜怒哀樂。如風雨露雷，造化所以鼓萬物而成歲；慶賞刑威，人主所以鼓萬民而成化也。造化豈必皆風雨露雷之時？人主亦豈必皆慶賞刑威之日？故說有未發之中，正見性之實存主處。今若以為空洞無物而已，是將以何者為未發？又將以何者為中？而天地萬物之感通，其真脈不幾杳然無朕耶？且所謂致中者，又從何著力？毋乃兀存坐閉目，以求玄妙，如世之學習靜者乃可耶？夫惟君子知未發之非空虛，方見性之實，知人生未發之時多，而所謂慎獨立本者，無時無處不可致力，方見盡性之為實。延平每教人靜坐觀中，但入門一法，非《中庸》慎獨本旨也。慎獨者居處應酬日用間，無在非是。子曰：「居處恭，執事敬，與人忠。」若靜坐觀中，止是居處恭一義。

89.〈知生〉（萬曆刻本）

或問：「事人、事鬼何以？」曰：「誠。」又問：「知生、知死何以？」亦曰：「誠。」或疑之曰：「《中庸》不云誠者，物之始終乎？」「夫誠非虛言理也，君子慎獨始覺性命之真，須臾不可離。曾子曰：『人之將死，其言也善。』此知死之說也。顏子曰：『欲罷不能，既竭吾才。』此知生之說也。『由也，不得其死。』是不知死。食餲之，食為非義，亦不知生。」

90.〈小人無忌憚〉（萬曆刻本）

《大學》誠意說小人，《中庸》亦首引仲尼說小人。今人視之有一，以余觀之則一而已矣。夫人所以勉強為善者，唯有忌憚故也。若無忌憚，而猶不至乎為不善，吾未敢信也。至若見君子厭然，果遂唯有忌憚乎？夫

本有不善，而故掩之以爲無；本無善，而故著之以爲有。蓋用罔之極，而眞心之死也久矣　。而忌憚惡乎在？予故曰：「一而已矣。」君子內省不疚，無惡于志。相在爾室，不媿屋漏，密密修持，何嘗有一毫揜著意。故《大學》愼獨之君子，即《中庸》愼獨之君子，本無有二，即小人亦安得而二。《大學》之言小人也，備寫無忌憚之形狀；《中庸》之言小人也，單提無不至之精神。君子即堯舜禹湯文武周孔子是也，小人是莽操之類。孟子一則曰「舜之徒、跖之徒」，一則曰「是堯是桀」，足知小人與君子對立。人又謂篡弒小人，何所揜著。予謂謙恭下士，自以爲舜禹，挾天子令諸侯，自以爲周文王，卻不是明明揜著。足知無忌憚與揜者，正視一條心事。

91.〈干祿〉（萬曆刻本）

《論語》有祿在其中者二，以爲究必得祿，非也。如是，則學爲祿。學縱言行之修，依舊是干祿之計。縱君子憂道，依舊是憂貧之心，是必不然。曾子曰：「彼以其富，我以吾仁；彼以其爵，我以吾義。吾何慊乎哉。」是仁義即祿，更不必計彼富爵也。孟子曰：「仁義忠信，樂善不倦。此天爵也。」又曰：「人人有貴於己者，弗思耳，言飽乎仁義也，所以不願人之膏梁之味也。令聞廣譽施於身，所以不願人之文繡也。」更不言仁義，聞義之中，即有膏梁文繡之獲也。故曰：「耕也，餒在其中矣。」耕即充於口而餒於腹；「學也，祿在其中矣」，學即貧于身而富於心。如是，方可銷人世慕而專人道力。不然子張說學干祿，亦何曾不學其干祿也，亦何所別營爲，而全與學不相涉，蓋見《中庸》之必得位必得而云爾也。夫聖人之必得祿也，直合之以盛德。若學人之祿在中也，須壹之以潛脩。

92.〈性說〉（萬曆刻本）

古來未有實言性者，中和是實言性處，後人求之不得，往往虛言性，以爲無可名。獨《禮記》云「人生而靜，天之性也」一句，儒者多宗之。周子作《太極圖》，以爲聖人主靜，立人極。至豫章、延平，每教人靜坐觀中，看未發氣象。接程啓朱大爲得力。余蓋從三十始玩中字，幾十年後而後覺一靜字妙，始知教人求未發眞是學問要領。又數十年思之，予用功久之，覺得求未發之中，是至誠立大本眞學問要領，然將一靜字替中字，恐聖學與儒學便未免于此分別。宋儒只爲講一靜字，恐偏著靜，

故云「靜固靜也，動亦動也」，苦費分疏幫補。聖學說中，便無偏靜氣象，不必用動字幫補。凡學問一有幫補，則心思便有一半不滿處，費了籌度；躬行便有一半不穩處，費了調停。聖賢即率性而行，便爲道，故云：「致中和不于中處調和，亦不于和處還中，徹始徹終，要在慎獨。」〈問政章〉說達道達德九經，皆云「所以行之者一」，故知看未發之中，只儒學入門法，不可便謂與聖學無異。若以靜替中更大有懸隔，後人專以靜求性，恐終有病痛在。

93.〈氣說〉

孟子說氣之實：一則曰平旦之氣，一則曰夜氣。二者皆就常人身上說，聖賢便善養浩然之氣，何止平旦與夜？即日夜之所息，亦就常人說，君子便自強不息。且平旦之氣與夜氣，尚有辨。平旦是人已覺之時，自家做得一半主了；至夜氣乃沉沉熟睡之時，自家做不得主，全是靠天的。故有平旦之氣，尚是清明一邊，人至無平旦之氣，方纔說夜氣，可見人縱自絕，而天尚未嘗深絕之也。若夜氣足以存，猶不失爲可與爲善的，可見氣善是才善處。「然則氣終不善者耶？」曰：「除是天地氛侵人身疾病，若有不善時節，然疾病之來特能中人形體，終不能中人心術。若其心持得定久之氣，未有不清疾，未有不回者也，此亦是氣無不善一證。若夫天地氛侵，從古及今，並無有說天地不善者，何獨于人頓疑。今人不仁不義，戕伐牿亡何異長病之人。淫湎酒色，了無回悟，終到元氣日亡一日。今不罪己之戕伐牿亡，而以爲氣稟原有不善，是爲長病淫湎之人做解說也。」

94.〈知道〉

子曰：「民可使由之，不可使知之。」孟子曰：「終身由之，而不知其道者，眾也。」可見知道終非常人可能。不知幾千萬學人中出得一個人，又不知幾數十百年中出得一人。朱子勤勤開誘專務與民由之一邊，象山急提省卻要人知道，所以教法有廣不廣。然聖賢教人則不然，孟子曰：「道在邇，而求諸遠；事在易而求諸難。人人親親長長而天下平。」從此由，即從此知，更不得分爲兩截。《中庸》曰：「君子之道，譬如行遠，必自邇；譬如登，必自卑。」「妻子好合，兄弟既翕。」子曰：「順矣乎。」即所以由、所以知，其次第法度，更一齊付授與人了。

95.〈浮海〉

凡涉世則其途彌險，濟世則其道彌艱。夫子之「乘桴浮于海」即《易》之「利涉大川」也。《易》曰：「利涉大川也，木道乃行。」又曰：「利涉大川，乘木舟虛也。」此皆巽德之善而材之足貴者也。若子路之喜正與相反。凡人材非不足，在所自取。善取之材覺日通，不善取之材覺日塞。凡人不深心則智不出，不慮變則用不周。浮海也，而易視之，是喜事之心，豈練才之路哉，故曰「吾無所取材」也。他日又曰「暴虎馮河，死而無悔者，吾不與也。必也臨事而懼，好謀而成者也」，此皆夫子達材之教也。說者曰：「何以知浮海之非隱？子路之喜非為隱也？」曰：「以子路之言知之曰『不仕無義，君臣之義如之何，其廢之，欲潔其身而亂大倫。』若浮海果隱，是所謂潔其身而亂大倫者也，而子路顧聞之喜乎？又曰『君子之仕也，行其義也。道之不行已知之矣。』然則身之仕不仕，故不係於道之行不行也，而可以道之不行之故，遂謂浮海果隱乎？說者又謂『居夷浮海總一意。』『夫謂之君子居之，何陋之有？』是亦欲道之行於夷，而非欲身之安於夷也。而謂居夷隱可乎？然則聖人稱舍藏者，何居？夫藏特道之不為世用，而非心之遂忘世用也。所謂知其不可而行之，此真識聖人之心者也。古人稱陸海宦海滔滔，皆是即海不過焉，是以夫子特借義於浮海。明闡義于取材。」

96.〈取與〉

今人說取予，多援孟子交道接禮，孔子受之之說，以為交際，宜無不可受。又有一種談學之人，且援孟子守先王之道，以待後之學者，而不得食於子之說，以為宜無不可受於世者。曾不思孟子成為卿於齊，終不受祿，蓋守身如此嚴也。夫君祿且然，況交際與其食于人者乎。今之事君者，必有不輕受祿之心，乃可以商孟子之取予。孟子又曰：「可以取，可以無取，取傷廉。」然則其生平所受者，必其不可不取，而非僅可以取者也。而彭更猶以為「傳食之奉」，萬章至比于「禦人之貨」。蓋學於孟子之門者，守身之嚴類如此。予以為今之涉世者，必有彭更、萬章之心，乃可以廣以孟子之取予。

97.〈順天〉

世說以為景公能順無道之天，夫景公非能順無道之天者。天何嘗有無道

時，然而有道無道之役。曰：「二者皆天，何也？」「夫無道正天之所痛也，相役以力。至於小役大、弱役強，正天所以罰無道之天下也。若小德即役大德，小賢即役大賢，正天所以命有道之天下也。故曰『侯服于周，天命靡常。』云『仁不可為眾也。』於此見天之果在德不在力也。夫唯文王而謂之順天，《易》曰：『君子以遏惡揚善。順天休命。』又曰：『湯武革命，順乎天而應乎人。』此所謂易無道而還有道者也。今若謂無道之以力相役，亦天所當然，然則尚賢尚德於無道之時，其遂可謂之逆天乎？夫景公者，因循不自立，直逆天而已矣，涕出女於吳，其於亡也，亦一間矣。若謂順天者，不獨當順以德相役之天，又須順以力相役之天，則戰國併吞，五季干戈，直亦謂天道之所當然。而舉世之人不至瓜剛之搏，齒剛之嚙不止耳。嗚呼！可異哉。」

98.〈似忠信似廉潔辨〉（萬曆刻本）

忠信廉潔不易言似者，亦不易辯。如尾生、仲子可謂之似忠信廉潔，然刻意獨行則所謂同流合污者，未見其然者。如王祥馮道可謂之似忠信廉潔，亦可謂同流合污，然大節全虧，則所謂無舉無刺者，未見其然者。吾以為如石建兄弟居恭謹，至數馬恐譴死在朝，無所匡言，則可謂之似忠信。非忠信如公孫弘為漢相，布被食不重味，然迺鷙於功利，曲學阿世，則可謂之似廉潔。非廉潔即目以同流合污無舉無刺，誰曰不宜。然特鄉原分流餘括也，尚不足當鄉愿。鄉愿力量更大，煆/鍛煉更熟。凡人忠信者未必廉潔，廉潔者未必忠信。才性常各有至，唯聖賢兼之。鄉愿即能兼而竊之，無尾生、仲子硜硜刻意之氣，而時襲其風；有王祥馮道不顧大節之心，而不露其跡。大詐若忠，大貪若廉，厚貌示誠，小謹徵善，其為術甚工，而事跡亦不可確確乎，指實也。君子第見，吾真方能不惑彼似。曾子曰：「可以託六尺之孤，可以寄百里之命，臨大節而不可奪也。」斯忠信之實用也。子曰：「篤信好學，守死善道。」斯忠信之實心也。孟子曰：「非其道也，非其義也，一介不以予諸人，一介不以取諸人。」斯廉潔之實用也。又曰：「呼爾與之行道，弗受，蹴爾與之，乞人不屑。」斯廉潔之實心也。此皆振振風塵之外，而何至為同為合。又皆不妨日月之更，而何嫌有舉有刺。姑舉一二焯焯者為標，如治朝而以忠信廉潔見用者，曰「屈平」曰、「陶潛、汲黯」。常面折人主過，自謂輔少主守城深堅，賁育不能奪，則可謂之忠信矣。陸贄自少於泉貨，

數萬不受，晚藩鎮一靴有詔，終不能強之受，則可謂廉潔矣。屈平內圖
國政，外應諸侯終以群小不容，沈江而死，愛君憂國不忘，則可謂之忠
信矣，陶潛去令，恆以不肯五斗米折腰，屢空宴如，則可謂廉潔矣。夫
黯有內行修潔之聲，贄有排邪守正之素，平有與眾皆濁之悲，潛有屈身
禪代之恥，即忠信非缺廉潔，廉潔非虧忠信也。蓋才性各有所稟，各有
特見其至者。然至聖賢道術不知所深入何如？然鄉愿之精神、蹊徑必如
是，乃能杜絕不得中行而思狂狷，縱狂未可，輒當以狷真不媿者已。士
人學道，且無暇論中行，要須識狂亦未可。志狂要在學狷，學狂狷不得
猶為君子。學中行不得，易成小人。今人終身學鄉愿，則亦終身為賊而
已矣。東京之院廚氣類狷，晉室之稽山氣魄類狂，顧廚猶是，特操稽山，
不可立教。然忠信廉潔亦皆嚼然不欺者也。叔度之汪汪，千頃林宗之循
循善教，德行幾類乎中行。亦不知其聖賢道術所能深入何如也？然至於
似忠信似廉潔，則終無一毫沾染處。

99.〈聖人辨〉（萬曆刻本）

「或謂聖人所不知所不能謂何？」曰：「聖尚有至不至。單言聖，則有所不
知不能，如伯夷、伊尹、柳下惠是也。知清不知和，知和不知任，知清和
任不知時也。若至聖則無所不知不能，孔子是也，時則無所不至。」「然則
聖人之道稱大哉，豈有未至耶？」曰：「苟不至德，至道不凝焉，發育俊極，
禮儀威儀。而又極言其洋洋優優所謂至也。」「然則天地之大，人猶有憾，
何耶？」曰：「單說天地即形氣之天，不過與聖人而三有憾者，故至聖不獨
如天如淵，而終之配天，至誠不獨知天地之化育，而終之其天。夫如之、
知之尚形氣之天也，直到配天，其天與天命之天合，方於世無所不知不能，
而極君子之道之至。且至誠盡性，既說天地參繼之，能化如神，悠久無為，
而後終之天命不已與聖德之純合。故末曰『上天之載，無聲無臭，至矣。』
此天命之天超乎天地，聖人者也。首曰『中庸，其至矣乎。』此中庸之至
正與天載之至一。夫舜稱大知大孝，武周稱達孝，乃至聖至誠。漢儒謂子
思特以贊仲尼，而他不與焉。豈其無見孟子曰：『大而化之之謂聖，聖而不
可知之謂神。』足知聖人之果未為至也。」

100.〈慊心〉

孟子欲人盡心，說盡字，幾令人無可程量，無可印證。養氣處說：「行有

不慊於心，則餒矣。」只一餒字，令人一毫瞞昧不得，處處印證。一毫放鬆不得，時時程量。義不義，從此分途。《大學》誠意實此者也，《中庸》戒謹恐懼，唯恐有悖乎此也。即夫子所謂知我其天，惟慊故可知。又曰：「斯民也，三代所以直道而行也。」惟慊故常行世間。人儘有智術足牢籠人，而方寸之地終打不過，亦有名義支撐儘覺無傷，而被人一指破，病痛便回頸發赤，而無所容，皆是一些慊不慊為之獨知獨覺。可見學問源頭最是易了，世間尋枝摘葉徒成浩汗，吾于此不無深省。「問如何是慊心？」「只求得一個是，所謂『無是餒』與『是集義』正此也，且兩其為氣也，其字來歷繇此。」

101.〈困思抄〉

自漢以來，治《語》、《孟》者不下千百家，其說亦不止億萬言矣，而愚之說有不盡與先儒合者，豈諸賢之有不備而待余言歟，抑豈諸賢之有不當而發余言歟。余每憬然而思之，終有慨然而不能已者。夫所宗孔孟者，宗其道而已，所宗孔孟之道者，宗其盡性者而已。言性者，非不盡宗孔子，而獨疑孟子之性善。若涉一偏，多稱引三說以為全，即其醇者，亦未免借「變化氣質」之說，而陰為之回護。夫心，孔子之心，孟子也；見，孔子之見，孟子也；言，孔子之言，孟子也。蓋毫末未之有異也。苟毫末之有異焉，曾不足為孟子。夫「繼善成性」，夫子不嘗贊《易》乎？「秉彝好德」，夫子又不嘗贊《詩》乎？《大學》言道，則曰「止善」；《中庸》言誠，則曰「明善」，是則善之說，夫子以傳之曾子、子思、孟子。孟子一書無非所以闡孔、曾、思之意，而詳其不發之蘊者也。今人多以為夫子止說相近，未嘗說善，曾不知唯善，故近也。倘有不善即不免黑白反矣，而何近耶？又多執「上智下愚之不移」以為不同，曾不知所謂不移者，乃其人之自不肯移，而非性之果不可移也。果性之有不可移，則夫子又何以曰必明、必強，又何以云知之一、成功一耶？孟子曰：「天下之言性也，則故而已矣。」夫世變江河，新新無盡，而惟是本真，固有純粹至善，聖人之所不能獨，愚不肖之所不能無，故曰「故也」。苟故之不同，而又何所持以言，又何所以一天下。韓子謂今之言性者，奚言不異，予謂今之言性者，雜三說雜諸子百家，言奚而不異。夫孟子之言，原不異于孔子，而諸賢之言乃獨自于孟子，吾終弗取信也。諸賢之言已不免自異于孔孟，而欲使吾之言盡同于諸賢，吾亦弗能為也。故偶有窺

涉輒寫爲篇而成冊，名曰「困思」。蓋困而思，思而彌覺其困焉，姑存之以俟正于世之知性者，若夫知止之實在，知人倫明善之要在戒懼，此皆經傳中明義，世無能出入增減之者也，說者多不能歸一。予即異而未嘗異，即求爲同而終有不能盡同者也。

102.〈經義三章〉

驕泰者，只我要順意怕拂意，隨我做去誰能逆我，便覺得心上快活。不知人之要我順他，亦猶我之要人順我也，全不自家心上一打點過。忠者故如是乎，不怕心中自欺瞞過，信者故如是乎。以此爲天下，便只用聚斂之臣，快心逞意，聚斂不已，必至妨賢，妨賢不已，定至失眾，菑必逮身，豈曰虛語。所以君子將心比心，一動念便想天下人情盡如是，無我自快又遺天下了，又得無因我自快而大害天下了。兢兢業業，堯舜以來相傳脈絡不過如此，此之謂「明明德、親民、止至善」。我見今人親父子尚爲財貨上情便乖離，親兄弟爲財貨上情便乖離。以此爲臣，定是貪夫不忠信之臣；以此交友，定是賣友不忠信之友。夫婦也成反目，國人都是冤家，若肯日日自省，定要忠信，我欲利人誰不欲利。不期得眾，眾無不得已。君子爲天下大關節，只一件財貨，古今聖君賢相都從公利來，暴君污吏都從貪利來，《大學》絜矩一章道盡。

世間人做事無不是可見可聞的，且無不是要人見要人聞的，獨有鬼神視之不可見，而實未嘗不可見；聽之不可聞，而未嘗不可聞。凡可見可聞之事盡屬鬼神主張，即要見要聞之心，無不爲鬼神怯攝，使之齋明，凜凜然如在上在左右。即承祀然而不祭祀時，亦無不然。《詩》言：「神格由思，格也，不可度。惟思，不可度。矧可厭。唯思之不可厭。」這個機緘已不是隱只微耳。然而實顯都是人心凝結默與鬼神相召相並，故能顯不可揜如是。揜者，裏面事，若有衣在中，另加一重，要人不見，故說「小人揜其不善」，乃是胸中藏匿，或事中影響，有雖不可揜，而實若可揜。若已顯然在外，何用更說不可揜。神格由思，他人莫覺似乎可揜已，實真覺曾何可揜，故曰「誠之不可揜」。世人學道須有此精神，方工夫綿密，一點真易結爲鬼神，無意必固，我無畔援欣羨，故曰「至誠如神」。如者，還其本體。無不似也，如人只在事體形跡上用功，便是鬼神所惡。子曰：「鬼神之爲德，其盛矣乎。」《禮》云：「視于無形。聽於無聲。」君子時時體會，有如見如聞處，方爲誠之者之實。

省身只見己有過，不見有甚好處，方是聖賢直修。小人但見己有好處，不見有過處，所以病痛日多。在己則壞己，在世則壞世。曰「三省吾身」，心只一忠信，習無兩事也。只存這心，世上事何不可做，何至與人紛紛怨尤。性體若回，便無此項煩惱。孟子說自反，全是這些意思。要見得我能愛人，人無有不愛我者，我能敬人，人無有不敬我者。只見得人不愛敬，不知己未嘗愛敬。何苦獨厚我，要見得我不愛敬，人因而不愛敬。卻是平常之事，何該便生責望。故橫逆屢來，定是我不忠。若忠而橫逆，由是君子曰：「非是妄人方有此，是禽獸一般了，此亦絕無之事。人若肯待人以禽獸，則我亦是禽獸一般了，有何難事。」以君子終身有憂，一朝便無患。君子見橫逆來，都是我招取的，更有何患，只我不如舜之法。今傳後未免為平常之人之不成人，終淪禽獸，是可憂耳。憂到此，何敢自謂能愛人敬人，何敢自謂忠於愛人敬人。省之省之，日日此念，便終身此念，孟子曾子豈不一條心路。我看世間人，但責人不自省，全要人作好人，不怕己為禽獸。嗚呼！做人做事時時要存此心，方不是禽獸。

103.〈畏匡〉

子曰：「文王既沒，文不在茲乎？天之將喪斯文也，後死者不得與於斯文也；天之未喪斯文也，匡人其如予何？」何顏子曰：「子在，回何敢死？」觀聖賢之心，遇大難來，只是一團敬畏。古聖人無故遇難，莫如文王，內文明而外柔順，文王卒以免。夫子之畏，蓋唯恐己之不得為文王也。夫回亦唯恐己之不得為夫子也，故云「守死善道」。觀他日孔悝之難，而曰「柴也其來乎，由也其死矣」，蓋聖人之不貴苟死如是。死與沒不同，《記》云：「君子曰終，小人曰死。」故夫子曰文王既歿，孟子亦云昔者孔子沒，顏淵稱死，蓋傷天也。曰：「水火，吾見蹈而死矣。未見蹈仁而死者。」可見「殺身成仁」不得謂之死，故夫子稱後死者，若死之非所，則誠死矣。聖人安得不畏。古人死節往往稱死，蓋亦傷其志之意。或疑舜言陟方乃死，《禮》云：「舜勤眾事而野死。」正傷舜也。朱紫陽剛目書莽大夫揚雄死，晉處士陶潛卒。卒與死曉然分別。即張子〈西銘〉曰：「存吾順，歿吾寧也。」所引舜禹穎封人申生等，皆遭人倫大變者，是真朝聞夕死可之一證。

104.〈庶物辨〉

予嘗以《大學》至善,《中庸》修道,總無出入人倫外,倫盡即道便盡。而說者多謂人倫外尚別有事,其說以舜之明庶物、察人倫爲據。若謂人倫特事之大耳,他尚有日用事物,故稱庶物。予久思之,所謂庶物者,然則何以爲明爲察。夫物則稱庶,故不如人;人則稱倫,故能勝物。故曰「人之所以易於禽獸者,幾希」,只有倫與無倫之間耳,故舜之所謂明者,正明物之異於人。所謂察者,正察人之異於物。不過有倫無倫幾希之間耳。令人一無倫也,其不胥而物者幾矣。故曰:「人之有道也,逸居而無教,則近於禽獸,聖人憂之使契爲司徒,教以人倫。」夫爲舜明之察之而急急教之也。然庶物何以必首出,夫當堯舜之治,則禽獸逃匿;當禹之治,則驅蛇龍;當周公之治,則驅虎豹犀象。故知不首庶物,則萬國不寧。萬國不寧,則無以稱聖人之治也。而說者又謂萬物接備於我者,豈徒指一人倫遂稱萬耶?夫所謂備我者,唯備此明之察之之性,故有首庶物寧萬物之功。若以人倫論,則堯舜禹之治當屬之君道之仁,周公之治當屬之臣道之敬矣。隨在而人倫盡,即隨在而庶物盡。夫子言多識草木鳥獸之名,正爲興觀群怨、事父事親資也,非另言多識而以爲博。若必以倫外有事,則《大學》知止曾不越五達道。不知捨此之外,更將以何爲善、以何爲道。然又謂禹,物之皆備者,何也?倫有五而物則萬也。朱子云:「大則君臣父子,小則事物細微。」夫事物細微,正所以爲君臣父子也。故知庶物之非事,則倫外無道便可一言以破。

105.〈自慊說〉(常州先哲遺書本)

〈誠意章〉自慊說出自文成,思及驕泰以失之之說,而益知自慊爲確也。凡人不誠多起於驕泰,驕泰多起於意見。大封功能大負高,自標以聖賢之學術,而不肯求之凡民之心術也。若說好色知好,惡臭知惡,人誰不然?而吾之好善惡惡只如是。其自視也,曾不殊凡民一生黽勉,曾不少加凡民本然之心,平平而出,不必作意。如是,則豈惟善必爲,不善必不爲,不至自欺其心。如小人之無不至,即爲善而常不覺爲己善,即去不善而常不覺爲己無不善,何至有揜有著,令人若肺肝之見哉,故曰「此之爲自慊」。《易·象》曰:「謙,君子稱物平施。」蓋好惡得平,非徒好爲遜下而已。如是,而後我之好惡,即民之好惡,能好能惡之仁人,即民好民惡之父母,故曰「君子愼獨」,又曰「君子有絜矩之道」。唯獨即

爲民矩，唯愼方爲絜矩，曾不必俯其身以同人，抑其志以就人，而天下之平自心平。握之此眞誠意君子，所謂忠信以德之者也，謙之得天下蓋如是。不然一視好善惡惡爲我之絕大學問，絕苦工夫，起常人所能躋攀。纔學而自爲衿飾，少得而則爲張皇，其不至小人之驕泰者，幾希。竊恐好人所惡，惡人所好，將有潛移暗沒其中，而不自知者，予心特有疚焉。

106.〈貳過說〉

吾聞云：「吾心本虛明，動搖不得，何遷怒之可言。吾心本自平平，壓捺無加，何貳過之可言。」常人看兩重怒，方是遷。聖人看一重怒，便有遷處。常人看兩重過，方是貳。聖人看一重過，便有貳處。貳不必如重蓆之貳，才有壓奈心，便是壓捺生於不受過不改過。如聖人亦未嘗不自受過，即一受過心何等平正，若憚改便有不肯去之意，而姑爲去，是壓耐。吾心平正如大地，過之來如加一物直須去，卻方平復，認得心體如是，即有過，自復無過。顏子好學，直從無可動搖、無可壓奈處，便還本體。若謂怒彼不移此，過前不復後，只是常人好處，且後過不復，前過尚存，竟何時消融得去。不從當下用功，止望後來不復，恐雖欲不復，亦不可得。好學者不必如是，況於顏子。

107.〈下流說〉

「下流惡歸」，註以爲「人有污賤之實，亦惡名之所聚也。」未詳。其所以聚，由涉世久靜看來，世俗有事，欲請屬者，則必求之有力之人。若事體重大，則又必求之最強有力之人而後可。是必爲人生平志義皎皎，斯無從入，若稍肯一通融之人，即以重大，故不肯爲，而求之者，百計千端要于必入。即求之者未敢堅，而姻親子弟萬萬牢籠不入不已，勢必至莫大之惡，盡舉而湊之其人，非其好爲不善也，勢地然也。余因此則悟，不善者爲一邑之長，即一邑之惡皆歸。然則爲一國之長，便一國之惡皆歸。爲天下之長，則天下之惡皆歸。況若紂之爲天下主哉？故曰「紂之不善，不如是之甚也」。《書》云：「紂爲天下逋逃主，萃淵藪。」又云：「乃惟四方之多罪逋逃，是崇是長，是信是使，是以爲大夫卿士；俾暴虐于百姓，以姦宄于商邑。」是所謂居下流而惡之皆歸也。夫天下之人情所以爲惡無極者，不過兩端：曰「趨利」，曰「辟害」。辟害者，業爲大惡知王法所不貸，眾怒所不容，則必扳津要之援，而人無奈之何，而

後惡日以盤據不可問；趨利者，思縱大惡懼王法所不貸，眾怒所不容，則必借羽翼之強，而人亦無奈之何，而後惡日以蔓延不可戡。然則據津要能羽翼之人，而一爲不善，豈不眞設鵠中，原矢所必射；懸燈堂上，蛾所必赴哉。是以自愛君子，檢押其身，珪璧其行，寧爲方介，寧至拂俗，要使平生皎皎，不爲不善之志，信于人人。豈唯求我者，無從漬潤，即不知我者，無從影響。如是，惡可不來。不然，我未嘗有意縱惡，而人且緣我以惡，人人爭煽爲惡，而默坐吾以惡，吾即有心，無從正，吾即有口，無從辯已。是以匹夫徒步之人，其事猶狹乘藉勢之人，其闇最鉅。孟子曰「不仁而在高位，是播其惡於眾也」，子貢專責備。君子豈直惡聚惡之名，兼亦防播惡之實。不然，凡不善皆可戒也，而何獨言紂。

108.〈自致〉

曾子說人未有「自致」者也，此一自字，便有天親至情自然而然，使吾不得不竭盡其情處。此一自字，即《中庸》「不思而得」、「不勉而中」，即孟子所謂「不學而能」、「不慮而知」，於此見性之善，於此見天命之性。依其可悟，若事其親，常思此親喪，自致之情自然無不至，無一毫夾雜、無一毫滲透，何患性不能盡。曾子說人未有自致，可見天性雖存，而此一點不昧者，僅親喪時耳。嗚呼！危矣！

109.〈斯立〉

「夫子之得邦家」，以爲設言，非也。子貢之意以爲，夫子未嘗得邦家，而實得邦家，即素王之說也。立、行、來、和、榮、哀，便是夫子實得邦家處。四斯字以爲過化存神亦未盡，古云：「天不生仲尼，萬古如常夜。」人實不能自立、自行、自來、自和，須夫子之立道。綏動、斯立、斯行、斯來、斯和，人之命脈全係於夫子之命脈，無夫子則萬古無生人矣。堯舜協和風動，尙以有位而治者，有位而行，尙有時不行，無位而行，方無時不行。故曰「夫子之得邦家者」，此之謂也。生榮，人得其所以爲生而榮。死哀，人得其所以爲死而哀。即孟子所謂：「養生喪死無憾也。」唯合天下以爲榮哀，方見夫子之得邦家處，卻都從立、道、綏、動中來。

110.〈沮桀〉

世說長沮桀溺輩與吾夫子出處不同，若未免相非。以余思之，夫問津非徒接引也。皇皇道途，一生行履，幾無措矣。遇長者則就問之，蓋自廣

也。即沮以為知津，直覺夫子能開人，而他人絕不能開夫子，是知夫子之深也。即溺以為宜從辟世，不宜從辟人，止為由發，恐由之行，行不免失身也。其曰「誰以易之」為由發，不為夫子發，是亦知由之深者也。夫子聞而憮然，以為「斯人之與」贊沮溺也。何嘗是己之仕，而非沮溺之隱，即沮溺亦何嘗是己之是，而非夫子之出哉。即荷蕢之於夫子，其曰「有心」，可謂知其心矣。「鄙哉！硜硜！」為夫莫己知，而即已知人說非為夫子也，「深厲淺揭」甚覺聖人之濟世深淺無之不是，亦知夫子之深者也。即夫子以果為無難，亦深嘆深厲淺揭之難，而不敢嘗試也，可謂跡相異心相許者。「然則『擊磬周流』謂何？」曰：「直其心存濟世，而非以為必用世也」。夫子曰：「用之則行，舍之則藏。」若是隱者，則非出者，是出者則非隱者。而夫子於沮溺荷蕢輩，動不免牴牾，毋乃祇思用不思，舍可為，行不可為，藏乎！夫接淅何以去齊？不服冕何以去魯？逸民何以追列師？摯等去國何以詳書？吾斯未信。何以與開春風詠歸？何以與點哉？若所謂潔身亂倫，子路蓋得「用行」之說而偏焉者。唯其見有所執，故不免仕衛死衛，身有所失，真所謂與其從辟人之士，不若從辟世之士者也。夫志在為邦，而樂於陋巷，唯顏子得之矣，故曰「唯我與爾有是」。夫說者謂楚狂趨辟是不合，曰「今之從政者殆」，其言迫矣，何復盡言乎？夫子之欲與言，愛狂也，即狂之趨而辟，未必非所以自愛，亦未必非所以愛夫子也。

111.〈求放心說〉

求放心以存亡論，不以內外論；以仁義不仁義論，不以玄虛有無論。孟子曰：「雖存乎人者，豈無仁義之心哉？其所以放其良心者，亦猶斧斤之於木也，旦旦而伐之，可以為美乎？此放心之說也。」又曰：「鄉為身死而不受，今為宮室之美為之；今為妻妾之奉為之，今為所識窮乏者得我而為之。此之為失其本心。」此放心之實也。故曰：「學問之道無他，求其放心而已矣。」捨仁義之外別無求放心，捨求放心之外別無學問。孔子所謂「操則存」，孟子所謂「求則得之」也；孔子所謂「捨則亡」，孟子所謂「捨則失之」也；孔子所謂「出入無時，莫知其鄉」，恐人以形體求心，而不以仁義求心也。若以形體求心，便有出有入、有時有鄉，將如後世潛神默守之說，而後謂之存。唯以仁義求心，則何論出入，何論時鄉，必如孟子「居仁由義」而後謂之存。子曰：「我欲仁，斯仁至矣。」

是出入無時，而又何有於鄉。故心苟念念仁義，則坐一室中，神通四海內外。當斯須之頃慮周千百世上下，吾正謂之存不謂之放也。若心不念念仁義，雖潛神默守息息相攝，約千里之馳，歸之一膜之內，正吾所謂之放不謂之存也。吾恐世之以懸虛視心，以潛神默守視求放心，即是終身學問，徒成歧見，不可以不辨。

112.〈下學上達說〉

下學而上達，《中庸》便是法程。始由「庸德庸言」、「素位居易」而「行遠登高」，終至「合鬼神」、「格天命」，何其有漸而不易。即「至誠盡性」、「能化」、「如神」矣，而猶待「不息」、「久徵」，方「悠遠」、「高厚」、「如天」、「配天」，此豈可虛攀妄擬者也。且夫子「志學」、「而立」是下學，「不惑」、「知天命」是上達，然前後亦應歷數十年之久。今說者乃謂下學便是上達，如此直截，其初不過虛見自悟入者耳，其流至增淺見之高談，而無益近理之實用，此有志所宜痛戒者。即灑掃應對進退，子遊以為末而無本，子夏以為有始有卒。歸聖人而以為君子之道不可誣，本末始終元自了然。如〈曲禮〉內則〈少儀〉，古人學術歷歷有次第，少有少時學，長有長時學。所以《大學》之作，特別於小學，曰「大學之道」古人豈好迂滯，必如是乃可成德達材。若云「灑掃應對便是形而上」，又云「灑掃應對與精義入神貫通只一理，只看所以然如何。」朱子蓋力為分殊，而謂非便末即是本，務其末而本即在此，此不啻苦心矣。今猶祖述不已，正與下學便是上達之病同。今即不欲使十數歲兒童於灑掃應對時，便悟義經入神之理，然而凌躐無倫奇衰頗僻之意見已，從此胚胎至欲老師宿學，舍古人二十歲後學禮悼行、博學無方之實事，而徒索影響之見解於灑掃應對間，自以為精義入神，其鑿空駕虛尤為可慮。

113.〈默容〉

《中庸》「無道默容」，觀《魯論》所載指言時事，夫子不為默也。即身屢困阨。嗚呼！由今而後，知夫子果未嘗不默，未嘗不容也。夫自用、自專、生今、反古皆災及其身，而夫子獨於時位之不得，惟周禮之學，惟周之從，可不謂默容乎？即所謂不容者，最莫如畏匡圍陳阨桓魋。夫匡以貌陽虎非為夫子也，在陳曰「君子固窮」，魋之難曰「天生德於予，桓魋其如予何」，猶畏匡之心也，終微服過宋，以免默之容也。八佾、雍

徹、祿去，政逮三桓，微要以共明不倍之義，而非好盡言也。終用孔子者，實季桓子默之容也。陳桓之討無如君相，何《春秋》之作無如罪我，何則亦默而已矣，而何不容女樂之受，三日輒行而去，似燔肉君子之爲，竟令眾人有所不識，是默容之見諸實也。當畏匡而顏淵曰：「子在，回何敢死？」死不死聖賢實有所自主，而非故冥冥聽命於天者也。故曰「既明且哲，以保其身」。如東漢黃憲，汪汪德度，人比之顏子。郭泰恂恂善誘，雖與其名，終不罹其毒，庶幾聞聖門遺風者矣。晉士中最稱陶潛善隱，非止以折腰故也，後賢有窺其深者，以爲辟劉裕篡弒，故考潛之歸在義熙二年，而裕之禪代在義熙十三年，可爲知幾最早者已。《禮》云：「事君者量而后入，不入而后量。」又云：「謀人之軍師，敗則死之；謀人之邦邑，危則亡之。」夫欲後無死亡，莫若始之早量，此默容之本也。

114.〈是心說〉

孟子曰：「殺一無罪，非仁也；非其有而取之，非義也。」是明人之志也。又曰：「行一不義、殺一不辜而得天下，皆不爲也。」是明聖人之心也。故曰「是心足以王」，不忍故也。若齊桓晉文仲尼不道，即無論其設施云何。一則殺子糾於生竇；一則殺懷公於高梁，皆亂而後入。爲利而戕至親，心則忍矣，何以及物。故曰：「老吾老以及人之老，幼吾幼以及人之幼，天下可運於掌。」如二公之殺其兄姪，所謂老老幼幼者，如何而尙可以及天下之老幼哉。故孟子所陳王道「五十衣帛、七十食肉、八口無饑，教之孝弟，頒白不負戴」，其事不過民生日用之常。而所以安一家之老幼，便可以安天下之老幼。故曰「推恩足以保四海」，王道之謂也。如桓文者，內政寄軍令，執秩正官，赫然施爲祿王道，非不轟烈，然不忍之心已先失之。即所謂「刑于寡妻，至于兄弟，以御于家邦者」已無其實。故或以如夫人六七人，而蟲出不葬，或以懷嬴入侍，而秦晉相戮無已。故曰「不推恩無以保妻子」，桓文之謂也。今之人皆知五霸之假矣，曾不知其所以失者何在，即所謂指其假者亦不明。於故推本之心，心存則凡人皆可爲聖人，心不存則雖霸功不免見黜於聖人，入道之至易至簡也如是。

115.〈立達〉

「立」即《中庸》之柔必強，「達」即《中庸》之愚必明。仁者公天下不

過此兩端，然全要己立己達上著力。子貢說「博施濟眾爲仁」，夫子提點只在己上。且立、達與施、濟不同，施、濟從政事恩澤論，故說堯舜猶病，即在上者尚有不能竟之時；立、達從道術存心論，故說能近取譬，在下者終無不可通之脈。聖門學不厭教不倦，教萬世無窮，所謂賢於堯舜只在此處。

116.〈問孝〉

夫謂父母養，犬馬亦養，人何至儕父母於犬馬，而顧之以戒游。要思犬馬以能輕其身爲養，君子以能重其身爲養。敬者，成身之本而孝之大也。《禮》云：「君子無不敬也，敬身爲大。」凡人以才能自用，沾沾然謂足報效父母者，不過防家代犬馬之養也，故曰「不敬，何以別乎」。夫人至比於犬馬，可不省諸？而況古人有言，曾犬馬之不如，又可不省諸？《記》云：「小人皆能養其親，君子不敬，何以辨。」此比身於犬馬則更切。

117.〈弟子入則孝章〉

說者無不以出入分內外矣，夫父亦在外，可言入乎？兄非不內，可言出乎？若以爲居庭蒙養，則所云守先王之道，以待後世之學者，而亦入孝出弟，可云居庭蒙養乎？夫人以爲己事而己能行之，非知本者也。即以爲吾性本然，而吾盡之亦忘本者也。夫必反而求吾之所自本，壹歸之親，不敢有焉。故曰「入則孝」，既以本歸之親，而不敢有；則必以順行之世，而不敢拂忤。故曰「出則弟」，所爲謹信汎愛眾親仁，此孝弟也。是行之終身，而無可一時不用力者也。而何以爲有餘力，朱子以爲猶言暇日，非眞暇日也，同一行也。而有德行者、有行誼，古人分之爲兩科。如三老、力田、孝弟之類，終身仡仡勵行，見如是而止。而曾不復有加乎其上，此行誼也。此行無餘力，而不可與文者也。其上則進而賢人進，而君子不以爲見如是可止而銳然，高明廣大必深造至道之歸，此德行也。此行之有餘力，則必學文者也。如築桓牆者，必先立根基，層累而上之，既成而削治，而粉繢，而後謂之文。而成室固有高卑廣陝之不同，善學者必以孝弟力行根基，累層而上之，而仁義之實、智守禮節文樂舞蹈，優優深入而後謂之文。而造就固有深淺利鈍之不同，然皆不可一缺也。故夫子首揭以教弟子，又何以稱弟子。父在斯謂之子，兄在斯謂之弟，終身學則終身弟子矣。言弟子正令先之以孝弟云。

118.〈氣說〉

孟子說氣之實：一則曰平旦之氣、一則曰夜氣，二者皆就常人身上說，聖賢便善養浩然之氣，何止平旦與夜？即日夜之所息，亦就常人說，君子便自強不息。且平旦之氣與夜氣，尚有辨。平旦是人已覺之時，自家做得一半主了；至夜氣乃沉沉熟睡之時，自家做不得主，全是靠天的。故有平旦之氣，尚是清明一邊人，至無平旦之氣，方纔說夜氣。可見人縱自絕，而天尚未嘗深絕之也。若夜氣足以存，猶不失為可與為善的，可見氣善是才善處。「然則氣終不善者耶？」曰：「除是天地氛侵人身疾病，若有不善時節，然疾病之來特能中人形體，終不能中人心術。若其心持得定久之氣，未有不清疾，未有不回者也，此亦是氣無不善一證。若夫天地氛侵，從古及今，並無有說天地不善者，何獨于人頓疑。今人不仁不義，戕伐牿亡何異長病之人。淫涵酒色，了無回悟，終到元氣日亡一日。今不罪己之戕伐牿亡，而以為氣稟原有不善，是為長病淫涵之人做解說也。養氣從集義而推本慊心，此說操心從仁義牿亡而窮到夜氣，可見性善是氣善處。氣清濁薄厚者，昔人屢辨未定，由平旦夜氣觀，戕伐少一分，正氣便可培一分。凡清者必厚，濁者必薄，于是始無疑。」

119.〈盡心〉

孟子要人還其本心，其落實卻在盡心一字。即集義之慊，非盡則無餘慊，學問之求放心，能盡則無他。求盡從幾頭處之竭至言，非從份量之充滿言。則一生竟何時可盡，惟即此幾頭處，我之所以為心者然，正我之所以為性者，不能不然。天之所以與我性，我之所以合天性者，不容不然。其幾頭直頃刻可通至事天立命，方是滿此心之份量，而存心養性夭壽不貳修身以俟，是工夫所以求滿此心之份量。夫份量則聖賢不能以終完，若幾頭則凡庸皆可以自竭。不必論知性知何，更不必論先知性後盡心，先盡心後知性如何，即知天亦無暇懸空擬議也。曾子三省，終身只心之無不盡。顏子一日克復，只絕不令心之有不盡。精神踴躍而不煩，塗路顯明而易赴，千古些微要人自認，孟子以〈盡心〉終篇而首揭「未有仁而遺其親者也，未有義而後其君者。」若一念之有遺有後，便是不盡心處。

120.〈知之〉

夫子於子路特呼其名，誨「女知之乎？」全在一之字上。凡人知與不知，

自家誰不明白，直需知之，方是工夫日向近處。如明德是知，「明明德」是知之；「無是非之心，非人也」也是知，知皆擴而充之，火然泉達是知之。又曰「不知爲不知，是知也。」此知當不得我知之處，君子於其所不知，蓋闕如也。不過點得一知字，此又更引向進一層。《易》云：「過此以往，未之或知也。窮神知化，德之盛也。」此向進無窮，更可以不知爲不知，便自休歇。

121.〈百步之外說〉

凡射以百步爲率，或進或退，或左或右，皆外也，便不得謂之中。故曰「由射于百步之外也，其至爾，力也。其中，非爾力也」。巧者，有其力而不用其力之謂也，夫子之從心不逾矩是也。若清則看道只一清，任則看道只一任，和則看道只一和，儘著一生全力，絕無委屈幹旋之趣，安稱巧。故孟子謂之不同道，而又曰「隘與不恭，君子不由也。」然則夫子之聖之時，所謂「時清、時和、時任」，非。爲「當清、當任、當和」，亦非也。時者，流行無間之謂也。夫天之命人以誠流行，原不思勉，人合道以誠，其流行亦不用思勉。此則吾心自然之智，便是天命本然之道，巧相符合，安用人力安排也。孟子言中不歸力而直歸之巧，又曰：「乃所願，則學孔子。」其示人巧之路者，不最深與歟。《中庸》「天下國家可均」，伊尹任天下事也；「爵祿可辭」，柳下惠三公不易介事也；「白刃可蹈」，伯夷餓首陽事也。三者以事準道，即道未必不合，而未必時時可合。《中庸》以道揆事，即道時時可行，而未必一事可見，故曰「君子時中」，即聖之時之謂也，曰「中庸不可」，時中非爾力之謂也。

122.〈爲人孝弟章〉（天啟刊本）

有子揭孝弟爲仁之本，說者知重仁而於不好犯上好作亂處，未覺痛切。若以爲學道直須仁民愛物，何至犯上，又況作亂。數年來見人作爭爲犯上作亂，又攘臂恟恟，若中心好爲之者。然此時而漫語之爲仁，語之仁民愛物，毋乃囂然唾餘，而何足一動其脛毛。夫《魯論》一書，不直弦歌樂道之爲空言也，以「八佾」則名篇，以「季氏」、「陽貨」則名篇，以「泰伯」、「至德」、「微子」三人則又名篇，直不忍見有君無臣，公室弱而私家強，禮法崩而盜賊橫，朝夕群爲告語，凡皆起世人禽獸之中，而還之性情之正也。何肯以人民愛物，令人爲迂腐無當而已。聖門稱孝

曰「曾」曰「閔」，其不事大夫之家，蓋以身律也，非徒高尚其道之云耳。孟子道堯舜不過一孝弟，首章仁義便痛懲上下交征不奪不屬情弊，而毋奈學道者反視仁義為迂腐無當者也。其遺親後君貪祿利，至父母死不肯奔喪，種種疊見何足怪。夫世人縱不必人盡學道，縱不必人人忠臣義士，然何至甘為犯上作亂之奸吁，亦一醒已。有子所謂言語似聖人者也，乃宋人以有子言不若夫子〈入孝出弟章〉為渾然者，蓋犯亂事不身親見之之故。

123.〈有知章〉

無知無能，夫子自道也，不應引以為虛無貴也。若是，則所謂未能一，與躬行未之有得者，何稱焉？即如說鄙夫其胸中瑣屑已填滿，不堪言已，卻要自認高明，做一空空，見其心原未曾空，不過空空如耳。即使真是空空，吾儒不道，況人是鄙夫又做空見。立身不彼不此之間，託術於無非無刺之境，令人莫得尋其端倪，夫子所深痛。故因其來問，欲明告以實處，曰「我叩其兩端」。凡人論做事不過一行一止，論立身不過一出一處，豈有兩端不著的。故要叩知端在何處，便不肯悠悠氾氾，定需尋一究竟而為之竭盡所告。夫不違如愚，回也不愚，是貴于不愚，不貴愚。有若無，實若虛，是貴于有實，不貴于虛無。如何託之空空，又是一空空如也。而牽夫子無知與空一樣，以自誤誤人。《正義》云：「教鄙夫尚竭盡所知，況知禮儀之弟子乎。」此未嘗以知不好欲空之也。至疏解空空，虛心也。夫以鄙夫為虛心，恐所不能。〈回也庶乎章〉云：「賜雖非天命，而偶富所以不虛心也。」夫唯顏虛心，至賜便不虛心，而反以鄙夫空空如為虛心，恐所不可。故說亡而為有，虛而為盈，不足為有。恆此明空之說，決不足以為吾道。而《中庸》之諄諄至誠，並不著一落空見也。若宋儒說屢空，亦作尚空見。若是，則所云貨殖者，又何稱焉？必以貨殖作意見增積，則夫子所贊簞瓢陋巷之為賢者，又何稱焉？故舜執兩端，務閱變化，聖叩兩端，不涉空虛。

124.〈所立〉

顏子：「如有所立」之所，即夫子從心所欲之所也。從者，順而不違，故曰「不踰矩」。如者，望而未至，故曰「雖欲從之，未由也已」。〈為政章〉曰：「北辰居其所。」天道之于人心故不二。

125.〈知生說〉

生者，終身之生；死者，一時之死。一時之死，即終古之死也，夫子謂：
「未知生，焉知死。」繇前後兩章看子路「行行如」，曰：「若由也，不
得其死。」然則知善終身之生，方可以爲善一時之死。顏淵死，門人欲
厚葬之。子曰：「回也，視予繇父也，予不得視之猶子也。」則知善一時
之死，方可以善終古之死。至子路請禱，夫子以爲禱久，此明告以善終
身之生也。子路欲使門人爲臣，夫子以爲行詐。曰「與其死于臣之手也，
無寧死于二三子之手乎」，此明告以善一時之死也。子曰：「朝聞道，夕
死可矣。」此明告以善終身之生，即可以善一時之死與善終古之死也。《易》
曰「原始反終，故知死生之說。」夫生死以道不以氣也，以氣，則氣之
聚散便爲身之生死，舉世誰不知。唯以道，則唯能反能原，方可以善生
死。《禮記》云：「曾子易簀。」此所以善一時之死。《論語》記曾子曰：
「啓予手，啓予足。《詩》云：戰戰兢兢，如臨深淵，如履薄冰，而今而
後，吾知免夫。」夫至此而後知免，則善一時之死，方善終古之死矣夫。
一戰兢而生死之道盡此，聖賢之道也。唯原戰兢之所來，而以之善生死，
方能反戰兢之所歸，而以之善死。此君子之所謂知也。「啓手足」非放下
也，亦非只無毀傷也。「足容重，手容恭」即臨危不懈，欲人啓而視之。

126.〈內省〉

《中庸》落實只一「內省不疚，無惡於志」上，《中庸》之教人平常也，
而中引大舜武周事。夫舜以匹夫受天下，武以臣子有天下，周以臣子代
天子制作，若據其形跡最古今創見可駭可愕事，而聖人直以爲平常。要
見得中者，志也。不咎、無惡皆以中用者也。舜見得我志在安天下，即
可以代堯而受天下，所謂「大德必受命」也，何咎惡？武見得志再安天
下，即可以代紂而王天下，所謂「身不失天下之顯名」也，何咎惡？周
見得志佐武安天下，即可以佐武而制禮作樂，所謂「治國如視掌者」也，
何咎惡？一無咎惡，而敬信勸威篤恭平天下，盡此矣。漢儒說《中庸》，
以爲至聖至誠俱是贊夫子，曰「經綸大經贊《春秋》也，立大本讚《孝
經》也」。其實在〈祖述憲章〉上律下襲，取經義一一明之，若與《中庸》
無關，曾不知〈問政章〉曰「親親爲大」，非孝經之謂乎？曰「爲天下國
家有九經」，非春秋之謂乎？而終以不倍從周爲凜凜，乃知《孝經》言道
術也，《春秋》言治術也。蓋聖人以二經分言之，以教萬世治天下。而《中

庸》歸本至聖至誠之心術，約言之以教萬世治天下。而《中庸》不以刑迹繩人，直以心術醒人也如是。而「小人之行險僥倖」從何依託，故曰「小人之道，的然而日亡」。說《中庸》之精者，莫辨乎此矣。吾少時即聞人說「小人無忌憚」，需當以禪讓篡弒證，想其議論有所自來。今思之殊確。

127.〈說中〉

《易》曰：「知至至之，可與幾也。」即《中庸》終始言「至」之「至」，幾最微渺，形容不得，想像不得，渾然藏密是之為中。若儒者說不偏之謂中，夫不偏則著事矣，何言中。又說「中者，天下之正道。」則又在「本立而道行」之後矣，何言中？是皆據中節之中言，而於大本之中，所謂毫釐千理者也。〈商書〉曰：「唯皇降衷于下民，若有恆性。」「恆性」則所謂天下之大本也；「降衷」云若有真是形容不得，想像不得，而渾然藏密，所謂不睹不聞，而無聲無臭之至者也。若有兩字便括《中庸》一部奧指，是中也。一辨之而為夷子之二本，二本是無中也。《中庸》曰：「思知人，不可以不知天。」是之謂本；又辨之而為告子之言性無善，是中也。《中庸》曰：「不思而得，不勉而中。」是之謂善；又辨之而為子莫之無權，無權是中也。《中庸》曰：「合外內之道也，故時措之宜也。」是之謂權；終辨之而為鄉愿之亂德，亂德是無中也。《中庸》曰：「內省不咎，無惡於志。」是之謂德。

128.〈可聞〉

人有示我者曰：「世皆知聲入心通，曾不知心通方入聲也。」又曰：「夫子之言性與天道，不可得而聞。唯可得方可聞得者，心通故也。」又曰：「天何言哉，四時行焉，百物生焉，天何言哉。此夫子之言性與天道也。既不可以言，言又烏可以聞，聞惟心通者得之。」又曰：「文章、性道非二也。心通文章者，謂之文章，所謂「時行物生者」也；心通性道者，謂之性道，所謂『天何言者』也。」又曰：「言性而係之以天道。此性不是向來常人各稟時之性，卻是當下聖人渾合時之性。孟子曰：『聖人之於天道也。』」

129.〈鳶飛〉

「鳶飛魚躍」先儒贊嘆不啻詳矣，吾於此苦無入處，讀〈廖仲晦貽朱子

書〉云：「鳶魚之生，必有所以爲鳶魚者，其飛其躍豈鳶魚之私，蓋天理不可已也。」於是憬然有開豁，然猶未深得也。因思《易》所謂「本乎天者親上，本乎地者親下，則各從其類也。」乃覺上下之察最爲明白。夫鳶宜天而淵魚宜淵，而天可爲上下之能察乎。然世間之類之宜從而後從者，最莫如夫婦。故曰「造端夫婦，及其至」，則君臣父子兄弟朋友之各有類，宜從而從、不宜從而不可妄從者，豈獨異於鳶魚。而何世之習焉，而不察者之多也。不察則將悖常亂俗，而不可以訓其故，皆起于恣私之便，而不根諸天理之正也。夫鳶魚之失上下者，必不可以生。乃世人之不察，而貿然自以爲得生者不少。故曰「及其至也，察乎天地」。蓋一見鳶魚之親上親下，而陰陽之順序，民物之阜蕃，其灼然明見而無可他擬議也決矣。若是，則儒者之所爲化育流行，所謂吃緊爲人活潑潑地，其皆有反身自得之妙，而不可以明告諸人者乎。於故，特爲之說曰：「世無有鳶魚上下不知之愚夫婦，而多有五倫不知上下之生人，可嘆矣。」

130.〈養氣〉（常州先哲遺書本）

有一老儒對余說，孟子養氣須是錢不妄受，色不妄交，立根定基，方可集義。非禮，色一交便是邪氣雜揉，如敗種不能生植。即發生出來，終成秕穀，非義之財亦然。百事未純，縱成來大能減分數。又說城市混雜，人氣紛囂，自有一段清眞灝氣，一吸一呼，與我默默相應，即學問未深，所謂剛大塞天地者，此景象儘可見，並不是今人在軀殼上論氣也，清靜上說養氣。告子專心而遺氣，固非道術之全，乃世人專氣而置心，亦非學問之正。百度多乖，寸衷不惺，其於養也，何啻去之百里。於是因此有醒《論語》君子有三戒，正是養氣法度，自少至老，競業循理，無少踰越，是爲集義。世之論養氣者多，獨儒生言提最切實。又常見其月蝕時，跪拜空中，淋漓大雨，竟曉無疲，眞是平時養氣一驗。吾又嘗聞人言：「知言是中，養氣是和。」即不必確，亦是妙論。

131.〈行怪說〉（常州先哲遺書本）

行怪與行險何以分別？素隱者，脫離人道，遺棄日用，角立於道之外者也；小人者，即名爲人倫日用，而徇私罔利，陰竄於道之中者也。吾道何嘗不隱，君子以費隱。君子於夫婦之道，於此造端，即於此察天地。如〈虞芮〉、〈關雎〉，德盛化神，一生竭盡心力處，乃一毫不露形跡處。

子臣弟友，庸德庸行，總一生忠恕也。是謂慥慥之君子。而素隱者，直脫人倫，爲高行便成怪，其於中心篤實，能無虧欠否？吾道何嘗不素，君子以位而行素、富貴、貧賤、夷狄、患難，無行不素，即無在不自得。如躬耕羑里，心安道泰，此衷安之快然，即此身居之坦然，上位下位，不怨不尤，總一正己之心也，是謂居易俟命之君子。而素隱者，直遺棄日用，爲大行便成怪，其於尋常履蹈，能無跳躍否？《中庸》詳言吾道，而不詳言行怪有吾道，則行怪何來。所謂修其本以勝之者也，而復申之行險僥倖之戒。此行險僥倖之小人，即前所謂無忌憚之小人也。既有小人之心，則無忌憚，必不足厭之，且謂聖人德業可以無慚，謂天人符應可以坐握。如妄稱唐虞，妄稱西伯，如此作爲，能不令世外之人笑之，盜賊鄙之土芥，漠然自以素隱中，一握有餘，而〈中庸〉之說，曾足關其聽耶？然則《中庸》之壞也，不壞於道外之行怪，而壞於道中之行險也。《中庸》詳慥慥居易，而不詳行險，以爲果慥慥、果居易，則行險何託，亦所謂修其本以勝之者也。

132.〈反經〉辛未（常州先哲遺書本）

孟子閑道闢楊墨，不先言道，而先之正人心。至辨鄉愿，似是不極言正人心，第揭反經。夫無父無君，誰不知非道，然至舉世靡然從之而不倦者，只自以爲心之向善，故不復悔其說之從邪也。不知世未有不愛父而能愛天下者，未有不愛君而能自愛其身者。此心一失，終身向往盡成秕謬。故先之正人心，而邪說詖行淫辭將不破自窮矣，所謂直而攻之者也。至鄉愿似是原爲外名教，特操術陰暗不可令人見，且令無不人人效耳。此而欲摘以心之非，彼將愈自逃於跡之是，而終身無反還路。惟我一正，其經常使人曉然知志慕古人，與不屑不潔者之爲。是特振拔於忠信廉潔之中，而邪匿亦不破而自窮矣，所謂漸而攻之者也。蓋鄉愿，賊也，賊之中人也隱，惟關藩籬，備則無患。而楊墨，禽獸也，禽獸之毒人也猛，其窟穴種類不盡不休，此孟子名言距楊墨，又謂能距之者，即聖人之徒。爲去彼陷溺，方可清吾道路，而於鄉愿，則痛惡之而若無可奈何者也，且未嘗一舉其人，一名其事，其爲可惡尤者也。三代以下，奸邪阿世，小廉曲謹，亂人國家者，不出二世之徒，而盡出於鄉愿之徒，《孟子》終篇所爲，尤汲汲者哉。

133.〈立大本〉

人有疑先經綸後立本者，予以為經綸立本本原非兩事，則先後亦何可分兩時。唯戒慎以立大本，則凡所經綸皆其不睹中實事也。唯恐懼以立大本，則凡所經綸皆其不聞中實事也。此之謂隱微，此之謂莫見。其顯則擇執之時為用，恭贊之時為合者，並可握矣。若欲先立本後經綸，則先有一道以栖其心於寧靜之地，復有一道以調其心於日用之紛。勢將以道為二，以心為二，而仁、淵、天不得還為一也，何名獨？

134.〈見知聞知〉

夫古今之異、治亂之更、因革之宜，其跡之不必同，灼然矣。將惡乎一？一諸聖，聖惡乎一？一諸道。然而聖與道之必不可一而同也，又灼然矣。歸之心之合也，曰「見知」、曰「聞知」。以堯舜視湯，則揖遜征誅異；以湯視文王，則爭誅臣事異；以文王視孔子，則服事臣道栖栖之師道異然，而孟子皆謂之見知者，同乎心也，同乎心而合道，則無不知以道也。非必隔世之君，而知者以異，即當世之臣，而知者亦未嘗不以異。以舜之殛鯀，而用其子禹則異；以堯舜之如天好生，而用真嚴之皋則異；以湯之征桀，而用五就桀之尹則異；以文王之服事殷，而用鷹揚之太公則異，用左右往來之散宜生則異。然而孟子皆謂之見知者，同乎心之合，則無所不知以道也，知以道則跡之同者，自可勿論已。若只求跡之同，則堯舜何不以稷契而必以禹。皋陶以湯，湯何不以仲虺，而必以伊以文王。文王何不以武周，而必以望以宜生、以孔子。惟古今治亂因革，世不見為同，而孟子獨取而同之以道，又同之以心。故曰「見」曰「聞」，總歸之知，而可以俟諸前聖不惑，更俟後萬萬世不惑也。若祇其跡之同而知也，堯舜之揖遜，可令子燴子之並稱知矣；放伐之湯，可令田常並稱知矣；服事之文王，可令齊晉秦楚迭伯並稱知矣；栖栖之孔子，可令公孫衍張儀希世並稱知矣。世惡乎不日敗壞道，惡乎不日泯滅哉。故孟子又稱舜文王以君以臣之異不足，而又一東夷一西夷，而總之行乎中國。若合符節者，歸於道之合。曰：「其揆一者，道之合歸於心之何知，明證也。」至於揆之一，而所為知者一，聖人執之於聖人可合之，又何見與聞之有隔。

135.〈瞑眩〉

「若藥不瞑眩，厥疾不瘳」，從一國立壞之勢言也。凡藥有從治有逆治，

從治覺易，逆治覺難。五十里之滕而欲使爲善國，其于治也，不亦逆而難乎？故孟子所爲滕文告者，一則以齊景，景當涕泣女強吳，一則以舜縶若化頑嚚，一則以文周，文從囚里事毒逋，周用居東討亂逆。其爲力之艱苦何如也，非重創之後勢終不回。故以瞑眩攻身，身固不易受而終歸於愈。以瞑眩攻心，心固不易醒而終歸於復，此孟子所爲滕文汲汲者也。猶七年之病求三年之艾，此從天下久亂之勢言也。凡人有一體之病，有周身之病。一體之病，起之覺易；周身之病，起之覺難。當戰國之天下，而頓欲成王者之業，其於治也，不更覺起之難乎。故孟子所爲世主告者，動以湯武。湯之行仁至以大事小，而能爲征葛之非富，方能爲十一征之無敵。武之行仁至遵養時晦，而能爲孟津十餘年之退，方能爲牧野會朝之勝。其功之漸次又何如也，非修積之久，業不全昌。故以積艾攻身，方一大快，而後可宿恙盡驅。以積艾攻心，心方一大暢而後可休和頓洽，此孟子所爲世主汲汲者也。於是見聖賢之憂世迫也，眞若有疾病之在躬，又若有重疾痼疾之在躬，而恨不急爲之調治者然。

136.〈三聖〉（常州先哲遺書本）

孟子三聖之說，即《中庸》之說也。天下國家可均，伊尹之事也。爵祿可辭，柳下惠之事也。白刃可蹈，伯夷之事也。三者以事準道，即道未必不合，而未必時時可合。《中庸》以道揆事，即道時時可行，而未必一事可見。伊尹樂堯舜之道，夷惠百世之師，而道則所謂中庸不可能也，所謂自生民以來，未有夫子也。

137.〈養志〉

《記》稱大孝有三，而孟子稱曾子獨舉而歸之養，且夫子所論養者。一則曰「敬養」；一則曰「色養」，而孟子詳說曾子之養，不過以必有酒肉，必請餘，必言有是。養道難，而孟子舉之若易。夫子之告子路曰：「啜菽飲水盡其歡，斯之謂孝。」而孟子所詳曾子之養之委曲，是養道易，而孟子舉之若難。要于一志之養，則所謂盡歡者，縶志之養方歡。而所謂能敬，能愉色者，亦唯志之養，方能敬，方色愉也。夫孝至於一養志，直以吾之志合親之志而無二，而又何他之言，故曰「事親若曾子者，可也」。曾子蓋獨受孝經之傳，而其爲一貫也。直括之以忠恕，要知舍一志而言道者，皆緒餘之道也；舍一志而言德行者，皆粉飾之德行也。德行之餘後世也，多不

足，而其求一貫也，又索之渺茫馳騖，而道何能爲天下。

吾又以養志之義思之，夫以曾晳之春風童冠、沂雩詠歸，此其志之大，見道之眞。爲人子者不知，宜如何以養，而後能爲養志。如曾子之安貧，三旬九食捉衿見肘亦縱歌商聲出金石，世將以爲養志宜無加已。即有明于深造者，求之日三省身，戰兢履應亦以爲克踐無違矣。而孟子第舉酒肉，必請與必言有。要知孟子之說養志，更有出於他人之言養志者也。曾子曰：「君子之所謂孝者。」、「先意承志，諭父母於道，參，直養者也，安能爲孝？」夫所謂道者，日用之外無先也。即所謂志者，反求日用之外無先也。此一必請，必有委曲順承，其與沂雩詠歸者，眞有比不爲內，此不爲外；彼不爲宏，此不爲隙者也。是所謂先其意，而志之承者何如？豈爲直養而已。夫安貧以養一，砥節之士能之。即深造以養，非聖賢不能。然亦概成身之大，而未及日用之細也。思及曾子之養，竟有終身迫切之至，可泣可思。一衷和樂之至，可蹈可舞，而外又何一言。故曰「事親若曾子者可也，諭父母於道」。是以爲幾諫也，非也。夫諭者，心相然而諭，非必親不然而諭也。若不然而諭，則亦他人之事，而非曾子承曾晳之事。

138.〈微罪〉

孔子去魯事，讀《孟子》「致爲臣而歸」章，方知以爲罪行之意。讀《孟子》「去齊」四章，方知不欲爲苟去之意。

微罪，罪以不稅冕臣，可也。苟去，去以不用臣，不可居也。

139.〈達之所忍〉

「達之所忍」，湯武征誅是也。「達之所爲」，舜禹禪讓是也。四「所」字皆從本心見，非名跡見者也。說仁義至此，比前四端處，所謂「擴而充之者」，更是一番力量，而不忍不爲之心體始全。

140.〈微子〉

《魯論》記夫子去魯詳矣，《春秋》不書，治術與道術異也。其書者，以吾道之興廢爲吾道之進退；不書者，不敢以天下之治亂係一身之進退也。記柳下惠沮桀輩及諸侯逸民師摯等之去，明魯治亂亦道興廢。所關《魯論》，蓋記魯者也。然而記殷首微子之去者，道術也。《中庸》一書專以表明聖德，謂道爲治亂大防。而〈仲尼祖述章〉方明贊聖德。前所引詩「在彼無惡，在此無斁」，係贊微子事明。夫子之道，直接於微子，即去

魯之事，亦直接爲微子也。夫子嘗云：「殷人也，吾從殷。」從殷者，其道從周，其事也。〈問政章〉對哀公志魯也，而繼之舜文武周之後，明道之接於四聖也。道可以承，而治不可以承也，蓋於哀公託之志焉。凡篇首所提二字，如上篇〈學而〉、〈爲政〉先體後用；下篇〈先進〉、〈問仁〉先用後體。而〈鄉黨〉終體，〈堯曰〉終用。其終體也，嘆雌雉之時哉；其終用也，詳從政之美惡，皆灼然者也。即中微有錯雜，不可盡泥。而潛心於是，未必無可窺見。蓋以微子之首，紀之之記。若曰「微子之去，知殷屋之不社；夫子之去，卜宗周之無邦」，豈爲魯而已哉，即治術不用，而道術終歸焉耳。《中庸》先〈問政〉後〈祖述〉義亦如是，不使大臣怨乎，不以所以傷也，周有八士所以志也。

141.〈言志〉（天啟刊本）

聖門道術未有不公諸人者也，即平生之志未有虛言，不從根實者也。〈顏路章〉言志，直考究窮居事，而車裘共敝、無伐無施，惟克己方能公，人何其根實不虛也。夫子老安朋友信少懷，實志所以安、所以信、所以懷也，非如宋儒虛言，所謂付萬物而已，不勞者也。至用世志富強志禮樂，施爲時可見矣。曾點不言施爲，而其言暮春童冠沐風詠歸，便是終身實施爲。沐則洗滌身心事，風則鼓動情神事，詠則摹擬古今事，歸則收斂德業事，何其小心，競惕循循於日用節度中也。非如近儒虛言，所謂脫落清洒者也。然則聖人所謂狂者進取，乃其志欲弘一世，而後可善一世。人人日用節度，方人人沐風詠歸也。然則聖人所謂古之也狂肆者，士有學業，工有肆舍，居以成事，學以致道。致道之心即日用節度之心也，乃慕曾皙者在洒落。古來道述一脈競業之傳謂何耶？贊聖人者在己不勞。所謂大道之行，未之逮也。而有志焉者何爲耶？以之用世，必無實康濟，即以之窮居，必無實修詣，是不可不亟辨。

142.〈正鵠〉

《中庸》言「射有似乎君子」，與孟子言「仁者如射」不同。夫不怨勝己者，反求諸己而已，此言其心，非言其事也。若《中庸》之失諸正鵠，反求諸其身，蓋實有事焉。《記》曰：「爲人君者，以爲君鵠；爲人臣者，以爲臣鵠。爲人父者，以爲父鵠；爲人子者，以爲子鵠。」故射者，各射己之鵠。然則鵠之所在，道之所在也。而又先之曰：「繹者，各繹己之志也。」然則

一命中，而倫無不舉。射之言，正鵠非徒以像而已，明乎倫之若何而射，不則不能射。明乎吾之志於倫若何而射中，不則不可中。夫言行之相顧，素位之無他，皆射所以志，而達道則其鵠也。夫子之言中庸詳矣，猶恐人之慮求於遠，而不軌於實也，而特以正鵠示然。則虛言義而無所事者，譬如射影，空中一無標的。夫誰知其中與不中，而名之以為道。夫所謂未發之中與中節之中，故各有分數而不一秋毫爽者也。求中於未發難，及求中於已發之節亦難，求中於達道之正鵠則不難。試一反求之身，而正鵠顯然明白。所謂似君子者，君子成德而射，則求入德也。孔子曰：「發而不失正鵠者，其唯賢者乎！」若夫不肖之人，則彼將安能以中？

143.〈中立〉

偏與不倚不可並言也。凡物有二三於此，而心旁據焉，則為偏有一於此。而心內著焉，則為倚。中立則不患偏，而患倚。故君子中立則曰「不倚」，至誠立大本則曰「夫焉有所倚」，中在在無不是，而實無一時一事可著也。如欲襯中於已發之際者，是有意中而不知其立者也；如欲觀中氣象於未發之前者，是有意中立而不免于倚者也。夫中有可立，立無可倚，本無馳逐之足憂，又何必虛寂之是尚。故《中庸》所謂致中者，正慮虛寂之病，而欲人之盡力以擴吾中。後儒所謂致中者，只懲馳逐之非，而欲人漠然無事以還吾中。其求中愈至，其倚愈深已，豈唯偏於二三之為患而已。中唯能致，方為不倚。致之功，直有篤恭而天下平之應；而倚之病，不過一素隱行怪，後世有述之徒。

144.〈誠明〉

誠無可指，唯有本心常明便是著著落實處。故曰「誠則明，明則誠」，此一為主之說，非兩為岐之說也。〈致曲章〉明字貫在中間；〈誠者章〉知字貫在中間，此其明用。首章以性教揭歸道字，是世教事；此以誠明統歸明字，是心體事。明常在，即道自常在。因此思「言故行，行顧言」，行字貫在中間；「學而不思則惘，思而不學則殆」，思字貫在中間；即「仕而優則學，學而優則仕」，學字貫在中間。往吾聞此說于人者，幾三十年，只要人專心於一，便徹頭徹尾，兩者自慣。若一彼一此，徒作話頭分梳，正如騎兩頭之馬，踏兩腳之船，有何用處？近益思兩行字從庸言上來、從己學上來，兩學字從已仕上來，寧可對待看。至誠明做兩項，人分殊

更是千古膏盲不可解之病。

145.〈公冶長〉

顏路請槨，直以不與鯉者，拒之。葬之薄，正所以爲其厚愛顏子也，不嗇其愛子也。公冶之妻，雖縲絏無嫌，正所以絕糧畏匡不諱窮之心。刑家使之患難相安，無境不可處，其愛子也，不嗇其愛身也，聖人之愛以道，不以姑息蓋如是。

146.〈有恆〉

夫子之思恆再矣，巫醫，世外人也，無恆自其所，應何責之？要知其人庸下耶，非恆則無以藏其身，而防其匿。其人高明耶，非恆亦胡以明吾教，而正之義，故曰「不可作巫醫」。所以醒而還之者，切矣。至難乎有恆爲道脈也，彼不過爲世間諸有盡成敗壞，惟虛無約乃能超天地獨存，歷古今不。自信爲聖人無上之道在是，即眞心向善應莫過此，而于古聖賢經世道術，竟裂冠毀冕不顧，彼所謂聖，非吾所謂聖，即所謂善，非吾所謂善也。聖人汲汲于恆，恆爲正。夫婦爲君子之不易，方家人爲行有恆，彼虛無約，則幾默然斷絕矣。夫吾自天地陶冶，父母鞠育，方能飽和萃精，以藏身立命。而今忽欲逃之爲道，使善人當此能悍然不動心否？又況君子聖人德業，不益愈修愈遠哉，故曰「難乎有恆」，蓋傷道脈於斯絕也。孟子說恆心恆產，必使足養父母畜妻子，然後驅而之善。聖人經世其爲道如此，其經常不易也。彼爲虛無約之術者，何所用之。即有好倡爲虛無約之說，孰從而聽之？子曰：「以約失之者，鮮矣。」蓋狹之也；孟子曰：「守約而施博者。」善道也。豈其顒顒約之謂哉，彼以虛亡見者，則恆上，便著不得一有字，何況於盈，又何況於泰。

吾常思夫子所謂攻乎異端者，即「亡而爲有，虛而爲盈，約而爲泰」之人也。所謂斯害也者，即難乎有恆之說也。「虛、亡、約」，異端之道也；「有、盈、泰」，吾儒之道也。操異端之心欲爲吾儒之事，夫子所嘆有恆之難，即所嘆爲害者也。夫說攻異端便非異端也，說難乎有恆便是可望有恆者也。因是思孟子之拒楊墨，非謂楊墨眞異端也。嘗爲宋大夫，身非異端也。又以善守禦節用之名聞，業亦非眞異端也。總之一橫議之爲倡，非我眞愛無父無君意見不已。微爲議論，議論不已，激爲風尙，言盈天下。至使聖道不著，而害政害事，遂無窮極。故孟子直以率獸食人，

人將相食者罪之。夫說害政事，便是身有爲政事者也。由此而言，「攻乎異端、難乎有恆、言盈天下」三者並學，道人也，而深爲大道害。昔之爲異端也，不過方外之教，今乃邇中國之中。昔之驅異端也，不過頑愚世俗之人，今多高明冠裳之列。聖賢深防力遏，豈得已哉。故能言距楊墨，便聖人之徒。彼之盈天下原以言，故我拒之亦以言行稱蔽，即出入彼此間之明證也。總之夫子曰：「道不同，不相爲謀。」儒與異端不辨可明已。即眞異端與攻異端之害，亦不辨可明已。

147.〈烏獲〉

世間力有勇怯，知有巧拙。然自孟子言性，更無勇怯，人人可以爲烏獲；更無巧拙，人人可以爲奕秋。昔人有夜行，見寢石者以爲伏虎也，攀弓而射之，石遂沒羽，此用力而力必從之一驗。先儒有病中懸一棋局於帳者，數日看而思曰「此河圖數耳」，因此遂無敵手，此用智而智必從之一驗。近見山東大行高其學《易》，家居不仕，三年未得，又三年而未得，鼓勇猛遂絕食絕言，欲以刃自割，尸臥七日，忽回心中有通竅：「《易》要在第四爻。」因覺變化無窮盡，從此生遂健起，瞬息中演十數通，人欲飲之米湯，搖手不肯。應曰：「毋邇我。」須臾又數十通，覺關鍵略遍，方徐飲食，大約得之「京房游魂說」，夫以一卦爲重，卦變化自應無方第。人不曉外卦，本根機括在四耳，至今所作圖，幾數十萬人聞，謂爲鬼神之通。余曰：「豈鬼神有靈，吾心反是無靈。」夫名理猶然，何況力行爲善，更是吾性本眞。吾性至善原與聖人一體，苟能盡心不二，則從此向往，即大而化之之聖，非有限量。聖而不可知之之神，非有隔越。孟子絕不肯陷人以虛名，而苟人以難能也。徐行之說，專欲化虛矯爲強毅；鴻鵠之說，不過去騖鶩爲深淺。所謂有爲者亦若是。

148.〈恭己〉

恭己者，危微兢業。聖人之篤恭，而非勵容之可見之謂也。正南面者，心運乎天下而不已。正如日之日運於周天，而無息出震，向離南面，所以象也。夫肆朝巡省誅四兇咨九官十二牧，無一事不正，無一人不正，方爲南面之正，而非居高無事勵令，人可仰之謂也。夫子不嘗云「修己以敬乎」，以敬之爲恭己，安人安百姓之爲正南面也。又不嘗云「爲政以德乎」，以德之爲恭己，如北辰居所，而重星拱之爲正南面也。故云「夫

何爲哉。恭己南面之正」，乃其所以爲也。然首云「無爲而治者」，以別於妄爲而敝，擁南面之尊而不知所以爲正者也。而世顧云：「臣道有爲，君道無爲」，有爲也，則爲天下用而不足；無爲也，則用天下而有餘。此道家之言，直清靜自正之無爲，而非恭己正南面之無爲矣。且彼方慨慕邃古，至舜便以爲有慚德，不稱無爲已。《禮》云：「王中心無爲也，以守至正。」正夫唯以至正之守而爲，故無爲，斯又恭己大義歟。

149.〈指掌〉

凡治國八方，無不達而爲之樞者，中也。武周達孝制禮作樂，八方亦無不達而爲之中者，郊社也。掌有八方、有中央，明白易見，而治國之樞在焉。國之先郊社禘嘗，即掌之先心。故曰「示諸掌」，運掌便有運量工夫，亦須以心爲之運量反手。痛當世不明本心，多以手背倒看，反之卻不難也。指掌只是指其中心，不概及八方也。故世俗言手則曰心，從舜文武周後而終之指掌，則中庸之道由心生者，不更簡而易明，約而易操乎哉。

150.〈三代直道〉

春秋之作，專以是非有位，而不及于凡民。三代直道，僅以賞罰斯民，而不及於有位。此其故，蓋難言之矣。斗宵從政滔滔皆是，安所置議其間，而以鼓不平之鳴，賈無端之忌哉。民稱斯是「斯焉取斯」之謂，而非蓋凡民之謂也。緜乎直道者，則謂之斯民；不緜直道者，則不謂之斯民。故曰「鳥獸不可與同群。吾非斯人之徒歟，而誰與乎」，可畏哉。

151.〈善信〉

子曰：「攻乎異端，斯害矣。」故曰「可欲之謂善」，子曰：「學而不思則惘，思而不學則殆。」故曰「有諸己之謂善」。孟子曰：「逃墨必歸楊，逃楊必歸於儒。」此明示人尋可欲之的也。「思誠者，人之道也。」此陰使人人有諸己之門也。

152.〈成人〉

曰「今之成人者，何必然重傷當世無人也」。前曰「亦可以爲成人者」，蓋擯四人於禮樂之外，而必知其必不能爲成也；後曰「亦可以爲成人者」，蓋進子路于三者之中，而令其不可不亟爲成也。夫「義、命、久要」三者，眞忠信立本事。即智兼廉勇藝之不足，而爲人之道未虧也。若武仲之爲後，

要君不臣之尤；冉求之聚斂，季氏無公家之極。豈斯人也，而尚可與之言禮樂乎。而公綽止優趙魏老，皆分晉之徒也。而卞莊之暴虎，聞更可知已。夫子謂「不仁，如禮何，如樂何。」故歷舉四人，責之禮樂，甚言其不可為成人也。子路故以勇自負，而稱二臣於季氏者。夫子特舉以戒，至結纓之死，疑於受命，而夫子且以為不得死。其思義也，不忘乎平生也，故不得不以相勉矣。夫為人而博求之材品，有譽于當世為虛，人而專求之忠信，無憾于本心為實，子所謂何必然者。不亦信此之得，而傷彼之重失乎哉。四人皆魯人，蓋以例也，凡是有才者之多，不足恃耳。

153.〈無窮〉

夫天無窮而人見有窮，有窮則不能不以漸增長，增長一分便知一分，及增長之極，而後知昭昭果無窮，故曰「及其無窮」。象山云：「涓流積至滄溟水，拳石崇成太華岑。易簡工夫終久大，支離事業竟浮沈。」此言可頌可思。此處既明，則前所云「誠後形著，明動變化。」是成己的事。「至誠之久後徵，悠遠博厚高明。」是成物的事。及其脈絡，始覺動然，到得不見不動無為，依然是天本無窮本體，聖人合下即知無窮景象，唯于及其處著力，故能合。後所云「純亦不已」義，天地山川用四個今夫，正是合下無窮景象，更知及其消息之真，及其致曲者之謂也，不息之謂也。

154.〈無終食之間〉

夫子謂「終食之間」非泛然頃刻間也。凡人所交世，富貴貧賤之來，其猶緩耳。唯是飲食關切，令人不能忍耐處，心之一存一亡，最可省念。故謀食之妨謀道，飲食之害為心害。常人視之悠悠，而聖人戒獨切切。且一終食間，思飲食絲來得無愧怍否，又思飲食之味能無迷昧否。要於此處不違，而後富貴貧饕不動一念，貧賤淡泊不少喪節，卓然自見吾不處不去之本心。而要必得之以道，乃謂之不去仁。即是以推如絕糧之厄，子路慍見其顛沛如何，而須安之故窮。是顛沛之心，即終食之心也。如簞豆生死嘑蹴不堪，其造次何如，而終抗之不屑不受，是造次之心，即終食之心也。人視之顛沛造次經歷無可窮，而終食其極至耳。曰「必於是者」，此心欲惡安頓處，便是天理是非恰當處。故去仁不去仁，道無可準的，而歸之以一仁。仁猶慮無可憑據，而歸之以一。是君子終食無違，

蓋必於是之爲競競云。

155.〈孺子歌〉

嘗讀〈孺子滄浪歌〉，而知世間禍福未有不以清濁爲之自取者也。凡清者，必明於志者也。凡明於志者，必明於事幾之將然與人言之可聽不可聽，而福之來也，一謹身節行中。若挹而自取之濁者，必惛於志者也，惛於志者，必惛於事勢之已然與人言之宜從不宜從，而禍之集也，一縱欲敗度中。若羅而自取之，繇是知亡國敗家，豈眞在天。凡世之自毀自悔自伐，總所謂自做之孽，非天之孽也。今夫江海之險，風波之浩。人盡以此之孽，猝不可逃。而不知明者處之其行，其止相度而爲之從事，終之安行無患者，以清故也。今夫庭除之近、凡席之娛，此之孽也，若決無可虞，而不知惛者處之其得其喪漫然，而不知所計，而至災患突乘者，以濁故也。此一水清濁之取，聖賢所欲人急聽也。夫「涕出女吳」人自爲惛，吾自爲明。「三年求艾」前自爲昏，今自爲明。兩章所證，商周興敗，非不切切危言。即本章安危利災樂所以亡，危切尤至。唯是濯纓濯足，言之若無心，聽之最易曉者。此不足觸不可言之鋒，而反能動不仁者。易濁爲清之一念，聖賢牖世，苦心至斯矣。〈滄浪歌〉屈子復以繫《楚辭》篇末，有以也夫。

156.〈明且哲〉

凡人心能戒懼則有主而強，不則無主而靡知。戒懼則有識而明，不則無識而昏。明強之爲用，中庸君子，國有道無道，不各宜者也，強矯哉。在依中庸之先，明且哲；在道中庸之後，矯者易。世情而歸之道術也，其持守甚難，惟矯方依。若以身負屛而終始不移者然，世之謂以道卓立之君子。哲者，從高明而極之細微者也。其權衡更難，唯道方哲。若大道蕩乎，而往來自如者然，世之謂與道委蛇之君。遯世不悔，強之矯者，可自主者也，而災身不及，直令世之爲道法則。道之運用無方，非明且哲不能此。一明一強，誠之者自能必之。而誠明之後，所爲屢贊高明也。《易》「自強不息」，君子以像天行。而「大明終始」不惟統天，繼以御天，與《中庸》強明次第義最相發。

157.〈養一指〉

「一指、肩背」非虛言也。《傳》云：「今日之食指動，必嘗異味。」染指嘗黿，遂以速禍。此養一指之患也。《易》稱：「艮其背，不獲其身。」

是凡身皆不足養也。唯須止於背。背者，心之神明所聚，而性命之元所會合也。於此不養，所謂舍靈龜而觀朵頤，何稱善養，此失肩背之患也。狼疾者，狼最貪飲食，兩稱飲食之人。所謂狼疾人也，盍於背亦非虛止外象也。盍者，精之凝液，《易・坎》「用缶」是也。唯止躬于盍，而後鞠躬者，真此亦孟子精言艮背處。

158.〈躬自厚〉

遠怨，蓋言道術也。凡怨訾之易起者，莫如道術。夫子「不怨不尤」而「下學上達」，其明訓也。躬非身之謂也，萬事以身爲樞，身以躬爲樞。《記》云：「好惡無節於內，知誘於外，不能反躬，天理滅矣。」又云：「君子莊敬日強，安肆日偷。君子不以一日使其躬儳焉，如不終日。」蓋躬之若是切也。夫子自任一文，真道之大全，而猶歉躬行未得。蓋躬有握於文之先者也，謂言之不出，恥躬不逮。躬非可以與人輕泄，非可以出言摸寫者也，首追一堯之在爾躬，遞舜禹湯相傳之命，何其淵遠邃也。即道術中萬事猶後，而猶殫力於此中。終身以守，而無容少逸於片時。所爲躬之自厚者也，三記鞠躬如。蓋後之明驗也如是，而可過責之人人乎哉。薄責者，非真不責也，欲其人自得之深造之餘，而獨復於神明之境，無可煩吾責也。又何以知不知，故置怨其間也哉。曰「知我者其天」，此躬原從天上來，此躬之厚唯有一天可對而已，故省莫知之，故益可以明遠怨之緒。

159.〈無名之指〉

舉一無名之指，即諸指之尤急切者更可知。夫無名之指，屈而不伸，若世人盡然也，則何言指不若人。若真止疾痛之害也，則又何言心不若人。嘗有人一年半前忽覺無名之指決痛楚幾指，及明年左手足忽癱軟若廢者。然先者無名之指痛楚，而諸尚無恙。俄廢後二十日餘，諸指漸能曲伸，而無名之指獨炙熬，此謂之不害事不可。然專謂疾痛之能害事，非也。凡人心有主宰而得所以持養，方體能屈伸而得以運用也。此指不若人，直心之不若人也。知惡於指，而不知惡於心，孟子所謂不知類也。秦楚，蓋象也。秦勁悍楚剽輕，俱屬彊陽一邊。夫失求彊陽之術於指，而不自知自強不息於心，此所謂不知類也。類者，心指相連，利害關通之謂也。故體受歸全，手足無敢毀傷，是爲知類。根心、生色、四體，不言自喻，是爲知類。

160.〈志壹〉

志壹動氣，好靜之過；氣壹動志，好動之過。實則氣壹動志，當繇志壹動氣來。世未有常靜而能不動者，亦未有偏著靜而不忽生動者。蹶趨動心，好靜轉成好動也。孟子狀不善養氣之人，不啻狂奔妄逸，真是暴氣。志可持不可壹，持則有主之人，自然百體用命。壹則如將帥獨知有我不知有眾，終於三軍解體，將帥亦倉皇罔措而已。今養氣家要靜存正坐，志壹之病。

161.〈成章〉

成章，非易造也。《易》曰：「六位而成章。」此道之大全也。孟子云：「不成章不達。」達者，化也。成章而後達見其大全，而未即造於大全，此君子所貴達也。然則《論語》稱：「斐然成章，不知所以裁之！」此亦見其大全，而未即造於大全。夫子所為欲急裁也，狂稱簡，說者以為志大而略於事，疑于責之過刻細繹之人之精神。世情與道念不兩入也，唯略於事之為志者，方能深於造之為德。如鄉愿名，無非刺實邀世俗，至眾皆悅之。其嗜欲越深，則彌縫越巧，彌縫越巧，則操行欲卑，終以不可入道，徒為德賊。狂既云簡，則一心入道，萬事無能牽縛，與古人為徒，與天地為體，所造就又誰能涯量。其斐然者，規模之為赫奕，即底裡之未消鎔，夫子所欲急裁也。《中庸》終闇然曰章曰「簡而文」。文章一脈唯簡，方能優入千古。斯文為狂，方可擔荷。惜此義不明，而後世之論人才者，多以曲謹不以志節，纖趨勝而大道頹，真自棄聖人之門者也。「由也，升堂未入室。」夫子所云奚為于門者，蓋進之也。恐其以門牆矜負也。鄉愿，德之賊，而夫子謂過門不入室我，不憾焉。蓋擯之也，恐其以門徑為依附也。一剛明一陰暗，此古今道術之大介也。

162.〈赤子〉

孟子曰：「大人者，不失其赤子之心者也。」大人與赤子對言，孟子蓋借象也。夫子之所以為赤者心，非其形骸之謂也。《大學》：「如保赤子，心誠求之。」誠與赤應此喜怒哀樂所自生，而時時與天地相照徹，處處合萬物相孚應，古人謂之赤心是也。其間汨沒有輕重，便邂雜有深淺，而本真之赤遂無從見。唯是充養純者，光輝默可印證。《易・卦》：「乾……為大赤。」于斯知赤所從來。坎為赤，于斯知赤所存主，天地之所以為大，即人心之所以為大。秋陽以暴之，以心之赤，足對秋陽之赤，方為暴。古人稱「忠赤」，又空盡無物曰「赤」。

附圖：《困思抄》各版本首章

〔明〕萬曆刻本

〔明〕天啓刊本

〔明〕崇禎刻本

〔明〕常州先哲遺書本

《中庸慎獨義》

筆者案:《中庸慎獨義》（或名《止躬齋慎獨義》、《慎獨義》）則有兩個版本，依年代次序爲明天啓刊本與明崇禎刻本。以下以「崇禎刻本」爲底本，若爲「天啓刊本」獨具之篇章則另行標記，其中無法辨識之字詞則以*標註之。

〈重刻止躬齋慎獨義序〉

《易・艮之四》曰:「艮其身。」〈象〉曰:「止諸躬。」〈彖〉曰:「止其所」。明乎躬之爲止之所也而所是何處？堯告舜曰:「天之曆數在爾躬，允執其中。」明乎中之爲躬之中也。而躬是何物？《中庸》雖不言躬，而戒慎恐懼兩指其「所」，即易之止其所也。止其所而執其中，雖不言慎獨可也。而見隱顯微之必慎，又諄諄致意焉。「然則獨與中有二乎？」孫先生曰:「從天命之初言，先有中方有獨;從率性之還言，先有獨方有中。」言不戒慎恐懼則無獨，無獨則無中，而獨所即中所可知。《大學》亦言慎獨，而先生又謂《大學》以意對外爲獨，《中庸》謂性命合道爲獨，有始事終事之不同，將無獨有二乎？曰:「始以醒閒居不善之小人，而終以明中和位育之君子。」要其嚴於獨而一於慎，則無纖忽之不合者也。故漢儒亦曰:「《大學》之要，誠意而已，誠意之要，慎獨而已。」而藏之于不睹不聞之所，進而達之于無聲無臭之至。盡性至命，窮神知化，一以貫之矣。先生他日有詩曰:「戒謹恐懼是慎獨，隱微顯見是回目。」又曰:「中庸須識中爲体，誠明須誠爲性。」欲知獨之回目、中之体者，止躬之所、慎獨之義惡可以無三思？

1.〈不睹不聞〉

所不睹所不聞者，終日睹聞，未嘗睹聞;終身睹聞，無可睹聞，此是心體，未是獨也。惟君子戒慎恐懼，一乎是所，絕無他馳，一敬爲主，百邪不生，一念常操，萬用畢集，眞覺有隱有微，時時保聚，有莫見，有莫顯，種種包涵，繼善成性之所，正富有日新之所，乃名爲君子慎獨，此獨也。其始之率性也，與天地合者，不與天地分神，故名慎獨;其終之盡性也，爲天地用者，能以天地還眞，故名慎獨。天之命我以一獨，我之率性修道還天以一獨者，道蓋如是。人有傳戒慎恐懼訣者曰:「凜凜

如對上帝。」六字此深心於獨之言，亦未必眞知所也。又有說愼獨者曰：「莫作見乎隱解，謂有隱見二見；莫作顯乎微解，謂有顯微二見。」此則一意掃除爲獨，終非《中庸》心德渾全之獨也。

2.〈莫見〉

有千萬其心思，而不失爲獨；有孤寂其念慮，而不名爲獨。是在戒愼不戒愼之間，不問其應酬與靜居也。凡人不過妄臆寸心影響之爲獨，君子直是終身率性保合之爲獨，故知愼獨難也。蓋人一心之隱見微顯，便是萬事之隱見微顯，萬事之隱見微顯，便是萬物之隱見微顯，並從所不睹所不聞中流注獨也。若不識戒愼恐懼眞脈者，則何知有隱？何知有見？何知有微？何知有顯？此中多岐百出，不可勝原，（而決防障源，無忌憚其尤已。）萬事萬物都無歸著，我心亦總無歸著已矣。故知愼獨難也。張子韶解《中庸》，每處以戒愼恐懼貫穿，不及愼獨，非不言獨也。不愼獨則無中庸，不戒愼恐懼則無愼獨，子韶可謂知愼獨之眞者已。若必以若何戒懼若何愼獨，分爲兩而並持之，則一乘之以理欲之關，而志意爲禁；再乘之以動靜之交，而精神爲漏，幾之靡定，而中之不獨也明矣，惡乎愼？胡文定傳《春秋》，在在言復仇之大義、救時之急務也。張子韶言言以戒愼恐懼闡發《中庸》修道之常經也。

3.〈中和〉

中和之名可分也，中和之實不可分也，即致中和之功，更無可分也。總歸之一——戒懼愼獨。惟戒懼則不睹不聞之所，而天地爲昭，萬物同體，隱見微顯之獨，爲主持者，明明矣。此中和所爲致也。故總言中和功用曰：「天地位焉，萬物育焉。」天地在前，萬物在後，有天地然後有萬物，其本然之體也。詳言位育景像則曰：「至誠盡民盡物，贊化育恭天地。」萬物在先，天地在後。聖人之道則曰：「發育萬物，峻極于天。」亦萬物在先，天地在後，普萬物然後可以和合天地，其歸還之次也。夫君子未有不實求民物，而圖曠而求之天地者也。夫君子之喜以天下，怒以天下，哀以天下，樂以天下，豈虛爲見而已哉！吾中心當其默覺其然，而覺民之無不共此同然者，是之爲大本達道，是之謂愼獨。孟子曰：「行有不慊於心餒矣。」此中之的指也。曰：「以直養而無害，則塞乎天地之間。」此致中和位育之明用也。

（天啟刊本）

中也者，天下之大本也，赤子之心是也。和也者，天下之達道也，不失赤子之心是也。中和致則位育弘，是之謂大人。大人與赤子對言，孟子蓋借象也。古人謂之赤心，此心也，喜怒哀樂所自生，而時時與天地相照徹，處處和萬物相孚應。未發不落虛無，時發不嫌馳逐。君子之競競戒慎乎其所，而不敢須臾離者，此物也，此獨也。其間汨沒有輕重，便遯雜有淺深，昏明強弱從此分途。唯是戒懼純者，隱見顯微自為光輝，默可印證。嗚呼！可不省諸！可不慎諸！因是思凡人生，始之受生於父母以成性與終之合德于天地以成身者，總一赤心也。故說仁者，人也，是赤子之心。說「至誠肫肫其仁」是大人不失赤子之心。知獨者，方知中和，知中和者，方知修道之仁，而禮義知天盡不出是。嗚呼！可不省諸！可不慎諸！

4.〈時中〉

獨與中非二物也，從天命之初言，先有中方有獨；從率性之還言，先有獨方有中。然則時中者，以其能戒懼慎獨。能戒懼慎獨者，方為君子，故曰「君子而時中」。若謂君子為已成之德，不緣深造；中庸為當下之事，不必本來是。君子先為君子，中庸別復為中庸，竟不知中從何而來？所謂君子者，又從何成就？將人品道術幾分為二，何言君子中庸？

5.〈無忌憚〉

戒慎恐懼與忌憚，未可並視也。戒慎恐懼者，操持之至性，非君子不純。而忌憚者，天性之真心，雖眾人無不動者也。然小人恣所欲為，偏從眾人所動者，敢大決其藩籬，而自託於聖人之道術。如文仲武仲以聖人聞魯於陵，仲子以廉聞齊，豈不儼然中庸耶？而要君竊位敢於無君，辟兄離母敢於無親，偏於中庸相反。一經孔孟剖破，雖萬萬人心無不識已。即左氏書臧氏斬關，趙威后謂仲子可殺，盡知之矣。夫世所忌憚，最是忠孝至處，眾人之真心，便是君子之大道。有忌憚方可徐而責戒懼，能戒懼方可進而說中庸，於此不畏，他何復畏，於此不真，他何復真。《中庸》首時中，單以無忌憚對，至聖至誠是君子造位，時措時出是時中實地，何君子之詳，而小人略也？夫無忌憚無可方物也，詳於說君子是所以詳於正小人也。

6.〈過不及〉

《論語》:「力不足者,半途而廢。」謂世之有其人也。《中庸》:「半途而廢,吾弗能已。」謂遵道者之決無其事也。大約有遵道之心,固無不足之力也。此遵道之心,戒慎恐懼之心也,誠望道而趨之,如弗踰,即反性而充焉,當自足,而何至半途而廢,弗能已。聖人之以身律者也,其遵道于天地之位者,其欽承天地之心,弗能半途已也;其遵道于萬物之育者,其裁成萬物之心,弗能半途已也。自此為依中庸之君子,為遯世不悔之聖人,總一不已中出矣。而何世道術之紛紛也?不知味者,茫不知道為何事。即予知者,俄而中,俄而不中,遯世巧而亡本心,何一無遵道之心也。曾不思吾中心喜怒哀樂中和一脈,依之養生則正性,依之安身則為至命,無可名言,無可斷續,即此率性之真,便是聖修之極,而何過不及者之不一。反求隱怪者,乃他有述之馳求也。夫于可已者不已,而才知為分;即于不能已者反已,而本真為漏。《中庸》歷詳道術偏正,而歸一弗能已,此所不睹不聞要樞也。君子讀〈弗能已〉章,即知唯天下至誠為能盡其性。

(天啟刊本)

率性者,直而已矣。子曰「人之生也直」,性也。《易》曰「直,其正」、曰「敬以直內」,率性是也。君子戒慎恐懼,此吾心之敬,即吾性之直。吾性之直,便是吾道之正。曾何得以意加損其間,而翹焉以過復,餒焉以不及。此非天之生人,各有品也,乃人之意見,偏為畛域也。自高以賢,自矜以智,自沉誨以愚,自謙退以不肖,有終身之品,而無一朝之聞,其於戒懼慎獨,隔一關遂成千里。然兩曰「我知之矣」,彼不自知失,舉世亦無有能知其失者也。兩者亦古今學道之人大戒也。自過不及而上則有尊道君子。夫尊道之行,既以率性,半途而廢,忽自棄於盡性,即所謂尊道者謂何?夫子謂「吾弗能已」者,蓋醒之也。擇而不守,惟聖門諸子有之。自聖門而外有意于中庸者,舉世當未一見也。師商得聖人之一體者也,故有過有不及。尊道而行者意冉,閔足當之。所謂具體而微者,吾弗能矣。所謂惟聖能之,文王純德同天不已者也。不正,故有過有不及而為已,直而正,即中和也,位育也,何能已已。故曰「率性者,直而已矣」。其真體之來,本幾希不可爽、其大用之出,又江河之不可禦。非世學道者,所能加損其間也。《論語》云:「父為子隱,子為父

隱，直在其中矣。」中者，中心是也。以是知直，即以是知中。不緣此者，總謂之過不及。魚察上下，直截上下以中，未及其至也，極之察天地，又極之聖人之道。曰：「峻極於天。」曰：「極高明。」故云：「北辰居其所，而重星拱之。」所者，中也。知辰之所，便知君子知中之所。

7.〈知味〉

知味以心不以口也。以口則知不過易牙殺子，進食其中，和安在哉？以心則夫子所謂無終食之間違仁，孟子所謂「人能無以飢渴之害爲心害，則不及人不爲憂矣。」是也。故知味即是知道，命眞之絕續、性體之昏明于是焉在，一生之戒愼恐懼于是焉。先此之知，則中和條理自得，天下無有精思妙義不可造者也。便是入道之人，此之不知，則中和脈絡大乖天下，更無有高行美言尙可飾者也。便是悖道之人，莫謂知隱，知最莫見，莫謂知微，知最莫顯。人鮮知味，次民鮮能之後失民之質矣。日用飲食之人，安足責之知味哉？專就學道者言，故曰「道其不行矣」。夫「貨殖屢中」夫子謂之不受命，過也。不知味者，不食嗟來食死，曾子以爲「微與？嗟也可去，謝也可食」，不及也，不知味者也。然則窈窕養生，知味以口，知以心者也。窈窕，中庸之味，人之膏粱，非中庸之味也。

〈不知味〉天啟刊本

無意於道而不知道者爲民，有意於道而不知道者爲人，鮮能舉世是也。不知味，予知學人是也，不知味，如不食嗟來死，曾子嘆「嗟也可去，謝也可食」即過不及大病，故曰「道其不行矣」。夫不知味之人，即道不行之人也。養生與窮理非兩見也。予知者，驅而納珠罟獲陷阱。如季氏使閔子宰費，而閔子辭，知避者也。如子路使子羔宰，爲賊人之子，是不能教之避者也。本無有意爲趨，方覺有途可避。若其好爲仕進者，豈人之驅，直是驅耳矣。曠安宅勿居，即過不及大病，故曰「擇乎中庸，而不能期月守」。不知避之人，即不能守之人也。涉世與居身非兩事也。由此而言，失之有形跡可指名者易見，失之無形跡可指名者難見。然一合則百無不合，一離則百無不離。君子能不戒愼恐懼之爲競競？

8.〈罟獲〉

凡學道者，多從空墮，如鳥欲高飛，而罟則網之，獸欲奔趨，而阱則錮之，

此皆妄逐于空，而不知道之有實也。夫天實有是命，故吾性實有是善，吾
性實有是善，故吾道須實行是善。善只有一，更無他也，有他即空。有他
即空，心思百出，而愈不可窮究，則名爲之累，所謂名爲身患者也。欲誘
多途而愈不可禁塞，則利謂之累，所謂利令知昏者也。夫予智者，任罟獲
陷阱爲中者也，擇中不守，即世途罟阱何在可脫。彼隱怪有述，巧以名；
高行險僥倖，爭以利。鶩顯逃于道外者，吾何責焉。君子時時戒懼者，唯
恐好名好利之心未純然無染，即觸處成迷，則隋在成墮。夫一念不實，則
萬念皆空，吾心又安復有獨？故必知一善爲獨者，方知得一之無可失，遯
世不見知不悔，盡脫於名者也，此之謂獨。正己不求，而壹於居易俟命，
盡脫於利者也，此之謂獨。夫獨又何過不及之有？罟獲是過，陷阱是不及。
鳶飛上察，終不爲過；躍淵下察，終不爲不及。

9.〈回之爲人〉

「仰之彌高」，蓋言天也；「鑽之彌堅」，蓋言地也；「瞻之在前，忽焉在
後」，蓋言四方也。求之于天地四方而不得，則所謂握天地四方之極者何？
中也。此所謂擇乎中庸，不睹不聞之所之爲戒懼也。得一善，博文約禮
也。文王之爲文，君子之崇禮，蓋隱見微顯之會諸此也。曰：「如有所立。」
是夫子三十之立，即中立大本之立也。曰：「欲從，末由。」從固夫子從
心所欲，即所謂從容入道也。終以由自勵，拳拳服膺弗失也。蓋觀于喟
然之嘆，而知其戒愼恐懼之潛心也，獨深焉，故直贊以回之爲人。人之
生緐中來，立人之道亦緐中盡。舜稱大知，即用中者廣；回稱爲人，即
成身者純，故曰：「舜何人，予何人。」此《中庸》以回繼舜之後歟。常
人多以無形無象索中，顏子并以有形有象觀中，故於高堅前後中，指出
文禮。即夫子亦決不欲以無形無象言中，故曰「不踰矩」。矩者，方而不
易，即文禮之可循循者也。若虛圓彷彿，豈惟不知從心之矩，亦不知卓
爾之立之所。嗚呼！戒懼者，方知所，方能擇中弗失。

「仰之彌高」，蓋言天也；「鑽之彌堅」，蓋言地也；「瞻之在前，忽焉在
後」，蓋言四方也。求之于天地四方而不得，則所謂握天地四方之極者何？
何中也。此顏子之所謂擇乎中庸也，唯夫子之以善誘，而後知爲博文爲
約禮，所謂得一善者也。文固夫子之文莫吾猶人，即《中庸》文王之所
以爲文也。禮固夫子之言復禮爲仁，即《中庸》之君子敦厚崇禮也。文
禮異教而總屬之我。文其精蘊，禮其實履，善之歸諸一者也。至竭才之

後曰「如有所立」，是夫子三十之立，即中立大本之立也。庶幾不遠者也。
曰「欲從之，末由也」，己者，從周，夫子從心所欲之從。末由者，雖未
能從之，而終身以由自勵，即夫子稱語之不惰，《中庸》所謂「拳拳服膺
弗失」也。直贊以回之爲人，蓋觀于喟然之嘆，而知其戒慎恐懼之潛心
也，獨深焉。爲人者，人之生繇中來，立人之道亦繇中盡。舜稱大知，
即用中者廣；回稱爲人，即成身者純，故曰「舜何人，予何人」。常人多
以無形無象索中，顏子并以有形有象觀中，故特指出文禮，即夫子亦決
不欲以無形無象索中，故曰「不踰矩」，矩者，方而不易，即文禮之可循
循者也。若虛圓彷彿，豈惟不知從心之矩，亦不知卓爾之立之所。嗚呼！
戒懼者，方知所，方能擇中弗失。

10.〈勿失〉

不遷者，中有主而不遷也，中也；不遷者，中有節而無可遷也，和也，
故曰「顏子好學」。蓋學所以爲中庸者也。說者謂怒易發而難制者耶，而
何言怒也？大約人有好脩之志者，每深嫉惡之情。世之合道者少，不合
道而可怒者多，即怒之分數尤易爲渝軼。且簞瓢陋巷，人不堪憂，顏不
改樂。又至畏匡，說何敢死，則喜怒哀樂無不正，明矣。聖人獨以怒處，
微窺顏子說不遷。夫怒于此而不反彼者，是情之不遷，常人所難；以怒
用不以怒動者，是本心之不遷，賢者所難，故曰「顏子好學」，此真擇中
庸而勿失之一大驗也。

11.〈可均〉

聖人樂與人中庸，至無己也，以過不及戒正。不得中，行思狂狷意也。
謂「中庸不可能」，蓋進「可均、可辭、可蹈」之輩于中庸。如上追逸民，
下列諸國名卿大夫是也。夫子路豈非「均天下國家蹈白刃」之人，當其
問強，輒以中和兩不變告，意可知也。他愚不肖夫婦未嘗不與之知能，
況予知人耶。夫中者，此心存主之中，即天命所默與之中，即天地萬物
所共受成之中也。無一人不由之陶鑄，而無一人肯奉以周旋。舍中庸外
只有過不及兩途，舍擇中庸外只各有「均、辭、蹈」一事，戒慎恐懼非
若之望而誰之望，故曰：「聖人之樂與人中庸，至無己也。」

12.〈和不流〉

「和不流」，不逐於情而還于性也。「中立不倚」，不執於性而還于天也。

先和後中立爲問強也，子路好勇即缺于和，故叩南北之強，又叩之抑而強，所以裁也，南方之強近和。曰「君子居之」，所以滅也。北方之強，不厭死之心，正擔當道術之心，故曰「強者居之」，不執強，而又不欲全。絀問強之心，所以滅也。矯者擾而能治，正欲挺而致，果戒慎恐懼所爲，抑而強也。夫贊舜用中於民，未及和也。贊顏擇乎中庸未及和也。以和不流明中，又以立不倚明用中，足明大本之爲主宰也。中者，捄之有主，運之無方，此天命也。而或者本有中而疏於先事，執我中而不周諸事，事則率性之道，不弘倚之爲病，慎獨者所不敢出也。故還中之體，方不失和之用。彼謂須已發求者，即不知和自何來，又謂求之已發之和，不枉費心力者，即不知如何定，而戒慎恐懼、慎獨從何所用之。

13.〈隱怪〉

慎獨者，合隱見顯微而獨者也；素隱者，外見顯微而隱者也。素隱行怪直置其身世外，而課之倫常日用則無有。且素者，從性而生者也；怪者，從外見而起者也。素隱行怪未能見道性中，而叩以素位，中之心地又無有。夫吾自有民物天地來，唯獨主宰，唯獨運用，中和充滿、位育昭然，非虛焉而已。君子以費隱，費最竭力爲用；君子以素位行，位乃因時爲位。彼素隱者，終身著于隱者也，著于隱便不全于行，何名爲獨。素隱者，中和蕩而位育之原，夫先自窒已，安得與中庸共知共行于中國之間而處爲大道。〈費隱〉章聖人以夫婦立教，而隱怪者專以斷絕夫婦立教。〈不遠人〉章聖人以子臣弟友立教，而隱怪者專以斷絕子臣弟友立教。若素位願外不過涉世事，其何暇乎彼之苛責爲哉。

14.〈遯世〉

夫道止中庸，本無可見，知爲道依中庸，決不至望人知，故遯世便是聖人一生安身立命地，《易》：「遯世無悶。」不見是無悶，樂則行之，憂則違之是也。夫子疏水曲肱爲樂，不義，富貴爲浮雲。唯顏子之簞瓢陋巷不改其樂，庶幾焉，其於道如何也。《中庸》上追堯舜文武周公，而下舉顏子直接道脈。若他逐逐世途功能，見者直彗月之不守耳，半途之廢，尚未及者耳，此其于道必有不深知者，何況于世。大約君子遯世以道，不以遇一心之獨，便操天下萬世之獨。見知之心者，即匿影閉形不爲遯。有不見知之心者，即事共睹聞日月行途，而中所戒懼，鬼神莫測，誰爲

知之，此君子之心，原自爲遯，原無可悔也。即至聖尊親不過完一，唯聖能之遯世不見知不悔分量。《公羊傳‧獲麟》曰：「其諸君子，樂道堯舜之道歟。末不亦樂乎，堯舜之知君子也，此《中庸》之志也。若閔子辭費，漆彫未信，曾晳言志，蓋有不悔之思焉。

15.〈遠人〉

漢疏說離道直云：「善道可離，非道者。」梗塞之處如僻邪難行，此說善最明。君子戒愼，愼于爲善；君子恐懼，懼爲不善。所不睹所不聞，天命之善，統宗地也，即此善。誠身便是孟子可欲之善，便可獨善其身與兼善天下而無二。故既有可離非道之戒矣，復有遠人不可爲道之戒。離者以其不切于自身，遠者以其不切于治人。治人之則不遠，道不遠也。道之不遠，忠恕不遠也。忠恕之不遠，庸德庸言，慥慥也。若遠人爲道，何名可欲之善。竊意學稼圃之樊遲，卻賜之萬章，當未免信禮義，中庸之道也。民莫不至，何必離世之爲善，所謂不遠人也。交際，中庸之道也，際可公，養可仕，何必絕物之爲善。所謂不遠人也，不離道從一身言，故提出中和。不遠人從人之爲道言，故推到忠恕，非有中和亦做忠恕不出，非身不離道亦決不能不遠人爲道。君子讀〈不遠人〉章，即知能盡其性，則盡人之性。

16.〈忠恕〉

若以爲我心即道，道即我心，則執己而不化，其於道也，不啻千里，違矣。此乃後世人之言道，非夫子之視道也。故曰「不遠人」，人與道，俱概言其在人者也。曰「違道不遠」，惟恐有違，專言其在己者也。至以爲未能一焉，則豈直懼于違之而已。戒愼恐懼于斯最實，豈得以一貫爲夫子之道，忠恕便不足盡夫子之道，而以勿施之戒妄分，安勉于其問哉。思忠恕者之得，是爲不施而得，舍此更無勉中庸之可中處。孟子「反身而誠，樂大焉」，修身之終事也。「強恕而行求仁，莫近焉」，不違道之始也。

（天啓刊本）

曾子以忠恕爲一貫，非借言也，《中庸》曰「忠恕違道不遠」是也。曰「君子之道四，未能一焉者」，非眞謂一無能也，不能以庸德庸言歸諸慥慥之一也。道有四忠恕則一，夫子所爲以一貫示曾也。曾子曰「三省身」，其

終身著力以忠恕，而其示弟子唯戰競臨履，乃一生歸全實地，乃知舍倫外別無忠恕，舍忠恕別無戒慎恐懼，舍戒慎恐懼外別無中，舍中外別無一，是一中之秘。夫子絕未以語人而獨以授諸曾，曾子亦不以求之他，而獨以任之忠恕中庸之道。夫子蓋上祖之堯舜，而下傳之千萬世者。如此而後世說仍不肯以忠恕爲一貫，毋乃求聖道於玄虛，而委忠恕于凡近。幾令人茫無可入門，無可歸宿矣。不知夫子之所謂吾道者何道？而所謂一以貫者何一何貫也？勿者，戒也，即四所求戒慎恐懼之實也。

17.〈不願〉

凡言子者，不在其爲子，而在其能事父；凡言臣者，不在其爲臣，而在其能事君。父有諍，子不陷，所以事父。善則稱君，過則稱己，所以事君。故曰「道不遠人」。人者，對我而言，惟我能以人之心爲人，方能以我事人之心爲道。未有遠於事父而可言子者也。責善不遇之，匡章是也。未有遠於事君而可言臣者也。則爲宰，辭粟之，原思是也。道由我不睹不聞處戒慎，知人心即道，見幾微間隔，方爲不遠。故以人治人，既各責之當人，而不願勿施。又直窮之，本心所求未能，又實體貼之當身，此之謂道不遠人。《大學》說爲人君，爲人臣，爲人父，爲人子，與國人交，詳言人者，見仁敬孝慈信，非我自爲也，是不遠人之義也。

18.〈庸德之行〉

「未能一焉」者，非眞一無能也。道有四，心則一，一不能，則盡不能也。舍倫外無一，舍一外無戒慎恐懼。父母之順，起於好合宜家；獲上之道，基自信友順親，安得謂各能之，各不相及。即未能一之，求更亟已也。道始夫婦，不患情不摯，患義不正，故造端而極之察道盡；子臣弟友患情不摯，患義不正，故求所未能而終之慥慥。又曰：「庸德之行，要在《孝經》；庸言之謹，詳在《春秋》。」祖述憲章義取諸是。

19.〈不足〉

欲知聖人之庸者，中而已矣。欲知聖人之中者，知未能之心而已矣。未能則必自見爲不足，焉得不進而中；未能則必自見爲有餘，焉得不退而中。漢疏謂「有餘不足」即是「過不及」，非也。夫「過不及」，聖人所決無也。即「有餘不足」，聖人非從言行參酌，戒慎恐懼，直從不睹不聞之所參酌，覺少不合此心之中，便不合人心之庸，而性命乖。「文莫猶人，

躬行未得」，此不足之爲深慮也；「言之不出，恥躬不逮」，此有餘之爲深慮也。夫世誰知躬謂何，又誰知不逮與未得者謂何。故曰「躬自厚而薄責於人」，責遠怨矣。此聖人終身以忠恕愼獨，學道者所不能窺也。「大道之行，天下爲公」，方是聖人之無不足。「予欲無言，天何言焉，時行物生」，方是聖人之無有餘。

20.〈素位〉

戒愼恐懼兩指其所者，即《易》之「止其所」也。素位而行不願外，即《易》之「思不出位」也。《易》六爻全以身諸體爲位，而括之一思。君子不言身象，總富貴貧賤夷狄患難上下天人爲位，而括之一願。願與思同出乎本心之中，而合諸日用之庸，所謂正也。前改而止，欲止諸倫之正也。此素位行者，欲盡正諸日用之當，行爲自得爲無怨、爲居易，而不令願外之參其間，如陵援怨尤行險之類是也，即易之止其所時止時行，一身之外更無他求也。然又須于身去內有顗求，曰「失諸正鵠，則反求諸身」，即《易》之「艮其身，止諸躬」者也。躬之所，最爲身諸體之。纔思躬則躬止，躬止則於身無所不正、無所不止也。君子以此反身戒懼，即前庸德庸言，壹惟位之爲屢實，後之行遠登高，惟位之爲始基，天下之至正，又天下之至獨也。《易》既以躬寫一身之獨之正鵠，《中庸》又以一素位之身寫率性時，此心隱見顯微之獨之毋失正鵠，首言天地位，此素位是天地人之爲三才。

21.〈居易〉

人生涉世不過險易兩途，知命者素之爲得，是險都易。不知命者，悸之爲僥，易反爲險。嘗思完廩則完，浚井則浚，囚里則囚，居東則東，何險而居之以易，易而終不失命也，所以俟命，即所以必受命。《易》稱「乾以易知」爲一生物眞心，又稱「易知則有親」，因材而篤，其最易親處。聖人大孝無憂，達孝天命，若合符節，捷如響應。其致力本源，家庭分內便有無窮大業，眞是戒愼恐懼精神。奉天之易，覺我之居易，蓋中庸之可依若是。

22.〈俟命〉

今人視命不過遭遇爲命，非天命之命也。今人視性不過作用爲性，非率性之性也。唯能盡性，方能率性，唯己受命，方稱天命之者性也。己盡

性而後，唯吾所之直率其性爲道，唯天命而後，唯吾所之無在非天，爲天命之性。然則君子所爲俟命者何也？夫性命原非二物，受命盡性亦無兩時，素位後君子戒慎恐懼，一畏天命，心思不敢妄意，其受與不受何如也？但俟之而已。命元在於穆不已中，無可窺測，即此所亦只不睹不聞中，何容著念？唯能居易，方可俟命，其于天命率性終當不遠。孟子「行法俟命，從湯武反之」說法是顯明，布諸天下，不敢不欽，欽以行此，從素位君子自得，正以說易是淵默藏諸身，不敢不坦，坦以居，同一俟也。蓋有以窮以遠之異焉。凡命只言受天，未嘗不欲命人，人自不能受也。

23.〈行險〉

小人情狀，無如行險僥倖一途明矣。又隱怪所黜不存者也，此壞世事之小人，非直壞道術之小人也。「然則災身與行險何異？」曰：「道不足成身即謂之災身可也。自用自專生今反古乃隱怪末流，聖人摠目爲愚，以別於君子之明哲，未嘗加之小人也。說者疑隱怪從無忌憚托根，非也。彼非不首言戒，非不深言不睹聞，第戒非所戒，曾未嘗入吾中庸不睹聞者，非吾所不睹聞，反不免亂吾中庸。故終謂之隱怪，然則用專反古謂之無忌憚，亦非也。反古者，道術自高於中庸直藐不屑，何得比之爲小人中庸。說者又疑愚之說。夫聖人所兢兢戒慎唯一中庸，曾未有加庸人之上，乃隱怪之自用者，若忽然高出聖人之上，既愚孰能逃之自者，不通眾也。以一人篾天下，便明以一人蔑千古。然則自專反古之愚，亦孰能逃之，吾弗爲之。既戒其始，災及其身，更絕其終。是則處士橫議，其人也，若行險僥倖，則要君竊位，其尤也。君子居易，一以防世內之行險僥倖；一以防世外之素隱行怪。以居易爲道，如尺寸之於形象，可目指而數也；以居易慎獨，如勾股之于當空，可一握而知也。」

24.〈正鵠〉

「失諸正鵠，反求諸其身」，此以道爲懸，而身趨之，如不及者也。以此修道，何得不日進于時中。「的然而日亡」，此己以爲懸，而欲人趨之，如不及者也。故云有常儀的，則羿、逢蒙以五寸爲巧，無常儀的，則以妄發而中秋毫爲掘。夫天命之中有常，即吾率性之正鵠自有常，庸德庸言，素位眞昭然，分寸不可踰越，而實難爲湊合者也。君子戒慎恐懼，

無時不兢兢懼失（難爲湊合，不）而何敢一之妄發。然則彼行險徼悻如（之）小人，而道之的然者，眞（蓋）妄發而自命秋毫之中者也。

25.〈鬼神〉

《記》云：「其降曰命，其官於天也。」此天命之性之說所從來也，而先之以禮本。太乙分爲天地，則《中庸》所稱天地者便是既分以後，而非其未分之天也。至陰陽便不復列，四時則辟如而已。從齋明承祭如在，摹寫微顯誠不可揜，是亦明指人心而非眞著鬼神也。夫人而自爲德也，則淺矣。唯以鬼神之德爲德，而我心之微直還道心之微，乃稱誠稱德。盛彼隱怪者，多好言鬼神以動民，若見可執。無忌憚者又逞私意以矯誣，而未免謂鬼神可欺。唯如在處，方知不可欺，更不可執。故思及至誠如神，見著龜動四体，而知《易》稱聖人，所謂齋戒神明其德者，實自有所，即君子愼獨所也。並不於見動中求也，是之謂與鬼神合其吉凶，又思所謂質諸鬼神知天也者。《記》稱：「明則有禮樂，幽則有鬼神。」幽明原我爲用君子愼獨之所，便是天之命而率性之所也。并不於鬼神上求也，是之謂與天地合德。夫道不可離即知鬼神之爲德，時時無可離，此達天要路也。不然何聖人寫行遠登高處，而于鬼神之爲德諄諄焉。人之爲道，道行于世，須盡合諸人人。鬼神之爲德，德藏乎心，獨有鬼神可合。

26.〈大孝〉

《中庸》贊大德必受命，首稱大孝，爵祿名譽不過身外偶遭之事。既成身成德猶是我內應爲之事。如視帝之遷天下，與天下大悅將歸。如窮人如草芥，舜心如何也？如竊負而逃，心又何如也？獨說到孝，此孝原非止爲父母之生我以身，實爲父母之生我以德。此以德生我之父母，即以德命我之天也。至性相通處，有一毫志意不相浹洽。上天之心，當有惻然。其靡寧者，即我不睹不聞之處也。先自鑿其命眞，便是傷其性脈。而見顯微之獨，何能少慊。此孟子所謂不可爲人，不可爲子，而虁虁齋慄戒愼恐懼之無時已也。此一念盡孝，正天所因材而篤之心，自天佑命之心也。然則必受者，非升聞師錫之命，乃底豫而令天下爲化爲定之命。大德者，概其立極；大孝者，抉其本心。《中庸》天命之性，唯舜首還之。故於誠不可掩處稱大孝，乃見中爲用之實受命者。居祿位名壽之先，未

見尊富饗保之跡者也。純亦不已，文之受命也配天。其天，至聖至誠之
受命也。

27.〈無憂〉

凡天命之不齊，亦聖人之憂也。文王之無憂於遇，蓋有獨隆於道者也。
以武王爲子，此文王之道也。不立伯邑考而立武王，禮不嘗明述乎。夫
子曰「立孫，萬世之經也」，然則立武王，一時之權。文王之善，開周貽
曆祚無窮者也。史泰伯見西伯生有聖德，欲傳位王季以及，文王遂逃去。
然則以王季爲父，亦文之道有以承之者矣。曰「父作子述，安其常也」、
曰「武王纘王季」，文王之緒大業，一脈相傳。文所自爲也。曰「武王未
受命」，周公承文武之德，亦非稱武周也，禮文王謂武王。曰「我百爾九
十，吾與三焉」，文王九十七，武王九十三，乃終疑怪不可信。然古稱君
相造命，何況聖人。然則年壽間文王默有握之矣，不則武無以受命。而
周無以成德，何能無憂。〈大孝〉章〉「大德必受命。」蓋處父子之變，
而是實還父子之常，此無憂蓋處父子祖孫之異，而實安父子祖孫之常。
達孝處稱武並稱周公，蓋處君臣之異，而是還君臣之常。安其常正以立
之極，所謂君子中庸也。其一誠獨處，足對鬼神天地，可以息小人僥倖
之心，使無窺視。

28.〈達孝〉

武周稱達孝，非措諸天下之謂。達，明諸一心之謂達也。若措諸天下，
則前達諸侯以下者詳矣。至葬祭則又詳矣，而何達解春秋宗廟制禮作樂。
自天子而外，而無有擬者也，而何達？蓋達乎善也，夫孝善而已矣。記
天子有善而歸德于天，諸侯有善歸德于天子，士庶人有善歸諸父母者也。
繼志述事稱善，人之志事無可準，則必退而還諸善。善稱人斷自祖宗始
也。春秋宗廟摠於敬所尊愛所親，壹何孝之至也。舜大孝躬純孝而大未
及禮也，武周孝之至心乎善之繼述而至禮至，故心至也。而善豈祖宗敢
顯承之，降衷自天，而後因之成身成德不睹不聞之所，性命之根源，所
謂戒愼恐懼者操無已也。故宗廟不已，極之禘，嘗不已，極之郊社，郊
社稱上帝，壹億欽承明所以爲禮不敢明，所以爲義也。而禘嘗有義，不
唯是昭穆尊賢老幼廟中之爲竟內象而已，尊其尊者，未有天下不爲尊者
也。親其親者，未有天下不爲親者也。故曰：「如示諸掌。」初言善，達

孝之源也，繼言至達孝之心也，終言明達孝之用也。至明而達，無餘夫。郊社禘嘗字虞夏殷來。何嘗不共從此孝。而制禮作樂，唯武周大備。唯當代遵行夫子所爲**贊武周之達也，大孝*信中。

29.〈人道〉

「人道敏政，地道敏樹」，人以爲寓言，非也。敏政之心即敏樹之心，故曰「夫政也者，蒲盧也」。蒲盧於世無不遍，政于世亦無不遍也，而人之道乃獨詳于爲政在人以下。「誠者，天之道；誠之者，人之道」，人以分安勉，非也。誠之者之理，即誠者之理。故曰「誠者，不勉而中，不思而得，從容中道，聖人也」。天道無可思勉，即中道者，自無可思免也，而人之道乃獨詳於誠之者以下。夫欲求敏之心，則莫如〈坤之二〉曰：「直方大，不習無不利。」其〈象〉曰：「直，其正也；方，其義也。」「君子敬以直內，義以方外，敬義立而德不孤。」故「不習無不利，則不疑其所行也。」夫至習無不利，敏則何如。欲求誠之心，則莫如〈乾之二〉曰：「見龍在田，利見大人。」其〈象〉曰：「龍德而正中者也。庸言之信，庸行之謹，閑邪存其誠，善世而不伐，德博而化。君德也。」夫至于利見大人，誠則何如。余此知戒愼恐懼所以爲立人之道，即所以立地之道而爲敏，立天之道而爲誠。凡作爲于外陰一邊屬地道，敏政極之順親，順地道也。主宰于中陽一邊屬天道，誠身極之明強，明強天道也。達道達德久經有作爲於外，並稱天下。誠者不思不勉，專主宰於中，故曰「果能此道」。

30.〈親親〉

曰「《孝經》者，聖人所謂至德孝道也，〈問政〉章殊爲詳闡。一始於事親，則親親爲大。思修身，不可不事親，最明也。」二曰：「中於事君，則不獲乎上，民不可得而治者，最明也。」三曰：「終于立身，則反諸身不誠，不順乎親，不明乎善，不誠乎身，最明也。孝之所以爲終始，中之所以爲大本爲達道也。中心之培植，非孝不眞，又所謂誠之不思得不勉中者也。」夫中庸修道，人猶苦爲難思難勉。若以忠孝立身爲率性，即欲不戒愼，何得而不戒愼；即欲不恐懼，何得而不恐懼。

31.〈知天〉

罟擭陷阱不能奪予知者，過高之見；祿位名壽常能動行險者，僥倖之心。

《中庸》累言聖人之孝，而說父母其順，又說順親，以是惕其真心不可偽，爲所謂誠也。而誠之不可揜者，獨于齋明承祭，洋洋如在見。蓋生而事，未足盡孝，唯孝以事死、事亡爲至。而宗廟之饗，贊于武舜；春秋郊社之禮，詳於武周。非幻冥之爲鬼神，而以天親一脈，毫不容間隔之爲鬼神。《詩》之屢贊「思成」，誠成之也，故曰「仁者，人也，親親爲大」。人而非仁，則相戕相賊，禽獸而已矣。〈問政〉言「親親則諸父昆弟父母一體也」，惟是尊賢之大，親賢等殺之禮，而道乃修。故曰「不可不知人，不可不知天」，而又曰「誠者天之道，誠之者人之道也」，推誠于天，而又責盡誠于人。夫入道者，不於誠著力，不于天親一脈不可偽爲處竭情，徒曰「我能修道」，其爲道也，虛焉而已矣。縱紛紛於學問思辨行馳神，是誠何歸結；縱戒懼慎獨凝神，是誠何根蒂。故明善者，明乎人與天所生成實處爲道，而知不泛用之紛紜萬緒，而獨用之本真，而中庸之道能知能行，始爲實事。舜泣旻天，曾子云：「慎終追遠，仁人事天如事親，孝子事親如事天。」此足悉戒懼慎，獨者終始之誠。

32.〈行之者一〉

凡世無形而運用之謂道，有實而蘊藏之謂德。故隱見顯微總戒慎恐懼中心境，而《中庸》嘗不以道德分別。「費而隱」說君子之道，所謂「無形而運用」者。夫婦子臣弟友，世界常行之事，非人意可造作其間者。緜造端忠恕而極之高遠，是之謂道，是之謂莫見乎隱。「夫微之顯」說鬼神之德，所謂「有實而蘊藏」者。文武周聖神抯脩之業，非凡情可矯誣其間者也。猶大德成德，而極之受命，作述治國，是之謂德，是之謂莫顯乎微。總之則道爲達道，德爲達德。達道者有五，達德者有三，而所以行之者一。一者，戒慎恐懼也。獨之爲慎，德之有諸心也。不論如何以知，如何以行，總之一也。凡世言道而不實要之達，則道且散之虛無，而倫常幾廢；凡言道而不終歸之德，則德且沈之孤寂，而日用盡迷。是既已不知所爲達，又惡之所謂一，而稱之成功之一。

33.〈生知〉

孟子「形色天性」，善言天命之謂性者也。世人看形色爲粗，孟子指天性爲真，即命也。凡世之有形有色者誰？非目可睹、耳可聞者耶？《中庸》獨于所不睹、所不聞中，抽出一點戒慎恐懼真心，以成吾慎獨之實，而

謂之率性修道，故曰「惟聖人然後可以踐形」。夫《孟子》所謂踐形，《中庸》所謂修身也。形不踐，則天性爲虛，身不修，則形色爲妄。故曰「孟子之言形色，天性也，正其善言天命者也」。因知《中庸》凡言知者，皆知性也。所謂生知者，乃心爲主，而一見形色，即知天性者也；所謂學知者，乃心不爲主，而先求天性，方知形色者也；所謂困知者，又追逐形色，而苦苦求心，乃還見天性者也。總以戒慎恐懼操心，則性自無不知。世人縱有不易知之性命，乃有不可操之本心耶？行道以達德，行達德以一，乃知性實事，即其踐形實事。

34.〈力行〉

仁者，人也。仁非人不明，即孟子所云「仁也者，人也」。唯從人而言，方爲人，非沾沾自守之謂也。合何言之，道也。唯合人與人而言，方爲道，非默默內藏之謂也，此乃言力行近仁者。何夫力行者？行其爲達道者也。道既達乎，天下即行自達乎天下，而人孰外之仁自不睹不聞中。我所以爲性命之元，即人所共以爲性命之元，而莫見之隱、莫顯之微，此爲端的。君子所爲，全身擔荷一善，凝承者，舍力行誰屬耶？夫行之力，未有力於戒慎恐懼者也。唯誠者，爲成己之仁，非力行達道，則不及于人，便多虧缺于己。唯至誠者，爲肫肫之仁，非力行達道，則不周于道。誰稱懇至于心，語能行五者於天下爲仁。又「一日用力於仁，未見力不足」，力行正未易承當也。

35.〈齋明〉

齊明盛服，一以承祭，一以修身。夫盛服以正觀，即以成德，無可疑也。獨齋之祭祀則散齋，至齋是有時齋有時不必齋。若修身，則故不可有時齋有時不必齋者也。而齋明何以無異？即謂修身者，常如神明陟降，日監在茲，是直其理則然，其事不必然也，而何以一之齋明？嘗繹《論語》「必齋如也」，是不必有其事。又繹〈曲禮〉「坐如尸立如齋者」，是不必有其事，更不必有其時也。要惟慎獨，乃爲齋明。戒慎恐懼，齊也；不睹不聞而洞隱見微顯之幾，明也。齊明者，一而無他雜者也。堯之清明、舜之睿哲、文之緝熙、武之明昭皆是也。即道德九經之行以一者，可以握其眞，使無散亂；總其要，使無缺遺。《記》云「齊者」，精明之至也。「防其邪物，訖其嗜欲」，至其精明之至，乃可以交於神明。然則承祭齋

明，原是弗見弗聞之心，合鬼神微顯之誠，修身齋明以天命率性。終身全用之工夫，歸諸修道是爲愼獨。****齋宿止禁酒不禁葷。

36.〈前定〉

「改而止」，止於庸也，謂子臣弟友也。「前定於豫」，豫於道也，謂君民親友也，總是人倫。性命根自不睹聞而握爲隱見顯微，無在不範圍曲成，與《大學》止至善寧有二耶？第《大學》從初入道言之曰「知止而後有定」，止、定合爲一幾，本原之地須洞徹無疑，故其爲見也，直以捷。《中庸》從修道細剖之，止、定分爲二義，止於治人者，即各自治之律令；定於先事者，即日用間臨事之精神。本源之務，需繕修無缺，故其爲造也，深以詳。足明君子之無時不止、無時不定也。

37.〈獲上〉

在下位不援上，事無可舉也。以〈問政〉章，在下位條思之獲上，方可治民。獲知爲大用也，胡可援也。至獲上在信，有信反在順親、在誠身，又胡可一援。直從戒愼恐懼揀持求之一，一有道而後一誠，事業可坐握之淺修之獨，此正己而不求於上一驗也。因是則知在上位不陵下者義，亦即在爲天下國家有九經中，首修身次尊賢，用人之爲急務也，胡可陵也。次親親大臣，群臣百工無不令勸，胡可一陵。至遠人諸侯無不懷來，又胡可一陵。直從戒愼恐懼揀持事，事各中其經，而後萬事善張弛無弗周之密運之獨，此正己而不求下一驗也。從庸德庸言慥慥後，兩者便是周身涉世要樞，況爲政素富貴中一大事哉。

38.〈順親〉（天啟刊本）

孟子以守身推本而曰「事親，事之本也。」《論語》以爲人論本，故曰「孝弟爲人之本」。是一孝足以盡天下。《中庸》以修身推本而曰「中也者，天下之大本」，是孝故不足以盡天下。如大孝、無憂、達孝，明是孝足盡天下矣。而〈問政〉章達德九經，總以行之者一，而順親有道，要在明善誠身。一誠方足以盡天下。故推凡事之豫之立，而又詳言行事、道之前定。《易》云：「擬之而後言，議之而後動。」此言行事之前定，乃誠散見。《易》云：「成性存存，道義之門。」此道之前定，乃誠統宗。子韶云：「豫者，欲養誠於平日也。」夫君子之戒愼恐懼，有事無事無不盡然。其爲誠也豫已，奚止順親云乎哉。「中立不倚」第言其率性本

心，「至誠立大本，夫焉有所倚」第言其功用，總不出盡性本心所者，戒慎恐懼之所也，即天地化育之所，是所原無可倚者處，此之謂慎獨。《中庸》又云：「立天下之大本，夫焉有所倚。」夫初言中立者，是立以一心，故云「不倚」。至誠立大本者，立以天下，故焉有倚。《孝經》所引諸詩，從戰兢匪懈無忝所生，而極之一人有慶，兆民賴之。此孝以天下不以一人，此正立大本於天下肫肫淵淵浩浩實地，而中庸之極，則奚止誠身云乎哉？

39.〈誠身〉

孟子曰：「守約而施博者，善言也。君子之守，修其身而天下平。」此《大學》「自天子至庶人，壹是以修身為本」之說也。又云：「病舍其田而芸人之田，所求於人者重，而所求己者輕。」此《大學》「本亂而末治者否矣，其所厚者薄，而其所薄者厚，未之有」之說也。據此之謂知本，則其為格物最明處。此之謂知之至，則其為物格而後知至也又最明矣，而何近世之言格物紛紛也？往吾謂格物無傳，散之諸章。蓋嘗以諸章證之，而無在非明親止，即無在非格物知至，似可直信不疑。由今思之而知修身為本，並所云治亂厚薄之際，何其痛切而不煩也。然則諸章之言格物者，乃其大凡。而此之言格物者，尤其統要也，則謂格物之未嘗無傳也。凡人責人偏明，恕己偏昏，責人備詳，治己倍疏。以是求明，明愈蔽；以是求親，親愈離；以是求止，止愈散。絲紛整之，不尋其理；水涸而欲瀉之，不自其源，聖經能不諄諄戒。漢儒謂《大學》之要在誠意，誠意之要在慎獨處。經文於知至後，首傳誠意。宗誠意者，非漢儒之創為言也。即次聽訟而以使無訟，畏民志為知本。蓋以我合天下，而其本如是。即終章不先有財有用，而以慎德有人有土為本。蓋單以我平天下論，而其為本如是，總不出一本亂，而末治者否，一言中矣。近誦子韶解《中庸》明善，述格物知至義曰：「內而一心，外而萬事，無不窮極其終始。」又云：「窮之又窮，以至人欲淨盡，天理廓然，而性善昭昭，一無可疑。」以此語明善則精矣。即以印《大學》諸章中，亦多有何其於格物知至，首為提醒處未合也。蓋《中庸》從戒慎恐懼論道，故其言立大本者深；《大學》從明新止論道，故其言知本者約。漢疏以來，訓格物謂，知於善深，則來善物；知於惡深，則來惡物，此本亂而末治者否之說也。

（天啟刊本）

　　子韶解〈明善誠身〉章，述格物致知之學曰「內而一心，外而萬事，無不窮極其終始」。往時言格物者，專逐事物既是於粗，心事並言，又疑於混已，而思之所謂格物者，欲知性也。《詩》云：「天生烝民，有物有則。」則，性也。繼之曰：「民之秉彝，好是懿德。」夫唯明懿德之可好，又明好德之爲秉彝，而物則無一毫不窮徹，方爲物格知至。孟子曰：「萬物皆備於我。」性也。繼之曰：「反身而誠，樂莫大焉，強恕而行，求仁莫近焉。」夫爲明強恕之爲仁，又明反身之爲樂，而萬物無一毫不窮徹，方爲物格知至。如是，即說心爲內，心乃性所主******虛，即說事爲外，是乃性所運用而不爲支離，謂知至實《中庸》明善，可也。子韶又曰：「窮之又窮，以至人欲淨盡，天理廓然，而性善昭昭，一無可疑。」夫學問思辨行，故所以明性善，篤行亦所以明性善，至必明必強而欲之淨盡，中之廓然者何加焉？即謂之誠身，可也。誠者，戒愼恐懼而已。以是念始，即以是念終，要于秉彝之好，好無不如物則仁。誠之樂，樂無不還物備，即合之《大學》誠正修終無不合。子韶所謂「昭昭一無可疑者」，蓋確然自信性善，眞明善之路，實誠身之路也。近世言格致言明善，未有及信善者，即率性何在。朱子云：「知性即物格之謂，盡心即知至之謂。」原未嘗不以知性爲宗旨者也。

40.〈明善〉

　　中也者，五德所包涵，而喜怒哀樂本之爲用者也。世儒妄意立本，而不知其爲實見仁者，《中庸》所謂修道以仁也。見爲義者，《中庸》所謂「義者，宜也」；見爲信者，《中庸》所謂「信乎朋友也」；見爲智者，《中庸》所謂「好學近知也」。是五德之運用無不在，即中之包涵無不在。合用之而爲一，即各用之而未嘗不爲一。所謂天下之大本，無可指名，儒者遂有主靜之說。便是立大本義。夫主靜者，依然存想別名耳。而於中心之靜，何如主也？以爲常惺惺是一法，毋乃涉于空虛無著乎？是所謂妄意立本，而不知其實者也。嘗細繹《中庸》誠身，有道明善，終是入門。又合之以漢疏，五德於五行各有屬。唯智土，土所包涵者廣，智所包涵者多。則於明善誠身似*相符然，終非《中庸》本指也。明善者，全體爲明，非偏智之明也；誠身者，全德爲誠，非偏信之誠也。故章中首知人知天修身處，首齋明知之爲入門如是。夫聖人未有不以誠合道者也，則

未有不以明合誠者也。君子戒懼，即勤勤學問思辨行，總爲求明用，其與抱一空虛無著之心，而號爲常惺惺者，不大有間乎？況惺惺亦知覺一邊，則何如明善之爲確也？《易》係乾以元亨利貞，只屬仁義禮信，而知至知終猶疑屬知，直是大明終始，其《中庸》之明善歟。天然之明覺，定從研窮之明覺而開，研窮之明覺，實由天然之明覺而融，是爲明善，是爲誠身。

41.〈誠者天道〉

夫戒懼愼獨是一，則誠豈應有二。良知良能是誠者實理，四端擴充是誠之者實事。必有事、勿正、勿助、勿忘是從容中道準的中，非爾力是不思得不勉中機栝。《書》文思安，安則其道有進乎思者矣。《詩》勉勉我王，則有進乎勉者矣。弗能弗措，必明必強，此非愼獨眞心所爲優入從容聖域者與歟。從容與須臾相反，以欲善之意姑待，則爲須臾；以春擊之心常操，則爲從容。須臾從容有敬肆之辨。

42.〈不思〉

知之行之皆言或或者。一時之見，非一生之品也。知之、成功皆言其一。一者，亦一時之就，非一生之品也。故思者，未必無不思而得之時；學問辨行者，未必無不勉而中之時。此則天之偶注，而品之不可定者也。惟是戒懼于思者，必有不思而得之時；戒懼於學問辨行者，必有不勉而中之時，此則志之獨拣，而天之可自定者也。

43.〈中道〉

中與道不可混言也。率性之謂道，是日用喜怒哀樂之未發爲中，是本心。夫中既未發，又何處見其過見其不及。唯發之中節，而有過有不及，乃爲不明不行。謂道是過不及之衡，則可，謂中無過不及之名，非也。時中歸君子時，便是以中常用。依中庸歸君子，依便是以中庸默用，自是屢稱君子之道。至中與道合而爲言者，獨從容中道之聖人，而他不得與焉。中道者，以天道爲人道也。上天道下地道，而聖人成位其中爲中道，孟子所云「君子中道而立者」也。不著聞睹而實隱見顯微之無可分，所云「君子引而不發，躍如也」。從容者，不倚之中，以內不廢之道，以外直一戒愼恐懼心。時時操持，時時運用其間者，是之爲聖人。于是見善，即爲中道擇執，即爲從容。誠之者，即爲聖人。故世有君子而不全達道

之用者矣，未有凡人而無大本之中者也。是生意潛藏，何人不有道。如正路驅馳，誰能不失，曰「中與道不可混言也」。

44.〈擇善〉

擇中庸與擇善不同。擇中庸從道術上說，世間非道者，多隱怪反古，尚是道術中。務內近理一邊須汰去之，專吾中庸。故擇善，從本來性德中說，小人與君子對立如反。而無忌憚者，如的然日亡者，都是詐善攘善必須汰去之，還吾本善，今到誠實地。故擇中庸者，可與共學也；得一善者，可與適道也；拳拳勿失者，可與立也；至誠能化，可與權也。可與者當是及門諸弟子，聖人與之朝夕群居肆業者也。擇中庸如師商、由、求、賜之徒是也，謂期月之弗能守。聖人豈專守己，而無心為世者。四代禮樂之取，未嘗不與。顏子言權也，而勿失，則難言化也。於此見擇中庸之大，凡夫子兩曰「擇其善者而從之」，即擇善亦聖人之汲汲也。第從戒懼揀心，從不思不勉合竅者也。若顏子擇中得善，其于聖人從誠之擇善，終去一間。《中庸》之言擇善，即孟子之言始條理之知也。伊尹之任，天下國家可均也；柳下惠之介，爵祿可辭事也；伯夷之餓，白刃可蹈事也。以一偏聖，便不得謂之中庸。由此而思，即所謂擇乎中庸者，以聖門依歸，亦未嘗不見此也。孟子于夷尹直謂不同道，而諸子為姑舍是也。第不可仕而仕，不可止而止，不可速而速，不可久而久。一念有自用之心，則猶之過不及之見也，便不得謂期月之守，何況擇善。擇善者，成法在心以時斟酌者也；固執者，精明默握不著二三也，非識之者誰能若是。

45.〈博學〉

《中庸》工夫，只學問思辨行，用力首戒慎、恐懼、慎獨，只要操此一心，時時用力，時時操心，原非空虛無實。如世說戒懼是靜而不動，慎獨是未動而將動，遂若學問思辨行外，另有一段靜存動察工夫，方養得中和出。不知是何時節？又不知是何境界？只緣看未發與發，都在心上，以為有漠然無心時，方是未發，一覺纖毫有心，便是發，曾不于喜怒哀樂上指著實。不知人生決未有漠然無心之時，而卻有未喜怒、未哀樂之時，如正當學問時，可喜怒、可哀樂者未交，而吾之情未動，便可謂之發否？是則未發時多，發時少。君子戒懼慎獨，惟恐學問少有差遲，便

于心體大有缺失，決有未發而兢業時多，發而兢業於中節、不中節時少。如此看，君子終日學問思辨行，便是終日戒懼慎獨，何得更有虛開求一漠然無心光景？縱有之是虛寂存神隱怪之說，非《中庸》之說也。夫中和為大本達道，並稱天下，正欲以天下為一身，不欲外一身於天下也。朱子說程門靜存，孔孟來無此教，最足破後人養靜說。第將子韶博學處說戒慎恐懼者為非。此依然作戒慎恐懼為養靜，故不能不辨。

46. 〈慎思〉（天啟刊本）

君子時時戒慎恐懼為慎獨，未必時時學問思辨行也。當是思之得力居強半，而慎又最緊關。凡涉於外者，有尺度可循，人不得逾越。若思之窮乎，要渺極乎，支離汗漫者，易為逾越，又誰從尺度？唯慎思乃為能思。孟子述《中庸》明善，條拈出思誠。謂人道之通天道者，唯思一路。非思則人道滯而不神，而天道亦隔而難合。故曰：「思修身，不可以不事親；思事親，不可以不知人；思知人，不可以不知天。」蓋言思也。《書》稱：「思日睿，睿行聖。」即從容中道之聖人，當無不繇思來。而說誠者，乃特云「不思而得」，此又明慎之原也。思到事親知人知天，方知不思而得實處、方為慎。曾子曰：「君子思不出其位。」孟子曰：「心之官則思，先立其大。」此真天下之至慎，此又天下之至獨。

47. 〈篤行〉

每疑《論語》「默而識之」，《中庸》何無明闡，豈所謂不動不言之敬信、不顯之篤恭，即其義歟。第此乃至德之成，而非聖人日用工夫也。《中庸》自擇執外，別無工夫。如學問思辨行都只多聞擇善，多見而識事。想慎思之神明，默成其義歟。又思君子不睹不聞戒懼，豈思為默，而他遂不為默歟。如學問辨雖從見聞交接，而此中有洞然得見聞之先者，不可謂不默也。即篤行有殫力實體之時，而此中超然冥會實體之外者，不可謂不默也。《中庸》自擇執外，更無繇成敬信篤恭。夫子所謂：「吾無隱爾，無行不與。」孟子所謂：「生惡可已，不知手舞足蹈者。」默識蓋無時不到，而篤行尤切焉。若世之厭實行為拘守，希虛見為圓融，非知默之真者也。即以戒懼為靜存默則有之，未見其能識也。默而識之，不可分為擇為執，而擇執實該，蓋聖人從容中道之大全也。學而不厭，是誠明之性；誨人不倦，是明誠之教。

48. 〈弗措〉

所謂弗措者，要于性之得，要于道之合，乃以措弗措，所以爲戒愼恐懼也。《易》云「舉而錯之天下之民謂之事業」是也。唯學問思辨行隨在，弗敢輕措而爲擇爲執，更無知行之分之可疑。已百已千，必求其能祇求一措處得力而已。唯此有弗措，故後有時措。弗措即不至妄爲，所以爲誠之者；時措即不至中廢，所以爲至誠無息。

49. 〈己百〉

一十百千分數非眞氣稟之局然也，又非獨志氣之奮然也。世間有無窮之道理，人生無間暇之日時，祇覺人能己雖爲百爲千終不散，承當一能字。若爲學問諸事，一一爲自己已了，博審諸事種種，便當下可措，此常人誇能之見，非君子戒愼恐懼之心也。夫誠之者，直以人道爲天道，從不睹不聞之隱盡，貫見顯而還之一微，此豈尋常易竟事。而輒*然自誘曰：「能愈是大知，愈好問察，愈欲慥慥，愈求未能。」其百之千之之謂歟。

50. 〈必明〉

顏子壹聞「克復」輒曰：「請問其目」，必明之道也已。問「四勿」輒曰：「回雖不敏，請從事於斯」，心強之道也。夫子所稱回，語之不惰，其戒愼恐懼之心蓋如此。

51. 〈明誠之教〉

天命之性，修道之教，此性教從一世終始言；自誠明之性，自明誠之教，此性教從自成以成物一身之終始言。前說誠身之道在明善，擇善固執已百已千。則自誠明之性，無復可言矣。此又說自明誠之教，故云「誠則明，明則誠」，從教上言也。凡實自誠者，未有不明于人（/盡）物者也；凡明于人物者也，未有不實於誠之者也。夫自成，誠耳。惟此誠則明，明則誠，合而舉世無可遺之物，終身無可雜之念，而後其誠也，爲至誠。且爲天下之至誠，從此一盡性而盡民盡物，贊化育參天地，隨所舉而措之矣。致曲能化如神成物，使天下無人不可爲至誠，所以教也。詳之形後者，還證成己時，盡性之法象也；詳之徵後者，推明成物時，盡性之法象也，故曰「成物知也，性之德也」。凡人皆認自性爲性，此性德卻從成物處與仁並點出，故又曰「合內外之道也」，此成物是庶物君子所爲誠之爲貴者，直是一戒懼爲愼獨之心，乃完性德，乃稱至誠之無息。而在

我者，必無可分為成之誠明；在世者；必無有偏為成之性教。往吾聞說《中庸》者，自誠明後都主教一邊。今乃知誠于性者，必明於教者也。為民物者，其為身切己事也。故誠明、明誠並以自言，不然徒紛紛於天命修道之剖，無為已。

52.〈誠則明〉

「道之不行，我知之」，知其始也，知其緣，知愚之過不及生也。「道之不明，我知之」，知其終也，知其以賢不肖之過不及成也。世未有知而不賢，愚而不不肖者也；亦未有先賢後知，先不肖而後愚者也。故曰「誠身有道，不明乎善，不誠乎身」，其大分也；又曰「誠則明，明則誠」，又其入機也。問吾心之必欲還誠者，何明也？問吾心之必使常明者，何誠也？一操戒懼即自洞隱微，既徹隱微即不能不益嚴戒懼。一時念慮之循環者日相生，正終身造旨之循環者還相成也。若世以至誠至聖為兩人，必勿信也，然則以誠明明誠為兩人，其孰信之。

53.〈盡性〉

知性最捷，故盡心知天頃刻貫通而有餘；養性最深，故存心事天終身脩旨而不足。嘗以合之《中庸》，知性其慎獨歟，慎獨者，戒慎恐懼之衷，坐握隱見微顯之幾，所謂頃刻貫通而有餘者也。養性其至誠歟，操戒慎恐懼真心，時為學問思辨行實事。其盡性盡人物，贊化育參天地，盡人漸可合天，所謂終身脩旨而不足者也。終身脩旨無盡，頃刻貫通亦無盡。

（天啟刊本）

孟子論性以情以惻隱之心，情即心也，《中庸》卻未嘗一言情與心，第揭慎獨，獨故心所成也。慎獨，孟子之盡心也。有慎獨方有中和，盡心者之知性也；有中和隨有位育，知性者之知天也。終稱內省之志，志從隱見顯微處，有蓄積之真焉，則為誠為至誠。志從隱之見微之顯處，有會通之神焉，則為聖為至聖。夫聖誠不可強通，而志無不可自盡，所謂知性知天要在盡心者也。即存養事天不貳修身立命，總不出盡心。世之瞞昧本心，莫如小人為甚，何論盡不盡，又何論性天。然《中庸》於小人，第以無忌憚行險的然一二語點破。心術不詳，行事而詳，行事處壹歸君子，詳於君子正所以嚴於小人。天下萬世知所為君子中庸者，如何使一與之反便成小人，吁可畏也。此反不反處，不可示之人，人而內省，獨

明孟子所謂「行有不慊於心，則餒」者也，又所謂「無是非之心非人；無羞惡之心非人」者也。《中庸》首戒慎恐懼，故不言心，孟子在在言心，即以證性。

54.〈致曲〉

中和曰致曲、曰致。致者，推也。中和全德無可加，推之以位以育無不該也。致曲盡性**鞠躬如也。曲全體亦無可加，推之能誠能化無不入也。凡人方寸稱心曲，行禮稱曲躬。曲能有誠，不睹不聞也。夫世有形者，非形也。形固根心生者也。唯有誠則稱形，形而著而明。唯我自知之而動而便而化，即我不能為之有心。性命之主宰，即無心化育之胚胎，慎獨之合隱見微顯也。致曲而化，非致曲偏至，至誠全也。誠由擇執來，其學問思辨行推到本原，有曲默為主宰。便此有曲潛為充滿，次如道途、次合。至如家宅抵止，邵子云：「千千之物。，為匪物，一一之物為至物。」夫千千者，誰不見為物，而以為匪物*見其統宗者，此曲即為至之說也。夫一一者，誰能見為物而以為至物，有握其散見者，此至即繇曲之說也。君子所性，仁義禮智根心是致曲。若火之始然，泉之始達，是形著動變。不忍不為，達之所忍所為，是為能化。

55.〈如神〉

《易》：「洗心，退藏於密。」苦於窮索而無其所，即戒慎恐懼於不睹不聞之所。窮索者，久久猶覺於退藏義，終疑影響維繹。至誠前知處，直贊如神。因知《易》之云「退藏」，確有所艮之止所，尚揭大綱，而爻之止躬其實地也。而《中庸》之所不睹不聞者，始的然有可處。夫洗心者，戒慎恐懼也。心本純一，愈戒懼則愈無疵者也。退藏者，所不睹不聞也。心本內歛，愈戒慎則愈不放者也。心猶近前，洗之而退以藏則後，故云密。「艮止」皆是則止躬也，然必從耆卦得之。而吉凶與民同患，乃稱神以知來。則與《中庸》前知如神者，不極符合耶。《記》曰：「清明在躬。志氣如神」在者，察也。察之，使常止也。躬之所最隱而見微顯之真在焉，致曲者唯是，乃為曲，乃可明致之精神，而通變化之源。既說前知，又說時措，凡人非一日而觀千百年者，必不能萬舉而萬無不當也。史伯說周世之衰，齊晉楚代興，瞭然指掌真神識也哉。若至誠前知，當更有萬此者矣。

（天啟刊本）

《記》云：「清明在躬，氣志如神」，而《中庸》云：「至誠如神」，一言誠一言明。至云「嗜欲將至，有開必先」與「可以前知」者正合。豈其用之合，體固有不合者耶？因是思如神，明也，而在躬，即誠也。躬非徒身體也，心之藏密乃為躬。所謂「允執其中」者，躬之中也。湯云：「罪在朕躬」，夫子云：「躬行君子」，又云：「躬之不逮」，蓋淵哉，其言之矣。然則在躬而曰「如神」，至誠亦曰「如神」，豈有二耶？且《中庸》初以中和表性，而總之慎獨，所以揭在躬之藏也，終以聖誠合德。而一則曰「如天如淵」；一則曰「其淵其天」，所以象慎獨之蘊，正所以寫在躬之藏也。《易》云：「聖人以神道設教，而天下服矣！」……復揭一如神以申明誠之教，凡記所詳文武……皆有開，必先之明驗也。

56.〈成己〉

《禮》云：「君子曰德。德成而教尊，教尊而官正，官正而國治，君之謂也。」能有君德之謂君子，能弘其用之謂大德。若小人者，性非不足，直自小也。君子以盡性為中庸，即成己成物，時時須有試驗，事事合有尺寸，欲一毫不戒慎恐懼，亦何可得。若小人既自小其性，不知有物，只知有己，知有私己，不知有成己，直是無對處的學問，任他意見高張，氣力橫軟，復何顧忌。凡幾之起也甚微；則患之伏也巨測，唯性無形，人看到此，易生邪妄至決裂。易之君子，不可不戒懼慎獨。

57.〈成物〉

〈自成〉章何言物不及人，說者謂物是人物總名，非也。《中庸》達道達德，人之性，即我也。致曲之誠形變化，我之盡性，即人也。安所分人己于其間哉，曰「物之始終，不誠無物」、曰「非自成己，所以成物」，蓋我之與物為關切也。常人視物不關切，多有玩棄之心。君子戒慎恐懼真知物為天命之化工，為率性之散見，為修道之極則，無有一可鄙夷可弁髦者。直以與物之心為慎獨之心，須臾不離而始有成物之知，有時措之宜。且提出一成己之仁，與成物之知對。成己為仁，是以人屬之成己之中。故仁成物為知，是以物合之成己之外。故知視物為外，猶覺其緩；合外為內，方見性體、方覺其切。惟知至如神，而凡物之能為興亡禍福兆者，從善先知處為之增修導迎，不善先知處為之補求幹旋。如龜時卜

洛，所以興周；如鵙鵒來巢，竟以亡昭。君子誠之爲貴，其成物也，豈直爲物而已哉。此爲單言物之性，而覺人之關切也至矣，覺性之關切更至矣。君子讀〈如神時措〉章，方知盡人之性，則能盡物之性。

58.〈性之德〉

《大學》首明德，《中庸》從致曲之誠說形著到明，此明方是我心著實。戒愼恐懼既深，心體光明自然透露，即明德與明明德覺直捷可通，自是而動而變而化，是明之鼓舞莫測。至誠而前知而如神，揔明之運用無方，而成物乃天地同歸，所謂明明德於天下者，其份量如此。首章愼獨詳隱見微顯，即不言明而明已胚胎無盡。從誠身處單說明善，至仁之成己、知之成物處，纔實指爲性之德。唯德爲善，唯善爲明，誠形神化盡不出是。故知明善者，非求明之謂明也。求明是擇執事，直己造誠之者地位，覺我明無不到，方信善無不明。洞然所不睹所不聞之眞，而性德實爲充滿。《大學》之始在「明明德」；《中庸》之終「予懷明德」。一明字足捄兩書之約，然步步工夫，時時階級，皆實言德，非虛言明也。

59.〈無息〉

說陰陽者莫詳乎《易》，而《中庸》未嘗言陰陽也。說陰陽則有消息有相息，而《中庸》只說一至誠不及二氣，故曰「無息」。孟子「日夜所息」是於彼爲斧斤斬伐之終，便於此爲幾希萌蘗之始。而至誠本無有終，豈復有始，故曰「不息則久」。所謂無息者，何物也？人生有命有性，性有德可名，德合道有時措之宜可名，而命無可名也，而章而變而成，幾于見微之法象，而終於不見不動無爲無能。洞久之本來，其立乎性之先，而不並爲顯現也。稱於穆其運乎性之中，而不與爲對待也，爲不已。此處可容一睹聞否？隱見微顯可分析否？唯有戒愼其所、恐懼其所爲君子。愼獨從初入時，若自外而歸還，爲得一善從運用處。若從中而分布爲行之者一，未聞獨之爲一。一之爲至誠，而猶有時而息者也。《易》詳兩儀四象而推本。《易》有太極，太極者，至誠也。天地之道可一言而盡，而足無一可指也。不貳之後有不測，此無息之說。若太極之先有無極，宋儒之說非易與《中庸》之說也。

60.〈久則徵〉

說者疑《中庸》未嘗詳化育事，夫覆物載物成物所以育也，而化何在？悠

遠博厚高明謂之合，而未嘗不有漸次謂之分，而未嘗眞有階級儼然一化境
也，唯化乃育。化者，物之自有而浸漬於無；育者，物之自無而滋生於有，
此徵象也。凡物莫不相爭相逼而後化。《中庸》變則化，唯天下至誠能化不
及，育也，萬物育焉；洋洋乎發育萬物不及，化也，而化育並言者。唯天
地萬物並育不相害，而推本大德之敦化，化育之合爲功用者，終歸天地，
而人不得有焉。人之所能爲者，人；所不能爲者，天。至誠則曰「可以贊
天地之化育」，又曰「知天地之化育」而已。贊者，有爲之相助不必贊，而
實可以贊。知者，本心之潛通我知，而無不可知。此不睹不聞中戒懼，所
獨爲醞釀者也。至誠無息，其徵後德業即不言化育而化育在也，不然則何
以爲贊爲知。堯舜贊化育，人所易知也，求所謂知化育者，而不得夫子之
春秋乎？書名書字書爵書人，有人不自知生，而夫子生之；人自爲生，而
夫子死之。一字褒貶、一事筆削，便範圍古今天地，此所謂知天地之化育，
不特可以贊之而已。漢註謂夫子自言志在《春秋》，是顓經綸事。余謂其經
綸者，正其知化育者也。君子〈讀無息〉章，即知能盡物之性，則可以贊
天地之化育，可以贊天地之化育，則可與天地參矣。

61. 〈不見〉

「不見而章」即所謂形則著；「著則明，不動而變」即所謂明則動；動則
變者也。「無爲而成」即所謂變則化者也。此何以有漸次，彼何以無漸次
也。說至誠能化。化者，從變以前，心境持之不有者。說至誠如神，神
者，從章以後，功用操之有主者也。孟子曰：「君子所過者化，所存者神。」
化不有，故云「過」；神有主，故云「存」，爲化爲神原無二也。至所以
能化如神，並非虛無不著者也。中庸之道，操自慎獨，而運用於天下，
不越一政一教。〈問政〉章詳列天下國家之治，而一之以修身誠明之教，
後推極民物天地之成，而合之於性德。政者，一人而正萬萬人者也；教
者，一心而開萬萬心者也。此致曲能誠之化，便與時措至誠之神，物我
間交修並濟。而君子之戒愼恐懼之精神始無滲漏。朱子云：「問渠那得清
如許，自有源頭活水來。」此可以識形後能化之景。韓公云：「須臾慰備
三農望，斂卻神功寂若無。」此可以識如神能徵之景。

62. 〈一言〉

一言可盡，摠乾坤獨也；不二不測，總乾坤化育慎獨也。君子切無以此

之爲不睹不聞，彼之爲隱見微顯而二視之，天地之道可一言而盡，非概舉天下而約之一，乃顓舉天地而歸之一者也。即爲物不二，亦非如諸子之言，指天地以物，乃推造化之原，指天地所以爲物也，此之爲天地實有以爲者也。所謂天地絪縕萬物化醇男女構精萬物，化生是也。此之爲寧容有二？所謂三人行則損一人，一人行則得其友，言致一者是也。子臣弟友具著所求爲其有二，故合之一。至夫婦則云造端本無二，何得不一？又云「及其至也，察乎天地」，察天地之道，所謂可一言而盡者也，察所謂不二不測者也。

〈天地〉天啟刊本

爲物不貳，總乾坤，獨也；生物不測，總乾坤化育，慎獨也。君子切無以此之爲不睹不聞，彼之爲隱見微顯，而二視之。

63.〈今夫天〉

君子時中，時有二義。有出乎中之本然，而無時可息者，則「今夫天」之今字，可思宋儒所信，堯舜其心至今在是也；有奉乎中之當然，而無時可倍者，則今天下之今字，可思宋儒所疑，不信人間有古今是也。今字都從戒俱合。

（天啟刊本）

孟子「形色天性」，善闡天命之謂性者也。世人看形色爲粗，孟子指天性爲眞，天性即命也。凡世之有形有色者，誰非目可睹耳可聞者耶？《中庸》獨從所不睹所不聞中抽出一點戒愼恐懼眞心，以成吾愼獨之實，而謂之率性修道。試從〈今夫天〉一條看，凡所謂昭昭覆物撮土載物一勺一卷生物，宇宙間燦爛文章不可窮，記所謂「博厚高明悠久」者，誰非形色耶？即是見天命之不已矣，並見進性者之合天命不以矣，故曰「唯聖人然後可以踐形」。夫孟子所謂踐形，《中庸》所謂修身也。形不踐則天性爲虛，身不修則形色爲妄，故曰「孟子之言形色天性也，正其善言天命者也」。形隨性以立，命隨形以成也。因是知《中庸》凡言知者，皆知性也。所謂「生知」者，乃心爲主而一見形色，即知天性者也；所謂「學知」者，乃心不爲主，而先求天性，方知形色者也；所謂「困知」者，又追逐形色，而苦苦求心，乃還見天性者也。總以戒愼恐懼揀心，則性自無不知。世人縱有不易知之性命，乃有不可揀知本心耶？既無不

可揀之本心，乃得謂有不可踐之形色耶？故曰「其知之一也，天命之性之一也」。

64.〈斯昭昭〉

世間學道總不脫一明，便終不能舍教。自誠其明者，吾性之本來也；自明其誠者，明吾性之作用也。往聞有詩二章：一章：「戒謹恐懼是慎獨，見顯隱微是回目。中和天性本明，明道教熙然成位育。」次章：「中庸須識中為體，誠明須識誠為性，如神能化別無他，經綸大本繄心定。」前章蓋專言明也，次章似兼言誠。然兩識字依然明，獨重說天。曰「斯昭昭」，君子讀一斯字，乃恍然知明所繄來處。

65.〈一勺〉

天地間功用之大，為天地效用者，莫如山川。始乎一勺，終乎不測；始乎卷石，終乎廣大。其隱見微顯之尚可見者也，而所不睹不聞者為之中。操則山川各持此一獨為天地效，而吾實操此一獨為天地用者也。所謂一卷之握。堅不可移；一勺之衍，行無能過者。竟何物耶？唯是戒慎恐懼之心，神壹率性之本然，而天命之默默凝主其間也。所謂維天之命，於穆不已者也。故不得謂天地真而山川雜，天地常而山川暫。因是思《論語》之樂水樂山異、一動一靜異，而以山川動靜默通天地動靜者，終不異。又《易》所謂「仁者見之謂之仁，智者見知之為知」，其見處各名，而繼善成性之由來，原無可異也。首說一陰一陽之謂道，陰陽非可分者也，舉世間成象成形可名可見皆陰也，而中有不已者之默運其間是陽也。唯是之為道之不可須臾離即山川各象，而聖誠至處則歸之淵泉。舉一泉而山川之為止為行者，于是摠矣；舉一天而天地山川不已之合者，更于是摠矣。夫子謂「逝者如斯，不舍晝夜」，蓋舉世之運行天地間，而瀰漫蟠際于天上地下者唯是。故水之不測，便是生物之不測，淵淵之淵，便是浩浩之天。識此者方知天命之謂性。

66.〈於穆不已〉

今人說天命者，多以理義氣數並言。夫首言天命，而繼以率性修道，謂理義也。俟命受命，疑兼氣數，乃俟必居易，受必大德成德，謂理義也。因材而篤，栽培傾覆，假樂君子，保佑命之，其明証也。維天之命，於穆不已，疑理義氣數渾言，而曰「文王之德之純，純亦不已」，則亦專言

理義，而未嘗兼氣數也。夫所謂不已者，何也？理義立而古今旦暮，相推相盪其間，而莫之壅關者，氣也；理義行而高下長短，日乘日除其間，而莫之淆混者，數也。故曰「至誠無息」，謂理義之純而無息，而氣數為之用也。不然何以同天不已？君子為善，稟授如是，受成亦必如是，是謂戒慎恐懼。而不然者，初以雜糅誣性，而理義不能主持，繼以參錯無命，而氣數得為推諉。真所謂不知命，無以為君子也。不惟不知畏之小人而已。又常思夫子何罕言命，《中庸》何嘗不終始言命也。第以利與命並言，則動心於利不利，而為命之盡不盡，毋乃以氣數推諉，而人心益肆。是以利命並言，贊《易》無妄中時有，而《中庸》無有，故云罕也，即《論語》中知者利仁間，一言利與仁猶之罕也。

67.〈禮儀〉

諸德皆有可對，唯戒慎恐懼無德可對，而無德不生。生即喜怒哀樂緜之陶鑄，是天命我，我率性之獨也。然則夫子不嘗云禮制中乎？謂「師過，商不及」而以制中之禮，告此從過不及取中，非從未發取中也。詳繹《中庸》好合，喜也；兄弟翕父母順，樂也；壹戎衣，怒也；喪祭，哀也。此之性，即未發時無不人人具者也；此之發，皆中節不制而無不中者也。然則《論語》不云「不以禮節，亦不可行」乎？夫發皆中，即所謂禮之用，和為貴者也。正親賢等殺，禮所從生，而禮儀威儀，聖人之道，惟茲為大用。君子*知人知天，未有通明直捷于是者也。非必知和不行，而後思節也。君子誠心心乎戒慎恐懼，即何獨不中，何中不節，何節不和，何和不禮，而安得謂一制之節之之禮足當之乎？

68.〈至德〉（天啟刊本）

《中庸》為德之至，子思以衍《中庸》。夫子言德，而《中庸》多言道。道者，德所凝也；至者，一心之極則處萬事之極則處也。故曰「苟不至德，至道不凝焉」。諸子百氏言道者多，知道者少；虛言道者多，實體中庸者少。夫子所嘆，知德之鮮也。《倫語》首志道，而隨繼之據德，隨繼之依仁，凝則志據依之合也。始以修道道不散，屬之天下專歸之一身；繼以凝道，道不顯屬之身，默歸之一心。志道內省始歸實，至者發念時之至，即旨極後之至也，則戒慎恐懼之無須臾離也。《倫語》以三言不為略，《中庸》以千百言闡發不為煩。首君子而時中正有德，而後道凝之意。

夫莊子何嘗不言至道，第謂至道之精，窈窈冥冥；至道之極，昏昏默默，
將戒慎恐懼一無可用。則德爲虛名，而道毋乃爲虛位歟。

69.〈至道〉

世人於尊德性道問學紛紛致辨，余謂是且不必辨，直須是如何爲德性，如
何爲問學。世人只言性不知言德性，只言學不知言問學。夫爲識德而先求
性，則所謂尊者，不過一空虛之性，而非根實可據之性。或言性惡或言善
惡混，何所不恣。孟子曰：「仁義禮智，非由外鑠我也，我固有之也。」是
則以德爲性，方實見其當尊。德固天之與我者也，戒慎恐懼奉吾本來，安
得不時時凜也。乃知前言性之德者，從誠者已成後，指性之應用。此德性
者，從君子未入德初，指性之歸還，盡性著力全在一德字上。夫世人言學
者多，好問者少。則所謂學者，不過一自足之學，而非好善無窮之學。或
自用則小，或居之不疑，何能有進。曾子曰：「以能問於不能，以多問於寡，
有若無，實若虛，吾友嘗從事於斯。」是則以問爲學，方直覺其可道問，
固學之先資也。戒慎恐懼，求吾日益，又安得不在在惕也。乃知前言學問
者，從誠之者一生，見工夫之大全。此言問學者，從君子務學時，見自慊
之小心。聖學得力又在先一問字上，以尊德之性爲德，德有淵源，而至以
道問之學爲道，道無畛域而至，故曰「苟不至德，至道不凝焉」，又曰「君
子尊德性而道問學」，先後分合可較，然無辨已。

70.〈德性〉

孟子云：「學問之道無他，求其放心而已矣。」舍求放心，別無學問也。
然則所謂尊德性而道問學者，舍德性別無學問也。朱子曰：「操存者，不
使且暮所爲梏亡仁義耳。」非塊居兀坐，守炯然不用之知覺，而謂之操
存者也。夫欲無梏亡，非戒懼爲慎獨不可。此於尊德性最明，而何必以
主靜言德性，又何必外是，而單以致知言學問。故以《中庸》求德性，
即念念德性是爲實凝道；以《中庸》求問學，即言言問學爲眞德性。

71.〈道問學〉

子夏稱「博學篤志，切問進思」，夫學以求能非專知也。博學繼以篤志，
志之篤處便是行之篤處。切與審似，近與慎似，即《中庸》學問思行幾
合矣。獨不及明辨，豈小道恐泥，君子不爲其辨之道術者，固已明歟。
至「日知其亡，月忘其能」爲好學，則擇且執者，又幾合。以此稱學，

其於道宜優入有餘，而夫子何謂之不及也。夫《中庸》擇執由誠之者言，所謂得一善者，直從本心中得也。一善得則隨博學五條中無非一善，是所謂縊泉放海。若子夏從學志問思，而後知仁在其中。所謂中者，從學中來也。中非不是，無乃因流識源，恐外成模倣，未得率性中戒懼所不睹不聞眞體，故曰「君子學以致道」，是從學有仁，即從仁有道者也。若《中庸》則直言聖人之道，而君子凝道，不以問學爲道，而曰「道問學」，不以中庸爲道，而曰「道中庸」，是則尊德性中，道爲之主，而問學直其寄徑，《中庸》直其標指也。若謂學可致道，眞是坐井觀天，自謂見天。以此相提，豈唯千里之謬，始自毫釐而已。非見《中庸》之眞者，決不能洞不及之差也。如四海皆兄弟，說者疑爲過。然以天親眞性，既翕耽樂，其切至何如，而遽欲以悠悠道路。人當之此，亦不及之爲患也。

72.〈盡精微〉

凡廣大無在不包，即精微無在不蘊者也。〈虞書〉「道心維微」，唯聖人方知道脈之要，只此一微，而又知微者何物？微者何在？方謂之維精。唯《中庸》君子戒慎恐懼，無時不切，方知不睹不聞之所。實有此微能摠隱見顯之幾，握之乎微，而卒未嘗言精，直從君子凝道，方知洋洋優優德性之深藏與問學之散見者。一受命於此衷，而目之曰精微，而又目之曰「盡精微廣大無遺」，精微亦與之爲無遺。所爲盡也，而不雜不渣其後已。夫此衷原無可雜，原無可渣者也。「費而隱」之外，未嘗言隱，而曰「夫微之顯，誠不可掩」，人心之合造化者，惟此微；曰「知微之顯」，可與入德，本心之還道德者惟此微。若不戒懼，則隱見微顯之獨，若疑有，若疑無，而精微終涉想像；能戒懼，則不睹不聞之所，爲常存，爲常運，而精微覺實可操持，此之謂盡，此之謂凝，何聖人之道非吾之道。不顯者，莫顯也；兩不顯歸之德者，微之顯也。

73.〈道中庸〉

求中於地，則南北之強，一剛一柔，盡地道矣。又進之抑而強，抑者，剛克柔，克之謂也。唯抑乃稱君子之強爲和爲中立，是我之所受中於地以生者，至是始得實爲中也。若求中於天，則聖人之道所云「竣極于天者」，盡天道矣。君子凝之以德性問學。曰「極高明而道中庸」，高明者，竣極實境而中庸所從來也。君子擇之依之，又道之依者，依之性中。而道者，率之

為道。道則洋洋優優者，無須臾離而廣大為廓，精微為骨，故新為神，厚禮為質，是我所受中于天以生者。至是始得實為中實為庸也。記云：「人者，天地之心。」蓋天地分而人為之會合。然全天地之中者，惟聖人乾之剛健中正純粹精也。坤之文在中也，天地之精英一粹于中，而後兩間為之幹持，為之維護，即人有心也亦然，故云「人者，天地之心」。曰「中立心之主宰」，不搖一戒懼之為主宰也。曰「道中庸」，心之運用無方，一戒懼之為運用也，所謂天命之謂性者，始確然實體，非虛言理而妄測天也。宋儒謂崧高為天地之中，以中國論也。晉書為北極之下，為天地之中，其地高而旁沱四隤三光隱映，以為晝夜合天地論也。文皇出塞，至南望斗杓而還，即知極之為天地中也。中庸之中，原合中國蠻貘。論南方北方，橫截南北以中。鳶魚察上下直截上下以中，未及其至也。極之察天地，又極之聖人之道。曰「竣極于天」、「極高明」，故云：「北辰居其所，而眾星拱之所者，中也。」知辰之所，便知君子之中之所。

　　　　　　　　　　　　　　　　　　　　　　　　　　　　陰不中為不及

天地所鑒　　　　　　　　　　　（中庸）　　　　　　　地帝所鑒

　　陽不中為過

《記》云：「人者天地之心。」　　　《傳》云：「民受天地之中以生。」
地者，有形之質，故屬以強；天者，無形之體，故屬以明。

74. 〈溫故〉

故新無可執也。天命之性為故，率性之道為新；率性之道為故，修道之教為新。因是則知所不睹所不聞為故，戒慎恐懼為新；戒慎恐懼為故，隱見微顯為新。總一慎獨，而故之溫者無窮時，即新之知者無窮時矣。人何嘗不望新知，但不識吾故。引水不導其源則必塞；植木不沃其根則必蹶。培造化生機，祇有一溫；暢人心生理，祇有一知。中生和，有滋息之意焉。中和生位育，有克達之勢焉。惟慎獨為溫故惟知新，無可執而溫與知未嘗不可執也，故首曰「時中」，此故新之為不已也。

75. 〈崇禮〉

人惟即乎心之安者為中，由乎中之節者為道，任情起見，便有過不及。子夏除姊喪而琴未調；子張除姊喪而琴調。自世論則子夏疑為過，而張疑不及。從禮論，釀於情者，拘于見；簡于情者，擴于見。故夫子終以

爲師過而商不及。所以剖分過不及之條理者，於是爲切至。故有禮則《中庸》之道明；不知禮，則《中庸》之道不明。《中庸》爲虛，禮爲實。游乎虛者，人猶得以似竊之範于實者，人不得以意逃之。是以君子凝道於德性問學，無所不戒愼無所不恐懼，而終之以敦化崇禮之實焉。諸子以禮爲忠信之衰，而道德之薄，故棄而不言，唯聖門重禮教。唯君子謂忠信之人，可以學禮。而禮乃始立降於天下，而人弗敢屑越。發育峻極盡綵禮儀威儀，中和非禮無從調也。克己復禮夫子以屬顏，他禮運等諸篇以分屬諸子。子貢嘆得其門者寡，而孟子以爲禮門也。唯君子能出人是門也，足明致中和之的也。夫禮所生也，禮之大也。非禮不動，禮之細也。敦厚崇禮，則禮之所以爲全也。

76.〈反古〉

隱怪之術，其弊爲反古，大約出世之教，不庸者也；無忌憚之小人，其流爲行險僥倖，大約驅世之術，不中者也。不庸則孤寂爲中，非君子中立不倚之中；不中則彌縫爲庸，非君子庸言庸行之庸。蓋自戒俱愼獨入之無門，一《中庸》之壞分爲兩派，而道術幾無歸矣。夫子說《中庸》以隱怪險倖誡，而《魯論》又惡異端惡鄉愿。孟子又於異端中別爲陽墨德棄，鄙夫外抽出鄉愿。上篇終陽墨，比之率獸食人；下篇終鄉愿，以爲邪匿害世。要以獨乘《中庸》于一線之眞而已。夫隱怪高標異者，易走僥倖，陰圖似者難破，此亦兩派各相祖襲，截然大致。若子莫執中，孟子病爲無權，無權則浮沈。一比一此間，若近鄉愿，而孟子列之陽墨。彼鄉愿以私心阿世爲德，子莫以意見互調爲道。此賊德賊道之分，又於兩派外，別做一《中庸》大蠹者也，無乃中而倚者歟。

77.〈不敢〉

言行有餘不足，則兩不敢，是戒愼恐懼之爲持身者；禮樂無位無德，則兩不敢，是戒愼恐懼之微持世者。中庸之道止於此矣，愼獨可無他言矣。

78.〈有三重〉

有二重者，聖人從周，戒愼恐懼小心見爲有也。若用專反古，三重雖在不見爲有也。寡過者，聖人從周，能合天下之寡過爲寡過也。若滅及身者，救過不給，何言寡。君子之道，本身徵庶民。至二三王後，聖不能易，天地鬼神不能違，而知直貫天人。想當時王天下者之精神如是。正從周者，

能令人知上之有道揆也。寡過者，世法世道世則有望不厭。想從周者，能合天下人爲寡過，益見當時三重，能使人知下之有法守也。故日：「王天下有三重焉。」政在方冊之謂也。其寡過矣乎，吾從周之謂也。設非有天子至德，維持文武道脈。則衰周之季，誰不弁髮視之。而人共將爲放肆橫議之徒，淪胥以溺而已。《中庸》獨取無惡無射，夙夜終譽。詩以贊曰：「如此而早有譽。」如此者，子詔指庶幾夙夜爲戒愼恐懼，蓋不倍愈至，即所以尊從不驕者欲章明。千古聖人未有不小心事上如此也，此之謂明哲保身，此之謂敦厚崇禮。如此者，本心也。一誠不可掩，是天命之性；一至誠無息，是率性之道；一夙夜終譽，是修道之教。災身言如此者，直誅本心，亦所以爲教也。性道一條直路，教便有兩項提防。

79.〈寡過〉

凡達而爲道者，施爲自擅，患有身而不有親；凡窮而爲道者，學術自高，患有己而不患有君。《中庸》修身事親，所以修道，即所以爲政。不倍從周，所以寡過，即所以崇禮。兩者皆繇知人知天來。於此見君子之戒愼恐懼於睹聞之地，易明也。唯是不睹不聞之所，洞握天人之奧，而默司忠孝之原者，未易明也。由此推而窮之，即大孝無憂。達孝總無出事親力極，此以孝愼隱見顯微之爲獨。即祖述憲章上律下襲總無出不倍立，即此以忠愼隱見顯微之爲獨，故曰「道也者，不可須臾離也」。未有知天命之爲天者而命可離也；未有知率性之爲人者而性可離也。若舍天人而爲道，舍忠孝而爲天人，則謂之可離非道而已矣。索隱行怪用專，反古之徒是也。

80.〈徵諸庶民〉

「用中於民」，聖人之合天下爲道者也。非戒愼恐懼烏知中本無方，而民各有中者之爲恰當可行者也。「徵諸庶民」，聖人之以道合天下者也，非戒愼恐懼烏見我無可執，而民所共從者之爲經常不易者也。此道所從來與民所共棄，不睹不聞其本體不二，隱見微顯其究竟亦不二。唯我無私意見，方能收天下之意見，還性命之眞；唯我無偏操術，方能用天下之操術，歸聖誠之路。此所以爲中庸也。

81.〈祖述〉

〈祖述憲〉章義即詳《中庸》中大知用中、大孝受命。知所以爲堯舜，即知夫子所以爲祖述。無憂達孝，政在方冊，於乎不顯，文德之純。知所以

為文武，即知夫子之所以為憲章。蓋自道統斷，自唐虞三王遍承，外是即隱即怪。道術操自文武，當代奉行，外是即用專即反古。聖人戒愼恐懼，揀心隱微燭幾見顯者。人第知《中庸》稱仲尼之言，以始贊仲尼之德，以終而不知整部《中庸》，無非仲尼至德述者。子述又追之祖一脈的傳。夫子以宗堯舜，子思即以宗夫子，不知孟子何以為無有乎？爾繼曰「則亦無有乎爾」，豈生民未有至聖。所謂「賢於堯舜遠者」，非若自堯舜以來，「見知聞知」一一有其人歟。故曰「中庸不可能也」，嗚呼！至矣！

82.〈上律〉

「上律天時」如所謂天之歷數在爾躬，允執其中者是也。歷數非只運祚也，有歷數之行，則天心在，即躬亦非身也。有吾心之歷數，即天之歷數合，而躬之中在中為躬宰，躬為歷數宰，此祖述憲章之絲來也。律者，萬古常行而無易者也；下襲者，如所謂「逝者如斯，不舍晝夜」者是也。五行以土之中，而有主宰始有運行。土以水之中，而有主宰始有運行，此祖述憲章實地也。襲者，一而不貳者也，唯一戒愼恐懼之心，思天地同流乃如是。中持而後載覆，中而有儔入，中而錯行，每季歸土，土行四出為錯，由中而代明日之明，並於中天為代。此中行天地間之象，即聖人之心所以為道中庸之象。

83.〈譬如天地〉

譬如行遠必自邇，登高必自卑，此始之進修，以道行世者也。譬如天地之無不持載，無不覆幬，如四時之錯行，日月之代明，此終之份量合世為道者也，由兩者觀而夫子所謂下學上達者，法程曉然明白。首之以不怨不尤，凡世唯道之不足合天，故多怨天道之不足濟人，故常尤人。君子自慥慥，以前所為不遠人。為道者，庸德庸言盡是世教立極事。自素位不願外以後，所為居易俟命者。不陵不援正己不求，盡是道術正心事。至不倍從周安心下位，又夫子不怨不尤中實事。所不睹不聞戒懼，直與無聲無臭幾希。宥密者，同流並運反而觀之，忘食忘憂我心天也，覺學而達無虧也。默而觀之，時行物生，天心我也，不覺學而達有隔也。始知〈莫我知〉一章，真《中庸》所為詳闡述者也。道之不明，道之不行，則莫我知之義哉。至聖配天，至誠其天，則知我其天之義哉。他日子貢謂「文章可得而聞」、「言性與天道不可得而聞」，《中庸》言言性與天道

也，而終文之闇然。然則言言可得聞者，正其不可得聞，斯又所不睹所不聞中精蘊也。

84.〈並育〉

嘗思萬物並育不相害義，物之相害，最莫如夫婦之際，一不正而害不勝言也矣。故須造端，有造端方有究竟，而至乃察天地。次子臣弟友間，便有有餘不足，而言行為之用，心所為之程。不足有餘則必害，豈唯自害兼以相害，尋至陵援怨尤無不至。君子所求，未能要於一誠之愊愊，毋失正鵠也而己始正。且君子之道，自卑自邇，在妻子之好合。好合者，正也。琴瑟以和，亦以中也。如是而後兄弟翕父母順而家之道正，又合之以在下位之獲上，治民信友，而天下國家之道無不正。以是擇善，善乃明；以是反身，身乃誠，此眞行遠登極則也。道以天地為夫婦，君子之道，以夫婦為天地。總歸中和，保合中，無相害也。夫世未有相害，而能為育者。道並行不相悖，亦由是。又因思川流敦化義，夫概中庸之道，其散在倫物，不蒂萬序千端，如川流矣。而敦化者何？《中庸》首揭之以戒懼愼獨，實性命統宗地，所謂敦化也，而終詳之以並育並行，所謂川流也。川流可見，敦化不可見，德大小所為分也。唯愼乃有獨，唯獨乃並而不傷，唯並物無害，而以育以行，是又一川流也。令物愼獨而歸之並育並行，又是一敦化也，如物之有鎖鑰。然中庸之道為大全如鎖，戒懼愼獨之為入門要領如鑰，又如物之有權衡。然衡者，並之為用；權者，獨之為用。求橫以物，則珠珠兩兩，而較量之不勝煩，而權終不得有權，以衡則一攃，而時與之低昂上下，物無逃而權無窮于用。

85.〈敦化〉

大之莫載，小之莫破，君子語道則然。而道無可見也，大為敦化，小為川流，天地之德則然，而德亦無可分也。戒愼所不睹，恐懼所不聞，為莫載，為敦化者也；莫見乎隱，莫顯乎微，為莫破，為川流者也。摠一君子愼獨，可合天地之德，便可謂天下之道。

86.〈天地所以為大〉

《中庸》未嘗言動靜之說也。世言「乾動坤靜」，《記》云「著不息者也天，著不動者也地」，是明分動靜。《易》云「天行健，君子以自強不息」、「地勢坤，君子以厚德載物」，是又實分動靜。然則乾之靜專動直，坤之靜翕動

闢，動靜合言者何？說者以爲北辰居所，是天之靜。予以爲主宰之靜，非運行之靜也。《中庸》曰「不思而得，不勉而中」，是運行之靜，所以合主宰之靜也。說者以爲逝者如斯，不舍晝夜，是地之動。予以爲運行之動，非主宰之動也。《中庸》曰「地道敏樹」，是運行之動，所以合主宰之動也。天地之德，不分動靜；君子戒慎戒懼，原未嘗分動靜。《易》曰：「艮，止也。……動靜不失其時，其道光明。」夫動而不失靜之時，是爲止其所。《中庸》所謂「動而變者」，正其不動而變；所謂「動而世道者」，正其不動而敬。都從隱見顯微之心中握，天地之爲大也，孰能加是。

87.〈聰明睿智〉

孟子曰：「聖人之於天道也。」夫天道何人不有，而獨歸之聖人。《中庸》稱天道曰：「不思不勉，從容中道之聖人是也。」且仁義禮智業已各*所。所謂聖人者，又何居？夫稱聖人於仁義禮智之後**，《中庸》首聰明睿智于容執敬別之先也。聖唯一通明，故思勉不容；天道唯一通明，故從容乃中。聖人視世終先一步，故特以天道屬聖人之心有天道，天道之外無聖人。直截之爲指，不必附麗之爲見矣。若曰「命也，有性」，疑於附麗者。然終君子不謂命，正依然天命之謂性之說，所以破世人附麗之爲見者也。大約言道者，著*附麗見，便人自人，道自道，幾于隔而不合。極強名爲合而非眞合。《中庸》凡名之爲道者，曰「君子之道」、曰「至誠之道」、曰「聖人之道」，正是率性之謂道。依然天命之謂性，一條直截道路。若命也有性，是明理之爲附麗見也；前性也有命，又是形器之爲附麗見也。凡世之人之不見道者，多形器名理之爲誤也。十個*之於處，孟子直破之，令人洞然於中庸直截之指而無可疑，故曰「道不可須臾離」。凡物有附麗則可離，命即性，性即道，除一戒懼所不睹聞外，別無率性，正是直截本然，而又何可離。所不睹聞者，聰明睿智所緣來，而容直敬別*不具足者也，所以爲君子，即所以爲至聖。

88.〈時出〉（天啟刊本）

君子觀復之中有獨，復而*《中庸》慎獨所從來矣。在《易》以一陽之動而潛乎地之中，在君子以戒慎恐懼之一心而潛乎不睹不聞之中。獨之慎者，所以爲獨之復也，隱微見顯中有象也。唯慎獨而道始無我，離鬼神不睹不聞*體物不遺，天載無聲無臭超聲色毛*，是爲君子之慎獨。君子觀蒙之時

中，而知《中庸》時中所繇來矣。在《易》以山下之泉而特爲之剛中，在君子已發未發之中和而奉之爲時中。時者，時時戒慎恐懼，所以不離中也。大本達道以位以育，亨行象也。唯時中而《中庸》始無不爲我用。誠者，時措之宜，此中隨時而，致聖淵泉時出，此中無時不在，是爲君子之時中。往疑聖人不明言《易》，而篇首要旨獨宗于《易》，蓋如是。

89.〈淵泉〉

嘗以《中庸》合之八卦，天地山川日月泉皆卦象也。風獨言自。自者，中也。巽爲風，巽者，君子以申命行事者也。首言天命，終言知風之自明有中也。泉獨言淵，又與天並，蓋指淵之爲中藏義也。既言如淵，又言其淵，見中之在聖心也，又戾天于淵。曰「上下察」，見中之在天地間，即中之在人心也，乃獨不言雷震之象。曰「君子以恐懼修省」，則戒懼不睹不聞之所象，雷也。復之四曰「中行獨復」，復言獨，慎獨義也。復雷在地中，而以隱見顯微爲獨，即中行正退藏義也。萬象皆天，則雷之一振，則化育乃昭蘇無外。萬德皆中，而獨之一搩，則施爲乃運用日新。故《易》言「帝出乎震」，而餘卦乃布之周天。凡諸卦之用，皆爲雷用也。《中庸》首戒慎，繼修身，終內省。即不明言雷，而一書之用，皆爲戒懼用，則其取義于震更深。非震則陽德不伸，中和無從調也。大約《易》以象象中，故其言中也。顯《中庸》以義闡中，故其言象也隱。

90.〈聲名〉

《中庸》之道以名教重者也，名在即人心在，即道脈在也。達則道行，而其名顯，所謂必得其名，身不失天下之顯名者也；窮則教行，而其名*，所謂早有譽與聲名之洋溢，中國施及蠻貊者也。此隱見微顯精神，盡人盡物交相貫徹。即作爲無所出，而見之言行；言行無可記述，而握之聲名；聲名無可稱數，而極之尊親。至誠之配天地者，以時措無息兼乎覆載，有博厚高明之可言；至聖之配天者，以尊親感動超乎形氣，獨有一天命之性可還。漢儒謂至聖專贊仲尼不爲他，聖人豈不信夫，而說者謂名何是汲汲也。夫聲施不泯，即戒慎恐懼之心思，眞萬古旦暮。而小人不知有世間名教之復爲何事，即一無忌憚處本心消滅，而中庸何在。然猶竊據一小人之中庸，直一蠻貊之知尊親不如，豈可謂之有血氣者哉。噫！此眞人心之一大惕也。

90.〈配天〉

《中庸》以乾用者也，見莫不敬，見龍在田也，在田者，人人無不見也。言莫不信，庸言之信；行莫不敬，庸行之謹，以至聖而不著施爲，第言足臨足容執敬別時舍也，如天配天，飛龍在天也。中國蠻貊莫不尊親，是德施而簿聖作，而萬物睹均，所謂利是大人也，如淵躍淵也。乾之潛居初，而《中庸》潛伏，追之入德之後；乾之悔居上，而《中庸》不悔，揭之遯世之初。聖人無時不悔，無時不潛也。乾乾夕惕，戒愼恐懼也。二，見龍，君德也。五，謂天德以德論，即不必居天位也。二五，正中，握乾之全。而乾六，位時成又握君子時中之全。時出者，成也。曰「其唯聖人乎」，非聖不能用乾也。象自強不息，則戒愼恐懼之無已哉，故曰「《中庸》以乾用者也」。《易》曰「天一、地二、天三、地四、天五、地六、天七、地八、天九、地十。」天數純奇，地數純偶。《中庸》所指數，初得一善，繼五達道三達德九經，而終歸行之一，皆奇也。九即乾元之用九也，即君子道四，而曰「未能一」，亦以一統四也，故曰「天地可一言而盡」、「其爲物不貳也」，不得筆削，便範圍古今天地也。此所謂知天地之化育，不特可以贊之而已。漢注疏謂：「夫子自言志在春秋，是顯經綸事。」余謂其經綸者，正知其化育者也。君子讀〈無息〉章，即知能盡物之性則可以贊，而地之化育可以贊，天地之化育則可與天地參也。

91.〈大經〉

世常以經爲大倫，曲爲綱目。遂說曲爲細細周到，非也。是豈有求誠，而先用力於細者。是則博而寡要，勞而少功，甚矣，而烏能誠。唯獨爲曲，爲戒懼愼獨，爲誠心之誠，曲實有之。《易》「坎有險，求小得」，象以爲未失中，此率性之本也，故曰「曲能有誠」，即以大經爲大倫，亦非也。是豈有綱常之大，而待至誠始盡者。夫率性之道，舉世奉行爲達道。爲政者，布之爲九經，至誠握之爲大經，非兩物也。爲誠至，則經綸大，即達道九經之時措。中能化，如神妙用一掬，而參兩儀之覆載，一舉而成世。世之法則，超尋常思勉外，所謂秩秩大猶聖人莫之。莫者，運量無形修道之終也。經綸天下大經，而獨歸諸天下之至誠。《記》曰：「經禮三百，曲禮三千。」所謂經者，原非指大倫也。又〈曲禮〉曰：「毋不敬，儼若思，安定辭，安民哉。」此則一言而經曲已該，未嘗以大倫細目爲分也。然特以冠〈曲禮〉篇之首，即知功用之大，未有不從曲出也。

92.〈知化育〉

盡物之性，《中庸》未嘗明言。而核其實，則月令所載，每歲所行之事，各有節後，每月所記之物，各成變化者。摠之則禮經所云「日星以爲紀」，故事可列者也。即天地萬物之詳，不出一喜怒哀樂間，可以例已，非聖人戒愼恐懼時時體察，豈能以我喜怒哀樂之眞性遍觀萬物，各得之自性而合之爲一化育。凡天地間人物得高明之性多者，其生成造就便屬之過一邊；得博厚之性多者，其生成造就便屬不及一邊。惟博厚高明全者，謂之至誠無息。覆物載物可分，即配天配地可分，而博厚高明之不可分者。獨天地之道，即天地山川功用各一可分，而獨天之命爲不已、爲於穆，然則首天命之性，而君子貴獨者。天命非至誠不合也，大經大本人已合也。化育天地萬物合，所謂於穆不已也。此不以知知，以誠知者也。匹夫匹婦精神立爲感通，一草一木詳異潛相徵應。況至誠之知，孰涯之哉。若徒以知知也，而聖人亦有時窮已。〈禮運〉云：「四靈以爲畜，故飲食有繇也。」夫德至畜四靈，而後能全民生之飲食。爲化育明至誠之知，化育非虛，而盡物之性之爲不可緩也。

93.〈固聰明〉

夫子告顏子爲邦禮樂，而終日「放鄭聲，遠佞人，鄭聲淫，佞人殆」，放遠則聰明所以固也。告顏子克復而曰「四勿」，終以勿動，則聰明所以固也。「放遠」則《中庸》之去讒遠色；「四勿」則《中庸》之非禮不動。以顏子而夫子戒由若是，足知聰明難固，非至聖還至誠弗能也。唯固而戒愼恐懼所不睹所不聞者合，若一睹聞起念聰明便不固。大約聰明不固處，是賢處，是智處，是愚處，是不肖處。近世之欲固聰明者，非不內歛心思。而不知所謂戒愼恐懼，眞屏其耳目，使不聰明，又何固焉？

（天啓刊本）

《大學》愼獨以意對外爲獨，《中庸》愼獨以性命合道爲獨。不睹不聞有隱，隱而有見，見而有微有顯，乃心路中遍相次第。萬物未生爲隱，初出爲見，端倪爲微，盛大爲顯，實不睹聞爲骨子，故總謂之獨。君子愼獨，如物栽根時，生意潛藏，後來生出無窮景象。《中庸》一書，闡發皆從後來景象追到向來生意。故知誠意之獨，《大學》始事，有君子之明戒小人；故修道之獨，《中庸》終事，有君子之默成至德。故有獨以始，故兩戒必愼以終，故

單贊慎，戒慎所不睹，恐懼所不聞，固聰明是也。莫見乎隱，莫顯乎微。
聖智達天德也。唯聖能之，唯至聖知之，是爲獨。與《大學》之誠中形外
心廣體胖者，潛深固不同也。慎獨又見〈禮器〉篇，彼以器名，故一曰「君
子樂其發」，一曰「君子慎其獨」，即內外不嫌並陳。而《中庸》以中用名
舜文武周聖誠德業，總不出黯然，又其不同者也。

94.〈達天德〉

天命之謂性，天也，即人也。在天合天下爲命，在人則合天下爲性。唯
人合天下爲道，方稱合天下爲率性。然於不可離處言性，恐人難爲尋也。
不言教者，恐人易爲飾也。唯是出入起居，無時可離道。故提一道字，
不睹不聞命宅也。隱見顯微，性地也。獨，道樞也。戒慎恐懼，天心也。
戒懼則有獨，而道生。不能戒懼，則不有獨，而道亡。從率性後有道，
便有達道有至道；從修道後有庸德，便有達德有至德有天德。人都看天
德，另一種不思天。既合天下爲命，則率性豈應不達天下爲道。既以達
天下爲道，安可不達天下爲德。此庸德之行，正天命我處。《中庸》終達
天德，蓋以天醒人。人之意，溥博如天，隱見微顯之境也；浩浩其天，
不睹不聞之境也，故曰「天也」，即人也。

95.〈孰能知〉

固聰明，戒慎恐懼之終始，誠也。聖知達天德，中和以位育之終始也，聖
也。知聰明之上有睿智，則知故聰明之後方有聖知。聰明終耳目之見者也，
唯戒懼慎獨固於心思而超耳目見爲睿，非睿不聖，非聖不知，非知則無能
達天德。天誠德形以後，著明動變化一心之中，握萬心之中者也，達天德
仁義禮知之教，四達無窮。博厚高明悠久配天地無疆，萬象位育之和合之
一心，位育之和也。故合聖誠以觀出緣泉心精也，泉緣天心所也。先如天
後如淵者，天闢而淵爲之俱闢，是發用象，先其淵後其天。淵淵不及泉，
浩浩不言溥博者。淵定而天爲之俱定，是根抵象聖之發用。唯誠根抵，孰
能知之。非爲知至聖至誠，實爲將來聖誠之知化育於無窮也。如綏來動和，
位育光景。子貢第詳聖知達天德之用，曾子以忠恕唯一貫，從慥慥一路日
三省爲戒懼慎獨，更洞至誠固聰明之眞。君子讀〈問政〉以前，多言聖，
而繼之誠之者之道；讀〈誠明〉以後，多言誠，而繼之聖人之道。聖與誠
不二也。讀〈並育並行〉處，見天命之性；讀〈溥博淵泉時出〉處，見率

性之道；讀〈經綸大經〉處，見修道之教，而命性道無可名，亦原來不二也。故曰「惟聖者能之」，又曰「苟不固聰明，聖知達天德者」，其孰能知之。有聖誠而命性道合，有夫子而聖誠合。而《中庸》之道所以常行常明於天下，毫不見虛與之可離者，蓋如是夫。

96.〈尚絅〉

往解經傳引詩者，多謂斷章取義。以余關《中庸》諸詩，殊不然。夫「鳶飛魚躍」，詠文王也。文王以之作人於無窮，《中庸》援之以覺人明道於無窮。化育陰陽，君子之立教最先也。「伐柯取則」，夫子思周公之志，弔二叔之不咸。而忠恕治人，所求乎子臣弟友之間者切切。即棠棣之言妻子兄弟，繇是心也。「神之格思，不愧屋漏」，武公修身行道。戒慎恐懼，內證之鬼神，為的奏假無言，繇是心也。庶幾夙夜，則戒慎恐懼之明訓也。「明哲保身，德輶如毛」，在言山甫者，其致力匪懈永懷之地最先也。「潛雖伏矣，亦孔之昭」，非祇喻潛也。大夫遭世亂而憂，不得免其戒慎恐懼，更何如為錦衣尚絅。若借以戒文著，曾不知衣錦絅兮。莊姜賢而無子，衛人所為賦，碩人也。《詩》以之首風教，《中庸》以之先入德，亦繇造端夫婦之心也。夫至夫婦之間，而以服美為容華，涼德多矣。諸如「假樂君子」、「唯天之命不顯，唯德不大聲以色」、「上天之載終始於文王」者，常數數焉。其於隱見顯微之際何如，深切著明也。《中庸》明道，他聖人在上者不詳，而以文王之立極剖天命之真者，唯《中庸》。合《中庸》之至者，唯文王。君子誦諸詩，而以玩索《中庸》。其於戒慎恐懼，能不凜凜也夫。

97.〈闇然〉

《大學》慎獨，以義對外為獨。《中庸》慎獨，以性命合道為獨。不睹不聞，有隱，隱而有見，見而有微、有顯，乃心路中遞相次第。萬物未生為隱，初出為見，端倪為微，盛大為顯，實不睹聞為骨子，故總謂之獨。君子慎獨，如物栽根時生意潛藏，後來包畜無窮景象。《中庸》一書，闡發皆從後來景象追到向來生意。故知誠意之獨，《大學》始事，有君子之明戒小人，故有獨。修道之獨，《中庸》終事，有君子之默成至德，故有獨以始，故兩戒必甚以終，故單贊，慎其不同者也。慎獨又見〈禮器〉篇，彼以器名，故一曰「君子樂其發」，一曰「君子慎其獨」，即內外不

嫌並陳。而《中庸》以中用名聖誠德業，總歸一闇然，又其不同者也。

98.〈的然〉

其的然者，其日亡者也。其無忌憚者，其的然者也。其小人之中庸者，
其無忌憚者也。其反中庸者，其小人之中庸者也。終始一破可明，至其
行險僥倖行徑，又昭昭在人耳目。內絕中庸之根，外蔓小人之道之脈，
更不煩破而明已。獨思小人于性命本來，不睹不聞隱見微顯，其于君子
同耶異耶？異則天有不遍之命，而人有不善之性，吾不信也；同則何敢
於無忌憚？若是又思性命歸還內省處，所謂不咎無惡者，小人志與君子
同耶異耶？異則是則人有不善之志，即天有不遍之命，而人有不善之性，
吾不信也。同則何敢無忌憚。如是，今不睹不聞，猶可誘知性之難。若
其疢惡處，豈不本心灼然。《易》曰：「如小人」終始變態。能無疢耶惡
耶？此《中庸》諄諄分剖，以道歸君子者，不啻數十言。都是戒慎恐懼
全所凝，而末於內省惕之嚴云。

（天啟刊本）

常思道不可離，只將性命緊上，如是則不可離者，屬之天命屬之性，依然
是現成的。于吾不覺，實不可離，唯不自以為離而離，即離而若吾不可離，
兩者乃真離道，故曰「可離非道」。如行險僥倖小人，不復以道繫，彼原不
知有道，而不識離不離若何也。的然者，為小人之道，至日亡則終身離矣。
如假仁假義之徒所云，久假而不歸，惡知其非有者也。若反中庸之小人，
則道術自命，並自家心地上，茫不知病痛階地。所託愈崇，心境掀飛更裂，
真是宋人揠苗，而猶自為苗長者也。夫的然者，不自為離而離者也；反中
庸者，而若無不可離者也。日亡非日歹之積也……萌薛之間也。《中庸》初
欲正君子入門，故力追當下者之過，終詳君子之造位，故深懲末路者之亡。
兩者功力有深淺，*禍有遲速，其終不可返吾中庸等耳。若真思道我所率道
自我修，歷歷可尋，在在實證，則何敢於畔離。如此君子之道，凡數十言
不已，為之則是，無復他求，不得謂之性命之同然，而悠悠視此道於若有
若無間也。以行事論日亡者，如伯業之衰未中世而損槁苗，子見心之于道
如子之見父也。大道一離，心根忽絕，要君竊位，豈非聖人誅心，而猶聖
賢聞魯，真反而無忌憚之情態。若後世胡廣中庸，直行險僥倖之廝役而已。
即投之鄉愿之門，恐不任受。反者如反鏡而照，外執其*而內*於真，又如

反裘而負薪，據其利而陽壞于名，此無忌憚所釀成也。其於的然日亡所謂
招招以射，物無不敗，總不過淺深遲速之間。

99.〈不厭〉

淡而不厭者，菽粟也，非是則外仁義，而為膏粱之碩而已矣；簡而文者，
布帛也，非是則外令聞廣譽，而為文繡之類而已矣；溫而理者，耕鑿也，
非是則外古之制，而為宮室盤樂侍妾之為巍巍得志而已矣。此之謂戒慎
恐懼，此之謂君子之道。

100.〈簡而天〉

《中庸》首言道，終言文。而中舉文所以為文曰「純」。嘗繹夫子謂「文王
既沒，文不在茲」，不言道而言文。文實道之所生，心者也。曾子貴道曰「遠
暴慢，遠鄙倍」，文也。《大學》瑟僴赫喧，為有斐文也。斯實培植自中，
何曾一炫橫涉外，故不顯。唯純不顯，即文之所以為文。唯不已於穆，即
天之所以為天。故曰「純亦不已」，文之合天也。博厚高明悠久天地之文，
而至誠無息之徵合天地之文者也。無息何來？則一獨握隱見顯微之幾，文
也。而戒慎恐懼於不睹聞中者，正不顯之純，文之所以為文也。夫考文同
文世用之一節，文理察察至聖之一德，而純則文之不顯，乃見道之不離矣。
末章惡文著推道，到簡而文猶是文也。簡為壹德不懈，文為經緯天地者也。
即太羹玄酒，文之所從來。三辭三讓，文之所以至用。合淡簡溫歸之一闇
然日章，而文乃足貴。夫子思狂而舉一簡曰「斐然成章」，今古道脈唯純，
造極為簡始基，摠不出一文。故夫子稱斯文非文，則道且虛而無實，而何
以完性命之精采於一身，何以暢道教之光輝於天下。

101.〈知遠〉

淡而不厭，是天命之性；簡而文，是率性之道；溫而理，是修道之教。
三者從道上言，故繇天而漸合人。知遠之近，是修道之教；知風之自，
是率性之道；知微之顯，是天命之性。三者從入德言，故繇人而漸還天。
戒慎恐懼遠始乎微，慎獨中和淡終乎理。

102.〈知微之顯〉

《中庸》終入德，第言知微之顯，不言知隱之見，何也？夫隱則〈費隱〉
章所謂「夫婦知能，聖人亦有所不能知，不能行者」也。夫以聖人之不
能者，而必強之以為可知可行，則成過見；聖人之不能者，而則姑諉之

以爲不必知不必行，則成不及。《易》贊咸天下何思何慮，詳往來屈伸，而以爲過，此以往未之或知也。若明言隱，則將何處指歸？何從印證？直素隱之爲行怪矣。夫隱怪者，其力量其智識豈不更加於過不及，而聖人其弗爲、其知之至，獨持《中庸》爲教者也。所謂窮神知化，德之盛也，故曰「不見而章，不及隱也」，又曰「知天地之化育」。夫夫婦之際，豈非化育本原，而獨歸至誠之知，曰「夫焉有所倚」，即至誠不見爲能知也。其戒愼恐懼，從經綸處立本，從立本上知化育所在。不睹不聞之隱，決不倚不睹不聞之所以爲隱怪者也。因此知世間事，即常知常行不可未之能知能行，即不能知不能行未嘗不知不行，故曰「從容中道，聖人也」，只以中道從容，致力其中，不用思勉。若一涉思勉，是爲五伯假之；一不從容，便是宋人揠苗。然則不能知不能行之聖人，豈即非從容中道之聖人。從容中道之聖人，豈即非無所倚、知化育之至誠。

103.〈潛伏〉

「潛伏孔昭」，蓋言獨也。夫使人心之畏孔昭，而俱如魚之畏人也，則知獨矣。「不愧屋漏」，蓋言獨也。夫使人心之不忘天，而常如屋漏之在在見天也，則知獨矣。獨故此心存亡之關也。世醫者，以人生死在膏肓二穴，獨疢正當之。故前說者不知味不知避，明以生死動人，而恐人不覺此，復以疢醒之。凡疢者，必死，疢於內省而惡于志者，雖不死，其心死矣。《詩》：「憂心孔疢，我行不來。」蓋以生死誓也。天之賦于人，人之承於天者，必於是所。非世人意見可人，亦非君子功力可加，故曰「所不睹所不聞」。唯有一戒愼恐懼，常令心無疢惡者，方能合之所謂誠者。不思得不勉中者，於此乃潛覺幾緘）之時透，即敬之爲德聚，信之爲心通，皆是所也。無不聚，方無不通，君子之愼獨者，蓋專力於所，非局一膜也。潛伏屋漏，此其闇然始基處，正其日章漸充處。

104.〈內省〉

《中庸》一篇戒愼恐懼，終於省志。孟子一生集義養氣，先于持志。直養者之塞天地，正盡性盡人盡物之參天地也。塞天地則不餒，參天地則無疢惡。告子說性，一杞柳一湍水，一生之食色，皆無善無不善之說，故兩勿求，即居之不動心。而《中庸》所戒愼恐懼，曰「得一善」、曰「明善」、曰「擇善」，孟子道性善之所來也。無疢惡，即善養浩然之謂也。

105. 〈爾室〉

《易》稱「乾坤易簡」，而《中庸》曰「居易以俟命」當屬天道，曰「簡而文」當屬坤道。乃末章入德，方提一簡。從聖知達天德後，而始根基於此。然則君子居易，從不睹不聞中持修。所謂行遠登高自卑自邇者，其盡性于人事以合天，而始爲聖誠之達天德，一乾道也。入德後約之省志，又約之敬信，直內之功，要於于方大戒愼恐懼，心神彌淪無際，眞是至簡文章，是一坤道也。乃思前於命，君子俟之云耳，不敢自必。而潛伏，地也，爾室，地也。而孔昭屋漏，所以通於天載。無聲無臭，從此歸還。命繇我握，如眞可自必。君子愼獨一功，敦行實踐，不肯駕空凌躐。如此中間造萌，如至誠博厚則高明。夫子所云坤乾之義也，如君子敦厚以崇禮，《易》所云「知崇禮卑，崇效天，卑法地」之說也。大約做盡寰中事業，方透得空外精神。從簡能之實，還易知之平，豈不信然。以末一章合《中庸》，雖詳略不同，竟如一經一緯之相成，一表一裡之默合。《易》云：「易簡而天下之理得矣。天下之理得而成位乎其中矣。」此所以爲君子中庸。

106. 〈不動而敬〉

禮：「視于無形，聽於無聲」，此事親處，根心之自然者爲敬；「執虛如執盈，入虛如有人」，此求誠處，揉心之素然者爲敬，兩者可謂善狀不睹不聞者矣。然吾以爲是單從敬論，非從道論也。且有視有听如盈如有，猶著境也。若《中庸》道不可離，則君子見性命之繇來，而道之所只一愼獨。其戒懼所不睹恐懼所不聞者，以心握敬即修道爲純，非以敬耳，心於入道尚隔也，故曰「不動而敬」，蓋修道之純也。人之言不動者，不過以有事對無事。夫敬在不動，尚分寂感。《中庸》之言不動者，獨以內省主不動。夫敬不以動，方無分常暫。唯敬之全，乃合《中庸》之用之全。此《中庸》首開戒愼一脈，而復終之以不動之敬。文王緝熙敬止，不動之敬也。曾子戰競臨履，不動之敬也。

107. 〈不言〉

《論語》曰：「不知命，無以爲君子也。」《中庸》所爲終始，君子首之天命也。曰：「不知禮，無以立也。」《中庸》所爲終始乎，立實之崇禮也。又曰：「不知言，無以知人也。」知人最《中庸》所急，而知言未有

1。夫以聖德而壹謹于庸，曾不敢瑰意畸論以高世傳，獨

明詳繹。《中庸》君子所自修者，一爲庸言顧行之爲兢兢，而繼之足以興，繼之世爲天下法，與民莫不敬。乃知所謂不言之信者，全在其戒愼恐懼于庸言之謹者也。夫以聖德而壹謹于庸，曾不敢瑰意畸論以高世傳，獨感以天，獨喻以性，獨輸以中，獨沃以和，豈言也哉。其隱見顯微之流光，有自知自信于內省中，而因之共*共信於不愧中者也。《論語》三畏，終畏聖人之言。聖人之言，即庸言也。愼獨者，所潛心奉者也。若聖言是*，直是無忌憚之小人而已。世未有自外于庸言，而反能束身于庸德者。知言知人豈有二知也哉，即知命知禮，《中庸》修道實惟言之爲章明較著已。孟子自敘知言，其獨得聖門相傳之最**歟。故日「聖人復起，必從吾言」，其眞不言之信與。

108.〈篤恭〉

夫子言「申申」，秋斂也；「夭夭」，春生；「溫而厲」，夏烈也；「威而不猛」，冬藏也。恭而安，則中也，而餘四者之見，則中節之和也。夫子稱舜無爲，象之以恭己。而《中庸》從不賞不怒，民勸民威後，乃約之以篤恭，賞春夏怒秋冬也。不賞不怒則喜怒哀樂於是運用無疵，摠之日：「篤恭而表中和之情性者也。」說者謂天地之位焉者，爲于我之所也；萬物之育焉者，育我之所也。此足寫恭之象。吾又聞云：「篤恭則天以下爲乎。」從此方可尋上天之載之路。

109.〈天載〉

不戒愼尚有工夫可言，若恐懼則純只心體，更無工夫可言。〈緜末〉章以言聲色爲末，大聲以色是不睹。毛爲有倫，德如有毛是不睹，不睹屬之乎德者也。無聲不聞，無臭亦不聞，不聞屬之乎天載以上者也。故以不睹戒懼，戒懼有界限，即不睹亦有界限，以不聞恐懼。恐懼無窮盡，即不聞亦無窮盡，總於一率性中，而其密而愈密更當如是。故以不睹合不聞，而於天命乃相符合，此《中庸》稱至，天載亦稱至。執玉持盈，戒懼愼從所見生，故日「所不睹震雷虩虩」。恐懼從所聞生，故日「所不聞」。以三戒爲戒愼，以三畏爲恐懼，是居平愼獨，以抑抑爲戒愼，以板蕩爲懼，是臨事愼獨。君子之道，總無時不與天載合者也。

110.〈無聲〉

無聲無臭，目今日用之景，即最初未發之景也。其安頓卻在何處說？上

天之載乃是天以上事，天以上無可名目，天以下屬之人，乃始有道有德可名。一名道而為闇然為日章。闇然者，自我立樞也。日章者，玄黃之中，自我漸生見也。再名道而為淡為簡為溫。吾心之元為淡，故不厭。吾心之神為簡，故文。吾心之充粹為溫，故理。唯吾心實有闇然，方覺合天地之闇然，能為日章，人心即道也，故兩者皆名。君子之道，又何名入德？夫道，率性一而已矣。唯慎獨者，方知有遠近。風自微顯遠之近，如經微之顯，如緯如相環抱。風行內外，自為中樞，合之為一太極、為獨象，所謂莫見乎隱，莫顯乎微者也。風固天之所鼓舞者也，而自何來？獨即渾然太極，知以剖分，法象如是，方可入德。入德方于我不睹不聞實見其所，而時時為戒慎為恐懼。稱君子慎獨。《中庸》一書詳說皆道德事也，而無聲無臭，則不可以言矣。首惡文之著，正善寫無聲無臭者也。小人的然日亡，既不知有文著之惡。而素隱行怪，並後世之有述者。蓋妄臆無聲無臭之義，而大誤焉者也。上天之載，吾思風雨露雷皆有聲臭，窮到霜露所隊處，霜無聲，然猶近乎聲者也，直是露乃無聲。記云：「庶物露生，無非教也。」而實從地載神氣以上。所謂上之天而載者也，即一露往，便是合天地為滋培。真脈唯肫肫之仁，心精凝液乃其本來。而所謂結之重淵，溢之九天者，默可窺見。於此知上天之載，並不做懸空臆想。而末世之以虛無求道者，果非《中庸》之道也。嘗臆為之說曰：「日用經常之德，是帝王天子之德；戒慎恐懼之時，正中和位育之時。」於此能容有聲有臭否？

111.〈至矣〉

天載無聲無臭，無可名狀。唯有夫子鞠躬如也，屏氣似不息者，戒慎恐懼之至，即無聲無臭之至也。聖人鞠躬，在入門則如不容，在執圭則如不勝，動容周旋中禮之至，《魯論》業已模寫無餘，而不息精神，正至誠無息之難窺見處。前唯有天命可合此，唯有天載可象。修道如是，率性如是，天命元如是。

112.〈立大本〉

經綸立本，原非兩事。惟戒慎以立大本，則凡所經綸，皆其不睹中實事也。惟恐懼以立大本，則凡所經綸，皆其不聞中實事也。若欲先立本，後經綸，則先有一道以棲其心于寧靜之地，復有一道以調其心于日用之

紛，是將以道爲二，以心爲二，而仁淵天不得，還爲一也。何名獨？

〈跋〉

《論語》言中莫明於末篇之〈堯曰〉「天之曆數在爾躬，允執其中」，即知中者，躬之中也，非虛無不著者也。《易》，艮之四曰「艮其身」，象曰「止諸躬」，而象曰「止其所」，止其所，即知躬者止之所也，又非恍惚難尋者也。《中庸》未嘗言躬，即不睹不聞之所，亦未嘗明指其地。而揭之戒愼恐懼，因名愼獨，即知躬之爲所，便知獨之爲中也。拳拳服膺，默擬止躬，依乎中庸，明象止所。嗚呼！斯足括執中之奧已，內省篤恭，總不出是。余既作《愼獨》捌拾章，並記此其後。晉陵孫愼行記是。癸酉十一月初五日也。壬申二月初二日。始《論語》，上經終鞠躬夫子，一身至德；下經終堯授舜在爾躬，千古聖人相傳至至德。文王之詩曰：「命之不易，無遏爾躬，宣招義問，有虞殷自天。」而繼之「上天之載，無聲無臭。」躬之與命，與天符合，千古相傳，未有不以止躬爲至德者也。《論語》所謂「舜亦命禹，罪在朕躬」，《書》所謂「尹躬暨湯，咸有一德」是也。

崇貞甲戌八月　復記百章　史氏孫愼行著。

附圖：《愼獨義》兩版本之首章

〔明〕天啓刊本　　　　　　　　〔明〕崇禎刻本

後　記

　　論文能夠完成，首先要感謝的是吾師蘇子敬先生，從題目選定、內容指導，乃至於整本論文的審閱，都給予我最細心的指導。而老師認真作學問與誠敬面對真理的態度更令我受益良多，往後的求學生涯我將以此自勉，必不負老師的教誨與期望。

　　另外，感謝周天令老師與陳德和老師在百忙之餘，仍抽空細審論文，並給予許多適切的修正與指教。其中，周老師的鼓勵與幫忙，更是我能夠順利完成學位論文的關鍵之一。

　　此外，研究所的同學、學妹在論文寫作過程中除了相互打氣與訴苦之外，也幫我辦了許多瑣碎的事務，使糊塗的我避免了許多麻煩，謝謝你們。

　　當然，沒有父親、母親無私的犧牲奉獻，就沒有現在的我，因為你們無怨無悔的支持，我才能無後顧之憂的唸書，追求自己的理想，心中真的充滿無限感激。

　　最後要感謝我的好友銘豐、猴子、政彰、阿土伯、翔宇與摯愛書瑋、Doggy，因為你們的陪伴，讓我有一段歡樂的求學歲月。